华夏行者·畅游世界

EUROPE GUIDE

《畅游欧洲》编辑部 编著

畅游欧洲
就这本最棒！

华夏出版社
HUAXIA PUBLISHING HOUSE

目录 CONTENTS 畅游欧洲 EUROPE

GO!去欧洲玩!	014
精彩欧洲!6大名片!	019
TIPS!欧洲!	022
超IN!欧洲13天12夜!	028
热地!欧洲10大人气必去地!	040
热地!欧洲10大人气旅游城市!	044
美食!欧洲10大人气好味道!	048
带回家!欧洲10大人气纪念品!	051

1 英国　054

白金汉宫	060
威斯敏斯特教堂	060
大英博物馆	061
威斯敏斯特大教堂	061
肯辛顿宫	062
肯辛顿花园	062
伦敦市政厅	063
海德公园	063
特拉法尔加广场	064
维多利亚和艾伯特博物馆	064
伦敦塔	065
大本钟	065
伦敦塔桥	066
泰晤士河	066
伦敦眼	066
皮卡迪利广场	067
国家美术馆	067
国会大厦	068
福尔摩斯博物馆	068
圣保罗大教堂	069
狄更斯故居	069
贝尔法斯特号	070
杜莎夫人蜡像馆	070
唐宁街10号	071
圣詹姆斯公园	071
圣詹姆斯宫	072
诺丁山	072
温布利球场	072
圣马丁教堂	073
伦敦博物馆	073
科学博物馆	074
摄政公园	074
皇家艾伯特演奏厅	075
郡政厅	075
圣玛格丽特教堂	075
科芬园	076
牛津街	076
摄政街	076
玛莎百货	077
哈罗兹百货	077
格林尼治天文台旧址	077
泰特现代美术馆	078
汉普顿宫	078
邱园	079
温莎城堡	079
伊顿公学	080
牛津城堡	080
基督教会学院	081
剑桥国王学院	081
三一学院	082

布莱尼姆宫	082	特威德河	091
巴斯罗马浴池	083	格拉姆斯古堡	091
皇家新月楼	083	凯恩戈姆国家公园	092
巨石阵	084	尼斯湖	092
曼彻斯特中国城	084	苍穹岛	093
艾伯特广场	085	加的夫城堡	094
利物浦披头士纪念馆	085	斯诺登尼亚国家公园	094
舍伍德森林乡村公园	085	天鹅海	095
霍华德城堡	086	贝尔法斯特市政厅	095
约克大教堂	086	巨人之路	096
约维克维京中心	086	斯塔福德莎士比亚故居	096
爱丁堡城堡	087	温德米尔湖	097
荷里路德宫	087	泽西岛	097
斯特林古堡	088		
苏格兰博物馆	088	② **法国**	**098**
皇家英里大道	088		
王子街	089	巴黎圣母院	104
罗斯林小教堂	089	埃菲尔铁塔	104
苏格兰威士忌遗产中心	089	凯旋门	105
格拉斯哥大教堂	090	戴高乐广场	106
乔治广场	090	协和广场	106

香榭丽舍大街	107	索邦大学	126
卢浮宫	108	香波堡	126
凡尔赛宫	109	布隆尼森林	126
红磨坊	109	第戎圣母院	127
丽都	110	枫丹白露宫	127
塞纳河	110	塞尚画室	128
亚历山大三世桥	111	圆形竞技场	128
新桥	111	古罗马剧场	128
蓬皮杜国家文化艺术中心	112	梵高医院	129
巴黎迪士尼乐园	112	米拉波大道	129
奥赛博物馆	113	里昂贝勒库尔广场	129
卢森堡公园	114	纺织博物馆	130
加尼叶歌剧院	114	里昂歌剧院	130
爱丽舍宫	115	圣让首席大教堂	130
巴士底歌剧院	115	里昂灯光节	131
巴士底狱遗址	116	里昂圣母教堂	131
玛德莱娜广场	116	布卢瓦城堡	131
玛德莱娜教堂	116	舍农索城堡	132
军事博物馆	117	马赛旧港	132
圣心大教堂	117	维朗德里城堡及花园	133
西堤岛	118	老救济院	133
圣日耳曼大街	118	伊夫城堡	133
老佛爷商场	119	圣母加德大教堂	134
巴黎春天百货商场	119	圣维克多修道院	134
Le Bon Marche百货商场	120	戛纳电影节	135
蒙巴纳斯大厦	120	列航群岛	135
荣军院	121	普罗旺斯	136
圆顶教堂	121	尼斯老城	136
吉美博物馆	122	天使湾	137
旺多姆广场	122	葛拉斯	137
圣奥诺雷街	122	英国人散步大道	137
孚日广场	123	马蒂斯博物馆	138
巴黎市政厅	123	摩纳哥王宫	138
圣米歇尔广场	124	摩纳哥邮票及钱币博物馆	138
万神殿	124	异国花园	139
巴黎唐人街	125	摩纳哥大教堂	139
拉德芳斯新区的大拱门	125	蒙特卡洛	139

日本花园	140	选帝侯大街	159
卡尔卡松	140	波茨坦广场	159
圣安德烈教堂	140	凯泽·威廉皇帝纪念馆	160
波尔多大剧院	141	民族学博物馆	160
证券交易广场	141	达勒姆区	160
圣凯瑟琳街	141	东亚艺术博物馆	160
沙尔特龙区	142	夏洛特堡宫	161
坎康斯广场	142	库达姆街	161
穆顿·罗特席尔德酒庄	142	埃及博物馆	161
马尔戈酒庄	143	歌德博物馆和歌德故居	162
拉菲特·罗施尔德酒庄	143	罗马市政厅	162
圣米歇尔山修道院	144	美因河	162
卡昂	144	施特德尔艺术学院	163
圣马洛	145	德国电影博物馆	163
兰斯圣母大教堂与T型宫	145	采尔大街	163
图卢兹圣塞南教堂	146	慕尼黑玛丽亚广场	164
依云镇	146	圣母教堂	164
安纳西	147	慕尼黑新市政厅	164
夏慕尼	147	慕尼黑皇宫区	165

❸ 德国　　148

		宁芬堡皇宫	165
国会大厦	154	英国公园	166
大屠杀纪念馆陵园	154	谷物市场	166
勃兰登堡门	155	伦巴赫之家市立博物馆	166
柏林墙遗址	155	德意志博物馆	167
宪兵广场	155	皇家啤酒屋	167
菩提树下大街	156	新天鹅城堡	167
军械库	156	圣米歇尔教堂	168
博物馆岛	156	阿玛琳堡	168
老博物馆	157	汉堡微缩景观世界	168
柏林大教堂	157	汉堡市政厅	169
亚历山大广场	157	阿尔斯特湖	169
蒂尔加藤公园	158	汉堡港	169
胜利女神纪念柱	158	科隆大教堂	170
文化广场	158	路德维希博物馆	170
柏林爱乐大厅	159	巧克力博物馆	170
		瓦尔拉特博物馆	171
		德意志之角	171

德国体育与奥林匹克博物馆	171
汉诺威大花园	172
汉诺威展览中心	172
奔驰博物馆	172
莱比锡	173
国王大道	173
多瑙河	173

❹ 西班牙　174

马德里王宫	180
普拉多博物馆	180
马约尔广场	181
圣地亚哥·伯纳乌足球场	181
提森·波涅米萨美术馆	181
圣安东尼奥教堂	182
西班牙大广场	182
卡斯蒂利亚大街	182
索菲亚王后艺术中心国家博物馆	183
赤足女子修道院	183
皇家化身女子修道院	184
丽池公园	184
阿尔穆德纳大教堂	184
美洲博物馆	185
国家考古博物馆	185
丰收女神广场	185
凡达斯纪念斗牛场	186
埃斯科利亚宫	186
圣十字架烈士谷	186
华纳兄弟游乐场	187
塞哥维亚城堡	187
阿尔卡拉城	187
莱昂	188
托莱多古城	188
萨拉曼卡新旧大教堂	189
巴塞罗那神圣家族教堂	189
加泰罗尼亚音乐厅	190
高迪故居博物馆	190
巴塞罗那大教堂	191
巴塞罗那现代艺术博物馆	191
不和谐建筑群	192
毕加索博物馆	192
米拉之家	192
古埃尔宫	193
安东尼·塔皮基金会	193
兰布拉步行街	193
加泰罗尼亚历史博物馆	194
波盖利亚市场	194
诺坎普体育场	194
波布雷特修道院	195
巴塞罗那港	195
海之圣玛丽亚教堂	195
让·米罗基金会	196
Passeig de Gracia大街	196
西班牙村	196
蒙瑟莱特修道院	197
波依谷地	197
达利博物馆	197
瓦伦西亚大教堂	198
孤苦圣母教堂	198
交易中心	199
火祭博物馆	199
帕尔马旧城	200
伊比萨	200
古根海姆博物馆	200
塞维利亚大教堂	201
塞维利亚王宫	201
皇家骑士俱乐部斗牛场	202
玛丽亚·路易莎公园	202
圣十字区	202
意大利加	203
彼拉多之家	203
希拉达塔	204
塞维利亚美术馆	204

神奇岛	204	拉特拉诺的圣乔万尼大教堂	225
科尔多瓦大清真寺	205	君士坦丁凯旋门	226
科尔多瓦百花巷	205	大竞技场	226
科尔多瓦天主教国王城堡	206	阿德里亚诺别墅	226
安达卢斯博物馆	206	耶稣教堂	227
麦地那-阿沙哈拉宫	207	圣母玛丽亚大教堂	227
格拉纳达阿罕布拉宫	207	圣保罗大教堂	228
格拉纳达大教堂	208	圣天使城堡	228
王室陵寝	208	圣彼得广场	229
圣山	209	圣彼得大教堂	229
加的斯	209	梵蒂冈博物馆	230
马拉加	210	西斯廷礼拜堂	230
米哈斯	210	拉斐尔画室	231
隆达	211	梵蒂冈花园	231
赫雷斯	211	比萨斜塔	232
梅里达	212	比萨大教堂	232
卡萨雷斯	212	比萨大教堂广场	233
青琼	213	圣母百花大教堂	233
圣地亚哥	213	乔托钟楼	234
孔塞格拉	214	皮蒂宫	234
昆卡大教堂	214	圣乔万尼洗礼堂	234
潘普洛纳	214	圣罗伦佐教堂	235
贝壳湾	215	大教堂美术馆	235
库尔萨尔文化中心	215	巴杰罗宫国家博物馆	235
加那利群岛	215	但丁故居	236
		乌菲兹美术馆	236
		帕拉汀娜画廊	237

5 意大利 216

罗马圆形竞技场	222
古罗马广场	222
西班牙广场	222
纳沃那广场	223
百花广场	223
威尼托街	223
万神殿	224
特莱维喷泉	224
奎里纳尔宫	225

米开朗基罗博物馆	237	安康圣母教堂	247
圣十字教堂	237	雷佐尼科宫	247
美第奇-里卡迪宫	238	利多岛	248
艺术学院美术馆	238	黄金宫	248
米开朗基罗广场	239	钟楼	249
米兰大教堂	239	时钟塔楼	249
斯卡拉歌剧院	240	雷雅托桥	249
安布洛其亚图书馆	240	穆拉诺岛	250
维托里奥·埃马努埃莱二世拱廊	241	圣乔治·马乔雷教堂	250
布雷拉画廊	241	布拉诺岛	250
精品区	242	帕多瓦	251
斯福尔采斯科城堡	242	维罗纳	251
感恩圣母堂	243	帕维亚	252
王室别墅公园	243	曼托瓦	252
威尼斯圣马可广场	244	克雷蒙纳	253
圣马可大教堂	244	西米欧尼	253
大运河	245	圣吉米纳诺	254
叹息桥	245	锡耶纳	254
佩吉·古根海姆美术馆	246	圣多明尼哥教堂	255
总督府	246	蒙特卡蒂尼	255

帕尔马	256	埃吉那岛	278
拉文纳	256	伊德拉岛	278
圣马力诺	257	波罗斯岛	279
都灵大教堂	257	米克诺斯岛	279
安托内利尖塔与国家电影博物馆	258	狄洛斯岛	280
热那亚君王宫	258	纳克索斯岛	280
热那亚圣罗伦佐教堂	259	克里特岛	281
加里波第路	259	罗德岛	281
五渔村	260		
佩鲁贾执政官宫	260	**7 瑞士**	**282**
阿西西	261		
那不勒斯皇宫	261	莱芒湖	286
索伦托	261	圣皮埃尔大教堂	286
庞贝古城	262	万国宫	287
卡普里岛	262	国际红十字会博物馆	287
阿玛尔菲海岸	263	Bourg-de-four广场	288
巴里主教堂	263	日内瓦市政厅	288
圣尼古拉教堂	264	钟表博物馆	288
莱切主教堂广场	264	阿里亚那博物馆	289
卡罗五世城堡	265	欧洲原子能研究中心	289
帕勒莫四拐角	265	国际汽车博物馆	289
		瑞士国家博物馆	290
6 希腊	**266**	苏黎世圣彼得大教堂	290
		苏黎世歌剧院	291
雅典卫城	272	少女峰	291
新卫城博物馆	272	伯尔尼联邦大厦	291
帕特农神庙	273	洛桑奥林匹克博物馆	292
伊瑞克提翁神殿	273		
狄俄尼索斯剧场	273		
希腊国家考古博物馆	274		
雅典竞技场	274		
奥林匹亚宙斯神殿	275		
梅带奥拉修道院	275		
阿波罗神庙	276		
雅典娜圣域	276		
奥林匹亚考古博物馆	277		
爱琴海	277		

卢加诺	292
莱茵瀑布	293
阿尔卑斯山	293

❽ 荷兰　294

阿姆斯特丹达姆广场	298
王宫	298
绅士运河	299
国立博物馆	299
爱士曼鲜花拍卖市场	300
伦勃朗故居博物馆	300
阿姆斯特丹历史博物馆	301
海洋史博物馆	301
梵高博物馆	302
桑斯安斯风车村	302
海牙	303
代尔夫特	303

❾ 欧洲其他　304

维也纳音乐厅	306
霍夫堡皇宫	306
维也纳国家歌剧院	307
圣斯特凡大教堂	307
美泉宫	308
奥古斯丁教堂	308
西班牙骑术学校	309
奥地利国家美术馆	309
茜茜公主博物馆	309
环城大道	310
莫扎特故居博物馆	310
米拉贝尔宫	310
萨尔茨堡	311
侬山修道院	311
萨尔茨堡大教堂	312
布鲁塞尔原子塔	312
小于连撒尿雕像	313
布鲁塞尔大广场	313
滑铁卢古战场	314
比利时皇家美术馆	314
芬兰城堡	315
赫尔辛基大教堂	315
议会广场	315
岩石教堂	316
芬兰国家博物馆	316
乌斯别斯基教堂	317
苏奥门涅米岛	317
桑普号破冰船	317
圣诞老人村	318
北极圈分界线	318
挪威王宫	318
阿克斯胡斯城堡	319
维京海盗船博物馆	319
四大峡湾	319
斯德哥尔摩老城	320
瑞典皇宫	320
斯德哥尔摩大教堂	321
诺贝尔博物馆	321
皇后岛	322
美人鱼铜像	322
哥本哈根市政厅广场	323
克里斯蒂安堡宫	323
阿玛莲堡	324
趣伏里公园	324
洛森堡宫	325
丹麦国家博物馆	325
雷克雅未克大教堂	326
黄金瀑布	326
赏鲸	326
蓝湖	327
布拉格城堡	327
圣维特大教堂	328
天文钟	328

布拉格旧城广场	328	夏宫	344
瓦茨拉夫广场	329	阿芙乐尔号巡洋舰	345
查理大桥	329	涅瓦大街	345
黄金巷	330	伊萨基夫斯基大教堂	345
旧市政厅	330	喀山大教堂	346
布达皇宫	331	十二月党人广场	346
链子桥	331	俄罗斯博物馆	347
渔人堡	332	彼得要塞	347
匈牙利国家歌剧院	332	圣索菲亚大教堂	347
国会大厦	332	彼得保罗大教堂	348
烟草街犹太教堂	333	Andryivsky Uzviz街	348
都柏林城堡	333	金门	348
凤凰公园	333	切尔诺贝利博物馆	349
圣帕特里克大教堂	334	伟大卫国战争博物馆	349
圣三一学院图书馆	334	马耳他	350
里斯本万国公园	335	列支敦士登	350
Fado博物馆	335	蓝色清真寺	351
圣若热城堡	335	伊斯坦布尔考古博物馆	351
Mosteiro does Jeronimos修道院	336	神圣智慧教堂	351
卢森堡	336	阿合麦特广场	352
卢森堡古堡	336	托普卡普宫殿	352
亚历山大·涅夫斯基大教堂	337	土耳其伊斯兰艺术博物馆	353
城堡广场	337	博斯普鲁斯海峡	353
华沙历史博物馆	337		
肖邦博物馆	338		
克里姆林宫	338		
红场	339		
列宁墓	339		
瓦西里大教堂	340		
俄罗斯国家模范大剧院	340		
特列季亚科夫美术馆	341		
莫斯科国立百货商场	341		
胜利广场&凯旋门	342		
新圣母修道院	342		
救世主基督大教堂	343		
圣母升天大教堂	343		
冬宫	344		

索引　354

出游需要个好帮手

《畅游世界》系列图书即将付梓，编者嘱我写序。我曾经从事旅游出版工作十余年，对旅游图书有些感觉，在这里谈一点感言，权作交差吧。

人生数十载，不外乎上学、工作、生活三部分内容。上学和工作乐趣不多，压力不少；只有生活（上学和工作之外）能够品尝出些许味道。而这其中，最有意思、最令人向往、最能给人带来欢乐与回味的生活方式便是旅游，尤其对于当今生活节奏快、成本高，工作压力大、收入低，人口密度高、服务差，整天像牛马一样机械地干活的都市人来说，旅游是一副综合的良药，虽不能说包治百病，却是良效多多。记得哲人歌德说过："大自然是一部伟大的书。"而旅游就是阅读这部大书最为轻松愉悦的方式。一次短暂的旅游，可以使心灵得到长时间的安宁与抚慰；一次遥远的旅游，可以领悟人生的坎坷，体验生命的精彩；一次艰辛的旅游，留下的是难忘的记忆；一次快乐的旅游，带来的更是值得珍藏的财富。总之，旅游陶冶人的情操，愉悦人的身心，给人的生活带来无尽的希望与力量。

一次成功的旅游，需要做好三个阶段的工作：行前准备、途中指引、归来总结，而一本好的旅游指南书都能帮您搞定。虽然说现今的网络发达时代，利用各种固定的、移动的电子设备，可以查询相关旅游信息，方便快捷，但我对这些东西其实并不感冒，起码目前是这样，因为网上的信息东拼西凑、复制粘贴的太多，新兴的数字出版领域从行规建设、人员素质、质量控制等等诸多方面，要比已经发展了近百年的传统纸质图书行业稀松得多，可信度自然也就大打了折扣。数字出版物要想俘住广大读者的心，还有很长的路要走。所以，我建议出游的人们目前携带一本精要实用的纸质旅游指南书，还是明智的选择。

书店的旅游指南销售柜台已经摆满了花花绿绿的多家产品，各有优劣，读者尽可随意挑选。如果要我做个推荐，我自然要首推华夏出版社的"华夏行者——《畅游世界》"系列。这是一套为旅游爱好者量身定制的旅游指南书，通篇贯穿着一个宗旨，那就是让旅游者"畅"，食住行游购娱一路顺畅，惊喜快乐。书中对目的地的地理、气候、人文、区划、交通等作了详尽的介绍，还对当地的旅游热点、风味美食、平民餐馆、伴手好礼以及购物佳地等都进行了精选归纳和说明，最重要的还是本书精心设计的几天几夜游，它对于那些没时间计划或不会计划的忙人或懒人来说，很是管用，让您无需计划，拎起本书即可坦然上路。至于它是否具备优秀旅游指南的各项要素，诸如全面性、准确性、实用性、针对性、时效性、美观性等等，我便不再废话，说多了有"王婆卖瓜，自卖自夸"嫌疑，读者用过了，自然便有了答案。

　　仁者乐山，智者乐水。对于热爱生活的人们来说，旅游的步伐，从来都是风雨无阻，愿携带《畅游欧洲》出行的人们，畅来畅往，快乐安康。

华夏出版社社长、总编辑

GO!去欧洲玩!

1 印象

　　欧洲全称为"欧罗巴洲"。古代的闪米特人将西方日落处称为"欧罗巴"。后来，他们逐步把居住地的东部地区叫做"亚细亚"，西部地区叫做"欧罗巴"。欧、亚两洲紧紧相连，以乌拉尔山脉、乌拉尔河、里海、高加索山脉、黑海、博斯普鲁斯海峡和达达尼尔海峡作为分界线。

　　欧洲是资本主义经济发展最早的一个洲。19世纪中叶，欧洲不少国家已进入资本主义高度发达的阶段。欧洲地区的人们追求闲适安宁、幽静简朴的生活。有些国家的工人们三个月修一个屋顶，到了周末所有商店都早早打烊，这样的生活状态充分表现出了他们"快乐第一，工作第二"的思想。而到了北欧，人们更是将"简单"这一风格贯彻到了衣食住行的各个方面，瑞典品牌家具IKEA便是人们熟知的品牌，它将简洁、别致、实用的北欧风格推向世界。

　　乡镇比城市优美，这是大多游人对欧洲的印象。安闲恬静、环境幽雅，一栋栋带花园的小别墅风格各异、相得益彰，街边随手一拍便是一张明快的风景画。相比南欧的热情喧嚣，北欧国家地广人稀，大片的林区随处可见，间或有林中的动物立在路边凝视经过的车辆。这里的人们温友好，爱护动物的观念代代相传，居住在郊外的家庭更是与动物为邻，生活得环保又自然。同时，欧洲还有繁华的都市景观：无论是从任何角度观看都令人赞叹的哥特式宗教建筑巴黎圣母院，还是耸立于香榭丽舍大道一端、有12条街道通往其间的凯旋门，抑

或世界上历史最悠久、规模最宏伟的大英博物馆，都是游人们久久流连的经典之所。

欧洲普遍福利待遇较好，度假更是人们生活中必不可少的一部分。

欧洲的旅游资源很是丰富：从曾经的"日不落帝国"首都伦敦，具有浪漫迷人风情的法国，狂热斗牛表演的西班牙，热情如火的意大利，郁金香的国度——荷兰，滑雪圣地瑞士，一览维京时代景色的挪威，再到"冰与火的国度"冰岛等等，风情各异，是值得游客们一来再来的地方。

3 气候

欧洲大部分地区地处北温带，气候温和湿润。西部大西洋沿岸夏季凉爽，冬季温和、多雨雾，是典型的海洋性温带阔叶林气候。东部因远离海洋，属大陆性温带阔叶林气候。东欧平原北部属温带针叶林气候。北冰洋沿岸地区冬季严寒，夏季凉爽而短暂，属寒带苔原气候。南部地中海沿岸地区冬暖多雨，夏热干燥，属亚热带地中海式气候。

2 地理

欧洲位于东半球的西北部，是亚欧大陆伸入大西洋中的一个巨大半岛。面积1016万平方公里（包括岛屿面积），占亚欧大陆的1/5，约占世界陆地总面积的6.8%，是世界第六大洲。欧洲的海岸线长达3.79万千米，是世界上海岸线最曲折复杂的一个洲，也从而造就了无数明媚的沙滩和壮观的崖岸。

欧洲北临北冰洋，西临大西洋，南至马罗基角，相邻地中海和黑海。以乌拉尔山脉、乌拉尔河、里海、高加索山脉、博斯普鲁斯海峡、马尔马拉海、达达尼尔海峡与亚洲分界，南隔地中海与非洲相望，西北隔格陵兰海、丹麦海峡与北美洲相对。

欧洲大陆是被切割得最为厉害的一块大陆，多半岛、岛屿、港湾和深入大陆的内海。欧洲地形总的特点是冰川地形分布广泛，高山峻岭则汇集于南部。著名山脉阿尔卑斯山横亘南部，是欧洲最高大的山脉，平均海拔在3000米左右，山势雄伟，许多高峰终年白雪皑皑，主峰勃朗峰海拔约4807米。平原和丘陵主要分布在欧洲东部和中部，主要有面积约占全洲一半的东欧平原、波德平原和西欧平原。

畅游欧洲　推荐

015

4 区划

从地理角度上，欧洲通常被分为南欧、西欧、中欧、北欧和东欧，共有45个国家，人口7.9亿。其中西欧狭义上指欧洲西部濒临大西洋的地区和附近岛屿，包括英国、爱尔兰、荷兰、比利时、卢森堡、法国和摩纳哥公国。面积93万多平方公里。

中欧指波罗的海以南，阿尔卑斯山脉以北的欧洲中部地区，所包括的国家有波兰、捷克、斯洛伐克、匈牙利、德国、奥地利、瑞士、列支敦士登。

北欧指日德兰半岛、斯堪的纳维亚半岛一带，包括冰岛、法罗群岛、丹麦、挪威、瑞典和芬兰。

东欧指欧洲东部地区，包含爱沙尼亚、拉脱维亚、立陶宛、白俄罗斯、乌克兰、摩尔多瓦和俄罗斯的欧洲部分。

南欧指阿尔卑斯山脉以南的巴尔干半岛、亚平宁半岛、伊比利亚半岛和附近岛屿，这里包括的国家最多，有斯洛文尼亚、克罗地亚、南斯拉夫、波斯尼亚和黑塞哥维那、马其顿、罗马尼亚、保加利亚、阿尔巴尼亚、希腊、土耳其、意大利、梵蒂冈、圣马力诺、马耳他、西班牙、安道尔和葡萄牙。

位于意大利首都罗马市西北角的城中之国梵蒂冈，是世界天主教中心。

5 人口

欧洲是人口密度最大的洲之一。城市人口约占全洲人口的64%，在各洲中次于大洋洲和北美洲，居第三位。欧洲的人口分布以西部最密，莱茵河中游谷地、巴黎盆地、比利时东部和泰晤士河下游均是人口稠密的地区。

欧洲绝大部分居民是白种人，大部分属印欧语系，少部分属乌拉尔语系，包括芬兰、乌戈尔、萨莫耶语族的民族。欧洲人民多信天主教、基督教新教和东正教。

6 航空

欧洲是世界上航空线最为密集的地区，从世界各地都可以找到飞往这里的航班。欧洲的主要机场概况如下：

法国戴高乐机场（法）：入境轮候时间较短，机场与区域快铁RER系统以及高速铁路TGV系统相连，每小时可提供3或4班列车前往巴黎市区。另外，在机场还可以搭乘火车前往法国其他地区。

伦敦希思罗机场（英）：伦敦希思罗机场是欧洲客流量最大的机场，入境轮候时间较长。距离伦敦市区有24公里，搭乘机场快线可以方便地到达市中心。另外，伦敦地铁皮卡迪利线在机场也有站点停靠。

法兰克福国际机场（德）：入境轮候时间较短。游客可以在位于1号航站楼旁边的长途铁路车站乘坐快速火车前往市区，也可以换乘前往科隆的德国高铁，可以方便地到达波恩、杜塞尔多夫、汉堡、汉诺威、慕尼黑、纽伦堡、斯图加特等城市。

慕尼黑国际机场（德）：入境轮候时间较短，从机场搭乘慕尼黑轻轨到达慕尼黑市中心需要约40分钟,乘机场巴士的话则需45分钟左右。

菲乌米奇诺机场(意):入境轮候时间较短,在机场可以搭乘地铁前往罗马市区,所需时间约在30分钟,费用是14欧元。另外,也可以搭乘机场巴士前往市区。

谢列梅捷耶夫国际机场(俄):入境轮候时间较短,从机场到莫斯科市有全天运营的巴士,往返于机场和莫斯科市内航空客站的大巴费用是30卢布,如果乘坐从机场到地铁站的公交车,只需25卢布。

日内瓦机场(瑞):作为欧洲第四大机场的日内瓦机场,人流量大,入境时间较长。日内瓦机场距离最近的火车站仅有300米,搭乘火车到日内瓦科尔纳中央火车站只需8分钟。另外,这里的巴士连接着瑞士和法国的各大城镇,非常便利。

阿姆斯特丹史基浦国际机场(荷):入境轮候时间较短,史基浦机场有自己的火车站,站台就在史基浦购物中心(机场集转站的中心大厅)的下面,乘火车从史基浦到阿姆斯特丹中心火车站只需20分钟,也可以到达莱顿、海牙、代尔夫特、鹿特丹和乌特勒支等城市。

马德里巴拉哈斯机场(西班牙):入境轮候时间较短,在马德里巴拉哈斯机场的地下纵横贯穿着4条地铁,可以很方便地到达马德里市区。另外这里的地铁分为入境和出境两个口,一定注意不要弄错。

哥本哈根机场(丹麦):入境轮候时间较短。哥本哈根机场距离哥本哈根市中心仅8公里,而且在机场边就建有火车站,可以快速地到达市区。另外,每5分钟一班的机场巴士和公交车也能够迅速把游人送到目的地。

布鲁塞尔国际机场(比利时):入境轮候时间较短。从机场到布鲁塞尔市内,乘既快又便宜的列车是最方便的。从到达大厅出发,乘电梯到地下,有国铁车站快车,约每15分钟一班。

7 铁路

提到欧洲的铁路旅游,便不得不为它的无所不在而折服——也许是欧洲的地貌平坦,在欧洲几乎没有火车到不了的地方。即使在瑞士这样的多高山的国家,铁路照样通行,而且这里反而因高山美景多了许多景观铁路线。欧洲大陆上,铁路密布、四通八达,火车的种类如果粗略地分,有高铁、豪华列车(景观列车)、快车、慢车、区域列车、城郊列车等几种。这些列车几乎涵盖了所有人的出游需求。

自从开辟了海底高速铁路欧洲之星,人们可以便捷地横跨英吉利海峡去到英伦三岛,耗时甚至低于航空线所需。由于欧洲铁路发展较早,各国铁路均相连成网,几乎所有的大小城市都有自己的车站,并且通常坐落在市中心。欧洲铁路公司为了推广海外销售业务,在境外多实行优惠票价,除了有欧洲各大城市间点到点的车票,游人们还能购买17国通票、3~5国自选通票、多国通票、单国通票。不同的组合有不同的优惠,单人票和2人以上同行票价也不同。目前在中国境内购买欧洲27国的各类火153车通票,都比欧洲本土同类火车票便宜10%~20%。

在欧洲大陆,除了由法国铁路联营、比利时铁路局及英国欧洲之星有限公司三家联营的模式建立的交通线欧洲之星,还有被称作"大力士高速列车"的欧洲西北高速列车服务网。它连接的是英国伦敦、法国巴黎以及比利时首都布鲁塞尔。列车从英国首都伦敦出来之后,跨越英吉利海峡便进入法国领土,同样属于TGV高速铁路家族网。欧洲西北高速列车服务网穿越欧洲大陆上的法国、德国与荷兰、比利时、卢森堡几国,服务的主要目的地城市为巴黎、布鲁塞尔、科隆、阿姆斯特丹、布鲁日、安特卫普等。

8 公路

欧洲整体的道路状况及车况都很好,同时交通规则明确清晰,道路交通标志合理,易于识别和辨认。与国内最大的区别在于这里的高速公路大多是免费的,同时高速公路的辅助设施齐全——不管加油站还是路上补给,都有明确的标示。除了路况好、车辆少,宽敞的高速路基本没有速度限制,因而驾车时很容易不小心就飙到160以上。

自驾欧洲是个惬意的旅程。大部分的游人不会把自己的座驾一起运到欧洲,这时候租车便成为出行的极好选择。当目标是全欧洲旅行时,选择稍微贵一点、较大的租车公司是比较明智的。租车时大多会带一份保险,而具体条目则需要与公司确认。自驾的最大好处是可以走走停停,随心所欲地把入眼的美景看个够。在欧洲自驾需要额外办理的文件只有驾照公证,可以就近找个公证处将中文驾照做一个翻译公证。最好有一定驾驶经验,新手不要单独成行。此外,欧洲车位一般较小,一定要有过硬的倒车技术。出行在外,一套完善的海外保险也是游人应该考虑的。

9 公交

欧洲的大多城市有比较便利的巴士服务网,同时大部分国家都对旅客提供快车通行证、巴士折扣卡、巴士旅游证等交通套票。长途巴士是欧洲大陆上最便宜的旅行方式之一,但是旅途所需要的时间也往往比火车要多出将近一倍。如果要采用公交作为出行工具,提前查询线路时间以及购票方式可以给旅途带来许多便利。

10 水运

欧洲水运发达,其特色便是运河多、港口多、船坞多。水运可以方便地连接位于两个半岛的城市,免去陆上交通周折的绕路之苦。

欧洲的著名港口城市——水城威尼斯有177条河道纵横交错,都有运河贯通,市内的港区也靠运河与海相连,而且水深较大,可供海船往返。在城中便有短途的水路航线供游客选择。其他的著名港口城市有意大利腊万纳港、法国勒阿弗尔港、荷兰首都阿姆斯特丹港、德国的汉堡港和卢贝克威廉港、比利时的安特卫普港和根特港、荷兰的艾莫伊登港等,都有客轮相互连通,可以计划好行程之后在网上提前购票。要注意的是,主要线路的豪华游轮大都需要提前一个月甚至半年来预订。

精彩欧洲！6大名片！

NO.1 欧盟

欧盟是为促进欧洲各国共同发展而成立的国家联合体，是在20世纪50年代由法、德、意、荷、比、卢等6国组成的欧洲煤钢共同体发展而来的，目前已有27个成员国，是世界上最大的区域一体化组织。欧盟的盟歌是贝多芬的《欢乐颂》，盟旗是蓝底十二星旗，庆典日为每年的5月9日，铭言是"多元一体"，并有5种工作语言。欧元是欧盟发行的货币，已成为欧盟主要成员国的官方货币。欧盟在各成员国之间已经初步实现了人员、商品、资本的自由流通。

NO.2 北欧

北欧是指挪威、瑞典、芬兰、丹麦、冰岛这5个国家，以及法罗群岛。这里是世界著名的风景旅游区，以茫茫林海和千里冰封、万里雪飘的胜景著称，这里既有气势雄伟的高楼大厦，也有温馨浪漫的林间木屋。北欧的自然风光极为优美，极夜与极昼等天文现象也令人惊叹不已，而这里的桑拿浴则是一种强身健体的洗浴方式。北欧地区有着丰富多彩的民间文化，北欧神话是极具史诗色彩的神话传说，安徒生的作品则是脍炙人口的童话故事。

畅游欧洲 推荐

NO.3 地中海

地中海是目前地球上最古老的海洋，也是诸多古文明的摇篮。作为世界上最大的陆间海，地中海被亚欧大陆和非洲大陆环绕，若干风景秀丽的大小岛屿点缀其间。地中海西部通过狭窄的直布罗陀海峡与大西洋相连接，东部则分别连通了黑海和阿拉伯海。地中海的爱琴海域孕育了古希腊文明，克里特岛相传是米诺陶诺斯出现的地方，雅典城则是世界上最早建立的城市之一。希腊地区古迹众多，温泉关、萨拉米斯都是著名的战场，而帕台农神庙则是古希腊建筑艺术的精华。

NO.4 文物古迹

欧洲地区历史悠久，古迹众多：既有古罗马引水渠这种至今仍发挥作用的历史遗物，也有英国巨石阵这种仍难以破解的古代遗迹，而罗马、雅典两座古城则是赫赫有名的古迹汇聚之地。由于历史的原因，欧洲是收藏世界各地文物最多的地方，大英博物馆、卢浮宫都是馆藏极为丰富的博物馆。欧洲还有许多复合型的古迹景点——像凡尔赛宫既是精美建筑的艺术结晶，又见证了法国及欧洲近现代历史上的风风雨雨。

NO.5 俄罗斯

俄罗斯幅员辽阔，拥有多种多样的自然风情，既有无边无际的茫茫林海，也有剑指蓝天的崇山峻岭，欧洲第一大河也在这里流淌。俄罗斯又有着光辉灿烂的艺术文化，从普希金的诗歌到托尔斯泰的长篇巨作，还有柴可夫斯基的音乐、塔科夫斯基的诗意电影都讲述着这个豪迈国家的细腻一面。从红场上的列宁墓，到静静停泊着的阿芙乐尔号，都默默地见证着时代的变迁。

畅游欧洲 推荐

NO.6 阿尔卑斯山

阿尔卑斯山脉是欧洲最高大的山脉，蜿蜒盘旋，有1200多公里，巍峨壮丽。阿尔卑斯山脉是著名的旅游胜地，晶莹的雪峰、无边无际的茫茫林海和清澈的山间流水共同组成了阿尔卑斯山脉迷人的风光。阿尔卑斯山的主峰勃朗峰海拔近5000米，是极限运动爱好者的圣地。山间峡谷中那些种类繁多的鲜花碧草，年复一年地用姹紫嫣红的色彩将这片大地装扮得美不胜收，而大大小小的野生动物们则在这里自由自在地生存繁衍。

TIPS!欧洲!

1 办理签证申请

目前中国公民前往欧洲旅游，并不需要每去一个国家便办理一个国家的签证申请。根据在卢森堡签署的《申根协议》，任何一个申根成员国签发的签证，在所有其他成员国也被视作有效，而无需另外申请签证。因此，如果要去奥地利、比利时、丹麦、芬兰、法国、德国、冰岛、意大利、希腊、卢森堡、荷兰、挪威、葡萄牙、西班牙、瑞典、匈牙利、捷克、斯洛伐克、斯洛文尼亚、波兰、爱沙尼亚、拉脱维亚、立陶宛、瑞士和马耳他这25个国家其中的任意几个，只要申请申根签证就可以了。如果只准备前往某一个特定的申根国家，必须向这个国家的驻外机构申请签证；想要在多个申根国家逗留，原则上必须根据提交的行程去停留时间最久的国家（主要停留国家）的驻华使领馆申请签证；在无法确定主要停留国家的情况下，可以申请首先入境国家的签证。另外，安道尔、梵蒂冈、圣马力诺和摩纳哥公国与申根邻国没有实际上的边境检查，也可以凭申根签证任意进入。不过，如果要前往英国和俄罗斯这样没有加入《申根协议》的国家旅游，还是要前往该国的大使馆进行签证申请的。其中，法国、德国、意大利、希腊、西班牙、捷克、瑞士、荷兰、匈牙利、奥地利和英国都已开放了个人旅游申请，具体办理手续如下：

赴欧旅游	
申请资格	目前全国所有地区的公民都可以申请赴欧旅游。
所需材料	1.有效护照：必须是有效期半年以上因私护照，如果是换发的护照，要同时提供旧护照，如果旧护照丢失必须让当地派出所开遗失证明； 2.个人资料表：如果有拒签，请写明拒签的时间和国家，特别是曾经被申根国拒签过一定要注明； 3.签证申请表； 4.照片：免冠正身彩照4张，白色背景； 5.户口本：全家户口本复印件（户口本上服务处所及职业栏目中的工作单位必须和在职证明中的单位一致，婚姻状况必须和实际一致）；

所需材料	6.身份证及身份证复印件（退休人员需提供退休证复印件，在职证明、单位空白抬头纸和营业执照复印件可以省略；学生则需要提供由学校出具的有学校函头并盖章的学生假期证明及学生证）； 7.资产证明：金额在3万元人民币以上或等值外币的个人银行存款证明及房产证复印件证明、汽车行驶证等，如夫妻一同申请，则存款证明需要在6万元以上，如财产证明为配偶名字，则需提供结婚证明； 8.在职证明：由所在单位信笺纸打印并加盖公章。 9.单位空白盖章抬头纸：4张，要求抬头纸上必须盖有公司的红章，印有抬头（公司名称），公司地址电话及传真，并且有公司领导人签名及其职务(公司领导人不能是申请人)； 10.营业执照复印件（带最近一年年检章）； 11.若申请的是申根国家签证，还必须准备申根签证保险：保险金额为3万欧元或30万人民币以上，须对整个申根区和旅游逗留期有效； 注：根据申请国家不同，所需材料会略有不同，请以该国大使馆要求的材料为准。
停留时间	根据申请时的日程安排而定，最长不超过90天。
所需费用	申根国家60欧元左右。
领取证件	申请受理后，按照回执上标明的取证日期到指定部门领取证件。领取时应携带本人户口本、居民身份证和回执，并在交付证件(签注)费用后取证。取证后一定要认真核对证件及签注的各项内容，防止出现差错。
欧洲主要国家驻中国使馆一览	英国驻华大使馆：北京市建国门外光华路11号，电话：010-85296600、85296080； 法国驻华大使馆：北京市朝阳区东直门外大街26号，电话：010-85328080、85324841； 德国驻华大使馆：北京市朝阳区东直门外大街17号，电话：010-85329300、85329100； 北京意大利签证申请中心：北京市朝阳区工人体育场北路13号院1号楼2层211室至212室，电话：010-84185417、84185517 俄罗斯联邦驻上海总领事馆：上海市黄浦路20号，电话：021-63248383、63242682； 瑞士驻华大使馆：北京市三里屯东五街3号，电话：010-85328755； 西班牙驻华大使馆：北京市朝阳区三里屯路9号，电话：010-65321986、65323629； 荷兰驻华大使馆：北京市朝阳区亮马河南路4号，电话：010-85320200； 希腊驻华大使馆：北京市朝阳区光华路19号，电话：010-65321588； 比利时王国驻华大使馆：北京市三里屯路6号，电话：010-65321736、65321737； 奥地利驻华大使馆：北京市建国门外秀水南街5号，电话：010-65329869、65322062； 丹麦王国驻华大使馆：北京市三里屯东五街1号，电话：010-85329900、8532 9937； 芬兰驻华大使馆：北京市朝阳区光华路1号嘉里中心南楼26层，电话：010-85198300；
注意事项	1.申请签证时信息一定要与真实情况相符，否则若是在申请过程中被发现作假，可能会被永久拒签。 2.申请签证准备材料时，要认真、严格、细致地准备，这样通过的成功率更高。 3.申根签证有几次进出申根国家的限制，请事先了解清楚，以免到时无法入境。 4.有的大使馆会通知面签，面签的时候可以使用英语，如果英语不好的话可以用汉语回答，不会因此影响签证的成功率。 5.在办理签证之前，最好先向该国驻华使领馆以电话或通过其网页查询相关要求，以免准备不全。

＊上述介绍仅供参考，具体申请手续以当地有关部门公布的规定为准。

❷ 出入境口岸

当签证办好之后，游客就可以按照自己的日程前往欧洲了。目前前往欧洲主要是乘坐飞机，在全国各大城市都有飞往欧洲的航班，旅客可以根据具体情况自行选择。以下是欧洲航班较多、较便捷的机场。

出入境口岸	使用的交通工具	入境情况	开放时间	进入市区交通方式
法国戴高乐机场	飞机	入境轮候时间较短	24小时	机场与区域快铁RER系统以及高速铁路TGV系统相连，每小时可提供3或4班列车前往巴黎市区。另外，在机场还可以搭乘火车前往法国其他地区。
伦敦希思罗机场	飞机	伦敦希思罗机场是欧洲客流量最大的机场，入境轮候时间较长	24小时	希思罗机场距离伦敦市区有24公里，搭乘希思罗机场快线可以方便地到达市中心。另外，伦敦地铁皮卡迪利线在机场也有站点停靠。
法兰克福国际机场	飞机	入境轮候时间较短	24小时	游客可以在位于一号航站楼旁边的AirRail长途铁路车站乘坐快速火车前往市区，也可以换乘前往科隆的德国高铁，可以方便地到达波恩、杜塞尔多夫、汉堡、汉诺威、慕尼黑、纽伦堡、斯图加特等城市。
慕尼黑国际机场	飞机	入境轮候时间较短	24小时	从机场搭乘慕尼黑轻轨到达慕尼黑市中心需要约40分钟，乘机场巴士的话则需要约45分钟。
罗马菲乌米奇诺机场	飞机	入境轮候时间较短	24小时	在机场可以搭乘地铁前往罗马市区，所需时间在30分钟左右，费用是14欧元。另外，也可以搭乘机场巴士前往市区。
莫斯科谢列梅捷耶夫国际机场	飞机	入境轮候时间较短	24小时	从机场到莫斯科市有全天运营的巴士，往返于机场和莫斯科市内航空客站的大巴费用是30卢布，如果乘坐从机场到地铁站的公交车，只需要25卢布。
瑞士日内瓦机场	飞机	作为欧洲第四大机场的日内瓦机场，人流很多，入境时间较长	24小时	日内瓦机场距离最近的火车站仅有300米，搭乘火车到日内瓦科尔纳中央火车站只需8分钟。另外，这里的巴士连接着瑞士和法国的各大城镇，非常便利。
荷兰阿姆斯特丹史基浦国际机场	飞机	入境轮候时间较短	24小时	史基浦机场有自己的火车站，站台就在史基浦购物中心（机场集转站的中心大厅）的下面，乘坐火车从史基浦到阿姆斯特丹中心火车站只需20分钟，也可以到达莱顿、海牙、代尔夫特、鹿特丹和乌特勒支等城市。

马德里巴拉哈斯机场	飞机	入境轮候时间较短	24小时	在马德里巴拉哈斯机场的地下纵横贯穿着4条地铁，可以很方便地到达马德里市区。另外这里的地铁分为入境和出境两个口，请注意不要弄错了。
丹麦哥本哈根机场	飞机	入境轮候时间较短	24小时	哥本哈根机场距离哥本哈根市中心仅8公里，而且在机场边就建有火车站，可以快速地到达市区。另外，每5分钟一班的机场巴士和公交车也能够迅速把您送到目的地。
布鲁塞尔国际机场	飞机	入境轮候时间较短	24小时	从机场到布鲁塞尔市内，乘既快又便宜的列车是最方便的。从到达大厅出发乘电梯到地下，有国铁车站快车，约每15分钟一班。

❸ 出入境须知

出入中国边防及在欧洲入境时，请手持护照依次排队办理相关手续。一般来说，办理登机手续时航空公司会按国际惯例以客人姓名的英文字母顺序发放登机牌，如果需要调整座位，可以在其他乘客全部坐好后自行请空乘人员协助调换。

出入境时一定要据实申报所携带行李物品，不得走私、漏税、携带违禁物品或超过限量。出境时，中国海关规定每名出国游客最高可随身携带等值5000美元的现金，另外像摄像机和变焦照相机这样的海关规定申报的物品也必须申报。

在抵达欧洲机场之后，检疫手续和入境手续是必须办理的，另外还必须出示相关的证件和证明。欧洲的申根国家的机场一般分为国际区和申根区两个区：在国际区内可转机赴非申根国家；如去其他申根国家，就需要进入申根区。是否需要在该机场转机，转机前往的国家是否为申根国家，所需要的手续和证件都不相同，请在入境之前了解清楚并准备好。

根据国际惯例，一国的边检部门有权审查入境旅客，如拒绝其入境，并不需说明理由。游客如果在入境时受阻，应该向机场边防如实说明入境或过境事由，并了解受阻原因。语言不通的话也没关系，可以要求对方提供翻译。如果遇到某些无法解决的事情，可以联系我国驻该国大使馆。另外，尽量不要在看不懂的文书上签字。

❹ 气候

季节	月份	气候	旅行建议
春季	3月至5月	欧洲的春天非常美丽，高山上还是白雪皑皑，山脚下和城市却已是春风荡漾了。	春天旅游的时候一定要带好雨伞和防寒衣服，因为这个时候非常适合户外旅行，因此最好选择舒适的旅游鞋。
夏季	6月至8月	夏季的欧洲非常凉爽，很适合旅游。尤其是地中海附近，完全感觉不到酷暑。	夏季最适合旅游的地方是地中海边，不过要准备好墨镜、防晒霜，以免被强烈的阳光灼伤。
秋季	9月至11月	秋天是收获的季节，也是享用美食的季节。这个时节可以在欧洲品尝到各种风味特异的美食。	秋天的欧洲凉爽宜人，早晚温差较大，因此要注意保暖。
冬季	12月至次年2月	冬季的欧洲经常会被白雪覆盖着，虽然有些寒冷，却别有一番风味。	冬季的欧洲较为寒冷，经常会出现气温降到0℃以下的情况，一定要穿得厚实一些防止生病。

❺ 货币兑换

欧洲通行的货币主要是欧元，瑞典、丹麦和英国则使用自己国家的货币，不过欧元在某些商店里

也是可以使用的。人民币在欧洲不属于流通货币，不能自由兑换，在机场和主要的火车站均设有外汇兑换处，营业时间为6:00—22:00。另外也可以在银行兑换欧元，银行营业时间为8:30—13:00、14:30—16:00，周六、周日休息。

❻ 时差

欧洲跨了3个时区，其中零时区与中国差了8个小时，东一区与中国相差7个小时，东二区则与中国相差6个小时。欧洲实行夏时制。

❼ 语言

欧洲的语言比较复杂，英语、法语、德语、意大利语等语言都很常用，因此最好事先了解清楚自己想要去旅游的国家使用的语言。英语在大多数国家都通用。

❽ 住宿

欧洲的酒店均不提供牙刷、牙膏、拖鞋等洗漱用品，需游客自备。有部分酒店会提供沐浴液、护发素、护肤液等洗浴用品，可以向酒店前台询问。另外，欧洲的自来水可以直接饮用，因此酒店里不提供热水，需要热水必须自己去烧。电吹风等电器也需要自备。洗澡时注意不要将水弄到地板上，否则可能会被酒店索赔。欧洲的电压大多数为220伏，不过插头是两项圆孔，需要电源转换插头。

❾ 小费

欧洲有给小费的习惯，导游和司机均以小费为主要收入，各国机场、酒店的行李搬运需给行李员小费。一般来说只需给行李搬运员小费1欧元即可，导游和司机的小费在4欧元左右。

❿ 通讯

国内的手机在欧洲可以使用，不过必须支付高昂的漫游费。想要和国内联系，需要先拨0086，然后再加上地区号和电话号码即可。在欧洲的酒店房间内拨打电话通常较为昂贵，游客可以购买欧洲通用的电话卡，它的使用方法和IP电话卡一样，价格比直接拨打要经济得多。

⓫ 交通

欧洲的铁路非常发达，高速公路也四通八达，欧共体国家间可以自由进出而无需查看签证，经常是乘坐火车一会儿就到了另一个国家。另外，因为欧洲特殊的地理原因，除了飞机、火车、汽车这些平常的交通工具以外，轮渡和游轮也是常用的交通工具。著名的诗丽雅号就是其中的佼佼者，这条6万吨的豪华游轮往返于芬兰首都赫尔辛基与瑞典首都斯德哥尔摩之间，其上开设了赌场、夜总会、酒吧、餐厅、桑拿房、电影院、Disco舞厅、卡拉OK等豪华设施，吸引了许多慕名而来的游客。

⑫ 治安

在欧洲一定要注意看管好自己的财物。在餐厅、博物馆、酒店大厅、百货公司和街头这样人多的地方要特别当心。注意不要将自己的财物暴露在大庭广众之下，夜晚出行要结伴而行，以免发生意外。

⑬ 常用电话

法国：
报警电话：17
火警电话：18
急救中心：15
中国驻法国大使馆：0033-153758840

英国：
报警、救护电话：999
英国国内电话业务的免费咨询：100
中国驻英国大使馆：020-72994049

德国：
报警电话：110
火警电话：112
急救中心：112
红十字会：0049-30-850055
中国驻德国大使馆：0049-30-27588555

意大利：
报警电话：112
火警电话：115
急救中心：118
交通事故：113
中国驻意大利大使馆：0039-06-8413458

俄罗斯：
报警电话：02
急救中心：03
中国驻俄罗斯大使馆：9382006

荷兰：
报警、消防、救护电话：112
荷兰境内电话查号：0900-8008
中国驻荷兰大使馆：0031-70-3065061

西班牙：
紧急电话：112
市区警察：91-588-5000
交通警察：91-457-7700
庇护电话：91-556-3503
红十字会：91-522-2222
中国驻西班牙大使馆：91-519-4242

丹麦：
报警、消防、救护电话：112
中国驻丹麦大使馆：0045-39460889

超IN!欧洲13天12夜!

☀ DAY 1

白天 〔伦敦〕

伦敦是大多数中国游人进入英国的第一站。作为英国首都的伦敦，同时也是欧洲重要的金融中心，在这座古老的城市中拥有无数游人耳熟能详的建筑：气势磅礴的议会大厦与熠熠生辉的伦敦眼交相辉映，圣保罗大教堂的穹顶和特拉法加广场上奈尔逊勋爵的铜像遥遥相望，从声名鹊起的牛津街到烂漫温馨的诺丁山，从拥有无数珍贵藏品的大英博物馆到宏伟壮观的威斯敏斯特教堂，2000年的光阴与历史凝聚在伦敦这座宏伟的"雾都"之中。

☾ NIGHT 1

夜晚

伦敦SOHO区早在18世纪就以小剧院和各种声色场所而闻名，现在则是伦敦知名的夜生活区。每到夜幕低垂，SOHO区就成了人们用餐、饮酒、欣赏脱口秀及反串秀的最佳去处。

☀ DAY 2

白天 伦敦-巴黎

　　乘坐欧洲之星列车即可从伦敦直达巴黎。巴黎是法国的文化、艺术中心，也是世界历史名城，在巴黎可以用一天的时间参观壮观的埃菲尔铁塔、凯旋门、举世闻名的巴黎圣母院，以及爱丽舍宫、凡尔赛宫、卢浮宫、协和广场、圣心堂、香榭丽舍大道等巴黎标志景点。同时还可乘船游览横穿巴黎的塞纳河，欣赏沿岸浪漫的巴黎风情。另外巴黎还是诸多世界名牌的聚集地，在这儿的蒙田大街可以尽情购物。

☾ NIGHT 2

夜晚

　　晚间巴黎有著名的红磨坊歌舞表演，豪华奔放，是巴黎夜生活中最受欢迎的一部分。除此之外，巴黎还有许多充满文化气息的咖啡馆，在这里可以充分体会法国的浪漫气息。

畅游欧洲 推荐

029

☀ DAY 3

白天 巴黎-卢森堡+布鲁塞尔

从巴黎出发，便可乘车前往欧洲大陆仅存的大公国卢森堡，卢森堡素有"北方直布罗陀"之称，扼守德法边境。建于3世纪的卢森堡古堡是卢森堡的前身，大公宫殿和圣母教堂建筑精致，富有文艺复兴的艺术风格，贯穿整个城市的大峡谷和上面的大桥更是卢森堡的标志。游览完卢森堡后即可乘火车前往布鲁塞尔，参观著名的于连雕像和原子能塔，以及"世界上最美丽的广场"——布鲁塞尔大广场。

☽ NIGHT 3

夜晚

布鲁塞尔的"迷你欧洲公园"位于布鲁塞尔公园内，里面汇集了欧洲各国的著名建筑和古迹，夜幕降临时各微缩建筑上灯火齐明，一片辉煌。

DAY 4

上午 布鲁塞尔-阿姆斯特丹

阿姆斯特丹距离布鲁塞尔只有200多公里，乘列车很快就可到达，是荷兰最大城市，有着"北方威尼斯"之称。交错纵横的运河遍布整个城市，乘船游览是领略阿姆斯特丹风情的最好方式。水坝广场、荷兰王宫、国家纪念碑、杜莎夫人蜡像馆等著名景点都可乘坐游船前往，博物馆广场更是汇集了国立博物馆、梵高博物馆等代表性的博物馆，在这里可以尽览艺术大师的稀世杰作。

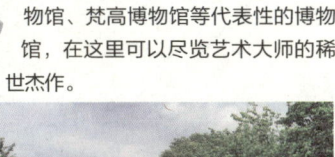

畅游欧洲 推荐

NIGHT 4

夜晚

乘船夜游运河可以欣赏到阿姆斯特丹的另一番风情，沿着河道到旧教堂附近，可看到熙熙攘攘的人群，上岸就可看到阿姆斯特丹五光十色的夜生活。

031

☀ DAY 5

白天 阿姆斯特丹—科隆

阿姆斯特丹距离科隆有不到300公里的车程，古老而美丽的科隆位于莱茵河畔，是德国的第四大城市，历史悠久，名胜古迹众多，风景优美宜人，素有"没到科隆就没到过德国"的说法。高耸入云的科隆大教堂是其最广为人知的建筑，高度超过150米，是世界上最高的双塔教堂，现在已经成为科隆的象征，是来科隆必须要参观的景点。大教堂前的广场每年夏季的周末都会举办民俗庆典活动，复活节期间的科隆狂欢节更是令人难以忘怀。

☾ NIGHT 5

夜晚

科隆毗邻莱茵河，河畔有许多德国特色的啤酒馆，很多都是啤酒厂自己开设的。每到周末，酒馆中就像过小型狂欢节一样，游人们在这里可以尽览德国风情。

☀ DAY 6

白天 科隆-柏林

早上可以从科隆乘车前往德国的新首都——柏林。柏林历史悠久，既有精美的古老建筑，也有现代化的高楼大厦，各式各样的博物馆、各种风格的广场、剧院、宫殿随处可见，是一个既古典又现代的大城市。在柏林市内，能看到壮观的圣母教堂和白色壮观的勃兰登堡门，还有著名的博物馆岛和柏林墙旧址，古老典雅的夏洛特宫周围分布着许多重要的文化建筑。另外柏林还有柏林爱乐乐团、柏林电影节等，是世界级的文化交流场所之一。

☾ NIGHT 6

夜晚

柏林的夜生活，不管是质量、数量还是种类，都远远超过其他欧洲城市。在普伦茨劳贝格、克罗兹堡区等地，每天入夜后都有许多夜总会开始营业，对外来游客来说是不可不参观的景点。每年还会有一次全部夜总会都免费的"夜总会之夜"。

☀ DAY 7

白天 柏林-慕尼黑+新天鹅堡

慕尼黑是德国的啤酒之乡，在这里可以尽情享受舒适惬意的德国式生活。此外，还有慕尼黑王宫、英国花园等名胜古迹。新天鹅堡位于德国南方和奥地利的边境，是巴伐利亚国王路德维希二世的行宫，位于风景秀丽的阿尔卑斯山，周围有无尽的森林和草原、终年积雪的山峰、宽广清澈的高山湖，犹如童话世界一般。外形独特的新天鹅堡给现代童话提供了无穷无尽的素材，是德国最受欢迎的景点。

☾ NIGHT 7

夜晚

慕尼黑是德国的啤酒之乡，在老城区中有着数不清的酒吧和夜总会，是度过一个欢乐、热烈的夜晚的最好选择。

☀ DAY 8

白天 慕尼黑-维也纳

从慕尼黑出发，乘车不久就可到达维也纳，这个举世闻名的音乐之都中有着风格各异、精美绝伦的各式建筑。身为多瑙河流经的第一个大城市，维也纳有着"多瑙河的女神"之称，环境优美，气候宜人。整个城市中能够看到无数音乐大师的足迹，著名的金色大厅是维也纳最古老，同时也是最现代化的音乐厅。而每年的新年音乐会更是吸引了全世界音乐爱好者的关注，被称为"世界歌剧中心"。此外还有史蒂芬大教堂、美泉宫、霍夫堡皇宫等诸多景点。

☾ NIGHT 8

夜晚

咖啡馆是维也纳人生活中不可或缺的一部分，就像啤酒对德国人的重要性一样。来维也纳，晚上最好去老城区找一家小咖啡馆，体验下这里地道的夜生活。

畅游欧洲 推荐

☀ DAY 9

白天 维也纳-比萨+罗马+梵蒂冈

历史悠久的比萨城拥有许多中世纪的文物古迹，最值得一游的景点当属举世闻名的比萨斜塔。参观过比萨斜塔之后就可直奔意大利数千年来的政治文化中心——罗马，创建于2500多年前的罗马城有着数不胜数的文物和古迹：宏伟的万神殿被称为"天使的设计"，堪称建筑史上的奇迹；罗马圆形竞技场的设计精巧大气，是古罗马建筑最伟大的成就。此外还有帝国元老院、凯旋门等精美的古罗马建筑。罗马教廷所在地——梵蒂冈也位于罗马古城区的西北，这里是世界上最小的国家，却有着世界上最大的教堂——圣彼得教堂。

☾ NIGHT 9

夜晚

圣玛丽亚教堂所在的台伯河岸区是罗马最繁华的夜生活场所。夜间这里熙熙攘攘，是就餐和泡酒吧的好选择。

☀ DAY 10

白天 罗马-马德里

西班牙的首都马德里素有"欧洲之门"之称,虽然这里是西班牙的第一大城市,但却是一个适合步行漫游的城市,每一条道路都能通向马德里的中心——太阳门,从太阳门向四周步行,沿途遍布艺术、文化宝藏。太阳门旁边就有马德里王宫、阿姆德纳圣母大教堂、东方宫等古迹。而西班牙广场上的西班牙摩天大厦高耸入云,还有西班牙文学的标志——塞万提斯以及他笔下堂·吉诃德和桑丘的雕像。另外,以普雷多博物馆和苏菲亚美术馆为代表的马德里博物馆更是值得参观的首选之地。

☾ NIGHT 10

夜晚

马德里人曾经有"夜猫子"的称呼,这是由于历史上他们曾善于在夜间攻击入侵的阿拉伯人。现在的马德里,每天晚上都有无数酒吧、餐厅开放,另外市内各大广场的灯光夜景也是马德里夜晚的一大亮点。

DAY 11

白天 马德里-雅典

奥运会的起源地——雅典有着数千年历史，是一个驰名世界的文化古城，城里遍布历史遗迹和艺术作品。许多古代哲学家、政治家、艺术家都曾居住在雅典，雅典也因此被称为"西方文明的摇篮"。至今城中还有许多当时的遗迹。雅典卫城是古希腊文化的标志，也是欧洲最重要的遗迹之一。卫城中拜乌莱门、雅典娜神殿、伊瑞克提翁神殿等都是古希腊建筑的经典之作，而最著名的当属雅致协调、精巧绝伦的帕特农神庙，这也是古代西方文明的象征。此外，雅典还有希腊最大的神殿——奥林匹亚宙斯神殿，而在国家考古博物馆中还能看到希腊各地出土的精美文物。

NIGHT 11

夜晚

雅典可以说是欧洲的不夜城，夜间也是灯火辉煌，普西里区、波拉卡区等地都有许多小店可以体会雅典的风情，在璀璨星空下的雅典卫城夜景更是别有一番意境。

DAY 12

白天 雅典-莫斯科

有着"森林中的首都"美誉的莫斯科是欧洲最大的城市，也是俄罗斯的政治、经济、文化、艺术中心。气势雄伟的克里姆林宫是俄国沙皇的宫殿，巍峨壮观的圣母升天大教堂就屹立于克里姆林宫中心教堂广场上，旁边还有报喜教堂和容纳了历代帝王墓地的天使大教堂。举世闻名的红场位于克里姆林宫东侧，这里是俄罗斯的精神家园，列宁墓、波克罗夫斯基教堂等也在红场之上。莫斯科河两岸风景秀丽，可以乘船游览。莫斯科还有一大标志就是这里壮观豪华的地下铁，每一站的装潢都犹如宫殿一般，令人大开眼界。

NIGHT 12

夜晚

俄罗斯的芭蕾舞剧举世闻名，晚上观看大剧院芭蕾舞团的表演是住在莫斯科的一大享受。

DAY 13

白天 莫斯科-圣彼得堡

名字拥有3个含义的圣彼得堡蕴含着非同一般的文化背景，沿袭了德国、荷兰和俄国的建筑文化传统，是俄罗斯第二大城市，还曾经作为俄国的首都200余年。现在圣彼得堡保留着许多俄罗斯古典建筑，恢弘精美的冬宫收藏了数不清的艺术文化作品，冬宫广场上的亚历山大纪念柱更是各国游客争相参观的建筑奇观，夏宫建筑豪华壮丽，被誉为"俄罗斯的凡尔赛宫"。涅瓦大街上还有果戈理、柴可夫斯基等名人的故居，另外圣彼得堡的5月到8月是极昼时间，这时候整个城市是名副其实的不夜城，运气好的话还能够看到悬挂在天际的绚丽北极光。

NIGHT 13

夜晚 从圣彼得堡乘坐飞机踏上归途

畅游欧洲 推荐

热地！欧洲10大人气必去地！

1 爱琴海

爱琴海是一个非常浪漫的地方，令世人向往，尤其是对于青年情侣来说，爱琴海更成了度蜜月的最佳选择。其实，爱琴海就是地中海东部的一个大海湾，因岛屿众多，又被称为"多岛海"。这里海岸线曲折，港湾众多，气候宜人，风光优美，犹如人间仙境一般。在这里无论是穿着泳衣在蓝色的海洋里徜徉，还是躺在柔软的沙滩上晒太阳，海水有节奏地拍打着脚踝，海风轻柔地从身边吹过，一切都让人感到十分惬意、美好。

2 埃菲尔铁塔

埃菲尔铁塔是西方三大著名建筑之一，在世界范围内享有盛誉，它被看成是法国的一个标志。这座铁塔建于1889年，高324米，塔上既设有餐厅，又设有观景台。站在铁塔上，整个巴黎的城市风貌一览无余。

3 热地 巴黎圣母院

矗立在塞纳河畔的巴黎圣母院是一座哥特式风格基督教教堂，也是法国历史上最为辉煌的建筑之一。这座教堂始建于1163年，历经近两个世纪才完工，无论是建筑艺术，还是历史价值，都无与伦比。虽然这是一幢宗教建筑，但它闪烁着法国人民的智慧，是古老巴黎的象征。

4 热地 凯旋门

凯旋门是巴黎四大代表建筑之一，它是法国历史上最著名的皇帝拿破仑下令修建的，为纪念奥斯特利茨战争的胜利而建立。这座凯旋门高50米，宽45米，高大、壮观，令人赞叹。在凯旋门两面门墩的墙面上，还有4组以战争为题材的大型浮雕，艺术高超，形象逼真。

畅游欧洲 推荐

5 热地 卢浮宫

卢浮宫起初是法国王室的城堡，建于1204年，历经800多年扩建、重修达到今天的规模，现在被辟为博物馆，是世界上最古老、最大、最著名的博物馆之一，馆内珍宝无数，被誉为世界三宝的维纳斯雕像、蒙娜丽莎油画和胜利女神石雕全珍藏于此。

7 古罗马斗兽场

古罗马斗兽场,也叫罗马大角斗场,是古罗马文明的象征,它建于公元72至82年间,呈圆形,面积规模宏大,可容纳近十万人。无论从建筑规模,还是设计布局等各个方面,都堪称西方古代建筑中的典范。每年这里游人如织,每个游客都用"庞大、雄伟、壮观"来形容它。

6 克里姆林宫

克里姆林宫曾是历代沙皇的宫殿,一直享有"世界第八奇景"的美誉,该宫殿始建于1156年,呈不等边三角形,周长2公里多,面积27.5万平方米,今天这里大部分保存完好,被看成是俄罗斯的标志之一。克里姆林宫内保存有许多俄国铸造艺术的杰作,比如重达40吨的"炮王"、200吨的"钟王"等都是无价之宝。

8 圣彼得大教堂

欧洲教堂众多,但最为知名的是圣彼得大教堂,它是世界第一大教堂,这座世界第一大教堂正位于世界最小的国家梵蒂冈。教堂修建于公元4世纪,艺术大师圣迦罗、拉斐尔、米开朗基罗等都为它的建筑、设计、布局等出过不少力,可以说它是整个人类智慧的结晶。圣彼得大教堂最引人注目的是它那全世界最壮观的巨型圆顶,它的高度达132米。教堂内装饰得更是金碧辉煌。另外,教堂里还有不少历史瑰宝。

9 热地 大英博物馆

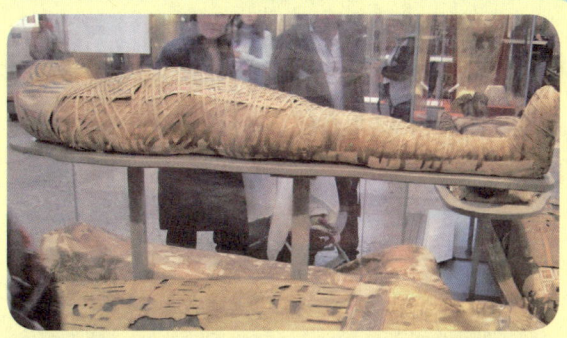

大英博物馆在16世纪中叶就对公众开放，是世界上历史最悠久、规模最宏伟的综合性博物馆，博物馆藏品之丰富、种类之繁多，为全世界博物馆所罕见。作为世界三大博物馆之一，每年吸引无数世界游人参观。

10 热地 剑桥大学&牛津大学

剑桥大学是世界最顶尖的大学之一，该大学成立于1209年，从建校开始，从这里走出了许多著名的科学家、作家、政治家等世界知名人士，被称为是"培养人才的摇篮"。牛津大学是英语国家中最古老的大学，它建于1167年，自建校至今，走出了数十位英国首相以及诺贝尔奖获得者。剑桥大学和牛津大学作为世界著名的高等学府，这里的一草一木，一砖一瓦，似乎都散发着文化的气息，在这里参观一番，让人受益匪浅。

畅游欧洲 推荐

043

热地!欧洲10大人气旅游城市!

1 伦敦

伦敦是英国的首都,也是欧洲第一大城市,其在政治、经济、人文、娱乐、科技等各个领域,都是世界领先。伦敦有数量众多的名胜景点,比如大英博物馆、伦敦塔、白金汉宫、格林尼治天文台等,均在世界上广受赞誉。因此,伦敦一直是世界各地游客向往的大都市。

2 巴黎

巴黎是法国的首都,也是法国最大的城市,和英国伦敦、日本东京、美国纽约并称为四大世界级城市。巴黎作为世界瞩目的时尚之都,集浪漫、时尚、气质、素养于一身,正如里尔克曾说过的那样,"巴黎是一座无与伦比的城市"。

3 柏林 [热地]

柏林是欧洲大陆中心的世界级城市，每年都吸引着数百万游客来此观光旅游。作为一座开放、国际化的大都会，柏林到处充满着现代化的气息，甚至能让人感觉到它的生机和活力。此外，柏林的另一面——河流、湖泊、沙滩、森林，置身这里可以体会到单纯的休闲和放松。

4 罗马 [热地]

罗马是意大利政治、经济、文化和交通中心，也是世界著名的历史文化名城之一，因建城历史悠久而获得"永恒之城"美誉。罗马作为意大利文艺复兴的中心，现今仍保存有相当丰富的文艺复兴与巴洛克风貌。在罗马城里逛一逛，你会感受到浓郁的历史文化氛围。

5 威尼斯 [热地]

威尼斯是一座十分美丽的水上城市，它"因水而生，因水而美，因水而兴"，素有"水城""水上都市""百岛城"等美称。威尼斯作为世界上唯一没有汽车的城市，以舟相通，水路为道。身临其中，就好像在做一个漂浮在碧波上浪漫的梦。

畅游欧洲 推荐

7 莫斯科

莫斯科为俄罗斯最大的综合性城市，也是俄罗斯政治、经济、文化、金融中心，近一千年来一直担任着国家首都的角色。作为世界著名古城和国际化大都市，莫斯科有不胜枚举的名胜古迹，克里姆林宫、红场、莫斯科国家历史博物馆等无一不名扬世界。另外，莫斯科由于绿化面积广，还有"森林中的首都"之称。

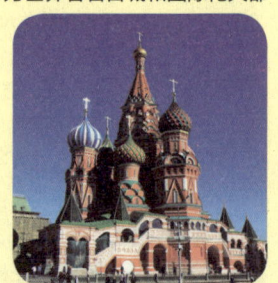

6 雅典

雅典是希腊最大的城市，它三面环山，一面傍海，风光优美，气候宜人，是极好的旅游城市。雅典作为世界上最古老的城市之一，有3000多年的历史文化，因这里诞生过无数的哲学家、政治家以及文学家，而被称为"西方文明的摇篮"和"世界民主的起源地"。

8 维也纳

维也纳位于多瑙河畔，波光粼粼的多瑙河穿城而过，四周环绕着著名的维也纳森林，风光优美，空气新鲜，环境优雅，在最新一期全球最适合居住城市的报告中，维也纳排名第二位，可见它的魅力所在。维也纳自古就有"音乐之都"的盛誉，在这里旅行的同时，观赏一场盛大音乐会，也会给你留下美好回忆。

9 马德里 [热地]

马德里是西班牙首都，也是西班牙第一大城市，在历史上因战略位置重要而素有"欧洲之门"之称。马德里城内现代化的高楼大厦与风格迥异的古建筑摩肩并立、相映生辉，美不胜收。树林、草坪、喷泉、雕塑等点缀城中的每个角落，使马德里这座古老而又现代化的大都市，更加富有魅力。

10 日内瓦 [热地]

日内瓦是世界钟表之都，同时也是世界各国际机构云集的国际化城市。这里的湖光山色，一年四季皆具吸引力。此外，日内瓦还以其深厚的历史文化、多彩多姿的娱乐活动以及令人垂涎的美食佳肴而著称于世，每年有大批的游客涌向这里，感受它的魅力。

美食!欧洲10大人气好味道!

1 美食 意大利面

意大利面在西餐品种中最接近中国人饮食习惯,因此,备受中国人喜欢。这种面采用杜兰小麦作原料,其制成的意大利面通体呈黄色、耐煮、口感好。此外,意大利面的形状也各不相同,有螺丝型的、弯管型的、蝴蝶型的、贝壳型的等等,多达数百种。

2 美食 意大利披萨饼

披萨饼是一种发源于意大利的风味小吃,在全球颇受欢迎,但是要想品尝正宗的披萨饼,还要在意大利当地。目前,意大利总共有数万家匹萨店,这里做出的披萨饼有多种口味,外层香脆、内层松软,老少皆宜。

3 美食 意大利炒饭

意大利有南吃面、北好米的习俗,意大利炒饭是由热米饭、热鸡汤、洋葱粒等食材制作而成的一道美食,这道美食最先在意大利北部盛行,现在成为风靡全球的小吃。

4 美食 法国鹅肝

欧洲人将鹅肝与鱼子酱、松露并列为"世界三大珍馐",其中以法国鹅肝最负盛名。在法国,鹅肝的珍贵程度等同于我们中餐的鱼翅、海参。因此,有人说没尝过法国鹅肝,不能算是真正吃过法国菜。

5 美食 法国田螺

法国田螺,也称法国蜗牛,是一道著名的法国烹饪美食,也是和鲍鱼齐名的世界美食,一般都是烤制食用。由于价格昂贵,一般只在喜庆的日子,法国人才食用。

6 美食 德国猪脚

德国猪脚堪称一道享誉世界的名菜,也是德国人的传统美食之一。德国猪脚通常要选用脂肪较厚的猪后小腿,经腌制后水煮或火烤,并佐以德国酸菜,美味十足。

7 美食 德国香肠

在德国的食品中,最有名的是香肠,几乎每个德国人都喜欢吃香肠,他们制作的香肠种类起码有1500种以上。德国的国菜就是在酸卷心菜上铺满各式香肠,可见香肠在德国人日常生活中的地位。

8 瑞典腌鲱鱼 美食

瑞典腌鲱鱼是一种散发着恶臭、味道偏酸的食物，如果你到了瑞典旅游，他们会推荐每一个外国人品尝"臭名昭著"的腌鲱鱼。它就像是中国的臭豆腐一样，并不是每个人都喜欢吃，但是瑞典人对它就是爱不释口。

9 英国火鸡 美食

英国食用火鸡的历史有数百年了，一般家庭都会自行烹调火鸡，将大量的蔬果，如甘笋、西芹、洋葱、栗子等，塞进火鸡肚子里，再在表层抹上多种香料，然后放入焗炉烤，没等出炉，就能闻到诱人的香味了。

10 希腊菲达奶酪 美食

菲达奶酪是希腊享誉世界的奶制品和标志性美食，希腊人无时无刻不在食用菲达奶酪，这种食品色泽乳白，质地柔软，可以伴以各种其他食品，一道享用。

带回家！欧洲10大人气纪念品！

1 英国泰迪熊

提到英国的泰迪熊，就会自然而然地想到它那圆润的身材和矫健的四肢，以及它那憨厚可掬的表情。如今的泰迪熊，已不再是普通的玩具，更多地被赋予了重要的纪念价值，扛起了传承英国文化的作用。

2 苏格兰威士忌

苏格兰生产威士忌酒已有500年的历史，这里出产的苏格兰威士忌具有口感干冽、醇厚、劲足、圆润、绵柔等特点，被誉为"液体黄金"，非常受游客青睐。

畅游欧洲 推荐

3 瑞士钟表

瑞士被人们誉为"钟表之国"，瑞士钟表无论是产量还是质量，均居世界前列，并以其完善的售后服务和经久耐用的品质，在世界范围内广受推崇。

纪念品
4 列支敦士登邮票

如果要问哪儿的纪念邮票最好,那非列支敦士登邮票莫属,列支敦士登有"邮票之国"之称,所发行的邮票在近一百年来,一直让世界各地的收藏家爱不释手。

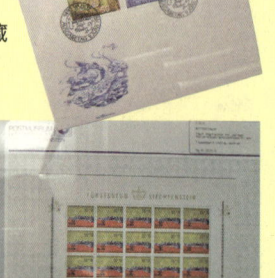

纪念品
5 德国照相机

早在19世纪,德国就已经生产出了全金属外壳的相机,并以磨制精良的镜头和经久耐用的机械性能受到世人的青睐。如今,徕卡、蔡司等德国品牌,风靡世界。

纪念品
6 法国香水

法国香水历史悠久,举世闻名,其香味沁人心脾,耐人回味,绝对是非常有意义的纪念品,我们熟知的品牌就有巴宝莉、安娜苏、波士等。

纪念品
7 波尔多葡萄酒

波尔多葡萄酒享誉世界,它口感柔顺细腻,风情万种,有"法国葡萄酒皇后"的美称,深受世界各地人们的喜爱。

8 纪念品 比利时巧克力

巧克力大家都品尝过，并不会感到新鲜，但是提到比利时巧克力，还是会垂涎欲滴。比利时巧克力不仅仅有着细腻浓香的口感，还有着奇特的外形和不同的美感。

9 纪念品 俄罗斯套娃

俄罗斯套娃是俄罗斯非常流行的一种木质玩具，是由大小不一的娃娃一个套一个，因此称为套娃。而最常见的就是穿着俄罗斯民族服饰的娃娃，叫做"玛特罗什卡"，非常精致。

10 纪念品 荷兰风车

荷兰人创造风车的历史悠久，应用广泛，游客没有办法将荷兰的大风车带回来，可是精美别致的小风车模型在荷兰大街小巷都可以买到，作为来荷兰旅游的留念非常不错。

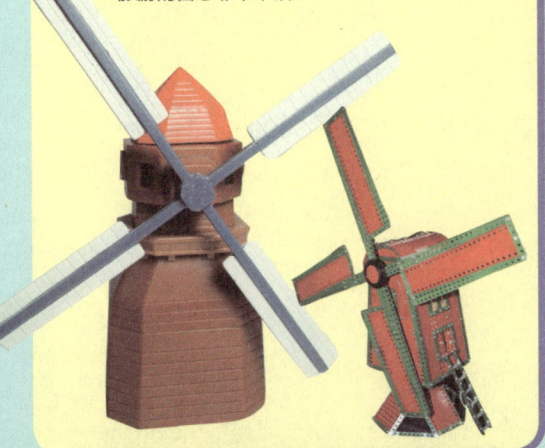

EUROPE GUIDE

EUROPE
畅游欧洲 ①

英国

大部分人对英国的第一印象往往是伦敦的雾气和钟声，著名学府牛津、剑桥；或彬彬有礼却冷淡的英国绅士。作为世界上第一个工业化国家，英国现今依旧是欧洲最大的金融中心，伦敦的金融市场吸引着世界各地的众多公司来此利用英国的商业契机。此外，英国世界一流的教育历史更为悠久，可追溯到800多年前牛津大学和剑桥大学成立的时代。正式名称为大不列颠及北爱尔兰联合王国的英国简称为UK。苏格兰苍凉的荒原、康沃尔湛蓝的海水、威尔士宁静的乡村、曼彻斯特喧闹的夜生活都共存于这个岛国之中，绘成了一幅斑斓多彩的画卷。

打开英国!

1 印象

大部分人对英国的第一印象往往是伦敦的雾气和钟声,著名学府牛津、剑桥,或彬彬有礼却冷淡的英国绅士。作为世界上第一个工业化国家,英国现今依旧是欧洲最大的金融中心,伦敦的金融市场吸引着世界各地的众多公司来此利用英国的商业契机。此外,英国世界一流的教育历史更为悠久,可追溯到800多年前牛津大学和剑桥大学成立的时代。正式名称为"大不列颠及北爱尔兰联合王国"的英国简称为UK。苏格兰苍凉的荒原、康沃尔湛蓝的海水、威尔士宁静的乡村、曼彻斯特喧闹的夜生活都共存于这个岛国之中,绘成了一幅斑斓多彩的画卷。

2 地理

英国位于欧洲大陆西北,被北海、英吉利海峡、凯尔特海、爱尔兰海和大西洋包围的大不列颠群岛。由大不列颠岛(包括英格兰、苏格兰、威尔士)以及爱尔兰岛东北部的北爱尔兰和周围5500个小岛(海外领地)组成的英国国土总面积约24.5万平方公里,全境分为英格兰东南部平原、中西部山区、苏格兰山区、北爱尔兰高原和山区四部分。

③ 气候

英国属温带海洋性气候，因受北大西洋暖流影响，冬暖夏凉，四季寒暑变化不大。英国每年2月至3月最为干燥，10月至次年1月最为湿润，年平均降水量为1000~2000毫米，最低气温不低于零下10℃。

④ 区划

英国分英格兰、威尔士、苏格兰和北爱尔兰四部分，其中英格兰划分为43个郡，苏格兰下设29个区和3个特别管辖区，北爱尔兰下设26个区，威尔士下设22个区。此外，英国还有14个海外领土。

⑤ 人口、国歌、国花、国树、国鸟

英国人口约有6300万，英国国歌为《上帝保佑女王》，国花为玫瑰花，国树为英国栎，国鸟为红胸鸲。

⑥ 航空

英国的伦敦作为国际交通中心，游人几乎可以在世界上任何一个国家找到飞往英国的航班，中国的北京、上海和香港每天都有多班直飞伦敦的航班。

⑦ 铁路

作为工业革命的发源地，英国的铁路系统非常完善，英国的火车最多提前3个月可以购票，游人可以在火车站、旅行社或者通过网络购买。在英国有几种常用的火车优惠票，分别是英国国铁联票、伦敦大都会火车票、欧洲之星、铁路漫游票等，其中英国国铁联票、伦敦大都会火车票和欧洲之星属于外国籍旅客专属车票，需要在旅客本国购买。

8 公路

英国有相当便利的巴士服务网，同时对旅客提供快车通行证、巴士折扣卡、巴士旅游证等交通套票。长途巴士在英国被称为Coach，是最便宜的旅行方式之一，但是旅途所需要的时间也往往比火车要多出将近一半。英国最为主要的长途巴士公司名为National Express，在苏格兰段内则为Citylink，另外还有Megabus公司经营部分路线，也提供了很多极为便宜的车票。National Express都是标准客车，而Citylink和Megabus则会有双层巴士，舒适度一般，不适合长途旅行。

9 英国美食

游人如果想感受纯正的英伦风味美食，可以在伦敦大街小巷随处品尝各种三明治和传统的炸鱼、薯条，也可在酒吧品尝传统的下午茶，这里不论是烤肉还是热腾腾的肉批都用料新鲜，分量十足，充满地道的英国风味。在英国各地的乡间小酒吧，还可一边感受田园风味，喝着本地酿造的浓啤酒，一边享受兰开夏郡炖肉窝、威尔士干酪、羊杂碎布丁及胡萝卜等美味。苏格兰当地最著名的佳肴是用燕麦、羊杂和各种调料搅拌而成的馅料塞满羊肚，烹调为一道美味大餐——名为哈吉斯的传统食物。此外，烟熏鲑鱼、牛肉和鲜嫩的羔羊肉也是游人来到苏格兰后不可错过的美味。威尔士的饮食制作精细，品质上乘的威尔士奶酪与当地河流中特产的西海鳟都是餐桌上的美味佳肴，而在靠海的地区则可以品尝到牡蛎和海扇贝等各种新鲜海鲜。此外，游人在威尔士还可以品尝到充满地方特色的莱佛面包、安格尔西蛋、烤鹅肉等美味。北爱尔兰饮食以马铃薯、蔬菜、牛肉类为主，面包是主食之一，炸鱼和薯条同时也是北爱尔兰最具代表性的食物。

⑩ 英国购物

英国首都伦敦是一处购物天堂，既有为英国皇室提供服务的老牌折扣店，又有街头露天的跳蚤市场，从昂贵的奢侈品到经济实惠的大众化商品，从高科技计算机产品到历史悠久的传统手工艺品都可以在这里寻觅到。伦敦众多购物区中不乏某项商品的集散地，有些地区则是五花八门，各种类型的店铺鳞次栉比，吸引游人逛街购物。在加的夫城堡对面的威尔士市中心，游人可以买到各种威尔士纪念品和传统手工艺品，其中威尔士的红龙雕像和代表爱情的木钥匙最受游人欢迎，是馈赠亲友的最佳礼品。游人在北爱尔兰可以买到各种传统手工艺品，除了做工精致的陶器和水晶玻璃外，还可以在爱尔兰亚麻中心购买北爱尔兰闻名世界的亚麻，或是购买由粗呢tweed制造的衣服及手工编织的纯羊毛衣。爱丁堡的商店基本集中在王子街和皇家英里大道两侧及格拉斯广场，游人可以购买各种名牌产品，也可购买威士忌和制作苏格兰裙的方格呢作为最佳的旅游纪念品。

⑪ 英国娱乐

英国的各大城市中都有喧嚣热闹的夜总会，以及几万家大大小小的酒吧，其中不乏数百年历史的酒吧，而隐匿于伦敦街巷之中的小酒吧也吸引了众多游人，喝上几杯啤酒是当地最常见的夜生活方式之一。此外，在伦敦、爱丁堡这样的古老城市中还不乏世界级的剧院，可以观看到最新上映的电影或是欣赏国际水准的歌剧、芭蕾、古典音乐等。作为现代足球的发源地，英国每个周末都有精彩的足球比赛，吸引了为数众多的球迷来到这里朝圣，在激情燃烧的球场中感受现代足球发源地的独特魅力。

01 白金汉宫
英国王宫

位于圣詹姆斯宫和维多利亚火车站之间的白金汉宫是白金汉公爵在1703年所建，1761年由英王乔治三世购得作为王后的住宅，称为"女王宫"。1825年，英王乔治四世加以重建，将其作为王宫。从1837年起，英国历代国王都居住在这里，而维多利亚女王则是居住在这里的第一位君主。

白金汉宫是一所19世纪前期的豪华式风格建筑，庞大的规模甚至比华丽的外表更加的引人注目。其正门上悬挂着庄严的王室徽章，宫殿前面的广场有很多雕像，以及由爱德华七世扩建完成的维多利亚女王纪念堂。白金汉宫内有典礼厅、音乐厅、宴会厅、画廊等600余间厅室，此外占地辽阔的御花园，花团锦簇，美不胜收。王宫由身着礼服的皇家卫队守卫。王宫西侧为宫内正房，其中最大的是"皇室舞厅"，建于1850年，专为维多利亚女王修建。厅内悬挂有巨型水晶吊灯。蓝色客厅被视为宫内最雅致的房间，摆有为拿破仑一世制作的

TIPS
📍 Buckingham Palace, London SW1A 1AA　☎ 017-1799-2331　💰 12.5英镑，皇家马厩也对外开放，门票5.5英镑　🕐 8月至9月9:30-16:30；皇家马厩11:00-16:00　🚇 乘地铁至St. James's Park站或Victoria站，位于购物广场的西南角　⭐⭐⭐⭐⭐

"指挥桌"。白色客厅用白、金两色装饰而成，室内有精致的家具和豪华的地毯，大多是英、法工匠的艺术品。御座室内挂有水晶吊灯，四周墙壁顶端绘有15世纪玫瑰战争的情景。室内还保存了维多利亚女王的加冕御座和英王乔治四世加冕时使用的4张大座椅。宫内音乐室的房顶呈圆形，用象牙和黄金装饰而成。

02 威斯敏斯特教堂
英国国王加冕的圣堂

TIPS
📍 Westminster, London SW1P 3DG　☎ 020-7222-5152　💰 成人10英镑，学生7英镑　🕐 大厅与回廊：8:00-18:00；内厅：周一至周五 9:20-16:45，周六9:20-16:45、15:45-17:45　🚇 乘地铁至Westminster站，出站后向西步行即达　⭐⭐⭐⭐⭐

始建于1065年的威斯敏斯特教堂全称为"威斯敏斯特圣彼得牧师团教堂"，直至1745年，前后历经700年修建的教堂才大致完工。自从1066年征服者威廉在这座教堂内加冕以来，威斯敏斯特教堂一直是历代英国国王举行加冕仪式的场所，同时在近千年的历史中教堂内安葬了乔叟、达尔文、牛顿和丘吉尔等英国历史名人。威斯敏斯特教堂的主体建筑为十字架形，屏风的东面是唱诗席，每日的祈祷仪式在这里咏唱赞颂上帝的荣耀。圣餐台是基督徒举行耶稣之死和复活的感恩仪式后分享面包和酒的地方。教堂内最吸引游人的就是众多历史名人的陵墓和纪念碑，游览一圈就可令人对英国历史拥有更深刻的认识。

03 大英博物馆
世界上规模最大的博物馆之一

TIPS
🏠 Great Russell Street,London WC1B 3DG　☎ 020-7323-8000　💰 免费　🕐 周六至周三10:00—18:00，周四至周五10:00—20:30　🚌 乘10、24、29、73、134路公交车即达　⭐⭐⭐⭐⭐

位于大罗素广场的大英博物馆又叫做"不列颠博物馆"，成立于1753年，1759年1月15日起正式对公众开放，是世界上历史最悠久、规模最宏伟的综合性博物馆，也是世界上规模最大、最著名的博物馆之一。它收藏了世界各地的许多文物和图书珍品，藏品丰富、种类繁多，为全世界博物馆所罕见。

现有的建筑为19世纪中叶所建造，有100多个陈列室，共藏有展品400多万件，由于空间的限制，目前还有大批藏品未能公开展出。博物馆正门的两旁，各有8根又粗又高的罗马式圆柱，每根圆柱上端是一个三角顶，上面刻着一幅巨大的浮雕。整个建筑气魄雄伟，蔚为壮观。除了欣赏展品外，游客还可以领略英国人在博物馆设计方面的过人之处。大英博物馆还以这里的图书馆而闻名，因为大英博物馆的起源就是汉斯·斯隆爵士捐赠的私人图书馆，英王乔治四世改建新馆时又捐赠了大量书籍。这里是马克思为他的不朽之作——《资本论》收集资料和写作的主要场所，许多参观者都会来专门寻找马克思当年常坐的座位。大英博物馆大中庭位于大英博物馆中心，在2000年12月建成并对外开放，目前是欧洲最大的有顶广场。广场的顶部是用1656块形状奇特的玻璃片组成的。

大英博物馆包括埃及文物馆、希腊—罗马文物馆、西亚文物馆、欧洲中世纪文物馆和东方艺术文物馆。其中以埃及文物馆、希腊—罗马文物馆和东方艺术文物馆藏品最引人注目，其所收藏的古罗马遗迹、古希腊雕像和埃及木乃伊闻名于世。其中的《亚尼的死者之书》，是镇馆之宝，是收藏家佛里斯班士1887年在尼罗河中游克索西岸的墓室中发现的，为众多以草纸记录的《死者之书》当中保存最好、最出色的，堪称古埃及美术中至于极致的作品，也是古埃及生死观的明白表现。

04 威斯敏斯特大教堂
英国规模最大的天主教堂

TIPS
🏠 Clergy House,42 Francis Street,London SW1P 1QW　☎ 020-7798-9055　💰 免费　🕐 9:30—12:30，13:00—17:00　🚌 乘11、24、148、507、211路公交车即达　⭐⭐⭐⭐

始建于1895年的威斯敏斯特大教堂全称为"威斯敏斯特宝血主教座堂"。于1903年对外开放的这座教堂由红砖砌成，是一座英国罕见的意大利拜占庭风格建筑，同时也是英国规模最大的天主教堂。威斯敏斯特大教堂内高83米的钟楼和教堂圆顶上镶嵌的优美壁画吸引了众多游人，而英国女王伊丽莎白二世也曾两次参观威斯敏斯特大教堂，成为数百年来首位参观天主教仪式的英国在位君主。

05 肯辛顿宫 赏
戴安娜亡故前在伦敦的住所

TIPS

📍 202-220 Cromwell Road,London W8 4PX ☎ 087-0751-5170 💷 12英镑 🕐 11月1日至次年2月28日10:00—17:00；3月1日至10月31日10:00—18:00 🚌 乘12、94路公交车至Bayswater Road；乘地铁中心线路至Queensway站，下车即达 ★★★★

肯辛顿宫位于肯辛顿花园的西侧，这里是戴安娜亡故前在伦敦的住所，一直到现在王宫前仍有民众献花凭吊。目前肯辛顿宫中State Apartments部分对外开放参观，其中包括维多利亚女王受洗的房间和1760年至今的皇室宫廷服饰展览。

肯辛顿宫原为诺丁汉豪宅，由威廉三世与玛丽皇后在1689年时买下作为皇宫，之后一直是英国皇室的住所，从乔治三世开始才迁至白金汉宫的前身——白金汉屋。

肯辛顿宫提供免费的录音导览设备，每个房间都有详尽的解说，其中丰富的皇室服饰收藏让人大开眼界，包括玛丽女王的结婚礼服、伊莉莎白二世女王的家居服和礼服，当然还有许多华丽至极的配件。想象一下，衣香鬓影的上流聚会中，仕女绅士与王宫贵族身着豪华宫廷服，字正腔圆的英国腔，仿佛来到电影情景中。此外，国王廊精致的17世纪绘画极品也是参观重点。

06 肯辛顿花园 赏
景色优美的古老园林

肯辛顿花园是在1841年开放的，原来是肯辛顿宫的旧有庭园，现在花园的东面已经并入了海德公园，但是整体的设计却比海德公园更为正式。

花园里有林荫道以及由古老碎石改建的洼地公园，它是由3个花坛形成的矩形围住中央的小池塘，是在1909年建造的，位于花园的东边。花园里的步道是由菩提树围成的。这里景色优美，阳光灿烂的时候，漫步在花园里，顿感神清气爽。花园里还有一个圆塘，是1728年开建的，位于肯辛顿宫的东面，圆塘周边热闹非凡，经常会有很多的儿童以及船模爱好者来这里放模型船。点点的小船飘荡在水面上，非常引人注目。

TIPS

📍 Kensington Gore Road,London SW7 ☎ 020-7298-2000 💷 免费 🕐 6:00—次日0:00 🚌 乘12、94路公交车至Bayswater Road；乘地铁中心线路至Queensway站，下车即达 ★★★★

07 伦敦市政厅
泰晤士河畔的标志性建筑 赏

屹立于泰晤士河南岸的伦敦市政厅高45米。不同于欧洲各大城市常见的古老市政厅,外墙全部是透明玻璃的市政厅是一座标新立异的太空时代建筑,宛如在风中摇摆的肥皂泡一般,大楼整体向南倾斜3度,形成一个全透明的倾斜半球形,与古老的伦敦塔隔河相望,成为泰晤士河畔的标志性建筑之一。伦敦市政厅中的大部分公共空间对公众开放,还经常举办各种主题展览。除了日常展览和顶楼的"伦敦客厅"外,这里的公共信息屏幕每天会公布楼里举行的会议,很多会议民众和新闻界都可以旁听。

TIPS
📍Greater London Authority,City Hall,The Queen's Walk,More London,London SE1 2AA ☎020-7983-4323 💰免费
🕐周一至周五8:00—20:00 🚇乘地铁至伦敦桥(London Bridge)站,步行10分钟即达 ⭐★★★★

08 海德公园
伦敦城里一片奢侈的绿地 玩

位于伦敦市中心的海德公园是伦敦最大的皇家公园,海德公园在历史上曾经是英国国王的鹿场,后来又成为赛车和赛马的场所,在16世纪后期开始向伦敦民众开放。海德公园内有著名的皇家驿道,道路两旁巨木参天,整条大道就像是一条绿色的"隧道"。公园中有森林、河流、草原,绿野千顷,温静悠闲。园内还有一座维多利亚女王为其夫艾伯特王子所建的纪念碑。海德公园19世纪末始成为英国人的集会场所,在它的东北角拱门边还辟出一块"讲演者之角"——既无讲坛,也无灯光,讲演者自带设备。每个周末讲演者可在这里发表各种政见,内容五花八门,有的讲述对某些国际问题的看法,有的宣扬某种宗教和艺术等。每年夏天是海德公园最热闹的季节,经常有一种叫"无座音乐会"的活动在这里举行。场地里没有座位,听众们可以一边散步一边聆听乐队的演奏,还可以跟着音乐的节拍跳舞。每当音乐会举行时,海德公园简直成了音乐的海洋。

TIPS
📍Westminster,London W2 2 💰免费 🕐全天 🚌乘2、8、9、10、12、14、16、19、22、36、38、73、74、82、94、137路公交车;或乘地铁至Hyde Park Corner, Marble Arch,出站即达
⭐★★★★★

09 特拉法尔加广场
英国著名的广场 逛

特拉法尔加广场是英国著名的广场，位于伦敦市中心，东面是伦敦城，北接伦敦的闹市SOHO区，南邻白厅大街，西南不远是王宫。出色的地理位置，使它成为游伦敦的起点。

特拉法尔加广场是为纪念著名的特拉法尔加港海战而修建的。法国拿破仑执政后，在1804年5月，迫使西班牙一同渡海进攻英国。1805年10月21日，英国海军上将纳尔逊指挥的英国舰队与法国、西班牙联合舰队，在西班牙的特拉法尔加港海面上遭遇。英国舰队以少胜多，使法、西舰队在这场海战中惨败。但不幸的是，当海战胜利结束时，纳尔逊上将却因中了法国炮舰"恐怖号"的流弹而牺牲。为了纪念这位为大英帝国立下不朽功勋的海军上将，每年10月21日，总有许多人到特拉法尔加广场举行悼念仪式。

在广场中心，竖立着一座圆柱形纪念碑，石柱上端挺立着约5.3米高的纳尔逊全身铜像。石柱底下是高大的方形石座和多层台阶，石座的四壁镶着纳尔逊生平所指挥的4场著名战役的铜雕，最低一层台阶的四角，安放着4只大铜狮子。纳尔逊的铜塑雕像据说是用海战中缴获的铜炮制成的。特拉法尔加广场是英国人举行政治集会和示威游行的地方。而每年的圣诞夜，广场上又充满节日气氛，人们在两个大喷水池旁唱歌跳舞，彻夜不归。特拉法尔加广场以鸽子多而著称，因此又称为"鸽子广场"。在纳尔逊圆柱形纪念碑四周，鸽子成群，成为广场一景。

TIPS
伦敦威斯敏斯特区　免费　全天　乘地铁至Charing Cross站，下车即达　★★★★

10 维多利亚和艾伯特博物馆
世界上最伟大的艺术与设计博物馆 赏

维多利亚与艾伯特博物馆创立于1852年，是世界上最伟大的艺术与设计博物馆，馆内收藏了世界上最多的装饰艺术品。维多利亚和艾伯特博物馆把自己定位在实用的工艺美术和艺术品的位置上，1860—1880年，博物馆涉及科学的展品被移到其他地方。1899年，伊丽莎白女王为博物馆的馆址举行奠基礼，并正式将其更名为"维多利亚和艾伯特博物馆"，以纪念英国历史上伟大的君主之———维多利亚女王和她的夫婿艾伯特亲王。

维多利亚和艾伯特博物馆内的展示空间共分为4层，地面楼有印、中、日、韩等多国历史文物，其中印度文物收藏号称全世界最多，韩国文物年代则可追溯至公元300年。服装展示区也相当有趣，从马甲上衣、撑架蓬蓬裙到现代时尚服饰，从17世纪初的方巾帽到19世纪的大型花边帽，所有服饰配件的演进与潮流，这里都有实品提供完整的说明。

此外，博物馆内附设的摄影艺术馆也相当著名，1858年就举办了第一个摄影展，这里还经常展出不同名家作品。

TIPS
V&A South Kensington, Cromwell Road, London SW7 2RL　020-7942-2000　免费　10:00—17:45，周一12:00—17:45　乘C1、14、74路公交车至Cromwell Road，下车即达；或乘地铁至South Kensington站　★★★★

11 伦敦塔
英国人心中的"故宫"

位于伦敦泰晤士河北岸的塔山上的伦敦塔建于1078年,其官方名称是"女王陛下的宫殿与城堡",最初曾经是征服者威廉建造的一个军事城堡。从12世纪起,历代英国国王在这里修建王宫、教堂,也充当过国家监狱。

伦敦塔最重要、最古老的建筑是位于要塞中心的诺曼底塔楼,它是整个建筑群的主体,因为它是用乳白色的石块建成,所以称为"白塔"。白塔是主人居住与守备部队进驻之所,最为坚固,在某种程度上象征着征服者威廉日益巩固和扩大的权力。塔的墙体厚度不一,双层墙壁,窗户口很小,门窗之间用白石相隔。塔楼四角耸出四座高塔,三方一圆,在角隅设有螺旋楼梯,可以通到顶层。白塔内的圣约翰教堂是伦敦现存最古老的教堂,也属诺曼底式建筑。以白塔为中心,周围有13座塔,又以血塔、威克非塔、比彻姆塔最为著名。血塔建于1225年,原称"花园塔",因发生过悲惨事件,故16世纪末改称血塔,被国王用来专门囚禁政治要犯及国王的死敌,是一座死牢,关进这座塔里的人大多被处死。伦敦塔在英国王宫中的意义非常重大,作为一个防卫森严的堡垒和宫殿,英国数代国王都在此居住,国王加冕前住伦敦塔便成了一种惯例。

伦敦塔古堡里有显示古代刑法的地牢、宝剑、刽子手的斧钺,还有英国最古老的建于11世纪的小教堂。它的圆顶地下室里,收藏有历代国王的皇冠和宝石、珠宝,其中"帝国皇冠"上有3000颗熠熠生辉的宝石,"皇杖"中央的"非洲之星"宝石重达530克拉,更有被称为"黑王子"的红宝石,这些都是全球闻名的稀世珍宝。

TIPS
📍 The Tower Of London, Tower Hill, London EC3N 4AB　📞 084-4482-7777　💰 8.3英镑　🕐 10:00—17:00　🚌 乘15、25、42、100、D1、D9、D11路公交车;或乘地铁至Tower Hill;或乘火车至Fenchurch Street或London Bridge;或乘小艇至Westminster, Charing Cross和Greenwich亦可到达 ★★★★

---

12 大本钟
伦敦地标之一

TIPS
📍 Bridge Street, Westminster, London SW1A 2　📞 020-7219-3000　💰 免费　🕐 周一、周二、周四14:30—22:00,周三10:00—14:30,周五9:30—15:00　🚇 乘地铁至Westminster站。出站即达 ★★★★★

位于国会大厦北端的大本钟是国会大厦的钟楼,由于钟塔是负责工务的专员本杰明爵士监制,因而得名"大本",现今这座高约79米的钟楼已经成为伦敦市的标志以及英国的象征。巨大华丽的大本钟四面各有直径为6.7米的圆盘,用312块乳白色玻璃拼镶,数十公斤重的时针长2.7米,分针长4.27米,摆重约305公斤,总重21吨多。据说大本钟最初上弦的时候需要由健壮的成年男性连续用脚蹬踏8小时,并有人负责用钢锤击响大钟报时,1913年大钟改为电动上弦,10年后的1923年改由英国广播公司播送钟声,每天准确报时81次。现今,使用了一个半世纪的大本钟依旧精准,钟声清晰动听,成为来自世界各地的游人在伦敦必游的景点之一。

13 伦敦塔桥　赏
伦敦的"正门"

位于伦敦塔附近的伦敦塔桥横跨于泰晤士河上。建于1894年的伦敦塔桥采用了维多利亚王朝的哥特式造型，桥身全长80.5米，宽61米，水面距离桥面42.4米，桥两端两座高耸的高塔与毗邻的伦敦塔相互映衬，蔚为壮观，已成为伦敦的城市标志之一。值得一提的是，伦敦塔桥内常年设有各种主题的展览，游人除了可以在塔桥上拍照留念，还可上网查询吊桥拉起的升降时间。

TIPS
202-203 Grange Road, London SE1 3AA　020-7403-3761　5英镑　4月至10月10:00—18:30；11月至次年3月9:30—17:45　乘火车或London Bridge或者Fenchurch Street；或乘地铁至Tower Hill或者London Bridge；或乘15、25、40、42、47、78、100、D1、P11路公交车　★★★★★

14 泰晤士河　赏
英国最长的河流

从西部流入伦敦市区的泰晤士河是英国最长的河流，最后经诺尔岛注入北海。泰晤士河在塞尔特语中意为"宽河"，从古至今，泰晤士河都是诗人墨客引用歌颂的对象，泰晤士河在流经伦敦时河畔两岸林立着各式各样历史悠久的古老建筑，沿河共有桥梁27座，其中滑铁卢桥、威斯敏斯特桥和兰勃士桥最为壮观。夜晚的时候，沿河路灯齐明，点点灯光与水波相映，时碎时聚，使人顿感伦敦难得的悠闲。

TIPS
威斯敏斯特码头、滑铁卢码头等主要码头　★★★★★

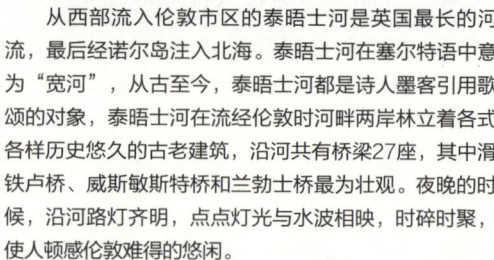

15 伦敦眼　玩
千禧年的地标建筑

于1999年年底开幕的伦敦眼又称"千禧之轮"，是伦敦最吸引游人的观光点，并曾一度是世界最大的观景摩天轮，是伦敦的地标。它被誉为是"数学上的奇迹"——据工程师透露，建造这座摩天轮所需的电脑计算能力，超过世界上最大、最复杂的建筑。

坐落在伦敦泰晤士河畔的伦敦眼是为了庆祝2000年而兴建的，原定5年后拆卸。不过它极受英国人和游客的欢迎，当地市议会于是决定长期保留伦敦眼。伦敦眼共设有32个乘坐舱，全部设有空调，并不能打开窗子。每个乘坐舱可以乘载游客约15名，转一圈需要30分钟左右，带有明显的娱乐场气息，曾有人建议赋予摩天轮一些象征性意义，如"生命的轮转"、座舱"象征着光阴本身的每分每秒"等。在夜间的时候，它便幻化成了一个巨大的蓝色光环，为泰晤士河增加了大大的梦幻气息。

TIPS
Riverside Bldg,County Hall,Westminster Bridge Rd,London SE1 7PB　087-0990-8881　基本票：成人15.5英镑，儿童7.75英镑，语音导览器2.7英镑；香槟套票：门票+1杯香槟酒，票价33英镑，第二杯香槟10英镑，语音导览免费；快速通道：无需排队，在开启前15分钟到达即可，票价25英镑；私人包厢：430英镑，最多25人；也可举办茶会或酒会，费用750~1200英镑　10月至次年4月10:00—20:00；5月至6月及9月10:00—21:00；7月至8月10:00—21:30；售票处每天9:30开始售票，提前30分钟结束售票。圣诞节及1月9至15日休息，圣诞节前夜17:30关闭，新年前夜15:00关闭　乘地铁至Waterloo站下　★★★★★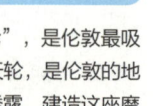

16 皮卡迪利广场

伦敦娱乐世界的心脏

TIPS

伦敦威斯敏斯特区　免费　全天　乘地铁至Piccadilly Circus站，下车即达；或乘3、6、9、12、14、15、38路公交车 ★★★★

皮卡迪利广场位于伦敦市中心，所处的地理位置是伦敦市著名的交通枢纽，好几条繁华大街会聚在这里，所以这座广场被称为"伦敦的肚脐"。此外，广场还是伦敦娱乐世界的心脏，在周围几百米内有伦敦最著名的剧场和影院、最有名的餐馆和最豪华的夜总会，是SOHO区的娱乐中枢。

广场中央矗立着一尊由艾伯特亲王所雕塑的厄洛斯单足挺立的雕像，它是英国第一座用铝铸成的塑像。当全裸的雕像在1893年安放在广场时，引起了众多维多利亚时代的卫道士的不满，但神像却很快成为伦敦的象征。这座铝像实际上并不是爱神，而是一位基督教的博爱天使。它纪念的是第七任的沙夫茨伯里公爵安东尼·阿什里·库珀(1801—1885)，他是一位慈善家和政治家，致力于改善工厂和煤矿场工人，以及扫烟囱者和精神病患者的情况。

现在这里常被人作为约会的地点，小爱神雕像周围总是聚满了伦敦人。同时也是重要的集会场所，足球大赛后球迷们来这里狂欢，圣诞夜时人们会在这里互相祝酒。

17 国家美术馆

美术品的圣殿

TIPS

Trafalgar Square, London WC2N 5DN　020-7845-4600　免费　10:00—18:00，周三延长至21:00　乘3、12、24、29、53、88、159、176路公交车；或乘电车至Charing Cross Station站；或乘地铁至Charing Cross and Leicester Square站，下车即达 ★★★★

成立于1824年的英国国家美术馆又称为"伦敦国家美术馆"，博物馆最初开放的时候只有38幅画作，经过漫长的时间陆续拓展为现在以绘画收藏为主的国家级美术馆。

国家美术馆分为东南西北四个侧翼，所有作品按照年代顺序展出。西翼展出的是1510—1600年文艺复兴全盛时期，意大利和日耳曼的绘画；北翼收藏有1600—1700年的绘画，有荷兰、意大利、法国和西班牙的绘画，其中有两间林布兰的专属展室，以及Diego Velazquez的维纳斯油画；东翼的1700—1900年绘画，包含了18世纪、19世纪及20世纪初的威尼斯、法国和英国绘画，风景画是一大特色，也有浪漫派和印象派等许多佳作。

美术馆是以免费的方式向大众开放，但偶尔也有要收费的特展。由于大部分的时间不需要门票，所以这里始终是人山人海，所有学西画的画家，到伦敦最幸福的事情，便是整天地泡在美术馆中。

18 国会大厦
大本钟下的英国国会 赏

TIPS

🏛 Palace of Westminster, London SW1A 0AA ☎ 020-7219-3000 💰 成人12英镑、学生8英镑 🕐 周一至周六9:15—16:30 🚇 乘地铁至Houses of Parliament站，出站即达 ★★★★★

　　国会大厦又名"威斯敏斯特宫"，是英国上议院与下议院所在地，国会大厦内拥有超过1100个独立房间、100座楼梯和总长达到4.8公里的走廊。拥有近千年历史的国会大厦大部分建筑曾因火灾和第二次世界大战而受损，现存历史最悠久的建筑是始建于1097年的威斯敏斯特厅，现今被用为重大公共庆典仪式的场所。在这幢气势恢弘的哥特式建筑内，拥有很多为人所津津乐道的传说，例如威斯敏斯特大厅中的丘吉尔铜像就因相传摸铜像脚可以获得好运，因而一只脚已经被磨得光可鉴人。英国国会分为上议院和下议院两部分，游人在国会大厦内不仅可以查看档案、观看法律制定过程，还可以旁听上议院与下议院的辩论。

19 福尔摩斯博物馆
世界闻名的名侦探"住所" 赏

TIPS

🏛 221b Baker Street, London NW1 6XE 💰 成人6英镑，16岁以下4英镑，4岁以下免费 🕐 9:30—18:00 🚇 乘地铁至Baker Street站，下车后步行至Marylebone即达 ★★★★

　　福尔摩斯博物馆位于伦敦贝克街221号B，绿色的门脸和招牌都很显眼，与小说中写的完全一样。据说，这所房子最初建于1815年，在1860—1934年，是作为供出租的房舍登记的。而小说中的福尔摩斯是于1881—1902年居住在这里。后来，有人买下了这所房子，但直到1990年，才正式建立了这个在世界上也许是独一无二的博物馆。

　　博物馆的结构与小说中完全一样，就连从底层到一层的楼梯数都与小说中讲的一样——17级，相同的结构加上精心的布置，使来参观的人如同置身于小说的场景之中。在那间福尔摩斯与华生合用的书房中，壁炉中火烧得正旺，靠近房门的地方是华生医生的写字台，写字台前的椅子上放着一个打开的医生用的皮包，里面放满了医生用的钳子之类的医疗器械。书房的中间，是福尔摩斯和华生医生相对而坐的沙发椅，而书房的另一角，就是小说中让人难以忘记的福尔摩斯的"化学实验室"。二楼原来是华生医生的卧室，现在和三楼一起，全都陈列着一些小说中著名人物的蜡像。尤其有意思的是，在全世界范围内的许多人物的心目中，福尔摩斯这样一个虚构的人物并未死去。博物馆中陈列的一些来信选辑就是证明，里面各国来信都有，除了问候类的之外，甚至还有为某些案子而求助于他的。

　　博物馆的对面有一家专门出售与福尔摩斯有关纪念品的商店，店员都穿着福尔摩斯时代的典型服装坐在店里。再转一个街口，人行道上有一座福尔摩斯的全身铜像高高地立在那里，令每一个来到贝克街的游人都感受到这里浓郁的"福尔摩斯"气氛。

20 圣保罗大教堂
古典艺术的宝库

位于伦敦泰晤士河北岸纽盖特街与纽钱吉街交角处的圣保罗大教堂是巴洛克风格建筑的代表，以壮观的圆形屋顶而闻名，是世界第二大圆顶教堂，它模仿罗马的圣彼得大教堂，是英国古典主义建筑的代表。

圣保罗大教堂最早在公元604年建立，后来经过了多次的毁坏、重建，由英国著名设计大师、建筑家克托弗·雷恩爵士在17世纪末完成这座伦敦最伟大的教堂设计，整整花了45年的时间。教堂平面为拉丁十字形，十字交叉的上方矗有两层圆形柱廊构成的高鼓座，上面是巨大的穹顶。教堂正门上部的人字墙上，雕刻着圣保罗到大马士革传教的图画，墙顶上立着圣保罗的石雕像。正面建筑两端建有一对对称的钟楼，西北角的钟楼里吊有一口17吨重的大铜钟。教堂内有方形石柱支撑的拱形大厅，各处施以金碧辉煌的重色彩绘，窗户上嵌嵌彩色玻璃，四壁挂着耶稣、圣母和使徒巨幅壁画。唱诗班席位的镂刻木工、圣殿大厅和教长住处的螺旋形楼梯上的精湛铁工，都反映了当年的高度艺术与装饰水平。教堂内还有王公、将军、名人的坟墓和纪念碑，如两位11世纪撒克逊国王、威灵顿将军、雷恩建筑师的坟墓。

TIPS
📍 Saint Paul's Church Yard, City of London, London EC4M 8 ☎ 020-7246-8357 🕐 地下灵堂：3.5英镑；回廊：3英镑，通票6英镑（学生5英镑）；下午4:15分以后免费开放 🗓 周一至周六8:30-16:00 🚌 乘4、11、15、23、26、100路公交车即达；乘地铁城区1线至St. Paul's站，出站即达 ★★★★

---

21 狄更斯故居
维多利亚时代文学天才的故居

维多利亚时代英国文坛巨匠狄更斯于1837—1839年居住在伦敦的寓所，现今已经成为一所世界知名的狄更斯博物馆，并于1925年对公众开放。狄更斯故居共分四层，展示了一些绘画作品的珍藏版本、当时的家具，以及狄更斯的手稿、书信、相片及其他私人的物品，游人甫一进门就可感受到浓郁的维多利亚风情扑面而来，吸引了来自全球各地的狄更斯书迷来到这里，感受这位维多利亚时代文学天才当年的生活。

TIPS
📍 48 Doughty Street, Camden Town, London WC1N 2 ☎ 020-7405-2127 🕐 周一至周六10:00—17:00，周日、节日休馆 🚌 乘45、19、38、55、17路公交车；或乘地铁Russel Square、Charcery Lane至Holborn站，出站即达 ★★★★

22 贝尔法斯特号
英国第二艘以国家名义保留的战舰 赏

停泊在毗邻伦敦塔桥处河畔的老式战舰——贝尔法斯特号是英国海军退役战舰，与朴次茅斯海军博物馆内停泊的胜利号帆船同为英国以国家名义保留下来的战舰，现今作为战舰博物馆对公众开放。作为20世纪上半叶最先进的海军战舰之一，1936年开工的贝尔法斯特号造价21.5万英镑，战舰上的走廊边挂着一块有舰标的木制徽标，旁边还有1948年贝尔法斯特市民捐赠的一只银制船铃，铃内雕刻着官兵服役时所生、并在舰上接受过洗礼的子女的名字。

TIPS
📍 Tooley St, London SE1 2JH ☎ 020-7403-6246 💰 成人9.95英镑，学生6.15英镑，16岁以下免费 🕐 3月1日至10月31日10:00—18:00；11月1日至次年2月28日10:00—17:00 🚇 乘地铁至利物浦街站，出站后经过塔桥步行，在南端下桥沿河向西步行即达 ★★★★

23 杜莎夫人蜡像馆
全世界水平最高的蜡像馆之一 赏

杜莎夫人蜡像馆是全世界水平最高的蜡像馆之一。杜莎夫人是法国一位杰出的艺术家，以制作蜡像而闻名。1835年她74岁高龄时，在伦敦建立了第一间蜡像馆。进入蜡像馆后首先来到花园派对展览区，可以看到许多体育和影视明星的蜡像，接着便来到蜡像制作工作室，这里播放制作蜡像的过程录影片，以及相关的模型等。

杜莎蜡像馆的蜡像经常令人真假难分，蜡像馆会在游客出入的地方放置蜡像，常常制造出令人吃惊的有趣效果。杜莎夫人蜡像馆的最大特色还有精心营造出的各种情境，其中以恐怖屋最为出名，在阴森灰暗的地牢中展示各种犯罪行为，包括伦敦知名的开膛手杰克。大厅中聚集了所有各国领袖、知名人物以及所有皇室成员，如戴安娜王妃虽独自站在大厅的一角，但仍然是众人注目的焦点。杜莎蜡像馆的最后一站"伦敦精神"，用乐园电动车的方式介绍伦敦400年来的历史，以伦敦自鼠疫、大火中浴火重生至今的现代化，来呈现所谓的伦敦精神。

TIPS
📍 Marylebone Road, London NW1 5LR ☎ 087-1894-3000 💰 蜡像馆：成人9.75英镑，16岁以下6.75英镑，老人6.95英镑；天文馆：成人5.85英镑，16岁以下3.85英镑，老人4.5英镑；馆合购：成人12英镑，16岁以下8.05英镑，老人9.25英镑 🕐 周一至周五10:30-17:30，周六、周日9:30-17:30 🚇 乘地铁至Baker St.站，出站即达 ★★★★★

24 唐宁街10号
英国首相的官邸

TIPS
- 10 Downing Street, Westminster, London SW1A 2
- 020-7925-0918　免费　乘地铁至Westminster站，出站即达 ★★★★

唐宁街10号是一所乔治风格的建筑物，传统上是第一财政大臣的官邸，但自从这个职位由首相兼任后，就成了普遍认为的英国首相官邸。它设计朴实的黑色木门，缀上白色的阿拉伯数字"10"，成为人所共知的标记。

虽然唐宁街10号是君主的御赐礼物，但由于它面积狭小，长年缺乏维修，又建在沼土之上，历史上不少的首相都不愿意入住，有些首相甚至有意将这里夷为平地。现在的唐宁街10号是在1733年，由"宫殿后的房子"和原本的唐宁街10号合并而成的。"宫殿后的房子"最初是一所附在白厅宫、用作斗鸡场的侧屋。斗鸡场本身是一座特别的建筑物，顶上有一个八角形穹顶。斗鸡场的斗鸡活动至詹姆斯一世时期才告终止，但"斗鸡场"的名字一直没有更改。

虽然唐宁街10号并不向公众开放，但却有不少值得介绍的著名房间和建筑：黑色正门建于17世纪60年代，门上又加有一个有名的狮子头叩门环和白色阿拉伯数字"10"。首相并没有门钥匙，因为门口只可从屋内开启；石质大楼梯依时序挂满了历任首相的肖像，但并不包括现任首相的肖像；白色起居室以白色为主调，曾是沃波尔夫人的起居室，也是丘吉尔夫人最喜爱的房间；赤土厅以赤土色为主调，最初被沃波尔爵士用作饭厅，现今则用作招待国宴的宾客。房内挂有威灵顿公爵等著名将军的画像，也有一张属于小皮特的桃花心木书桌，至今已有200多年的历史。

25 圣詹姆斯公园
英国最古老的皇家公园之一

圣詹姆斯公园位于白金汉宫对面，据说圣詹姆斯公园原本是圣詹姆斯宫的鹿园，17世纪时理查二世聘请法国设计师造景，19世纪初又被英国设计师进一步美化，是英国最古老的皇家公园之一。

公园中的水鸟保护区内水鸟种类繁多，包括天鹅、鹈鹕、鹅、雁和各种鸭子，是赏鸟人士的好去处。公园内非常优美，有草地、小井、树林和湖水，公园内栽植的花十分自然，成簇成丛。人们漫步其间，都会被奇巧的山石所吸引。鸟语花香，使人心神闲散，乐于久留。

如果时间充足的话，在公园餐厅悠闲地享用下午茶也是一个不错的选择。

- Horse Guards Road. London SW1A 2BJ　020-7930-1793　免费　5:00-次日0:00　乘地铁至St. Jame's Park，出站即达 ★★★★

26 圣詹姆斯宫 | 赏
19世纪前的英国王宫

由英王亨利八世于1532年建造的圣詹姆斯宫从1678年开始，直至1837年搬迁至白金汉宫前一直是英国历代王室所在地。隐匿于狭窄小巷内的圣詹姆斯宫外观并不显眼，在周围纷杂混乱的环境中，游客若非看到守卫在大门前的近卫军，恐怕从门前经过也不会意识到这里曾经是英国国王的宫殿。圣詹姆斯宫的宫殿正门是醒目的都铎式门房，门上的菱形时钟十分新奇有趣，吸引了众多游人拍照留念。

TIPS
🏠 Westminster, London SW1A 1　★★★★

27 诺丁山 | 玩
充满异国风情的浪漫爱情

位于伦敦西郊的诺丁山不同于古典风情浓郁的伦敦市区，而是充满了异国风情，每年夏天举办的狂欢节更是令诺丁山成为一处充满奇异瑰丽风尚的狂欢会场。始于1964年的诺丁山嘉年华会以加勒比地区文化为特点，是伦敦多元文化的重要组成部分，也一直是欧洲最大规模的街头狂欢巡游。此外，诺丁山的浪漫风情每天都演绎着不同的爱情故事，其中最精彩的当属那部经典的电影——《诺丁山》，也令世人记住了这个伦敦西郊的浪漫圣地。

TIPS
🏠 6-14 Kensington Church Street, Kensington, London W8 4　☎ 020-7221-3433　🚇 乘地铁至Notting Hill，出站即达　★★★★

28 温布利球场 | 娱
英格兰的足球圣殿

始建于1923年的老温布利球场以其源自印度新德里总督府的标志性双塔而闻名。作为英格兰队的永久主场，温布利在近80年的时间里见证了英格兰足球的所有辉煌时刻，直至今日，1966年世界杯冠军、英格兰队长鲍比·摩尔的雕像依旧在体育场外屹立着，让人不得不对这座体育场肃然起敬。全新的温布利体育场有一座133米高的拱门、滑动屋顶、球场和9万个座位。和世界其他球场不同，在"温布利"比赛有着某种特殊意义——无数伟大的足球运动员巅峰就是在温布利宏伟的双塔下展现。此外，温布利还在2008年北京奥运会火炬传递的过程中作为伦敦站的起点。

TIPS
🏠 Wembley Hill Road, Brent, London HA9 8　☎ 084-5748-4950　★★★★

29 圣马丁教堂
特拉法尔加广场最古老的建筑 赏

位于特拉法尔加广场东北角的圣马丁教堂建于1726年，但其历史最早可追溯至13世纪，是特拉法尔加广场最古老的建筑之一。外观宏伟的圣马丁教堂拥有一座56米高的尖塔，因在"二战"期间作为防德国空军轰炸的庇护所而闻名。1864年秋天，马克思领导的第一国际成立大会也在圣马丁教堂举行。1957年在教堂成立的圣马丁乐团更是录制了大量巴洛克和古典音乐唱片，深受音乐爱好者喜爱。现今，圣马丁教堂是白金汉宫教区教堂，东头有皇家专用房间。

TIPS

⊙ Westminster, London WC2H ◎ 免费 ◎ 每周四11:30游客可参加教堂组织的参观团，有专人讲解 ⊙ 乘3、6、9、11、12、13、15、23、24路公交车等可达；或乘地铁至Charing Cross、Leicester Square站，下车即达 ★★★★

30 伦敦博物馆
了解伦敦的历史 赏

伦敦博物馆内设有各种主题展览，游客可以在博物馆的玻璃廊中游览到伦敦从史前直至今日的历史。这里的展品要归功于考古学家兼博物馆工作人员的辛勤劳动，他们深入工地提取和保护所有有关伦敦历史的物件和遗迹。此外，游人在这里还可以看到罗马的密特拉神庙里的雕塑、17世纪的齐普赛街的珠宝首饰、伦敦大火灾(1666)的透视画、西门监狱的门、19世纪的商店和店内摆设、市长的马车等。

TIPS

⊙ 150 London Wall, London EC2Y 5HN ☎ 020-7001-9844 ◎ 免费 ◎ 周一至周六10:00—17:50；周日12:00—17:50，12月24至26日及1月1日关闭 ⊙ 乘4、8、25、56、100、172、242路公交车即达 ★★★★

畅游欧洲 | 英国

31 科学博物馆
欧洲最大规模的科技博物馆之一

TIPS
Exhibition Road, London SW7 2DD ☎087-0870-4866 ◎常设展免费，IMAX成人7.5英镑，学生6英镑 ◎10:00—18:00；12月24至26日关闭 乘9、14、10、49、52、74、345路公交车即达；或乘C1地铁至South Kensington站，下车即达 ★★★★

科学博物馆位于伦敦南肯辛顿区，它是欧洲大型的科技博物馆，建于1909年，前身是南肯辛顿博物馆。

科学博物馆是集自然科学、科学技术、农业、工业和医学为一体的综合性博物馆，博物馆内设有70个展览室，约有20万件物品，分成7层展示，这些展出物品代表了人类生活的各种发现和发明，从塑胶袋、电话到海外钻油设备和飞机，无所不有。一层第一厅展出的有瓦特发明的蒸汽机以及水轮、风车、内燃机等动力机械，6台大型蒸汽机每日表演两次。第二厅为电力展厅，有一套100万伏的放电装置，表演人工闪电，是馆内最精彩的实验项目。二层前厅展出钢铁工业、玻璃工业机床与工具，以及纺织机械、打字机和印刷机械。三层前厅是物理、化学机械展厅，中厅是数学和计算机展厅，后厅船舶大厅展出船舶史、各国船舶、造船厂模型和轮机等。

顶层展出有关光学、电磁、地震观测、通讯和航空方面的内容。航空大展厅中有飞机和火箭实物，还有18世纪前后的物理和化学实验用具，是博物馆里最珍贵的文物，一直受到世界各国学者和专家的重视。地下室还设有儿童展览室，布置着多种专门设计的设备和模型，这里可以放映科学电影和举办通俗科学讲座。地下室还展出各种家用器具、点火和照明器具等日常生活用品。

---

32 摄政公园
19世纪风格的大花园

摄政公园又叫做丽晶公园，位于伦敦的市中心，由知名建筑师约翰·纳什于1811年设计，是伦敦最大的可供户外运动的公园。摄政公园是一座19世纪风格的大花园，因此也是伦敦最新、最堂皇、也最多风貌的公园，原先的构想是要建立一座供摄政王消闲娱乐的行宫，计划中包括至少56栋古典式别墅、摄政王夏日别馆、供奉英格兰的伟人祠等，以建造一个完美的花园都市景观。但最后受限于经费只盖了8栋别墅并无行宫，而且直到1838年才对外开放。

摄政公园内的园中步道植满绿树，水池边有杨柳随风摇曳生姿，位于公园北角的伦敦动物园饲养了各种动物，每次都会用告示牌来宣布新生命的到来，夏天的时候还可以把这里当成是露天剧场，以天然的林木为背景欣赏莎翁名剧。摄政公园早已经成为一座颇具特色的公园。

TIPS
Regent's Park Station, London Underground Ltd., Marylebone Rd, London NW1 5HA ☎084-5748-4950 ◎摄政公园：免费；伦敦动物园：成人13英镑，3至15岁的青少年9.75英镑 ◎摄政公园：5:00至日落；伦敦动物园：3月至10月10:00—17:30，11月至次年2月10:00—16:00 乘13、18、27、30、82、113、139、274、C2路公交车即达；乘地铁至Baker Street，下车即达 ★★★★

33 皇家艾伯特演奏厅 娱
伦敦城内最古老的音乐厅

从1871年开始启用的皇家艾伯特演奏厅是一幢外观仿罗马圆形大剧场的红砖建筑，迄今已有140余年历史，是伦敦城内历史最悠久的音乐厅，在周围众多建筑中颇为引人注目。最初艾伯特演奏厅曾被计划作为艺术科学展厅，在落成完工后为纪念维多利亚女王去世的丈夫艾伯特而更名为"艾伯特演奏厅"。与演奏厅毗邻的艾伯特纪念馆建于1876年，经常举办各种音乐活动，其中每年夏季举办的Proms音乐会不仅有古典音乐演出，还有大量摇滚及流行音乐会，吸引了众多喜爱音乐的年轻人。

TIPS
 Kensington Gore,London SW7 2AP 084-5401-5045 含2名成人和3名儿童的家庭套票25英镑 9:00—21:00 乘9、9A、10、52路公交车即可到达 ★★★★

34 郡政厅 玩
旧时伦敦市政议会总部

位于泰晤士河南岸的郡政厅是一幢外观古典优雅的建筑，最初曾作为伦敦市政议会总部，之后作为大伦敦议会总部，现今已经被改建为一座艺术馆，此外还拥有豪华舒适的万豪酒店。伦敦水族馆是游人在参观三层的郡政厅大楼后不可不去的一处热门景点，作为欧洲最大、最壮观的水生生物展览馆，游人在伦敦水族馆内可以了解世界上所有的大洋以及雨林、热带淡水、海岸和沙滩的生态环境。

TIPS
 Belvedere Road, Lambeth, London SE1 7 郡政厅：免费；伦敦水族馆：成人13.25英镑，3至14岁的儿童9.75英镑 郡政厅：10:00—17:30；伦敦水族馆：7月21日至9月2日10:00—19:00 乘地铁至Waterloo站，下车即可；或乘211、77路公交车可到达 ★★★★

35 圣玛格丽特教堂 赏
伦敦上流社会热门的结婚场所

毗邻威斯敏斯特教堂的圣玛格丽特教堂具有直角的哥特式风格，是一座小型的中世纪教堂，它从11世纪以来就是王室权力的象征，是伦敦上流社会热门的结婚场所。教堂外观优雅庄严，内部装饰得美妙绝伦，艳丽的彩绘玻璃历史悠久，是为亨利八世兄长亚瑟订婚所制作的，为这个小巧的教堂增添了浪漫色彩。

TIPS
 St. Margarets Church/Lothbury,London EC2R7HH 020-7606-8330 ★★★★★

36 科芬园
特色店铺林立的市场 逛

科芬园位于伦敦市中心,在17世纪这里曾经形成了一处伦敦百姓日常光顾的蔬果市场。随着都市开发与改建,现今的科芬园已经成为一处特色商铺林立的露天市场。科芬园内的商铺种类繁多,不论衣服、饰品、珠宝、茶具、画册、工艺品,还是旅游纪念品应有尽有,附近的街道上还经常出现街头艺人和打扮成各种造型雕像的表演者,热闹的气氛与充满活力的市场吸引了众多来伦敦的游客驻足停步,纷纷拿出相机拍照留念。

TIPS
Covent Garden, Westminster, London WC2E 8 周一至周六8:30—17:30,周日9:00—13:00 乘1、6、9、11、13、15、23、59、68路公交车;或乘地铁至Covent Garden,下车即达 ★★★★

37 牛津街
欧洲最繁忙的街道 逛

牛津街是伦敦重要的购物街,长达2公里的街道两旁布满了18世纪末期的精美建筑,超过300家的世界品牌店及大型商场云集于此,Nike Town、Topshop、Gap、H&M的大型旗舰店,Zara、MNG、Kookai、Next、无印良品等拥有大批粉丝的大众时尚品牌店都可以在这里寻觅到。此外,牛津街还有大量面向年轻人的店铺,各种轻松风格的服饰也吸引了众多年轻人在假日期间来到这里逛街购物,是了解伦敦最前卫时尚潮流的风向标。

TIPS
Oxford Circus, London 全天开放 乘地铁至Marble Arch站,出站即达 ★★★★★

38 摄政街
伦敦首屈一指的购物街 逛

与牛津街中心垂直相交的摄政街虽然同是伦敦首屈一指的购物街,但与毗邻的牛津街相比却完全是另一番风景。在19世纪的维多利亚时代,摄政街是当时的皇亲国戚及上流社会的购物街,直至现在仍然是传统伦敦人常去的街区。在摄政街蜿蜒曲折的街巷上沿街林立着琳琅满目的各式店铺,世界上最大的玩具店Wedgwood和刀叉店Mappin&JWebb,以及利百代百货都设在这条街上,沿街走过的行人绅士打扮,与那些英伦风情浓郁的商铺一同令人宛若回到19世纪的维多利亚时代。每年圣诞节前,摄政街上都会举行亮灯仪式,到了新年或是夏季打折时期,更是人满为患,寸步难行。

TIPS
Regent Street, London 全天 乘地铁至Marble Arch站,出站即达 ★★★★★

39 玛莎百货 买
英国家喻户晓的商家

1894年创立的玛莎百货是英国家喻户晓的服饰零售业者，此外还有大量连锁超市只经营玛莎自家品牌的产品。在玛莎百货内经营的服饰质量优良，普遍受到英国大众信赖。其中最受欢迎的内衣裤与各色羊绒毛衣都是久负盛名，2001年推出的Per Una系列服饰则倾向于年轻顾客。此外还有众多新婚礼服和配饰，以及鞋类、家用品等都可以在牛津街这家玛莎百货旗舰店寻觅到。

TIPS
📍458 Oxford Street,London W1C 1AP ☎020-7935-7954 🕐周一至周五9:00—21:00，周六9:00—20:00，周日12:00—18:00 🚇乘地铁红色Central线、灰色Jubilee线至Oxford Street站，出站后向西步行约5分钟即达 ★★★★

40 哈罗兹百货 买
英国顶级的奢华购物名店

创立于1849年的哈罗兹百货最初是由Henry C. Harrod经营的一家小杂货店，经过百余年的发展，现今雄伟的哈罗兹百货拥有7个楼层的营业面积，从服饰、钢琴、自制纪念品到水上摩托等品类繁多的顶级商品应有尽有，甚至还提供特调化妆品和香水，以及定制自行车、运动鞋、玩具和珠宝等个性化服务。在哈罗兹百货最吸引人的是商场的前老板、埃及富豪法耶兹之子与戴安娜王妃的纪念喷泉，两人于1997年殒命巴黎后，法耶兹特意在这里修建了喷泉纪念二人，同时这里也是哈罗兹百货内唯一可以拍照的地方。

TIPS
📍87-135 Brompton Road,London SW1X 7XL ☎020-7730-1234 🕐周一至周六10:00—20:00，周日12:00—18:00 🚇乘地铁至Knightsbridge站，出站后步行2分钟即达 ★★★★★

41 格林尼治天文台旧址 赏
本初子午线0°所在地

TIPS
📍Blackheath Ave, Greenwich, London SE10 8XJ ☎020-8312-6565 💰免费 🕐10:00—17:00 🚇在市中心的Charing Cross火车站乘火车至格林尼治的Maze Hill站，15分钟即到，每15分钟一班；或在威斯敏斯特码头坐游船到达这里，需要50分钟，每小时有一班 ★★★★

英国国王查理二世于1675年创建了格林尼治天文台，1884年天文台所在地被设定为本初子午线0°所在地，此后不仅各国出版的地图以这条线作为地理经度的起点，而且格林尼治天文台也成为了"世界时区"的起点，用格林尼治的计时仪器来校准时间。1948年格林尼治天文台迁往英国东南沿海的苏塞克斯郡的赫斯特蒙苏堡，博物馆旧址被辟为国家海事博物馆，馆内陈列着早期使用的天文仪器、天文望远镜、各国设计的时钟、地球仪、浑天仪等展品，子午馆里镶嵌在地面上的铜线——0°经线，吸引着世界各地的参观者。经常可以看到游人双脚跨在0°经线的两侧摄影留念的身影，象征着自己同时脚踏东经和西经两种经度。

42 泰特现代美术馆
现代艺术的殿堂

TIPS

📍53 Bankside, London SE1 9TG ☎020-7887-8888 💰免费 🕐周日至周四10:00—18:00，周五至周六10:00—22:00；12月24、25、26日不开放 🚇乘地铁至Whitehall站，出站后换乘87路公交车至Tate Britain站，下车即达 ★★★★

位于泰晤士河南岸、与圣保罗大教堂隔岸相望的泰特现代美术馆的历史要追溯到1897年亨利·泰特爵士创立的国立英国艺术美术馆。1917年，一向只专注于本国艺术的泰特美术馆奉命开始收藏世界现代艺术，并另外设立一座专门进行20世纪现代艺术品收藏和展览的现代美术馆。

今天的泰特现代美术馆由瑞士两名年轻的建筑家Jacqes Herzog和Pierre de Meuron改建而成，外表由褐色砖墙覆盖、内部是钢筋结构的美术馆原本是一座气势宏大的发电厂，高耸入云的大烟囱是它的标志。巨大的涡轮车间改造成既可举行小型聚会、摆放艺术品，又具有主要通道和集散地功能的大厅。在巨大烟囱的顶部，设计师Michael Crage-Martin与Jacqes Herzog及Pierre de Meuron合作，加盖了一个由半透明的薄板制成的顶，因为由瑞士政府出资，所以命名为"瑞士之光"。如今，它已成为伦敦夜景不可缺少的一部分。

美术馆展出的是1900年至今的现代艺术，包括20世纪具领导地位的艺术家像毕加索、达利的作品。馆藏作品的入场是免费的，而美术馆也会举办短期的展览来探讨现代主义艺术家的作品或艺术运动。

43 汉普顿宫
英国的"凡尔赛宫"

汉普顿宫位于英国泰晤士河上游河畔，有英国的"凡尔赛宫"之称，建造于1515年，是英国都铎式王宫的典范。王宫内部有1280间房间，是当时全国最华丽的建筑。汉普顿宫经历了多次的改建和重修，现今早已不是王宫，而是成为英国对外开放的一个著名景点。

国家套房是王宫中最华丽的建筑，里面有意大利画家手绘的宗教画和肖像画。古色古香的西式豪华家具充满了宫廷的气息。啤酒窖、红酒窖每年酿有60余万瓶各类酒品，而且用的是花园里自己种的葡萄。最令人心旷神怡的是宫廷周围的花园，万紫千红、春色满园、令人心醉，似乎是巴黎凡尔赛宫后花园的翻版。色彩艳丽的各色鲜花被拼成一块块整齐的图形，有小天使的雕塑立在花丛边。园内还有一个英国式迷宫，十分有趣。

汉普顿宫对游人的致命诱惑并不只在于它的奢华，据说这里有个幽灵走廊，到了晚上可以听到早已被亨利八世杀害的爱德华王后的脚步声，令人悚然。

TIPS

📍Hampton Court Palace Surrey London KT8 🕐4月至10月9:30—18:00，周一10:15—18:00；10月至次年3月9:30—16:30 🚌乘111、216、411、416、451、461、513、727、R68路公交车；或乘地铁至Vauxhall或Wimbledon；或乘火车从汉普顿宫火车站过来亦可 ★★★★

44 邱园
规模巨大的世界级植物园 赏

英国皇家植物园——邱园位于伦敦西南部的泰晤士河南岸，始建于1759年，原本是英王乔治三世的皇太后奥格斯汀公主的一所私人皇家植物园，经过200多年的发展，已扩建成为约有120万平方米的规模宏大的皇家植物园，加上1965年在距这里约50公里的苏沙斯区开辟的一个卫星植物园，它成为了规模巨大的世界级植物园。

植物园内建有26个专业花园：水生花园、树木园、杜鹃园、杜鹃谷、竹园、玫瑰园、草园、日本风景园、柏园等。园内还有与植物学科密切相关的建筑，如标本馆、经济植物博物馆和进行生理、生化、形态研究的实验室。此外还有40座有历史价值的古建筑物。经过了几百年的发展和进步，植物园已经从单一娱乐性的植物收集和展示转向植物科学和经济的应用研究。

在园内，游人不仅可以参观各种植物，在夜晚还可以参加各种有趣的活动：在荷花盛开的时候，小孩可以穿上小雨靴站在水边，用手灯一朵朵地观赏睡莲晚间的开放。一年四季，植物园里都有用不同系列的花命名的活动，如"蓝铃周末"或"郁金香周末"。即使在冬天，大家也可以观察藏在树皮下面的嫩芽，体验冬天里生命特有的乐趣。

TIPS
- Victoria Gate, Kew Road, Richmond, Surrey TW9 3AB
- 020-8332-5655
- 免费
- 11月至次年3月7:30—20:30；4月至10月5:30—18:00
- 在市中心乘3、6、8、16、67路有轨电车，15分钟即达；或从市中心步行，需要30分钟
- ★★★★

45 温莎城堡
英国女王的官方居所之一 赏

温莎城堡作为英国女王的官方居所之一，是世界上规模最大、历史最悠久的有人居住城堡，温莎城堡由一座宫殿、一座规模宏伟的礼拜堂以及诸多建筑组成，凝聚了900余年的英国历史。游人在温莎城堡内可以游览乔治四世众多装饰豪华的私人房间，也可以在国家套房内欣赏王室珍藏的伦勃朗、鲁本斯、卡纳莱托、根兹博罗等艺术家的作品，或是在玛丽王后的玩偶之家与众多玩偶合影留念。此外，游人不可错过的还有圣乔治礼拜堂这个作为英国爵士制度中高级勋爵士团精神家园的建筑，并参观安葬在这里的英国君主墓地。

TIPS
- 位于英国英格兰东南部区域伯克郡温莎-梅登黑德皇家自治市镇温莎
- 017-5374-3900
- 成人15.5英镑，学生和老人14英镑，17岁以下9英镑，5岁以下免费
- 3月至10月9:45—16:00；11月至次年2月9:45—15:00
- 在伦敦乘火车或National Express以及Green Line大巴均可到达
- ★★★★

畅游欧洲 英国

46 伊顿公学
英国最有名的男校之一

TIPS
📍 Eton College,Windsor,SL4 6DW ☎ 017-5367-1249 💰 成人5英镑，8岁以下免费 ⏰ 周三、周五至周日 14:00或15:15 ★★★★

英国最有名的男校之一的伊顿公学坐落在英格兰温莎、泰晤士河畔，与女王钟爱的温莎宫隔泰晤士河相望。伊顿公学于1440年由亨利六世创办。亨利六世之所以将它命名为"公学"，本意是为了贫穷学生也能入校学习，但随后王室贵族子弟纷纷入学，形成一种高贵的氛围，后公学成为进入剑桥大学国王学院的预备学校，到17世纪学校逐渐成为一所名校。伊顿公学以其培养的高素质学生、古老的传统和非常特别的校服而备受人们关注。又以"精英摇篮"、"绅士文化"而闻名世界，是英国王室、政界经济界精英的培训之地，这里曾造就过20位英国首相，培养出诗人雪莱、经济学家凯恩斯，也是英国王子威廉和哈里的母校。伊顿的规矩使它显得处处与众不同。不论你是权贵之后，还是富贾世家，进了伊顿都得遵守校规，所有学生一律平等。伊顿公学学生的成绩都十分优异，伊顿每年250名左右的毕业生中，70余名进入牛津、剑桥，70%进入世界名校，被公认是英国最好的公学。

47 牛津城堡
在闹鬼的城堡内探险

建于1071年的牛津城堡最初是一座以防御性为主的建筑，城堡西侧的圣乔治塔曾经是城堡围墙的一部分，之后在中世纪时期长期作为监狱使用，充满阴森恐怖的氛围，因而在来自世界各地的游客之中流传着为数众多的"鬼故事"，并被称为"鬼城堡"而闻名。现今牛津城堡已经被改建为酒店，除了保留原先的建筑风格外，还有打扮成狱卒和犯人的工作人员为游客讲解城堡监狱内流传的故事，充满惊声尖叫的监狱游也成了牛津城堡的招牌之旅，是世界十大诡异酒店之一。

TIPS
📍 Oxford Castle,44 New Road,Oxford,OX1 1AY ☎ 018-6526-0666 💰 7.5英镑 ⏰ 10:00—16:20 ★★★★

48 基督教会学院

《哈利·波特》的外景地

TIPS
Christ Church Oxford, OX1 1DP 018-6527-6492 6英镑 9:00—16:30 ★★★★★

创立于1525年的基督教会学院是牛津大学中规模最大的学院，以先后培养了13位英国首相而闻名，此外，创作了《爱丽丝漫游奇境》的作者路易丝也曾在这里支教，是一所名人辈出、历史悠久的古老学府。游人在基督教会学院内参观游览时为防止打扰学生和教职员工的工作休息，需要遵循规定的游客参观路线行进，在参观过程中最吸引人的就是古色古香的回廊和大教堂。此外，在电影《哈利·波特》中霍格沃茨魔法学校那座挑高穹顶、四周半空、燃满蜡烛的食堂也是在基督教会学院的大堂内拍摄的，吸引了众多《哈利·波特》的影迷。

作为牛津大学的四方形中庭之一，基督教会学院的中庭以美丽的中央喷泉为中心，四壁悬挂着历代名人的肖像，如亨利八世、宾夕法尼亚州的创始人威廉·佩恩和《爱丽丝漫游奇境》的作者路易斯等，而中庭中的一棵大树相传就是兔子带着爱丽丝跳入奇妙仙境的入口。

49 剑桥国王学院

剑桥大学最有名的学院之一

TIPS
King's Parade Cambridge, CB2 1ST 012-2333-1212 5英镑 9:30—15:30 ★★★★

由英国国王亨利六世于1441年设立创建的国王学院是剑桥大学最有名的学院之一，在学院中庭的绿地上还矗立着建于1879年的亨利六世青铜雕像。历史上，国王学院曾经培养了包括英国首相罗伯特·沃尔波尔、经济学家约翰·凯恩斯、计算机科学之父艾伦·图灵、画家邓肯·格兰特和中国诗人徐志摩等知名人士。游人在参观国王学院时可以顺着国王大道进入，首先看到的就是从1446年开始建造、历时70年才完工的礼拜堂，宏伟壮观的哥特式建筑和耸入云霄的尖塔都被誉为"剑桥大学的地标建筑"。礼拜堂的大门上镶嵌有皇冠和都铎蔷薇的纹章，殿堂内扇形的浮雕拱顶、墙壁上的彩色玻璃都营造出一种庄严的气氛。礼拜堂中的屏隔将大厅分为前厅和唱诗席两部分，上方的管风琴箱装饰着两尊手持喇叭的天使，在祭坛后还有1634年鲁本斯为比利时白衣修女修道院绘制的《贤士来朝》装饰画。

50 三一学院
牛顿发现万有引力定律的地方 赏

由英国国王亨利八世于1546年修建的三一学院,最为闻名的就是学院大门右侧的草坪之间长着一株毫不起眼的苹果树,据说当年牛顿就是被这株苹果树结出的苹果砸在头上,进而启发他发现了万有引力定律。在三一学院大门入口处有一尊亨利八世的雕像,表情威严的亨利八世雕像左手托着一个象征王位、顶上带有十字架的金色圆球,右手却举着一根椅子腿。相传本来雕像右手中握着的是一根象征王权的金色权杖,但雕像落成后却被一个恶作剧的学生悄悄用椅子腿取代了那根权杖,而几百年的时间中却并没有任何人去取下它,一切顺其自然,吸引了众多游人对手举椅子腿的亨利八世雕像不停拍照留念。三一学院内的图书馆屋顶上矗立着4座石像,分别代表神学、法学、物理学和数学这四门历史最为悠久的古老学科,图书馆内的藏书包括牛顿自藏的《自然原理》初版和米尔纳的《小熊维尼》手稿等,堪称价值连城的珍品。

TIPS
 Trinity Street,Cambridge CB2 1TQ 012-2333-8400 1英镑 10:00—17:00 ★★★★

---

51 布莱尼姆宫
丘吉尔出生的庄园 赏

在英国,除了王室和宗教场所外,唯一被称为"宫"(Palace)的乡村宅邸就是建于18世纪初期的布莱尼姆宫。同时,这座英国规模最大的巴洛克建筑还是英国历史上最著名的首相之一温斯顿·丘吉尔的出生地。位于牛津郡境内一处名为"伍德斯托克"的宁静乡村中的布莱尼姆宫依河而建,在两处狭长人工湖之间有一条笔直的小桥通往中庭。布莱尼姆宫的主体建筑由两层主楼和两翼的庭院组成,外观混合了科林斯式的廊柱和巴洛克式的塔楼、高高隆起的三角壁以及错落有致的正立面线条。布莱尼姆宫内的中厅有回廊与沙龙、接待室、图书室、客厅等房间相连,室内陈设着丘吉尔家族收藏的油画、挂毯以及各种装饰品,每一件都是出自名家之手的艺术珍品,吸引了众多游人驻足观看。

TIPS
 Blenheim Palace,Woodstock,Oxfordshire,OX20 1PX 087-0060-2080 宫殿和花园通票:成人17.5英镑,学生和老人14英镑,16岁以下10英镑,5岁以下免费 公园:9:00—16:45;宫殿和花园:10:30—16:45 在牛津火车站或格罗切斯特格林巴士站前,乘20路公交车即达,车程约20分钟 ★★★★

52 巴斯罗马浴池

古罗马帝国时代的温泉浴池

TIPS

📍 Roman Baths, Abbey Church Yard, Bath, BA1 1LZ ☎ 012-2547-7785 💰 成人11英镑，学生和老人9.5英镑，16岁以下7.2英镑，5岁以下免费 🕐 1月至2月9:30—16:30；3月至6月9:00—17:00；7月至8月9:00—21:00；9月至10月9:00—17:00；11月至12月9:00—16:30 ★★★★

位于英格兰南部的巴斯被誉为"英国最干净的城市"，这座具有悠久历史的古城，最为著名的就是古罗马浴池。2000多年前罗马大军进占英国后，发现这里景色宜人，还有美丽的天然温泉，便将此地取名"巴斯"，也就是"澡堂"之意。并在全城各处建立了许多精美豪华的浴池，供贵族休闲度假。如今，现存完好的古罗马温泉浴池基本都位于市中心的罗马帝国浴室博物馆中，被视作城市的象征，巴斯也因此成为举世闻名的温泉度假胜地。其中最为著名的克瑞斯浴池和罗马浴池更是美轮美奂，堪称经典之作。到巴斯旅游，既可以观赏典雅豪华的罗马浴池，还可以在罗马建筑风格的露天泳池中戏水畅游。更独特的是从巴斯最古老的罗马泵房取水制成的巴斯城特有的"泉水咖啡"，水质甘甜清冽，令人回味。在古罗马温泉浴池中舒服惬意地泡一泡澡，再喝上一杯地道的咖啡，让人沉醉其中。现在，巴斯的古罗马温泉浴已成为当地的重点旅游项目，很多宾馆内都有仿古罗马式的温泉浴池，让人们可以随时体验到古罗马贵族的奢华惬意。

53 皇家新月楼

宛如新月的大型古建筑群

巴斯市内的皇家新月楼始建于1767年，位于英国伦敦西部。皇家新月楼象征着月亮，是巴斯最为气势恢弘的大型古建筑群，由小约翰·伍德亲自设计建造而成。这座举世闻名的建筑又被称为"凯姆敦月牙"。在直径为90多米的圆形广场周长处，有一座长达近200米的弧形建筑，在其转角180°处就是这座著名的皇家新月楼。它采用意大利式装饰，共有上百根圆柱屹立于此，并由连为一体的近30幢楼所组成，气势恢弘、壮观、浑然一体。皇家新月楼的房屋与道路更是独特别致，均排列成新月弧形，优美的曲线尽显高雅贵族之风范，使人陶醉其中，流连忘返。另外，皇家新月楼1号作为博物馆向游人展出了许多珍贵的文物、肖像等精美作品。员工也均穿着那个年代的衣服，颇有当年的气势，这些细节都完美重现了巴

TIPS

📍 1 Royal Crescent, Bath, BA1 2LR ☎ 012-2542-8126 💰 免费 🕐 周二至周日10:30—16:30 ★★★★

斯1770年时的辉煌，使游人充分感受巴斯在最繁荣年代的生活环境，如临其境一般。而这里还有一部分是皇家新月饭店，作为当地最高级的星级酒店之一开放。精美的装潢配以丰富的美食，实在让人垂涎欲滴，不能自已，这里处处都可感受到皇家气息的存在，不愧被誉为"英国最高贵的街道"。

54 巨石阵
壮观的史前文明遗迹 赏

位于威尔特郡索尔兹伯里平原的巨石阵是欧洲著名的史前时代文化神庙遗址。占地约11万平方米，建于公元前4000年的新石器时代末期至青铜时代。巨石阵的英文名字前半部分"Stone"意为"石头"，后面部分源于古代英语，是"高高悬挂着"的意思。1130年，英国的一位神父在外出时，偶然发现了巨石阵，从此这座奇特的古迹便引起了人们的注意。几个世纪以来，这些巨型石块一直与神秘和离奇传说联系在一起，没有人真正知道它的用途。一些巍峨巨石呈环形屹立在绿色的旷野间，呈现给大家一幅史前巨作。巨石阵的主体由几十块巨大的石柱组成，并排成几个完整的同心圆，巨石阵的外围是直径约90米的环形土沟与土岗，内侧紧挨着的是56个圆形坑，最让人惊奇的是石阵中心的巨石，这些巨石最高的有8米，重近30吨，有不少重达7吨的巨石更是横架在两根竖着的石柱上。且巨石阵中几个重要的位置均指向冬至日落的方向，人们猜测，这很可能是远古人类为观测天象而建造的最早的天文台雏形。总之，在人们的心目中，这是一个极为神圣的地方。

TIPS
🏠 A344,Salisbury,Wiltshire,SP4 7DE ☎ 019-8062-4715 💰 成人6.6英镑，学生和老人5.6英镑，15岁以下3.3英镑，5岁以下儿童免费 🕐 3月16日至5月31日9:30—18:00；6月至8月9:00—19:00；9月至10月15日9:30—18:00；10月16日至次年3月15日9:30—16:00 🚌 从伦敦滑铁卢车站乘火车至索尔兹伯里，后换乘3路公交车即达；或在巴斯乘火车或X4路公交车至索尔兹伯里，后换乘3路公交车，亦可到达 ★★★★★

55 曼彻斯特中国城
英国最大的唐人街 逛

TIPS
🏠 14 Harter St, Manchester, Greater Manchester M1 6HP 🕐 全天开放 ★★★★

被夏洛特街、勃特兰街、牛津街和莫斯利街环绕的曼彻斯特中国城不仅是英国最大的唐人街，也是英国北部地区最集中的华人社区。在曼彻斯特中国城内拥有大量华人经营的超市，可以买到如淀粉、酱油、菜刀、蒸锅等制作中餐所需要的调味料与厨具，经常可以看到居住在英国北部的华人开车来这里采购料理食材。此外，在中国城内也有大量中餐馆和经营中国食品的商店，每到中国农历春节时还会有规模盛大的舞狮表演。

56 艾伯特广场
曼彻斯特市中心的广场

位于丁斯盖特河莫斯利大街之间的艾伯特广场地处曼彻斯特的城市心脏地带，是为纪念维多利亚女王的丈夫艾伯特而命名。艾伯特广场最有特色的标志建筑是一座建于维多利亚时代的哥特式建筑，西面的丁斯盖特街的约翰·赖兰德图书馆西侧是展示社会历史和工人运动的人民历史博物馆，广场南面的圣彼得广场一侧有1819年彼得罗屠杀发生的自由工会会所，毗邻的布里奇沃特音乐大厅是一幢棱角分明的后现代建筑，同时也是著名的哈雷管弦乐团的成名地。

TIPS
🏠 丁斯盖特（Deansgate St.）和莫斯利大街（Mosley St.）之间　🕐 全天开放　⭐ ★★★★

57 利物浦披头士纪念馆
披头士粉丝不可错过的圣地

位于亚伯特船坞内的披头士纪念馆展示了披头士乐队从诞生到默默无闻，直至最终成为引领时代的全新流行文化这一过程，是全世界各地披头士乐迷们不可错过的一处圣地。在博物馆内经常可以看到一边聆听着耳机内披头士乐队的音乐，一边用膜拜的神情欣赏馆内收藏的约翰·列侬最后使用的白色钢琴等披头士乐队相关文物的朝圣者身影。

TIPS
🏠 Albert Dock Britannia Pavilion, Liverpool L3 4AD
☎ 015-1709-1963　🕐 10:00—18:00　🚶 从利物浦观光服务中心步行约15分钟即达　⭐ ★★★★

58 舍伍德森林乡村公园
脍炙人口的罗宾汉故事

拥有悠久历史的诺丁汉毗邻舍伍德森林，而英国著名的绿林好汉罗宾汉的故事也发生在这里，现今的舍伍德森林乡村公园早已不复旧时的繁茂，来自世界各地的罗宾汉粉丝纷纷慕名而来，将这处曾经偏僻的森林变成了一处人声鼎沸的喧嚣之地。在舍伍德森林乡村公园内，最吸引人的是一株高大的橡树，据说罗宾汉就曾经躲藏在这棵树内，如今成了众多游人竞相拍照留念的目标。此外，每年8月举行的罗宾汉节是再现中世纪风貌的大型节日，热闹的节日场面绝对不可错过。

TIPS
🏠 Sherwood Forest Country Park, Mansfield, Nottinghamshire NG21 9HN　☎ 016-2382-3202　💰 免费　🕐 4月至10月10:30—17:00；11月至次年3月10:00—16:30　⭐ ★★★★

59 霍华德城堡
华丽典雅的古堡 赏

位于约克市东北的霍华德城堡由当时著名的建筑师范布勒爵士及霍克斯穆尔设计建造，巨大的宅邸中装饰有卡纳雷托、霍尔班、根兹巴罗等人的画作，典雅的大厅中有齐本德尔式的家具，可远眺四周起伏的山丘、玫瑰园、Ray Wood森林花园以及霍克斯穆尔设计的圆柱形陵园，其华丽典雅的氛围甚至不输给知名的温莎城堡。此外，每年夏天，在城堡的庭院中还会举办音乐会。

TIPS
📍 Main St., Wick, Pershore, Worcestershire WR10 3NZ 🕐 3月17日至10月29日11:00—16:30 🚌 乘Leeds-Whitby巴士即达 ★★★★

60 约克大教堂
英国最大的哥特式教堂 赏

始建于13世纪的约克大教堂共历时250年才竣工，是英国规模最大的哥特式教堂，教堂内拥有世界面积最大、以单扇窗镶嵌的中世纪彩绘玻璃和世界最古老的侧廊。其中教堂东面一整片的彩色玻璃，面积几乎相当于一个网球场的大小，玻璃染色、切割、组合工艺均堪称艺术珍品。此外，在教堂内还有大量小天使、封建时代的盾牌和龙头的小收藏。每天教堂内举行晚祷时，唱诗班优美的歌声和管风琴的旋律，都使约克大教堂弥漫着神圣庄严的气氛，而步行275级楼梯到达高71米的中央塔顶端更可一览约克的美丽风景。

TIPS
📍 1A Chapter House Street, York YO1 7JH ☎ 019-0455-7216 💷 3.5英镑；中央塔：3英镑；教堂地下室：3英镑；修道士集会场免费 🕐 夏季7:00—20:30；冬季7:00—18:00。晚祷17:00，周末16:00 🚶 从约克车站步行约15分钟即达 ★★★★★

61 约维克维京中心
感受维京风情 玩

位于约克市内的约维克维京中心毗邻约克大教堂，是一处深受游客欢迎、兼具娱乐性和教育性的景点。由于历史上约克一度被北欧的维京人占领，约克也是从维京语中约维克转变而来，故在维京中心内游人可以通过各种资料和图画，或是搭乘时光车感受千年来约克的日常生活——不论家居生活、耕种方式，甚至空气和声音都一一重现在游人眼前，大量真人大小的实物模型和身穿维京传统服饰的工作人员都令游人感觉恍如穿越时空，仿佛来到千年前的世界一般。

TIPS
📍 15-17 Coppergate Walk, York, North Yorkshire YO1 9WT ☎ 019-0454-3400 💷 6.95英镑 🕐 4月至10月9:00—17:30；11月至12月10:00—16:30；1月至3月9:00—15:30 🚶 从约克大教堂步行约10分钟 ★★★★

62 爱丁堡城堡
苏格兰的重要象征

TIPS

📍 Castle Hill, Edinburgh, Midlothian EH12NG ☎ 013-1225-9846 💰 成人9.8英镑，儿童3.5英镑，团队价格7.5英镑 🕘 9:30—16:15 🚇 从Waverley车站步行15分钟即达 ★★★★★

爱丁堡城堡巍然屹立于城市中心的一座死火山顶上，居高俯视爱丁堡市区，从爱丁堡几乎每一个角落都能看到它。城堡下三面悬崖，只有一面斜坡可以出入，可以说是一处天然的要塞，是爱丁堡甚至苏格兰的精神象征。

爱丁堡城堡是英国最古老的城堡之一。早在6世纪，这里就建起一座军事要塞，并且作为苏格兰王室城堡，成为苏格兰的行政中心。曾有一首苏格兰古诗描述国王和骑士们在爱丁堡城堡的大厅中欢聚畅饮的情景，据说这就是亚瑟王和他的圆桌骑士们故事的来源之一。后来历代国王开始在城堡中修建供居住的宫殿，现存最古老的建筑是11世纪修建的小教堂。可以说，爱丁堡城堡就是苏格兰民族历史的核心。

63 荷里路德宫
英国女王的行宫

荷里路德宫是女王在爱丁堡的行宫。它坐落于爱丁堡皇家迈尔大道的尽头，正对着宏伟的亚瑟王宝座山，这条长长的街道把它与另一座皇家建立的爱丁堡城堡连接在了一起。荷里路德宫建于1128年。

荷里路德宫的前身是苏格兰国王大卫一世在1128年建造的修道院，1128年的大卫一世到爱丁堡西南方广大的森林狩猎，奇迹般地从一只狂暴野鹿的攻击下死里逃生，因此建造了荷里路德修道院来感谢神迹。直到15世纪这里一直是苏格兰国王和王后的主要居所。在荷里路德宫历史上发生的众多事件中，最有名的是苏格兰女王玛丽女王，她号称是当时最美丽的女人，第三度结婚后不久在叛变中失掉王位，最后因图谋英格兰王位被处死。

TIPS

📍 Palace Of Holyroodhouse, Holyrood Road, Abbeyhill, Edinburgh EH8 8DX ☎ 013-1556-5100 💰 55镑 🕘 4月至10月9:30—17:15；11月至次年3月周一至周六9:30—15:45 🚌 乘24、25、35路公交车即达 ★★★★

由于是皇室住所，所以皇宫内部的布置相当奢华，一进入宫殿，便可以看到制作精良的织锦地毯铺盖的台阶、摆放有精致而奢华餐具的皇室餐厅，王座室是国王加冕时的地方，目前皇宫内很多房间里还摆放着当时乔治四世曾使用过的皇家用品。令人印象最为深刻的是女王房间和苏格兰玛丽女王的私人用品，玛丽女王与她的丈夫达恩利国王的房间是分开的。游客可以参观到像古董、油画和挂毯等的收藏。皇室房间目前仍是英国皇室使用的房间，所以不对外开放。

64 斯特林古堡 赏
建于1300年的古堡

斯特林古堡位于远山脊上，是一座建于1300年的古堡。城堡从远处看就像是一座小山，近处细看则是一座宫殿、一座大厅、一座礼拜堂围着绿荫广场。这里还有历史博物馆、亚吉尔郡和索色兰郡高地人的地方特产陈列中心，供游客参观，古堡里还展出了大量历史遗留下来的银器、瓷器和各种兵器。据说，1542年，苏格兰公主玛丽出生9个月后就是在该古堡内加冕的。

TIPS

 Ballengeich Pass, Stirling FK8 1 017-8645-0000 8英镑 9:30-18:00 乘火车至达斯特林，从车站步行15分钟即达
★★★★

65 苏格兰博物馆 赏
20世纪苏格兰最优秀的建筑之一

苏格兰博物馆建于1999年，被认为是20世纪苏格兰最优秀的建筑之一，为爱丁堡老城区增添了活泼的现代气息。

博物馆的建筑设计与苏格兰独特的历史和自然环境紧密融合，特别是与爱丁堡城堡的圆塔遥相呼应，形成历史与现代的巧妙衔接。这里表面采用苏格兰金色砂岩，制造出饱经风霜的古老面貌。三角形的入口大厅高达7层，制造出充满张力的空间感，被形象地比喻为"鸟笼"。采光良好，阳光几乎能洒满大厅中每个角落。喷泉、鱼塘等装饰品增加了自然的情趣。

博物馆主要介绍苏格兰的历史、文化，收藏有大量相关的文物。一系列展室按照时间脉络自下而上布局，引领着参观者探寻从苏格兰起源直到20世纪的全过程，主要主题包括早期人类、苏格兰王国、工业时代、变革的苏格兰、苏格兰运动等。最后，在6楼的露台上，可以俯瞰今日爱丁堡的全貌。

TIPS

 013-1225-7534 免费，如有特别展览可能另外收费 周一至周六10:00—17:00，周二10:00—20:00，周日12:00—17:00 从皇家英里大道步行约5分钟；或从Waverley火车站步行约10分钟
★★★★

66 皇家英里大道 逛
浪漫文艺的一英里

始于爱丁堡城堡，终于圣十字架宫的皇家英里大道是爱丁堡老城的中心大道，沿街两侧小巷纵横交错，圆石铺成的地面早被磨得发亮，大道边的建筑古朴雄壮，充满历史气息。连接着爱丁堡城堡和圣十字架宫的皇家英里大道分为四部分，分别是城堡山、劳恩市场、高街和修士门，其中高街是爱丁堡市内最繁华的商业区，而修士门则是行人稀疏、中世纪建筑环绕的街区。每天下午，都有身着苏格兰裙的街头艺人吹奏风笛，浓郁的苏格兰风情吸引了众多游人。

TIPS

 Royal Mile ★★★★

67 王子街 逛
全球景色最佳的马路

王子街是爱丁堡最繁华的街道，店铺林立。王子街把爱丁堡分为新旧二城，北面分为新城，南面分为旧城。王子街一直都有"全球景色最佳的马路"之称。全长不过一里，许多华丽摩登的商店聚集在道路的两旁。南侧是一片青翠的绿地，东端尽头是王子街花园。每到文艺节期间，王子街花园群花怒放，很是美丽。王子街上也有很多穿着传统苏格兰裙的艺人在演奏风笛。

古堡下的王子街花园风景如画，里面屹立着苏格兰著名文学家瓦特·司各特的纪念塔。在花园的另一块绿地上，矗立着蜚声世界的苏格兰钟，钟的主要结构设于地下，花钟图案由约2.4万朵各种鲜花组成，据称，它是世界上最大、最独特的一座花钟。

TIPS
🏠 Princes St, Edinburgh, City of Edinburgh　🚇 从Waverley车站步行3分钟即达　★★★★

68 罗斯林小教堂 赏
《达·芬奇密码》中揭开圣杯谜底的教堂

位于爱丁堡郊外的罗斯林小教堂在畅销小说《达·芬奇密码》中作为揭开圣杯之谜的场景，在小说

和同名电影的影响下，吸引了大批粉丝前往，现今已经成为爱丁堡最热门的旅游景点之一。始建于1446年的罗斯林小教堂周围环境清幽，依山傍水，教堂内如同小说中所描写的拥有大量神秘符号，早在《达·芬奇密码》成书前就有"密码教堂"的称号，吸引了大量符号学者和宗教学者的目光。此外，在教堂中还设有12块解说碑，向游人解释了教堂内雕刻符号的含义。

TIPS
🏠 Rosslyn Chapel, Rosslyn Loan, Roslin Midlothian EH25 9PU　📞 013-1440-2159　💰 成人7.5英镑，学生和老人6英镑，16岁以下免费　🕐 4月至9月周一至周六9:30—17:30；10月至次年3月周一至周六9:30—16:30　🚇 乘火车至达斯特林，从车站步行15分钟即达　★★★★

69 苏格兰威士忌遗产中心 赏
美妙的威士忌之旅

这个中心由19家酒厂在1987年建立，致力于展示苏格兰威士忌的历史、发展以及推广。遗产中心的目标是"以传授知识和娱乐的方式促进威士忌的销售"。游客坐在形似威士忌酒桶的电动车里环游，有导游随时解说，一次游览约持续一小时。当然还可以免费品尝纯正的苏格兰威士忌，并可在酒吧见识到多达270种的威士忌品种。

进入博物馆后，工作人员会为客人送上一杯盛在漂亮酒杯中的威士忌，这个酒杯可以带走作为纪念。在威士忌遗产中心后面的小店铺里，也可以购买到遗产中心所介绍的各色威士忌酒。目前，全苏格兰有100多家酒厂，90%供出口，这里生产的威士忌在国际市场上十分畅销，其销售额每年达到50亿欧元。

TIPS
🏠 354 Castlehill, The Royal Mile, Edinburgh, EH1 2NE 苏格兰威士忌遗产中心位于爱丁堡城堡入口坡道下的左手边　📞 013-1220-0441　💰 8.95英镑（包括免费品酒）　🕐 10:00—18:00；12月25日不开放　★★★★★

畅游欧洲 | 英国

70 格拉斯哥大教堂
苏格兰境内唯一保持原状的教堂 赏

格拉斯哥大教堂是1136年为了奉献给格拉斯哥的守护神St.Mungo而建造的,历经300年完工,由高低两座教堂合组,St.Mungo的墓穴就在低教堂的地下。

格拉斯哥大教堂躲过了宗教革命的摧残而保存至今,目前大部分的建筑都是建自15世纪,只有西塔在动乱中遭到毁坏。在15世纪晚期,大教堂中间增加了一条石质的祭坛围屏,把教堂的间隔分成两部分。围屏旁边有7对石像装饰,用来代表"七宗罪"。最有趣的地方是有条楼梯可通往矮教堂。密布的柱子营造出一种气势,包围着St.Mungo的墓碑。

教堂左前方的St.Mungo博物馆内陈列着关于宗教生活与艺术的收藏,不仅有天主教的部分,就连印度教的湿婆像和禅宗或庭园在这儿也有一席之地。博物馆对面的古老建筑是全市最老的Provands Lordship,它忠实地呈现了15世纪富商巨贾的生活原貌,从1471年保存至今。

TIPS
🏠Castle Street/High Street, Cathedral Square, Glasgow G4 0QZ ☎014-1552-8198 ◎免费 ◎9月周一至周六9:30—18:00,周日14:00—5:00;10月至次年3月周一至周六9:30—16:00,周日14:00—16:00 🚌乘City sightseeing Tour大红色的双层敞篷巴士,成人票价是9英镑,可以使用2天,从乔治广场出发,可环绕格拉斯哥,游览约21个主要的景点 ★★★★

71 乔治广场
露天的雕塑博物馆 逛

面积如同一个足球场般大小的乔治广场宛如一座露天雕塑博物馆,维多利亚女王、诗人罗伯特·伯恩斯、发明蒸气引擎的瓦特、苏格兰本土作家沃尔特·斯科特爵士和乔治三世等人的雕像都可以在广场上寻觅到,这些雕像与四周建于维多利亚时代的精美建筑相映生辉。其中,位于乔治广场东侧的建筑外观呈朱红色,天花板上的拱顶、大理石和纯白雪花石做的阶梯无不体现出优雅的美感,令人感慨其不愧被誉为"最伟大的维多利亚城"。

TIPS
🏠40 George Square, Glasgow, Lanarkshire G2 1DS ☎014-1248-2515 ◎全天 🚌乘City sightseeing Tour大红色的双层敞篷巴士即达 ★★★★

72 特威德河
英格兰与苏格兰的界河

TIPS
🏠 英格兰和苏格兰交界处 ★★★★

特威德河是苏格兰东南部和英格兰东北部的河流，源于特威德韦尔斯西南的边境地区，河流向东流，形成了英格兰与苏格兰的界河。向东进入河谷，接纳塔拉沃特和莱纳河后向东，穿高地出峡谷，过梅尔罗斯，有莱滕、加拉和埃特里克-亚罗等支流汇入，流经广阔的默斯盆地农区，至凯尔索接纳蒂维厄特河后，在英格兰特威德河畔贝里克注入北海。全长约有156公里，特威德河谷有毛织和商业城镇。

特威德河畔贝里克小镇是苏格兰和英格兰交界处的小镇，它是唯一一个位于英格兰境内，但可以观看苏格兰足球联赛的城镇。女王伊丽莎白一世修建了城墙以使小镇免遭更多的攻击，这片城墙至今仍是欧洲最完整的都铎式城墙。

73 格拉姆斯古堡
苏格兰最著名的城堡之一

格拉姆斯古堡矗立在苏格兰草原与森林之间，掩映在一片森林深处，有棕红色砖墙和青灰色尖顶，以及漂亮整齐的都铎式花园。诺曼底式的角楼将古典的英格兰塔楼围起，兼有法国与苏格兰的建筑风格。它曾是莎士比亚笔下名著《麦克白》中主角麦克白谋杀国王邓肯一世的地点。

格拉姆斯古堡虽地位显赫，但规模不大、地势偏远，让它成为苏格兰最著名城堡的原因很简单——因为它闹鬼。格拉姆斯古堡如今记录在案的幽灵事件有超过100宗，其中流传尤为广泛的，是厚厚的墙壁中传来的哭泣声，身穿白衣在夜间游走的伯爵夫人，以及与恶魔打牌的领主。时至今日，仍不断有人宣称在格拉姆斯古堡附近遇见灵异事件。如今甚至有一些当地旅行社开发了专门在夜间出行的寻鬼旅行团，来满足游客寻求刺激的心理。

TIPS
🏠 Glamis Castle, Forfar, Angus DD8 1QJ ☎ 013-0784-0393 🕐 3月至10月10:00—18:00（16:00后停止进入）；11月至12月11:00—17:00（16:00后停止进入）；12月25、26日不开放 ★★★★

74 凯恩戈姆国家公园
英国面积最大的国家公园 玩

凯恩戈姆国家公园位于凯恩戈姆上的中心位置，公园于2003年建成，它占据了苏格兰约10%的面积，是英国面积最大的国家公园。

它是欧洲最后几个野外区域之一，长久保持着它的魅力，这里栖息着多种珍稀的野生动植物，包括了英国25%的濒危物种，这里还有大量古代天然森林的后代——古喀里多尼亚松林。从山地苔原、岩石小道到荒野和森林，公园内的地形变化多样。在公园内的湿地和湖泊，尤其是在Boat of Garten，还不时可以看到有鱼鹰飞过。动植物的颜色变幻无穷，极为壮观，石南沼地和一望无际的峡谷是红鹿和金鹰经常出没的地方。

TIPS
Cairngorms National Park, Nethy Bridge, Scotland ☎087-0004-1104 周一至周日9:00—13:00，14:00—17:00 ★★★★

75 尼斯湖
风光优美的水怪出没地 赏

尼斯湖位于英国苏格兰高原北部的大峡谷中，湖的面积并不大，却是很深，最深的地方有290米左右。尼斯湖终年不冻，两岸陡峭，树林茂密。湖北端有河流与北海相通。

尼斯湖是由地裂而形成的，因此形状狭长，远远望去，犹如一条长河流淌在两岸的崇山峻岭之间。两岸的山脉随着天气和季节的变化呈现出不同的颜色：冬天是一片湛蓝，春天便是黄绿相间，夏天是翠绿，秋天则是红黄相间。绚丽多姿的山峦倒映在湖水中，美丽的景色宛如一幅幅油画。自古以来，人们便传说尼斯湖中有怪兽居住。成千上万的旅游者每年从世界各地蜂拥而至，虽说没有机会见到水怪，但也享受到了尼斯湖诗情画意般的自然风光。

TIPS
尼斯湖位于英国苏格兰高原北部的大峡谷中 ☎014-5645-0573 成人5.95英镑，优惠票4.5英镑 复活节至5月9:30—17:00；7月至8月9:00—20:00；6月、9月9:00—18:00；10月9:00—17:00；11月至次年复活节10:00—15:30 从因佛尼斯乘旅游巴士即达 ★★★★

76 苍穹岛
英国极北的迷人小岛 赏

苍穹岛位于苏格兰陆地的西海岸。它是苏格兰内赫布里底群岛中最大、最北的岛屿，属苏格兰高地会议区，与苏格兰本土相距最为接近。岛内大多为高位沼泽地，并不适合开垦种植，这里推行卡博斯特的威士忌酿造业、乌伊格的硅藻土开采和加工。波特里是苍穹岛上最大的居民点，也是最主要的城镇。这里崇尚自然，风景怡人，生产苏格兰呢、格子花呢以及羊毛织品。苍穹岛淳朴自然的秀丽景色吸引了云游四海的艺术家们，连绵的丘陵、陡峭的绝壁成为他们眼中独特的创作素材。还有许多远足者，尤其是向往隐居的隐士们也纷纷前往此地，寻找恬静的生活。这里清新的空气、崎岖的乡间小路无疑是乡村生活的极佳选择。同时，苍穹岛古林海山、丘陵纵横，成为许多登山者和徒步旅行者的最爱。若不喜登山，游人还可与美丽的海岸线为伴，永远相依海边。苍穹岛的迷人特色还包括丰富的文化遗产和大量的野生动物，以及各种稀有的野生花卉。

TIPS
🏠 Bayfield House,Bayfield Road,Portree,Isle of Skye,IV51 9EL（旅游服务中心） ☎ 014-7861-2137（旅游服务中心）
⭐★★★★

畅游欧洲 ┊ 英国

77 加的夫城堡
浓厚的威尔士风情

拥有2000多年悠久历史的加的夫城堡坐落在威尔士首府加的夫的城市中心，犹如王冠上的宝石，璀璨亮丽。城内城外为两个不同的世界，城堡内部只能以游客的身份进入参观，其优美的风景备受世人称赞，慕名而来的游客络绎不绝。在古朴典雅的古堡内，你可以领略到浓厚的威尔士风情。站在这个12世纪诺曼底人修建的古堡顶上，可以一览全城的典雅风景。这座城堡从一个古罗马堡垒，发展成为一个各时期的建筑混合体。它也曾经历战争而变成千疮百孔的废墟，然而，城堡又在世界最富有的人——布特侯爵手中变成了如今的形态。现今的加的夫城堡仍然保持着它金碧辉煌、极尽奢华的身姿。修复过的城堡内拥有百余个房间，它仿哥特式豪华奢侈的建筑特点不禁让人赞叹，建筑的内部装饰同样奢华至极——金碧辉煌的房间、精细雕琢的装饰、古朴典雅的壁画，让人们尽享异彩纷呈的文化盛宴，向世人展示了其无与伦比的古今魅力。

TIPS
Castle Street,Cardiff,CF10 3RB　029-2087-8100　成人8.95英镑，学生和老人7.5英镑，儿童6.35英镑　3月至10月9:00—17:00；11月至次年2月9:00—16:00　★★★★

78 斯诺登尼亚国家公园
威尔士最著名的国家公园

威尔士北部群山环绕的斯诺登尼亚国家公园是威尔士首座国家公园。斯诺登尼亚有雄伟的城堡和适合全家游览的景点，国家公园景色美到极致。每年，约有数十万人来到斯诺登尼亚国家公园，从不同的登山口出发攀登雪墩峰。在这里不仅可以看见斯诺登尼亚国家公园美丽的山脉、沼泽、海岸线，以及壮观的大瀑布和蔚蓝色的湖泊，还可以体验各种刺激惊险的运动，如高空绳索、极限攀岩、河中皮划艇、游绳下降、滑浪、陆上快艇，或者是乘独木舟，再或者是野外探险等。你甚至还可以搭乘蒸汽火车到斯诺登尼亚高达1085米的山顶去一览威尔士的全景。在这里游客可以忘记平日喧嚣的生活，无论是爱好登山运动还是

喜欢休闲漫步的人士，即使是儿童都会找到自己的乐趣——可以踏在蒸汽铁路感受坐火车的乐趣，到农场公园玩耍，还有多姿多彩的活动中心。西部毗邻一望无际的金色沙滩，可以安全畅泳。保存完好的中世纪城堡是斯诺登尼亚最吸引人的地方，置身其中，仿佛目睹了当年动乱的历史，闻到战场弥漫的硝烟。在这里你将领略到北威尔士的奥秘与传奇。

TIPS
Royal Oak Stables,Betws-y-Coed,Conwy,LL24 0AH(旅游服务中心)　017-6677-0274　从伦敦尤斯顿火车站乘火车至班戈，后换乘公交车，约30分钟即达斯诺登尼亚国家公园；或从伦敦尤斯顿火车站乘火车至贝兹考德，车程约4小时　★★★★

79 天鹅海
美丽的海滨城市

TIPS

📍 威尔士南部　🚆 从伦敦Pattington车站乘火车即达，行程约3小时　★★★★

英格兰威尔士的斯旺西也译作"天鹅海"，是威尔士的第二大城市。它是一个美丽的海滨城市，是英国最著名的冲浪水域，同时也是重工业中心。虽然优雅的天鹅只生活在内陆的河湖中，但从地名来看这里应该也曾经与天鹅有着密切的联系。让人印象最深的是天鹅海明媚的海滩上如低垂棉花似的白云，还有海边美轮美奂的斯旺西大学和它附近一望无际开满野花的草地，当时头脑中便会回响着几首有关草地和原野的不同时期、忧伤动人的歌曲。在天鹅海，喜欢诗的人很多，所以有人将这里戏称作"诗歌海"。这里也一直是舞文弄墨和颇具文学素养的情人梦寐以求的地方。可以说，天鹅海的每一个情人节都伴随着诗歌朗诵会和文友的笔会，诗兴大发的情人到处涂鸦，所有地方都可以读到他们关于爱情、关于生命的格言和诗句，这里成为情人度二人世界的绝佳纪念地。

80 贝尔法斯特市政厅
贝尔法斯特的地标建筑

贝尔法斯特市政厅是登戈尔广场最引人注目的建筑物，采用波特兰石料作石柱、三角楣墙和矮墙，是典型的新文艺复兴时期建筑，亦是贝尔法斯特的必游点。自从巨型横额"贝尔法斯特说不"（反对1985年的《英爱协议》首次给予都柏林政府参与北爱尔兰事务的权力）被摘下后，市政厅的正面看起来更加对称。市政厅的内部装饰主要用深色的意大利大理石和橡木镶板，到处都有雕塑点缀，其中最吸引人的是那尊严肃的维多利亚女王雕像，以及纪念泰坦尼克号遇难者的纪念碑和泰坦尼克号制造商Edward Harland爵士的雕像。在市政厅的周围有各种各样的雕像，包括维多利亚女王和托马斯·布洛克先生雕像。其中有一个由石头和铜制造的纪念马真尼斯的1.82米纪念碑，矗立在市政厅前面，他在"二战"期间，获得了一等兵的奖章，并且被授予了维多利亚十字奖章。在2007年10月，一个60米弗雷斯大转轮建了起来，人们升到60米的大转轮顶端便可以一览城市的美景。

TIPS

📍 Donegall Square, Belfast, BT1 5GS　☎ 028-9032-0202　★★★★

畅游欧洲　英国

81 巨人之路
英国四大自然奇观之一

位于北爱尔兰东北海岸的世界遗产——巨人之路，是著名的旅游景点，并于2005年被列为英国第四大自然奇观。在英国北爱尔兰的安特里姆平原边缘的岬角，沿着海岸悬崖的山脚下，4万余根玄武石柱不规则地排列起来，绵延6公里，宏伟壮观。这种石柱多六边形，也有四边、五边和八边形的，石柱高低参差、错落有致，以井然有序、美轮美奂的造型，令人叹为观止。贾恩茨考斯韦角从大海中伸出来，从峭壁延伸至海底，数千年如一日地屹立在大海之滨，宛若鬼斧神工的仙境，山峭海势，海借山景，形成了这一道通向大海的巨大的天然阶梯，拾级而上，海天一色，是一罕见的自然奇观，被人们想象成为巨人之杰作。300年来，地质学家们通过研究其构造，了解到它是在5000万~6000万年前由活火山不断喷发而成的。这个壮观景点也为地球科学的研究提供了宝贵的资料，同时推动了地球科学的发展。1986年被联合国教科文组织评为了世界自然遗产。

TIPS
🚩 爱尔兰岛最北段布什米尔周边　☎ 028-2073-1855（旅游服务中心）　🚌 从贝尔法斯特乘火车至Coleraine, 后在火车站一旁的巴士站换乘172路Ulster Bus至The Giant's Causeway站，下车即达　★★★★

82 斯塔福德莎士比亚故居
莎士比亚出生的地方

位于斯塔福德繁华热闹的亨利街上的莎士比亚故居毗邻当地的莎士比亚中心，游人在莎士比亚中心欣赏完大量都铎时期的艺术品和书籍以及莎翁首版剧本等展品后，可以就近来到一旁的莎士比亚故居。在这幢莎士比亚少年时代生活的建筑内，家具和装饰都是按照16世纪70年代的样子摆设，游人可以感受到当时英国中产阶级的生活。

TIPS
🚩 Henley Street Stratford upon Avon, Warwickshire, CV37 6QW　☎ 017-8920-4016　💰 成人12英镑，学生和老人11英镑，儿童7英镑　🕐 11月至次年3月10:00—16:00；4月至10月9:00—17:00　★★★★

83 温德米尔湖
宁静的田园风情

 赏

TIPS
📍 Bowness Pier, Bowness-on-Windermere, Cumbria, LA23 3HE ☎ 015-3944-3360 ⭐★★★★★

英格兰西北的坎布里亚郡内拥有英格兰最美的湖光山色,散落其间的众多湖泊组成了英国规模最大的国家公园,而湖区中面积最大的温德米尔湖则是游人游览湖区的起点之一,湖畔繁华的波尼斯小镇和风景秀美的湖畔风光吸引了众多游人专程来这里度假。温德米尔湖畔大大小小的村舍呈现出一派宁静的田园风情,孕育了众多文人,其中英国浪漫主义诗人威廉·华兹华斯和儿童文学作家碧翠丝·波特等人的旧居和博物馆现今依旧屹立在湖畔,是游人在湖区观光之余的又一好去处。

84 泽西岛
品尝美味海鲜的海岛

 玩

作为英国王室直属领地的泽西岛位于诺曼底半岛外海20公里处的海面上,是英吉利海峡靠近法国海岸线的海峡群岛中面积最大、人口最多的一处岛屿。对爱好美食的游人来说,泽西岛宛若天堂一般,因为在这里除了新鲜的海鲜外,还可以品尝到超过170种各具特色的美味菜肴。在蓝天碧海之间,尽情享受世界各地的美酒佳肴与泽西岛特产的美味海鲜,吸引了无数游人来到这里度假观光。

TIPS
📍 诺曼底半岛外海20公里处的海面上 ☎ 015-3450-0700(旅游服务中心) ✈ 从伦敦可以乘飞往泽西岛的航班,单程机票39英镑起,行程约1小时 ⭐★★★★

畅游欧洲 · 英国

097

EUROPE GUIDE

畅游欧洲 ❷

EUROPE

法国

　　法国全称为法兰西共和国,作为欧洲浪漫风情的中心,法国拥有悠久的历史、丰富的文化内涵、如画般的自然风光和遍布全国的名胜古迹:风情万种的花都巴黎、美丽迷人的蓝色海岸、盛开着熏衣草的普罗旺斯、美酒飘香的波尔多等地,都是令人神往的旅游胜地。浪漫的法国人同时也充满激情,创造了无与伦比的文化艺术成就,时装、香水、葡萄酒更催化了这个民族的浪漫与从容。

打开法国！

1 印象

法国全称为法兰西共和国。作为欧洲浪漫风情的中心，法国拥有悠久的历史、丰富的文化内涵、如画般的自然风光和遍布全国的名胜古迹：风情万种的花都巴黎、美丽迷人的蓝色海岸、盛开着熏衣草的普罗旺斯、美酒飘香的波尔多等，都是令人神往的旅游胜地。浪漫的法国人同时也充满激情，创造了无与伦比的文化艺术成就，时装、香水、葡萄酒更催化了这个民族的浪漫与从容。

2 地理

法国位于欧洲西部，三面邻海，是西欧面积最大的国家，本土面积约为55万平方公里，与比利时、卢森堡、瑞士、德国、意大利、西班牙、安道尔、摩纳哥公国接壤，西北隔拉芒什海峡与英国相望，濒临北海、英吉利海峡、大西洋和地中海四大海域，地中海上的科西嘉岛是法国最大岛屿。法国国内地势东南高、西北低，法意边境的勃朗峰海拔约4810米，为西欧最高峰。

3 气候

法国西部属温带海洋性气候，南部属地中海气候，中部和东部属温带大陆性气候，全国平均降水量从西北往东南由600毫米递增至1000毫米以上，山区达1500毫米以上。法国一年中大部分时间气候温和、环境优美，夏季南部和东部最高气温可达24℃。

图纳群岛、法属南半球和南极领地4个海外领地和马约特岛、圣皮埃尔岛和密克隆岛2个地方行政区。

4 区划

法国本土共划为阿尔萨斯、阿基坦、奥维尔涅、布尔高涅、布列塔尼、中部地区、香槟－阿登、科西嘉、弗朗什－贡岱、巴黎大区、朗克多克－鲁西翁、利姆赞、洛林、南比利牛斯、北加莱海峡、下诺曼底、上诺曼底、卢瓦尔地区、皮卡尔迪、布瓦图－夏朗德、普罗旺斯－阿尔卑斯－蓝色海岸、罗讷－阿尔卑斯22个大区；瓜德鲁普、马提尼克、法属圭亚那、留尼旺4个海外省；法属波利尼西亚、新喀里多尼亚、瓦利斯群岛和富

5 人口、国歌、国花、国鸟

法国人口约有6600万，其中本土人口6390万，海外人口210万，法国国歌为《马赛曲》，国花为鸢尾花，国鸟为雄鸡。

6 航空

法国巴黎、里昂、波尔多、尼斯等城市都有国际机场，可以从大部分欧洲国家飞往法国。中国国内现在有北京、上海、广州、香港共四座城市开通有直达巴黎戴高乐机场的航班，飞行时间约为12小时。法国国内有法国航空（AF）、AOM法国航空（IW），以及专门飞国内的Air Inter Europe（IT）和TAT航空（IJ）4家航空公司，此外还有很多廉价航空公司的航班在法国国内各城市和欧洲各地飞行，游人可以搭乘很多超低折扣的航班。

7 铁路

法国铁路系统不仅覆盖了法国国内大部分地区，同时与西班牙、意大利、瑞士、英国等国家铁路系统相互连通，游人可以乘坐国际列车很方便地往返欧洲各主要国家。以巴黎为中心连接法国各大主要城市的TGV高速火车是世界上速度最快的列车之一，除了法国国内的波尔多、里昂、普罗旺斯等地外，还可搭乘TGV前往瑞士、比利时等国家。此外，法国铁路公司推出了专供国外游客使用的火车通行证，游人可在一个月内任选一定天数搭乘法国境内火车，不仅车票可以打折，还可以享受很多优惠。

❽ 公路

法国的公路网总里程达到100万公里，其中有近8000公里为高速公路，在法国各大城市的火车站和机场等地都有汽车租赁公司的办事处，游人持国际驾照、保险凭证等证件可以很方便地租到各种类型的汽车自驾旅行。在法国驾车必须系上安全带，在没有特殊指示的情况下，右侧驶来的车辆享有优先权。一般情况下，法国城市内的限速为每小时50公里，公路上为每小时90公里，快速路为每小时110公里，高速公路为每小时130公里，游人可以在驾车过程中收听频率为107.7的"调频高速路"（Autoroute FM）广播了解当时的路况信息。

❾ 法国美食

作为和中国齐名的美食之国，法国菜以选材精细、制作考究闻名，松露、蜗牛、鹅肝酱是法国名菜，配以香醇的葡萄酒，令人回味无穷。花都巴黎拥有世界闻名的米其林三星餐厅，纯正的法国菜令人陶醉不已；在风光迷人的普罗旺斯首府马赛，游人可以品尝这里将海鱼和虾等煮在一起而熬成的普罗旺斯鱼汤，马赛旧港地区有很多游客经常光顾的餐厅——除了正宗的普罗旺斯鱼汤，还提供搭配鱼汤的面包、蒜味番红花蛋黄酱，以及松露吐司等；摩纳哥公国是游人去法国旅游、享受精致饮食和美味菜肴的绝佳选择，这里既有米其林三星评价的奢华餐厅，也有海边价格实惠的小餐馆，吸引了来自世界各地的美食爱好者。

⑪ 法国娱乐

巴黎的红磨坊与丽都等夜总会让巴黎充满了火辣辣的诱惑，在灯影交织下吸引了众多游人体验纸醉金迷的夜生活。位于巴黎市郊的迪士尼乐园是一座梦幻之城，吸引了全欧洲的人们来到这里寻找童年时的梦中世界。摩纳哥的夜生活是公国传奇生活中不可分割的一部分，除纸醉金迷的赌场外，另一个世界闻名的活动就是F1一级方程式赛车活动，每年5月总会吸引数万人涌进摩纳哥公国观赏这个刺激的赛车盛事。

⑩ 法国购物

法国是世界公认的时尚国家之一，而汇集了来自世界各地一线品牌的巴黎更是举世公认的时尚之都，绝大部分名牌服饰在巴黎均设有规模很大的专卖店甚至旗舰店；这些店里新款上架最快、经典款式最全，吸引了众多购物狂在这里一掷千金，购买自己心仪的品牌商品。作为世界名流和富豪的度假胜地，摩纳哥公国同时也是一个名副其实的奢侈品国际大都市，众多国际时尚大名牌在此落户，市中心著名的"金环"商业区名店林立，高档商品琳琅满目。值得一提的是，在摩纳哥购物的同时，店员还会附送一份编有英语、法语、意大利语和俄语4种语言的《摩纳哥购物杂志》。

畅游欧洲　法国

01 巴黎圣母院
庄严雄伟的圣堂

坐落于巴黎市中心塞纳河中西堤岛上的巴黎圣母院始建于1163年，由巴黎大主教莫里斯·德·苏利决定兴建，整座教堂历时180多年，直到1345年才全部建成。

巴黎圣母院之所以闻名于世，主要因为它是欧洲建筑史上一个划时代的标志。圣母院的正外立面风格独特、结构严谨，看上去十分雄伟庄严。它被壁柱纵向分隔为三大块，三条装饰带又将它横向划分为三部分。其中，最下面有三个内凹的门洞，门洞上方是"国王廊"，有着分别代表以色列和犹太国历代国王的28尊雕塑。1793年，大革命中的巴黎人民将其误认作他们痛恨的法国国王而将它们捣毁，但是后来，雕像又重新被复原并放回原位。"长廊"上面为中央部分，两侧为两个巨大的石质中棂窗子，中间一个玫瑰花形的大圆窗，中央供奉着圣母圣婴，两边立着天使的塑像，两侧立的是亚当和夏娃的塑像。

TIPS 6 Place du Parvis Notre Dame, 75004 Paris　01-42-34-56-10　教堂免费，塔楼5.5欧元，老人、学生、18~25岁青年3.5欧元，18岁以下免费，每月第一个星期日免费　教堂：周一至周五8:00—18:45，周六和周日8:00—19:45；塔楼：10月至次年3月10:00—17:30，4月至6月、9月9:30—19:30，7月至8月9:00—22:00　乘地铁4号线至Cite站，下车即达 ★★★★★

圣母院内部极为朴素，几乎没有什么装饰。厅内的大管风琴很有名，共有6000根音管，音色浑厚响亮，特别适合奏圣歌和悲壮的乐曲。曾经有许多重大的典礼在这里举行，例如1945年宣读第二次世界大战胜利的赞美诗，又如1970年法国总统戴高乐将军的葬礼等。

02 埃菲尔铁塔
巴黎的城市标志

于1889年建成的埃菲尔铁塔是一座位于法国巴黎战神广场上的镂空结构铁塔，得名于设计它的桥梁工程师居斯塔夫·埃菲尔。铁塔设计新颖独特，是世界建筑史上的技术杰作，因而成为法国和巴黎的一个重要景点和突出标志，被法国人爱称为"铁娘子"。埃菲尔铁塔分为三楼，分别在离地面57.6米、115.7米和276.1米处，其中一、二楼设有餐厅，第三楼建有观景台，从塔座到塔顶共有1711级阶梯，很是壮观。塔的4个面上，铭刻了72个科学家的名字，他们都是为了保护铁塔不被摧毁而从事研究的人们。1889年5月15日，为给世界博览会开幕式剪彩，铁塔的设计师居斯塔夫·埃菲尔亲手将法国国旗升上铁塔的300米高空，而人们为了纪念他对法国和巴黎的这一贡献，还特别在塔下为他塑造了一座半身铜像。在纽约帝国大厦建成之前，埃菲尔铁塔曾经保持世界最高建筑的称号长达45年，这个为了世界博览会而落成的金属建筑共拥有金属制件1.8万多个，总重达7000吨，仅铁塔的设计草图就有5300多张，其中包括1700张全图。现今，历经百年风雨的埃菲尔铁塔依旧巍然屹立在塞纳河畔，是法国人民的骄傲。

TIPS Quai Branly, 75007 Paris　01-44-11-23-23　1层4.2欧元，2层7.7欧元，登顶11欧元　9:30—12:30　乘地铁至Trocadero站，出站即达 ★★★★★

03 凯旋门
巴黎最具象征意义的地标之一 赏

巴黎凯旋门也叫做"雄狮凯旋门",位于法国巴黎的戴高乐广场中央,是拿破仑为了纪念1805年打败俄奥联军的胜利,而于1806年下令建造的。拿破仑被推翻之后,凯旋门工程中途停止。直到波旁王朝被推翻后,这里又重新复工,到1836年终于全部竣工。

以凯旋门为中心,巴黎12条大街向四周散射,气势磅礴,是欧洲大城市的设计典范。在凯旋门两面门墩的墙面上,有4组以战争为题材的大型浮雕:《出征》、《胜利》、《和平》、《抵抗》。凯旋门的四周都有门,门内刻有跟随拿破仑远征的386名将军和96场胜战的名字,门上刻有1792年至1815年间的法国战事史。凯旋门的拱门上可以乘电梯或登石梯上去,石梯共273级,上去后第一站有一小型的历史博物馆,里面陈列着有关凯旋门的各种历史文物以及拿破仑生平事迹的图片和法国的各种勋章、奖章。另外,还有两间配有法语解说的电影放映室,专门放映一些反映巴黎历史变迁的资料片。再往上走,就到了凯旋门的顶部平台,从这里可以鸟瞰巴黎名胜。

凯旋门的正下方是1920年11月11日建造的无名战士墓,地上嵌着红色的墓志:"这里安息的是为国牺牲的法国军人"。据说墓中长眠的是在第一次世界大战中牺牲的一位无名战士,他代表着在大战中死去的150万法国官兵。墓前有一个长明灯,每天晚上,这里都会点起不灭的火焰。每逢节日,就有一面10多米长的法国国旗从拱门顶端直垂下来,在无名烈士墓上空招展飘扬。到今天,巴黎人民始终保留着这样的传统:每逢重大节日盛典,一个身穿拿破仑时代盔甲的战士,手持劈刀,守护在《出征》雕像前,鼓舞法国人民为自由、平等、博爱而战斗。每年的7月14日,法国举国欢庆国庆节时,法国总统都要从凯旋门下通过;而每当卸职的最后一天法国总统也要来此,向无名烈士墓献上一束鲜花。

TIPS
🏠 Place de l'Etoile, 75008 Paris 戴高乐广场中央
☎ 01-55-37-73-77 💰 9欧元,12岁以下儿童免费
🕐 9月1日至次年6月13日9:30—23:00;6月14日至8月31日9:00—午夜 🚇 乘地铁1、2、6号线或RER A线至Charles-de-Gaulle-Etoile站,下车即达 ★★★★★

畅游欧洲 法国

04 戴高乐广场
绽放星光的广场

TIPS

🏠 巴黎市中心西部　🚇 乘地铁1、2、6号线或RER A线至Charles-de Gaulle-Etoile站，下车即达
⭐★★★★★

集12条林荫大道于一点的戴高乐广场原名为"星形广场"，是巴黎著名景点之一，位于法国巴黎的市中心、塞纳河之北。12条大道自此辐射延伸，汇集了著名的凯旋门、香榭丽舍大街以及左面的埃菲尔铁塔等举世闻名的杰作。

05 协和广场
法国最著名的广场

位于巴黎市中心的协和广场是法国最著名的广场，同时也是世界上最美丽的广场之一，是根据著名建筑师卡布里埃尔的设计而建造的。广场始建于1757年，因为广场中心曾经塑有路易十五的骑像，因而于1763年曾命名为"路易十五广场"，之后在大革命时期又改名为"革命广场"。当时轰动世界的路易十六处决案，即在广场上搭建的断头台执行，其后又有数千人在此被处决，相传当年由于这里血腥味道太重，以至于一队牛群要从这里经过时都戛然止步，拒绝经过此地而改道了。直到广场重建后，为了纪念战争年代的结束和寄托人民祈望和平的愿望，再次改名为"协和广场"。现今协和广场依旧保持着18世纪的建筑风格，位于广场中央的埃及方尖碑高达22.83米，重达230吨，是当年埃及总统送给法国的礼物。方尖碑来自埃及的阿蒙神殿，原是放于殿前的左右两侧，古埃及人用它来拜祭太阳神。碑上雕刻有古埃及象形文字，并记载了当年如何把石碑从埃及送到法国的历程。

TIPS

🏠 香榭丽舍大道中段　🚇 乘地铁1、8、12号线至Concorde站，在卢浮宫可以步行至协和广场
⭐★★★★★

06 香榭丽舍大街
巴黎最为繁华浪漫的街道

TIPS
🏛 巴黎市中心西部　🚇 乘地铁1、8、12号线至Concorde站，出站即达　⭐★★★★★

西起戴高乐星形广场，东至协和广场，全长约1800米的香榭丽舍大街是巴黎最为繁华、浪漫的街道。始建于1616年的香榭丽舍大道是当时的皇后玛丽·德·梅德西斯为将卢浮宫外，一处由沼泽的田地改造成一条绿树成荫的大道。因此在那个时代香榭丽舍又被称为"王后林荫大道"。"香榭丽舍"这个译名是由徐悲鸿先生在法国留学时所起，既有古典的中国韵味，又充满浪漫的西方气息。

香榭丽舍大街的两端是一些历经沧桑的历史古迹，著名的凯旋门就矗立在大街西段戴高广场的中央。西段集中了法国航空公司、法兰西商业信贷银行和奔驰、雪铁龙等名牌轿车公司的展厅，汇聚了一些著名的香水店、夜总会和快餐店，可称得上是商贾云集；大街的东段则是花团锦簇、鸟语花香，协和广场与绿树成荫、艺术气息浓郁的卢浮宫毗邻，呈现一派恬静自然的风光。街道两边还各有10~20米宽的步行道，茂密的梧桐树沿街排列，郁郁葱葱，在夹杂着浓烈的香水味的空气中，人们顿时产生一种心旷神怡的感觉。

此外，香榭丽舍大街上还保留有两个于1836—1846年修建的圆形喷水池，这两个喷水池模仿了罗马圣彼得广场上的水池风格，造型独特，尤其是在夜晚灯光四射时，水池喷涌、五彩斑斓。夜幕下的香榭丽舍大街惹人迷醉，微风轻拂，香味扑鼻。喜好夜生活的法国人三五成群地聚集在街边的咖啡厅或酒吧门前的小桌旁，倾心交谈。有些年轻时髦的金发女郎倚在橱窗边悠闲欣赏，恋人们则在街边相拥漫步。

畅游欧洲 法国

07 卢浮宫

世界上最古老、最大、最著名的博物馆之一

　　卢浮宫是世界上最古老、最大、最著名的博物馆之一，位于法国巴黎市中心的塞纳河的北岸，历经了700多年的扩建和重修达到今天的规模。始建于1190年的卢浮宫最初只是菲利普·奥古斯特二世皇宫的城堡，查理五世时期，卢浮宫被作为皇宫，在之后的350年中，随着王室贵族们越来越高的寻欢作乐的要求，这里增建了华丽的楼塔和别致的房间。16世纪中叶，弗朗西斯一世继承王位后拆毁了卢浮宫并下令在原来城堡的基础上重新建筑一座宫殿。弗兰西斯一世的儿子亨利二世即位后把他父亲毁掉的部分重新建造起来。亨利四世在位期间历时13年修建了长300米的大画廊。之后直到1792年5月27日，国民议会宣布卢浮宫将属于大众，成为公共博物馆。之后拿破仑一世搬进了这里，以前所未有的方式装饰卢浮宫，他把欧洲其他国家所能提供的最好的艺术品搬了进来，并更名为"拿破仑艺术馆"。

　　现今的卢浮宫博物馆整体建筑呈U字形，分为新、老两部分，分别修建于法王路易十四和拿破仑时代，共收藏有40多万件来自世界各国的艺术珍品。法国人将这些艺术珍品根据其来源地和种类分别在六大展馆中展出，即东方艺术馆、古希腊及古罗马艺术馆、古埃及艺术馆、珍宝馆、绘画馆及雕塑馆。其中绘画馆展品最多，占地面积最大。藏品中有被誉为"世界三宝"的维纳斯雕像、蒙娜丽莎油画和胜利女神石雕，更有大量希腊、罗马、埃及及东方的古董，还有法国、意大利的远古遗物。

TIPS

🚇 Mo Palais-Royal/muse du Louvre,75001 Paris　☎01-40-20-50-50　💰9欧元，15:00之后和周六全天5欧元，每月第一个周日免费　🕐周一至周三9:00—22:00，周四至周日9:00—18:00，周二、节假日闭馆　🚇乘地铁1、7号线至Palais Royal Musee du Louvre站，下车即达　⭐★★★★★

08 凡尔赛宫
法国最宏大、最豪华的皇宫 赏

凡尔赛宫位于巴黎西南约18公里处的凡尔赛镇，是法国最宏大、最豪华的皇宫，长达107年间一直作为法兰西宫廷。现在被辟为历史博物馆，也是法国领导人会见外国首领和使节的地方。凡尔赛宫原是路易十三1624年在凡尔赛树林中造的狩猎宫，当时的凡尔赛行宫是一座仅拥有26个房间的两层红砖楼房，一层为家具储藏室和兵器库，二层为国王办公室、寝室、接见室、藏衣室、随从人员卧室等房间。之后于1661年法王路易十四开始扩建，直至1689年完工的凡尔赛宫是一幢古典主义建筑，立面为标准的古典主义三段式处理，造型轮廓整齐、庄重雄伟，被称为"理性美的代表"。其内部装潢则以巴洛克风格为主，少数厅堂为洛可可风格。正宫前面是一座风格独特的法兰西式大花园，园内树木花草别具匠心，周围建筑极其讲究对称和几何图形化。

凡尔赛宫内500余间大殿小厅处处金碧辉煌、豪华非凡。内壁装饰以雕刻、巨幅油画及挂毯为主，配有17、18世纪造型超绝、工艺精湛的家具。从1682年到1789年，法国的政治、外交决策都在凡尔赛宫制定，使这里成了事实上的法国首都。为了显示王权的威严，路易十四和路易十五还经常在宫中举行场面浩大壮观的典礼、晚会、舞会、狩猎和其他娱乐活动。

TIPS

📍Place Raymond Poincar 78000 Versailles ☎01-30-21-01-01 💰皇宫7.5欧元，花园免费 🕐9:00—19:00，周一10:00—18:00，皇宫9:45—17:00 🚇乘RER C线至Versailles Rive Gauche站，下车后步行约15分钟即达 ★★★★★

---

09 红磨坊
巴黎著名的歌舞表演厅 娱

到过法国的游人，一般都知道巴黎有两个著名的歌舞表演厅，其中位于城北蒙马特高地脚下白色广场附近，屋顶上装着长长的、闪烁着红光大叶轮的红磨坊则是较为地道的法国式歌舞厅。

红磨坊的历史可以追溯到19世纪下半叶，当时来自世界各地的流浪艺术家，在蒙马特高地作画卖艺，使那一带充满艺术气氛，成为巴黎最别致、最多姿多彩的城区。由于艺术活动活跃，在蒙马特高地街区那弯弯曲曲的卵石坡路的两侧，小咖啡馆、小酒吧生意兴隆。一种名叫"康康舞"的舞蹈也应运而生，在蒙马特高地很受欢迎，每年狂欢节，舞者走上街头大跳特跳，人们从城市四面八方赶来观看。1889年10月6日，红磨坊歌舞厅在康康舞的乐声中正式诞生。印象派大师奥古斯特·雷诺阿的名作《红磨坊》更是使这间歌舞厅蜚声世界。现今的红磨坊已经成为游人来到巴黎不可错过的旅游景点，上身裸露的舞者装饰与百年前并没有太大改变，他们披挂着华丽的羽毛服饰或金属片，在怀旧的音乐中吸引了无数游人观看。

TIPS

📍82 Boulevard de Clichy, 75018 Paris ☎01-53-09-82-82 💰表演21:00场次97欧元，23:00场次87欧元 🕐21:00、23:00两场 🚇乘地铁2号线至Blanche站，出站即达 ★★★★★

畅游欧洲 · 法国

10 丽都
体验纸醉金迷的巴黎夜生活 娱

TIPS
116 Bis Avenue des Champs-Elyses, 75008 Paris ☎01-40-76-56-10 ◎21:30场100欧元, 23:30场80欧元 ◎21:30、23:30 ◎乘地铁1号线至George V站，下车即达 ★★★★★

　　久负盛名的"丽都"成立于1946年，与"红磨坊"齐名，坐落于世界上最美丽的大街——香榭丽舍大道上一栋叫做"丽都拱廊"的商场里，后虽迁址，但仍在香榭大道上。这里每天上演由75个艺术表演者、600余套服装、40多场道具，以及幕后3000人所变换出来的精致华丽的歌舞秀，厅内座位达千余个，每年吸引着45万名观众来此欣赏，是这类歌舞表演中排场无与伦比的。它以极具现代风格的表演，展现了丽都沿袭下来的负有盛名的表演传统。绚丽的丽都之夜，一场场使人叹为观止的奇妙演出，让人们沉浸在美妙世界中。丽都的歌舞秀，和这条世上最美的林荫大道相互衬托、互为特色。这里融洽的气氛不分国别，各色人种云集，各地文化汇聚，热闹的氛围、让人眼花缭乱的街区，聚集了全世界人们的目光。无论是效果完美的剧场、豪华的装饰、精彩绝伦的现代表演、奢华的演出服、壮观的音乐，还是令人震惊的特效，都会使每一位来宾带走一份难得的回忆。

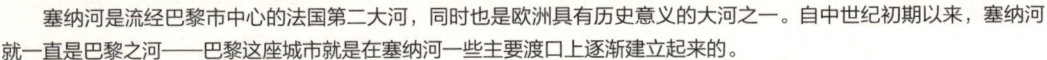

11 塞纳河
流经巴黎的法国第二大河 赏

　　塞纳河是流经巴黎市中心的法国第二大河，同时也是欧洲具有历史意义的大河之一。自中世纪初期以来，塞纳河就一直是巴黎之河——巴黎这座城市就是在塞纳河一些主要渡口上逐渐建立起来的。

　　塞纳河发源于距离巴黎东南约275公里一片海拔470多米的石灰岩丘陵地带，在溪流上游一处山洞内安置着一尊神态优雅安详的女神像，白衣素裹、半躺半卧的女神手中捧着水瓶，嘴角挂着微笑，那条清澈的溪流就是从女神像的背后流出，当地的高卢人传说女神名为"塞纳"，因而塞纳河也就以女神的名字命名，成为养育法国人的母亲河。提起塞纳河，不得不提的便是河上的桥，塞纳河上的桥共有36座，每座桥的造型都各有特点，而其中最壮观最金碧辉煌的就是亚历山大三世桥了。塞纳河的两岸都种植着繁茂的梧桐树，郁郁葱葱，到处都充满着巴黎特有的文化和高雅，塞纳河自身及两岸风光，构成了温馨、祥和、丰富的人文景观。它川流不息，滋润着大地，是法国人民无比热爱的母亲河。

TIPS
◎在巴黎市区河段长度约20公里，横贯巴黎 ◎11欧元 ◎全天 ◎乘地铁4号线至St.Germain des Pres站，出站即达 ★★★★

12 亚历山大三世桥
独一无二的钢结构拱桥

TIPS
📍83 Rue Saint-Honor, 75001 Paris ☎01-44-50-75-01 🚇乘地铁7号线至Pont-Neuf站，出站即达 ⭐★★★

将香榭丽舍大街和荣军院广场连接起来的亚历山大三世桥是一座独一无二的钢结构拱桥。1886年，作为当时法俄亲善的礼物，俄皇尼古拉斯二世向法国赠送了一座大桥，并以他父亲的名字命名，是为巴黎著名的亚历山大三世大桥——世界上最美的大桥。

这座全金属结构的大桥坐落在风景如画的塞纳河上，全长约107米，连接着两岸的香榭丽舍大街和荣军院广场。桥上的路灯都以小爱神高高托起，并饰以精致的女神雕像和石雕飞马，左岸的两根立柱上有代表着文艺复兴时期和路易十四时期的法国标志，右岸的立柱上则分别是古代与现代法国的象征性纹饰，可谓是不同的时代风格在建筑上的一次完美融合。

13 新桥
塞纳河上最古老且最著名的桥梁

建于1606年的巴黎新桥虽名为新桥，但它却是塞纳河上最古老且最著名的桥梁。新桥由迪塞尔索和德西勒共同设计，并于亨利三世时期的1578年开始兴建。桥全长近300米，宽几十米，由西堤岛与左右两岸相连的两座独立的拱桥组成，在长达13公里的塞纳河上形成了一道美丽的风景线。之所以命名为"新桥"，主要因为它是巴黎第一座没有桥头堡的新式桥梁——高大的桥头堡挡住了人们观赏美丽风景的视线，而这座新桥却与众不同，站在桥上你可以尽情欣赏塞纳河两岸让人沉醉的美景。两边的人行道还建有半圆形长凳石椅。伫立桥头，远眺近观，不免让人产生许多遐思与感叹，感受其所折射的无与伦比的巴黎风格——古典、优雅与时尚、浪漫。新桥建成后就没有再被重建，至今法语仍将"经久耐用"的东西比作"新桥"。这座美丽的大桥如今已成为人们聚会和举办集体活动的场所。拥有着悠久历史的它与塞纳河一同见证了这里的变迁与发展。

TIPS
📍83 Rue Saint-Honor, 75001 Paris ☎01-44-50-75-01 🚇乘地铁7号线至Pont-Neuf站，出站即达 ⭐★★★★

14 蓬皮杜国家文化艺术中心
法国20世纪文化艺术的集中展示场所

坐落在塞纳河畔博堡大街的蓬皮杜国家文化艺术中心建成于1969年,是法国20世纪文化艺术的集中展示场所,与卢浮宫、奥塞博物馆一同串起了法国文化史的清晰脉络,被当地人亲切地称为"博堡"。

不过,这座博堡在落成之初,由于建筑风格过于后现代——几乎完全是用钢管和玻璃管构建而成,与周遭古典秀美的环境格格不入,所以曾一度引起了极大的争议,好在热爱艺术和创新的法国人最终还是接受了它。现在的博堡已经不再只是一个单纯的文化中心,而是以其独特的建筑风格成为了巴黎著名的景点之一,参观人数甚至已经超过了埃菲尔铁塔而位居首位。

TIPS
Place Georges Pompidou, 75004 Paris　01-44-78-12-33　图书馆免费,每次展览单独设置门票　11:00—21:00,周二、5月1日闭馆　乘地铁4、11号线,RER A、B、D线至Chatelet站,下车即达　★★★★★

15 巴黎迪士尼乐园
欧洲最大的文化娱乐度假中心

巴黎迪士尼乐园位于巴黎市郊马恩河谷镇,它于1992年初开张,是继美国加利福尼亚、佛罗里达和日本东京之后世界上第四个迪士尼乐园,是欧洲最大的文化娱乐度假中心。这座规模宏大的度假中心包括了30个娱乐项目,其中有20世纪初的美国城镇街道、边疆乐园、探险乐园、幻想乐园和发现乐园5个部分,设有6个旅馆,5200套房间,以及露天度假村和高尔夫球场等。巴黎迪士尼乐园最主要的游乐项目是"光、引擎、动作"表演,由特技人员驾驶多辆汽车,展现其非凡的驾驶技术,尤其是飞车穿越火海一幕,更是精彩刺激,令人拍手叫绝。

TIPS
位于巴黎以东32公里　08-25-30-02-22　单日票:成人44欧元,儿童(3—11岁)36欧元;二日通票:成人95欧元,儿童78欧元;三日通票:成人119欧元,儿童98欧元　9:00—23:00　乘RER A线至Marne-la-Vallee站　★★★★★

16 奥赛博物馆
欧洲最美的博物馆

被誉为"欧洲最美的博物馆"的奥赛博物馆与卢浮宫、蓬皮杜中心一道被称为巴黎三大艺术博物馆。奥赛博物馆坐落于法国巴黎塞纳河的左岸。这里原来是巴黎通往法国西南郊区的一个火车站，但在1940年没落，闲置了约46年之后，1986年被改建成奥赛博物馆。馆内主要陈列了1848年至1914年间创作的西方艺术作品，聚集了法国近代文化艺术的精华，填补了法国文化艺术发展史上从古代艺术到现代艺术的空白。其中雷诺瓦的《加雷特磨坊舞会》、梵高自画像、莫奈的《蓝色睡莲》等作品都是镇馆之宝。另外还收集了许多来自不同国家的艺术品，如建筑、雕塑、绘画、素描、摄影、电影、装饰艺术等都在这里有完整的展出。

TIPS
- 塞纳河的左岸1 Rue de la Légion d'Honneur, 75007 Paris
- 01-40-49-48-14
- 8欧元
- 10:00—18:00，周日9:00—18:00，周四10:00—21:45，6月21日至9月25日早上全部9:00开馆，周一闭馆
- 乘RER C线至Muse d'Orsay站；或乘地铁12线至Solferino站，下车即达 ★★★★

畅游欧洲 · 法国

17 卢森堡公园
环境幽雅的公园

TIPS

📍 5 Impasse Royer-Collard, 75005 Paris ☎ 01-53-10-08-55 🚇 乘地铁4、10号线至Odeon站，出站即达；或乘RER B线亦可到达 ★★★★

卢森堡公园是玛丽亚·冯·梅迪奇在她丈夫亨利四世死后的1615年修建，在大革命期间作为监狱，公园占地百顷，有巨大的梧桐大道与花园、喷泉，以及许多上古智者的雕像，还有一个皇帝的别宫卢森堡宫，目前则是作为国会议员的宿舍。

公园内早晨、黄昏景象各不相同，有时像天然的运动场，人们绕着公园慢跑，或者练太极拳和中国功夫；有时像儿童乐园，到处是兴高采烈的孩童，免费的玩偶剧场是这里的特色之一；有时像读书盛会，而且读书的不仅仅是拉丁区的大学生们。当然这里最常看到的还是晒太阳的人们。

18 加尼叶歌剧院
法国上流社会欣赏歌剧的场所

加尼叶歌剧院又名"巴黎歌剧院"，是以建筑师沙尔勒·加尼叶的姓氏命名，是法国上流社会欣赏歌剧的场所。早在17世纪时，意大利歌剧风靡整个欧洲，就是在这一时期，法国吸取了意大利歌剧的经验，创造出具有本国特色的歌剧艺术。1667年，法国国王路易十四批准建立法国第一座歌剧院，由佩兰、康贝尔和戴苏德克负责建造了巴黎歌剧院的前身——皇家歌剧院，但不幸在1763年毁于大火。1860年，年仅35岁的沙尔勒·加尼叶承担了新歌剧院的设计重任。1875年新的歌剧院建成，这是举世公认的第二帝国时期最成功的建筑杰作。

游人甫一进入歌剧院，马上就会被壮观的大楼梯吸引，大理石楼梯在金色灯光照射下更加闪亮，据说是被当时贵族仕女的衬裙擦得光亮，可以想象歌剧院当时的盛况。大楼梯上方天花板上描绘了许多寓言故事。歌剧院内有全世界最大的舞台，演出大厅的悬挂式分枝吊灯重约8吨。休息大厅装修得富丽堂皇，四壁和廊柱布满了巴洛克式的雕塑、挂灯、绘画，有人说这儿豪华得像是一个首饰盒，装满了金银珠宝。它的艺术氛围十分浓郁，是观众休息、社交的理想场所。此外，歌剧院的地下层，有一个容量极大的暗湖，湖深6米，每隔10年剧院就要把那里的水全部抽出，换上清洁的水。

TIPS

📍 120 Rue de Lyon, 75012 Paris ☎ 01-40-01-17-89 💰 6欧元 🕙 10:00—17:00 🚇 乘地铁3、7、8号线至Opera站，出站即达 ★★★★

19 爱丽舍宫
法国的总统官邸

建于1718年的爱丽舍宫是法国总统的官邸,与美国的白宫、英国的白金汉宫以及俄罗斯的克里姆林宫同样闻名遐迩,是法国最高权力的象征。爱丽舍宫的前身是戴弗罗伯爵的住宅,又被称为"戴弗罗公馆",之后虽然几易其主,但长期都为达官贵人所享用。拿破仑的妹夫缪拉元帅于1805年购得这座公馆,大肆装修后将其更名为"爱丽舍宫"。1873年任总统的麦克马洪于1879年1月22日颁布法令,正式确定爱丽舍宫为总统府并延续至今,现在则常作为法国政府的代称。由大石块砌成的爱丽舍宫分为两层,主楼左右对称的两翼是两座平台,中间环抱着庭园,外形朴素庄重。宫殿后部是座幽静、秀丽的花园。爱丽舍宫内金碧辉煌,主楼二层是法国总统办公和生活的地方。底层各客厅用作会议厅、会见厅或宴会厅,厅内陈设仍保持古时模样。每间房屋墙壁上都有镀金细木装饰,墙上悬挂著名油画和精致挂毯,四周陈设着17~18世纪的镀金雕刻家具和珍奇艺术品,以及金光闪闪的座钟和大吊灯,使这里宛若一座博物馆。

TIPS
55 Rue du Faubourg Saint-Honor, 75008 Paris　01-42-92-81-00　乘地铁至Saint-Philippe-du-Roule站,下车即达　★★★

20 巴士底歌剧院
欧洲最大的歌剧院之一

位于法国首都巴黎的巴士底歌剧院是巴黎最受欢迎的歌剧院,也是欧洲规模最大的歌剧院之一,被人们誉为"舞台之最"。由加拿大著名设计师卡洛斯·奥特设计建造,是巴黎的标志之一,与巴士底纪念碑那奔向自由的金色天使相对而望。其壮丽的外观和完美的内部设施,耗资高达4亿多美元,是法国最新的国家级剧院,如此庞大的规模,大大提高了巴黎在世界歌剧院中的地位。起初的巴士底歌剧院仅是建在巴士底平民阶层区的一座平民化的文艺观赏场所,后于法国国庆200周年之时重建。如今的巴士底歌剧院不仅现代气息浓厚,而且不失庄重。地上地下各8层,外表由镜子般的玻璃帷幕构成,华丽而典雅,大理石柱廊全部是深黑灰色的,剧院大厅可容纳千余位观众,还建有多功能性的舞台,让人不得不赞叹它的壮美身姿与实用价值。这座著名的建筑大作是法国社会党总统弗朗索瓦·密特朗为庆祝法国大革命而兴建的九大工程之一,被钦定为巴黎几大现代风格的形象工程,并与玻璃金字塔及凯旋门齐名。

TIPS
120 Rue de Lyon, 75012 Paris　01-40-01-17-89　乘地铁1、5、8号线至Saint-Philippe-du-Roule站,下车即达　★★★

21 巴士底狱遗址
爆发大革命的自由民主舞台

"巴士底"原意即为"城堡"，本是中世纪为抵御英国入侵所修建的军事要塞，后于路易十一时期改为国家监狱。1789年，巴黎人民奋然起义，并于当年的7月14日攻克巴士底狱，揭开了法国大革命的序幕，这一天也成为后来的法国国庆日。到了1791年，巴士底狱被彻底拆毁，原址则建为了一座广场，当中矗立着一根高约52米的"七月革命"纪念圆柱：一尊高举火炬的金翅自由神像左手提着被砸断了的锁链，象征着法国人民从此获得了自由与新生。

漫步今天的巴士底广场，已经很难找到昔日的遗迹了，不过进入地铁站，倒还能在底层发现那座古堡所留下的两块基石。

TIPS
🏛 Place de la Bastille, Paris　🚇 乘地铁1、5号线及RER B线至Bastille站，下车即达　★★★★

22 玛德莱娜广场
不同位置有不同的感受

玛德莱娜广场位于巴黎第八区协和广场北侧皇家路的尽头，旺多姆广场东侧，圣奥古斯丁教堂的西面，因著名的玛德莱娜教堂而得名。广场简洁的风格与周围时尚、昂贵的市场形成强烈反差，巴黎最著名的外卖商都云集在此。优美的花市，诸多咖啡馆以及极佳优雅的店铺，使得广场的另一端显得比较温情。

TIPS
🏛 巴黎第八区协和广场北侧皇家路的尽头　🚇 乘地铁至Madeleine站，下车即达　★★★★

23 玛德莱娜教堂
新古典主义风格建筑

玛德莱娜教堂位于巴黎8条主要大道的交会处，素来便以其宏伟的外观著称于世，是巴黎最负盛名的建筑之一。不过，这座始建于1764年的建筑似乎一直都没有完工，直到今天也依然处在一种还在建设的状态。教堂的设计带有明显的希腊神殿风格，充满庄严、肃穆的气氛，唯一的采光点来自3个小圆顶，又为其内部精致、细腻的装饰平添了几分神秘而朦胧的美感。

教堂的祭台后有玛丽亚升天像，是教堂的参观重点，铜门上的《圣经·十诫》浮雕，教堂内大理石与镀金雕饰、雕像同样也都不容错过。而从教堂朝向皇家路方向极目远眺，协和广场、塞纳河及对岸的国会大厦一览无遗，更是欣赏巴黎街景的焦点之一。特别需要额外提及的是，全世界老饕都知道的美心餐厅也正坐落在附近。虽然价格贵得有些离谱，但是它的广告词却足以令任何人为之怦然心动——"你一生也该来一次吧！"

TIPS
🏛 14 Rue de Surne, 75008 Paris　☎ 01-44-51-69-17　💰 免费　🕘 9:00—19:00　🚇 乘地铁至Madeleine站，下车即达　★★★

24 军事博物馆
长达几个世纪军事史的纵观

巴黎法兰西军事博物馆位于巴黎左岸中心位置,坐落在法国国家残疾军人院内。军事博物馆由自由法国博物馆、拿破仑墓、第一次及第二次世界大战博物馆、王冠陈列馆、中世纪馆、路易十三馆、兵工厂展览馆、马上狩猎和骑士比武馆、东方馆、大型枪支馆、欧洲馆等一系列博物馆构成,参观博物馆的本身就是对长达几个世纪军事史的纵观。在军事博物馆中的第一、第二次世界大战博物馆以时间为主线,参观时博物馆地面上标示的年代让我们清晰地走进历史,印象非常深刻。展品涵盖了从1871年"一战"前到1945年"二战"结束期间的主要武器和丰富的历史资料。博物馆设计也如同所有欧洲博物馆一样具有自己的特色和性格——不仅仅满足于成为一个堆放历史资料的仓库,而是将自己的藏品精心设计编排展出。博物馆藏品也非常有水准,法国作为两次世界大战的欧洲主战场,其战争藏品有着得天独厚的获取条件,自然就有了博物馆水准的保证。

TIPS
- 129 Rue de Grenelle, 75007 Paris ☎ 01-44-42-37-70
- 7.5欧元 ⊙ 4月至9月9:00—18:00;10月至次年3月10:00—17:00,每月第一个周一、1月1日、5月1日、11月1日和12月25日闭馆 🚇 乘地铁13号线至Varene站,出站即达 ★★★★

25 圣心大教堂
风景优美的拜占庭式教堂

在巴黎市中心北部有一座小山——先烈山,巴黎圣心院就耸立在山巅,在巴黎四周很远的地方都可以看到它。巴黎圣心院是一座洁白的、具有拜占庭风格的大教堂,它的样式是东方的,俗称"圣心大教堂"。圣心大教堂是1870年由巴黎人民的捐款得以修建的,教堂门前两侧立着两尊铜像:一边是圣路易;另一边是被火刑烧死的乡下贞德。不知这两尊铜像原来是什么颜色,现在由于长年风袭雨浴,一层铜锈蚀裹,竟使它们变得通体碧绿,像翡翠雕琢的一般,与白玉似的教堂相映生辉。

与巴黎圣母院相比,巴黎圣心大教堂是更接近市民的宗教所在,在它的脚下,各式各样的杂货店店铺林立,空气中弥漫着煎饼和烤栗子的香味。这是离尘杂最近的一片神的净土,秉承着法国式的东方精神。

TIPS
- 35 Rue du Chevalier de La Barre, 75018 Paris ☎ 01-53-41-89-00
- 免费 ⊙ 7:00—22:30 🚇 乘地铁2号线至Anvers站,出站即达 ★★★★

26 西堤岛
最初的巴黎城区 赏

TIPS
- 塞纳河中央
- 乘地铁4号线至Cite站，下车即达
- ★★★★

位于塞纳河中央的西堤岛是一处面积不到2万平方米的小岛，西堤岛在法语里的意思是"一个区域"。事实上，历史上最初的巴黎城区就是从这里开始逐渐向四周扩散的，因而可以说西堤岛是巴黎的诞生地。

作为塞纳河中两个相近的小岛中的一个，与西堤岛相毗邻的另一座小岛叫圣路易岛，两个岛屿距离非常近——由一座小小的圣路易桥相连，非常精巧地镶嵌在塞纳河中。岛东侧就是历史悠久的巴黎圣母院，向西则是巴黎警察局、巴黎裁判所及其附属监狱等古老得发黑的建筑。塞纳河温柔的河水静谧地摩挲着遮阴的河岸，过滤了现代都市的喧嚣，给西堤岛营造了亘古时光之感。

27 圣日耳曼大街
巴黎的繁华街道 逛

TIPS
- 巴黎市中心 ★★★★

圣日耳曼大道是巴黎的一条主要街道，位于塞纳河左岸，这条大道呈弧形，东起圣路易岛边缘的Sully桥，西到通向协和广场的协和桥，穿越巴黎第五区、巴黎第六区和巴黎第七区。圣日耳曼大道的中段，与南北走向的圣米歇尔大道交会。圣日耳曼大道最著名的是穿越圣日耳曼德佩区的那一段，也就是它得名的那一段。圣日耳曼大道是当时巴黎左岸改造中最重要的部分，它取代了无数狭窄如巷道的小街，其中为这项工程让路的有圣日耳曼德佩教堂的监狱，它曾经完全位于今天的大道上。在17世纪时，圣日耳曼区成为贵族们兴建市内住宅的主要地点，这一名声一直持续到19世纪。从19世纪30年代起，圣日耳曼与夜生活、咖啡馆和学生联系起来，大道穿越拉丁区，拥有许多著名的咖啡馆。第二次世界大战以后，圣日耳曼大道成为巴黎的知识和文化中心。哲学家、作家和音乐家遍布大道两旁的夜总会和啤酒馆。今天，圣日耳曼大道是一处繁荣的高档购物街，拥有从Armani到Rykiel的各种店铺和各式各样的咖啡馆。

28 老佛爷商场
百年历史的法国百货老店

TIPS
📍 40 Boulevard Haussmann, 75009 Paris　☎ 01-42-82-70-85　🕘 9:30—19:30，周日休息　🚇 乘地铁7、9号线至Chaussee d'Antin-La Fayette站，出站即达　★★★★★

巴黎老佛爷商场被当地人称为"拉法耶特商场"，据说是以法国近代政治家"拉法耶特"的名字命名。中文从"拉法耶特"变成"老佛爷"的过程，最早应该出自港台的音译，时间一久，人们反倒忘记了拉法耶特商场的本义，而略带古怪滑稽的"老佛爷"的名字便在华人世界传播开来。

早在19世纪末，老佛爷百货就坐落在巴黎的奥斯曼大道。今天老佛爷商场的含义早已经超出一家百货公司，同时也成为巴黎时尚文化的缩影和起源地。这里之所以经久不衰，不仅因为它拥有世界上几乎所有的时尚品牌，还因为其全球眼光和文化视野。它不仅发扬了法国的文化，而且也吸纳了博大精深的东方文化，从10多年前的一个图片展开始，巴黎老佛爷商场就形成了每年庆祝中国春节的传统，并且活动规模越来越大，已经成了固定的"商业黄金周"。商场的另一个招数就是特别重视小顾客，以便为将来的顾客群打下基础。每年圣诞来临之前，老佛爷都会针对孩子设计一个童话故事主题，这已经成为老佛爷商场最突出的特色。

29 巴黎春天百货商场
巴黎规模最大、最瑰丽的百货公司

TIPS
📍 9ème Arrondissement Paris, 75009 Paris　☎ 01-45-26-20-47　🕘 9:35—19:00，周日休息　🚇 乘地铁7、9号线至Chaussee d'Antin-La Fayette站，出站即达　★★★★

与老佛爷等商场齐名的巴黎春天是世界顶级的时尚品和零售业集团，总部位于法国巴黎，是当今游客赴巴黎旅游必去的购物地。位于加尼叶歌剧院后奥斯曼大道的巴黎春天百货是巴黎第一家率先采用电力照明的百货公司，而它那以3185块玻璃组合而成的圆形屋顶，是20世纪20年代"新艺术"的代表作之一。在商场内有超过200种化妆品、保养品和香水等化妆用品，人们耳熟能详的豪华时装品牌也都可以在这里找到，而男装部还设有专为男士服务的Nickel SPA。

30 Le Bon Marche百货商场
世界上数一数二的现代时尚百货大商场

买

TIPS

📍 24 Rue de Sèvres 75007 Paris ☎ 01-44-39-80-00 🕐 10:00—20:00 🚇 乘地铁10、12号线至Sevres-Babylone站的Bon Marche出口，出站即达
★★★★

　　Le Bon Marche是法语中"便宜商品"的意思，但位于巴黎左岸最富有的巴黎7区内的这家Le Bon Marche却并非如字面意义一般的便宜商场，而是巴黎富人最喜欢光顾的购物首选地，同时也是全世界数一数二的时尚现代百货商场。开业于1838年的Le Bon Marche从一开业就是巴黎最时尚现代的商店，1850年经过扩建后更是汇集了众多世界名牌和时尚品牌，成为可与巴黎春天、老佛爷等大商场媲美的百货商场，引领了巴黎的时尚消费市场。在Le Bon Marche内的各个柜台涵盖了时装、室内家具装饰、美容美体、书籍影像等高档商品，此外还经常在商场内举办各种现代文化或艺术作品展览，有时候还会邀请众多知名人士出席，开创了艺术文化与商业融合销售的先河。

31 蒙巴纳斯大厦
法国第一高楼

赏

　　蒙巴纳斯大厦自1973年建成后至今一直为法国第一高楼，同时也是欧洲第一座楼顶高度超过200米的建筑物。现代主义建筑风格浓郁的蒙巴纳斯大厦主要用途为办公楼，在刚建成的20世纪70年代，曾是白领争相求职的地方。

　　自建成之日起，蒙巴纳斯大厦就因为超级身高受到一些人的指责，不过这里同时也是巴黎市重要的旅游景点。天气晴朗时，站在专供游客观光的平台上，视野开阔，巴黎市区景色一览无遗。除对公众开放的顶层平台外，只有第56层的"空中全景餐厅"可供参观，"全景餐厅"被作家贝格拜戴作为"9·11事件"小说的背景写进小说，从此载入文学史册。而赛德里克·克拉比什导演的电影《巴黎》，则让男主角登上大楼顶层，从那里撒下了女友的骨灰，让观众体会到另一番境界。

TIPS

📍 29 Rue de l'Arrive, 75015 Paris ☎ 01-45-38-52-56 💰 成人9欧元，12~20岁6.5欧元，7~11岁4欧元，7岁以下免费 🕐 9:30—23:30 🚇 乘4、6、12、13号线地铁至Montparnasse站下车即达 ★★★★

32 荣军院
"太阳王"路易十四设立的巴黎残老军人院 赏

TIPS
📍 Rond-Point du Bleuet de France, 75007 Paris　💰 8欧元
🕐 10:00—18:00，1月1日、5月1日、12月25日闭馆　🚇 乘地铁8号线至La Tour Maubourg站，下车即达 ★★★★

巴黎荣军院又叫"巴黎残老军人院"，是法兰西"太阳王"路易十四于1670年设立、用来安置部队中伤残军人及年老退役军人的一所建筑，在建成之初被当时欧洲众多国家群起效法。从1674年10月荣军院接受第一位入院的军人起，在17世纪末时曾经有约4000名军人以此为家。住在荣军院内的军人生活作息一如军营，依旧有工作能力的军人负责帮忙制作衣服和鞋子等，而年老和身体伤残的军人则在东南侧的医疗中心接受照顾。直到现今荣军院依旧为法国军人服务，行使着它初建时收容安置伤残军人的功能。此外，作为军事博物馆的一部分，巴黎荣军院同时也是多个博物馆的所在地，法兰西帝国的始皇帝拿破仑一世的墓地——拿破仑墓也在这里。

33 圆顶教堂
拿破仑陵墓所在地 赏

庄严肃穆的圆顶教堂建于拉丁区的最高点——古称圣日内维耶山上一个微微高起来的高地之上。据说，200多年前，法王路易十五忽然得了怪病，无药可救，于是路易十五向神明许一个愿望，如果神能使他痊愈，就会为神建一座最美丽的庙。不知道是事有凑巧，还是他真的感动了神灵，路易十五的病竟真的好了。为了还愿，他选了圣日内维耶山为建庙的地点，修建此庙以表达对神的崇敬与感谢。圆顶教堂还是著名人物拿破仑的埋葬地点，现在他的尸体安放在一个红色斑岩棺材内。这个大型教堂，以其壮丽的圆顶闻名，这是法国有史以来最优秀的穹顶建筑。它的建筑风格没有采取当时的哥特式，而是采用了希腊式风格。所有的42扇窗户都在楼上，楼下则完全没有窗户。十字架形较短的左右两侧，各是40米高的钟楼，与十字中央的83米拱顶相望。1989年修复教堂时，使用了55.5万片金箔，总重量达12.65千克，极其壮观。如今圆顶教堂已成为巴黎的主要旅游景点。

TIPS
📍 129 Avenue de Tourville, 75007 Paris　📞 01-44-42-37-72　💰 7.5欧元
🕐 10:00—17:00　🚇 乘地铁8号线至Invalides站，下车即达 ★★★★

畅游欧洲 ┊ 法国

34 吉美博物馆 赏
巴黎首屈一指的亚洲艺术博物馆

位于巴黎第16区的法国吉美博物馆又名"国立吉美亚洲艺术博物馆",是巴黎首屈一指的亚洲艺术博物馆。博物馆的创始人是里昂工业家爱米尔·吉美,他在埃及、希腊、日本、中国和印度的环球旅游中,收藏了大量艺术品,并于1889年正式建立这个博物馆。

最初,吉美博物馆主要展示的是埃及、古罗马、希腊和亚洲国家的宗教文化,但后来,因为他的一系列远东不同地区的考察探险,博物馆在保留古埃及宗教部分的同时,对亚洲越来越关注。

1927年,吉美博物馆归属法国博物馆总部,因而接纳了一大批探险家在中国和中亚地区考察探险时获得的艺术品。后来,博物馆又先后收到中南半岛博物馆的原件真品和法国赴阿富汗考察队提供的出土文物。同时,馆长约瑟夫·赫金完成了馆内中庭加顶工程,使得部分高棉收藏品得以展出。1945年起,法国国有博物馆的收藏大规模重新组合,吉美博物馆将其埃及部分转让给卢浮宫,后者则把亚洲艺术部分作为回赠。此外,吉美博物馆同时还以印度文化圈丰富的艺术收藏而在巴黎收藏界颇为闻名。

TIPS
📍6 Place d'Iéna, 75116 Paris ☎01-56-52-53-00
⭐★★★★

35 旺多姆广场 逛
巴黎顶级的珠宝中心

位于巴黎老歌剧院与卢浮宫之间的旺多姆广场是巴黎的著名广场之一,由于旺多姆公爵的府邸坐落在这里而得名。建于1683年的旺多姆广场呈八角形,广场中央高44米的青铜柱是旺多姆广场上的焦点,铜柱上的拿破仑雕像是拿破仑为了纪念在奥地利大捷于1806年所建。铜柱里面有楼梯,可以上到最高的平台,铜柱外边包的425块青铜片,来自缴获的奥地利与俄罗斯军队的1250门大炮,铜片上雕着制胜的战场浮雕,一代枭雄拿破仑雕像就站在最高处。而法国最贵的丽池饭店也在广场的一角,当年戴安娜王妃就是由这家旅馆中踏出来后走上死亡之路。此外,旺多姆广场是巴黎顶级的珠宝中心,号称"巴黎珠宝箱",法国最高级的珠宝品牌都在这里设立专卖店,橱窗里陈列着金光闪闪、琳琅满目的珠宝首饰,吸引了众多过往游人的目光。

TIPS
📍Place Vendome Paris, 75009 Paris 🚇乘地铁3、7、8号线至Opera站,下车即达 ⭐★★★★

36 圣奥诺雷街 逛
巴黎高级时装专卖店最集中的一处

圣奥诺雷街是巴黎高级时装专卖店最集中的一处,这条沿线遍布商铺,被称为"名店街"的大街两侧云集了众多高级时装名店,从时装精品、配饰到化妆品、香水和珠宝等时尚名品应有尽有,吸引了大量对时尚感兴趣的游人在圣奥诺雷街驻足停步。

TIPS
📍38 Avenue George V, 75008 Paris ☎01-53-57-24-00

⭐★★★★

37 孚日广场
巴黎少见的四方形广场

TIPS

📍Place des Vosges 🚇乘地铁至St-Paul站，下车即达 ★★★★

孚日广场位于巴黎第四区，也曾经被称为"皇家广场"，拿破仑在1880年时为了纪念第一个向国家上缴税收的孚日省而将其命名为"孚日广场"。四方形的广场式样在巴黎很少见，孚日广场四面分别由9栋相连的红砖建筑围成，一楼还设有巴黎少见的骑楼，法国文豪雨果、苏维妮侯爵夫人均于此出生。

如今，孚日广场依旧是巴黎少数保存有法国大革命前建筑风格的建筑群。孚日广场最早时是法王亨利二世的豪宅，昔日贵族都喜欢来这里玩马戏及滚球，亨利二世也有一回跟侍卫长比赛时眼睛被刺伤，10天后就一命呜呼，因而他的遗孀认为这栋豪宅不祥，将它铲平成马市。直到17世纪，亨利四世才将这里改建成商圈广场，而这里拥有的巴黎少见的骑楼，则成为他革新建筑的政绩之一。

38 巴黎市政厅
陈列法国历史文物的华丽建筑

TIPS

📍3 Rue de la Tacherie, 75004 Paris ☎01-42-76-43-43 🎫免费 🕐每周一10:30开放参观 🚇乘地铁1、11号线至Hotel de Ville站，出站即达 ★★★★

巴黎市政厅是一座建造于19世纪的建筑，位于巴黎市中心圣母院北部塞纳河畔。市政厅大楼有许多楼台式结构，上面带有平顶的金字塔形屋顶，整座大厦有百余尊雕像。现在为法国政府所用，市政厅内陈列着很多的法国历史文物。1803年以前巴黎市政厅广场叫"沙滩广场"，1871年，巴黎公社起义时被焚之一炬，直至1882年，新巴黎市政厅才重新修复落成。

新落成的市政厅建筑内含3个庭院，除中央主楼接近原貌外，其余建筑均反映了19世纪盛极一时的新文艺复兴风格。主楼正面的壁龛饰有196座名人塑像，右侧栏杆上两组青铜群雕分别象征着科学和艺术，主楼正面的两组石雕象征着劳动和塞纳河与马恩河，钟座上方雕塑为《巴黎市》，三角楣上的两座雕塑分别象征谨慎和警惕。市政厅内部装饰极其华丽，有着各类风格的油画、壁画、镶嵌画、饰毯等装饰工程。

39 圣米歇尔广场
巴黎的城市心脏

TIPS

📍Bonlevard St. Michel，75005 Paris 🚇乘地铁4号线至St-Michel站，出站即达 ★★★★

被誉为"巴黎的心脏"之一的圣米歇尔广场位于法国巴黎第六区拉丁区一个十字路口处。广场不大，周边由古典建筑合围，圣米歇尔广场的南侧高耸着圣米歇尔教堂，呈现出新古典风格。其广为人知的是广场中心那座圣米歇尔喷泉，于1855年由加布里埃尔建造而成，原拟献给拿破仑一世，但是最后决定献给天使长圣米歇尔，上置杜莱雕刻的铜像《圣米歇尔屠恶龙》，呈献给人们圣米歇尔手持仗剑伏龙，龙口吐水入喷泉的情景。拉丁街区常与艺术家、知识分子和放荡生活联系在一起。这里在政治上也有一段历史，如1817年圣米歇尔广场成为巴黎公社的中心，1968年又成为学生运动的地点。如今已成为人们游览的著名景区，本区的东半部变得十分时髦，也有许多官方机构。在此位置可以看到西堤岛上包括司法宫的一些著名建筑。圣米歇尔广场四通八达，热闹非凡，无论是年轻的学生、约会的情人，还是旅居的艺术家和来巴黎观光的游客，大都以圣米歇尔广场为邀朋会友的地点。

---

40 万神殿
古典、庄严、神圣之美感

TIPS

📍13 Rue de la Sorbonne, 75005 Paris ☎01-40-51-03-78 💰7欧元 🕙10:00—18:00 🚇乘地铁10号线至Cadinal Lemoine站，出站即达 ★★★★

　　巴黎的万神殿是18、19世纪的建筑物，是模仿罗马的万神殿建筑风格修建的，回归古典、庄严、神圣之美感。和罗马的万神殿相比，巴黎的万神殿没有那么古老，但其建筑规模更胜一筹。原名为"先贤祠"，1791年教堂被关闭，并改名为"万神殿"来安葬法国的名人及伟人们。许多伟人们都长眠于地下一层，如雨果、居里夫人及丈夫、卢梭、伏尔泰等。端庄的正面门廊由22根大圆柱组构而成。顶着三角形浮雕门楣，整座建筑以中央巨大圆顶为核心，这巨大的圆顶由系列细柱环抱支撑，相当独到。万神殿是古罗马建筑艺术的结晶，对西方的建筑史发展也有举足轻重的影响，文艺复兴时期无数的建筑师们曾来此取经。这种廊厅加柱廊的设计，被应用在许许多多市政厅、大学、图书馆和其他各种公共建筑物上。比较明显受其影响的就有美国弗吉尼亚大学的圆形大厅、哥伦比亚大学的图书馆和澳大利亚墨尔本的维多利亚州立图书馆。雄伟壮观的万神殿建筑物本身就宛若古希腊或古罗马的万神殿建筑，在一种典雅的新古典风格里，成为巴黎最别开生面的一座建筑物及纪念碑。

41 巴黎唐人街
法国最大的唐人街   逛

TIPS
- 位于第13区的街区
- 乘地铁至Porte-de-Choisy站，下车即达 ★★★★

　　法国最大最有名的唐人街当然在巴黎。目前，巴黎市内的华人聚居地主要有3处：巴黎13区唐人街，巴黎19区"美丽城"，巴黎3区和4区的"温州街"。巴黎的华人区各有特点。不过，在巴黎，人们只要谈起唐人街首先想到的必定是巴黎的13区。法国人甚至很幽默地说，要想了解中国，买张地铁票到13区就行了。的确，走在13区，犹如置身中国国内，打着方块字标志的中国餐馆、商店遍布街道两旁，街上到处可见中文广告，听到熟悉的汉语，看到熟悉的容貌。这里行人如织，车水马龙，喧嚣繁华，生气勃勃。巴黎13区的唐人街主要集中在由绍瓦西、伊夫利和马塞纳3条大街构成的一个三角区域。与巴黎其他华人聚集区不同，13区主要以潮州人为主，其他的则是来自泰国、新加坡和中国香港、澳门的华人。当然，也有很多越南、老挝等东南亚国家的人。因此，13区唐人街同时也具有浓厚的东南亚特色。巴黎3区和4区的华人则以来自浙江省的温州人和青田人为主。

42 拉德芳斯新区的大拱门
现代巴黎的象征   赏

TIPS
- 位于拉德芳斯新区
- 9欧元
- 顶层电梯：4月至9月10:00—20:00；10月至次年3月10:00—19:00，闭馆半小时前停止接待
- 乘地铁至Esplanade-de-la-Défense站，下车即可 ★★★★

　　位于巴黎西郊的拉德芳斯新区是现代巴黎的象征。拉德芳斯原是巴黎西郊一片僻静的无名高地，在1870年至1871年的普法战争中，法军败北，巴黎沦陷，一小股法军退守这里的无名高地并顽强抵抗到弹尽粮绝，全部以身殉国。后人在高地上竖起一组雕像，题名"拉德芳斯"，意为"防卫"，以纪念阵亡将士。在新区的开发和兴建过程中，这组雕像被完整地保留了下来，整个新区也以此为名。

　　拉德芳斯新区的代表性建筑——大拱门，集古典建筑的艺术魅力与现代化办公功能于一体，是建筑艺术史上的一个奇迹。大拱门占地约5.5万平方米，门南北两侧是高大的塔楼。两个塔楼的顶楼是巨大的展览场所，顶楼上面的平台是理想的观景台。从顶层平台向远方眺望，既可以看到近处布劳涅森林和塞纳河的风光，也可以看到远方巴黎城区的景色。

43 索邦大学
历史悠久的大学

TIPS

🏠 13 Rue de la Sorbonne, 75005 Paris ☎ 01-40-46-22-11 💰 免费 🕐 全天 🚇 乘地铁至Cluny-la-Sorbonne站,下车即达 ★★★

　　索邦大学是巴黎一所历史悠久的大学,也是现在的巴黎大学系统的一部分。索邦大学成立于13世纪,由当时法国国王圣路易九世身旁的神父罗伯德·索邦创立。最初是在12世纪时,在巴黎塞纳河上的西堤岛上,针对当时来自法兰西、皮卡第、诺曼底与英格兰4个国家的年轻人教授神学、法律、医学及艺术4种学科。后来于1257年在圣杰内芙耶芙的山丘上成立索邦学院,当时在众多学院中最具知名度,规模扩大后便以索邦大学为名。

44 香波堡 赏
法国在文艺复兴时期建筑领域内的一次巅峰之作

　　巴黎市郊卢瓦河畔的香波堡始建于16世纪,原为当时的国王、"法兰西文艺之父"弗朗索瓦一世为狩猎所修建的行宫,这是法国在文艺复兴时期建筑领域内的一次巅峰之作,被今天的法国人视作最值得炫耀的国宝之一,名列联合国的世界文化遗产名录当中。

　　城堡整体呈典型的中世纪古堡布局,主体建筑宽156米,深117米,有440间房间、365个暖炉、14个大阶梯,以及最负盛名的双舷梯。据说,这是为了避免国王的情妇与王后相遇时发生纠纷而特别建造的。无论这种传说真实与否,倒也确为这座原本就迷人的古堡平添了几分法兰西式的浪漫色彩。

TIPS

🏠 巴黎市郊卢瓦河畔 💰 7欧元 🕐 9:00—18:15;声光表演:7月、8月22:30一次日凌晨1:00,票价13~15欧元;马匹表演:夏季在马厅广场的废墟上举行,5月、6月、9月11:45,周六、周日16:00加一场,7月、8月11:45、17:00,票价7.5欧元 ★★★

45 布隆尼森林
法国王室曾经的御用庭园

　　占地约900万平方米的布隆尼森林位于巴黎市西部边界的塞纳河曲间,远离市区,是巴黎的两大森林之一。布隆尼森林曾是法国王室的御用庭园,其后才开放给大众作为休闲的去处,19世纪著名的景观设计大师Baron Haussmann将此地重新设计规划,如今布隆尼森林已成为巴黎人最喜欢的休闲娱乐场所之一。布隆尼森林中人群的主要聚集地包括:供小孩玩耍的广大花园、一座有关工业及工业革命的博物馆、两个专供骑马活动的马场、一座迷你高尔夫球场、一座保龄球馆、绿荫下的自行车道、可划船的Inferieur湖和Superieur湖、法国网球公开赛举行场地、以花卉尤其是玫瑰和温室植物而闻名的Parc de Bagatelle、靠近圣克劳德门且只在春夏季对外开放的私人花园Jardin Albert Kahn,以及园内富有悠闲意味的餐厅和咖啡厅等。

TIPS

🏠 Bois de Boulogne Entre par le Jardin d'acclimatation, 75016 Paris ☎ 01-53-92-82-82 🕐 9:00—19:00 🚇 乘地铁2号线至Porte Dauphine站;或乘地铁10号线至Porte d'Auteuiletk站,出站即达 ★★★★

46 第戎圣母院
13世纪勃艮第建筑的杰出代表

位于第戎市中心的第戎圣母院是13世纪勃艮第建筑的杰出代表，继承了罗马艺术时期的建筑风格，堪称第戎首屈一指的教堂。圣母院最初建在第戎主要的商业区，因为地处繁华闹市，教堂规模不大，是整个勃艮第地区最小的哥特式教堂。虽然规模不大，但18米高的教堂中殿与装饰着怪兽出水口和成排圆柱的教堂空间依旧给人宽广宏伟的宗教氛围，丝毫不显得局促。此外，在第戎圣母院内著名的"Black Virgin"雕像是为了纪念第戎在1513年突破瑞士围城所建立，吸引了众多游人拍照留念。

TIPS

🏠 9 Place Notre Dame 21000 Dijon ☎ 03-80-30-40-42
💰 免费 🕐 10:00—18:00，周日12:30—14:00休息 🚃 从第戎火车站步行约5分钟即达 ★★★★

47 枫丹白露宫
法国规模最大的王宫之一

枫丹白露宫是16世纪法王弗朗索瓦一世的狩猎别庄，"枫丹白露"法文意为"美泉"，因宫内有一座美丽的八角形小泉而得名。经过路易王朝几位国王的不断扩建后，枫丹白露宫规模相当于一个城镇，各个时期的建筑风格都在这里留下了痕迹，众多知名的建筑家和艺术家也都参与了这座法国历代帝王行宫的建设。

枫丹白露宫现存的建筑有13世纪圣路易时期的一座封建城堡主塔、6个朝代国王修建的王府、5个不等形的院落，以及4座代表不同时代特色的花园。但建筑外部仍保留着传统的法国哥特式风格。皇宫的主要建筑是两层楼群，房间数不胜数。而这些楼群又以一个个漂亮的庭院花园隔开。其中最有名的有白马庭院，拿破仑就是在这里告别了跟随他戎马生涯20年的将士们，因此，"白马院"也称"永别院"，可以说是枫丹白露宫最富有历史意义的房间。游人一进大门就可看到迎面的广场，两边是一排蓝顶白墙的建筑物，四大方块草地上稀疏栽上十几棵修剪得十分整齐的小树。宫殿正面最引人注目的是一对大大的马蹄形楼梯，直通二楼，建于路易十三时期，已经成为宫殿的象征，当年拿破仑就是在这里迎娶约瑟芬皇后入宫的。

TIPS

🏠 位于巴黎东南65公里处 💰 有两条线路可选择。大殿线路：5.5欧元，包括文艺复兴展馆、皇帝寝宫、办公大厅、中国馆等；小殿线路：3欧元，主要是拿破仑一世博物馆。每月的第一个星期日免费 🕐 周三至周日 🚃 从巴黎里昂车站搭乘前往蒙特涅（Montereau）方向的火车，在枫丹白露站下车，车程40~60分钟。再穿过地下道乘公交车，车程约15分钟 ★★★★

48 塞尚画室
感受现代绘画的艺术氛围 赏

被誉为"普罗旺斯骄傲"的"现代绘画之父"保罗·塞尚出生于1839年，是埃克斯当地一位鞋匠的儿子，后到巴黎求学发展，并于1896年重返家乡。1901—1902年间，他在埃克斯市区北部创建了一间画室，在此创作了大量的艺术杰作，直到1906年因病去世。这间画室现在位于埃克斯市中心著名的米拉波大道

上，基本维持着当初的原貌，别栋中则有塞尚的生平、作品介绍，并且放映着有关这位大师的记录电影。而除开画室，埃克斯还保存了塞尚家族的诸多遗迹，站在市区远眺，更可欣赏到经常在塞尚的画作中出现的圣维克托瓦尔山。

TIPS
- 9 Avenue Paul Cézanne, 13100 Aix-en-Provence
- 04-42-21-06-53
- 5.5欧元
- 10月至次年3月10:00—12:00，14:30—17:00；2月至9月10:00—18:00
- 在埃克斯旅游咨询中心向北步行20分钟即达 ★★★★★

49 圆形竞技场
普罗旺斯地区保存最完整的古罗马遗迹 赏

普罗旺斯的圆形竞技场始建于1世纪末的罗马帝国统治时期，坐落在一处名为亚耳的城镇上，是一座可以容纳约2万名观众的巨型竞技场，同时也是当地的标志性建筑。

竞技场整体结构呈椭圆形，长直径约136米，短直径约107米，高约21米，共3层，四周环绕着60余扇拱门。不过，它虽然是罗马帝国时期的产物，但是却在设计上吸纳了诸多希腊建筑的特点，无论是柱子、装饰抑或石雕，处处都能见到希腊古典殿堂式建筑的影子。而登上竞技场入口处上方的高塔，更可以观赏到亚耳市区、隆河以及四周群山的秀丽风光。

TIPS
- Rond-pont des Arenes
- 04-90-96-03-70
- 5.6欧元
- 9:00—18:30（旅游淡季提前至16:30关闭）
- 在亚耳旅游咨询中心向北步行10分钟即达 ★★★★★

50 古罗马剧场
古罗马时期的大型剧场 赏

TIPS
- 亚尔市内
- 04-90-96-93-30
- 3欧元
- 9:00—18:30
- 从亚耳旅游咨询中心步行5分钟即达 ★★★★

在普罗旺斯的亚耳地区，与著名的圆形竞技场齐名的，还有鼎鼎大名的古罗马剧场。早在1世纪左右，这里便是一处可以容纳上万名观众的大型聚会场所，保存到今天的则有近百米宽的外台、背景装饰、舞台遗迹。漫步其间，自然会教人遥想起这里曾经的绚烂与繁华，甚至还有机会欣赏到一些仍然在使用着这座剧场的演出活动。

当然了，倘若只是游历其间，或许对于历史的感触还并不是那么强烈。好在考古工作者几经研究，最终重建了当时可以增进音响效果的舞台结构，并将之制成模型，郑重地保存在博物馆里，游客们更可前往一睹为快。

51 梵高医院 赏
梵高割掉自己耳朵的医院

所谓的"梵高医院",其实应该叫做"梵高旅游中心"。这位19世纪全人类最为杰出的艺术大师曾于1888年左右迁居到普罗旺斯的亚耳,并在这里结识了同样杰出的艺术家高更。然而不幸的是,患有严重精神疾病的梵高最终在亚耳的疗养院里割掉了自己的一只耳朵,从此给后世的人们留下了一段有关于生命的悲情注脚。

众所周知的是,梵高个人在精神方面的痛楚,反过来却成为他在艺术领域的助推力,是以今天的梵高医院已经成为了一处游览地,除开店铺、图书馆等,人们还可以在这里欣赏到其名作《亚耳疗养院的庭园》,感受浓郁的艺术氛围。

TIPS
🏠 从亚耳旅游咨询中心步行10分钟即达 ☎ 04-90-49-39-39 💰 免费 ★★★★

52 米拉波大道 逛
世界上最优美的大道

米拉波大道位于埃克斯的市中心位置,自戴高乐广场向东延伸,两侧遍植着高大的法国梧桐树,诸多精致典雅的中世纪建筑、雕像和邻近广场间的喷泉掩映其间,被誉作"世界上最优美的大道",是到埃克斯乃至普罗旺斯地区旅游的必到之处。

大道边还设有许多雅致的露天咖啡馆和茶餐厅,当地的市民们喜欢来此喝下午茶,啜饮茴香酒或黑咖啡。埃克斯同时还是法国著名的大学城,到咖啡店讨论功课,也几乎成了这些大学生们"必做的功课"。

TIPS
🏠 位于埃克斯市中心位置 ★★★★

畅游欧洲 | 法国

53 里昂贝勒库尔广场 逛
欧洲最大的广场之一

贝勒库尔广场是欧洲最大的广场之一,也是里昂的市中心。建于1713—1738年的贝勒库尔广场地处隆河和颂恩河之间,从罗马时代起就有人居住,16世纪开始有城市建筑,还曾经是阅兵场,后来才成为公共空间。贝勒库尔广场东、西边建筑物的历史可追溯至路易十四统治时期,广场南边和北边的建筑物则可追溯到16至20世纪,而广场旁的Rue Victor Hugo大道,则是里昂市主要的步行购物大街。广场中央最醒目的是建于19世纪初的路易十四骑马雕像,这座雕像不仅是广场的象征,也是广场东边与西边的界线。广场四周的古建筑物大部分在法国大革命时遭到破坏,现在所见的是19世纪初重新建造的。广场四周花店、咖啡店及餐馆林立,是最佳休憩之处。

TIPS
🏠 33 Place Bellecour, 69002 Lyon ☎ 04-72-40-29-07 ★★★★

54 纺织博物馆 赏
精美的纺织艺术

里昂是一个纺织业发达的城市，里昂的纺织博物馆是在一百多年前由当地的纺织工商会成立的。除设立了国际传统织品研究中心外，这里也展出了14世纪至19世纪欧洲各国的纺织品，是全球同类型博物馆中展品最丰富、最精致的一个。最特别的是，游人还会看到织布工用古老的织布机编织出许多罕见的漂亮丝织品。丝织博物馆的展品之中，一部分来自于私人的捐献和遗赠，还有一部分是世界各地搜集而来。除了常规展览，博物馆还经常举办中国服饰展、波兰腰带肩带展、歌剧服饰展等专题展览。

TIPS
🏠33 Place Bellecour, 69002 Lyon ☎04-78-38-42-00 💰6欧元 🕐10:00～17:00，周一休息 ★★★★

55 里昂歌剧院 娱
现代感十足的歌剧院

里昂歌剧院原是文艺复兴时期留下的产物，经过多次的修整改建，目前的景观是近几年才改造完成的。自1993年起，玻璃结构的建筑开始在里昂引领风骚。里昂歌剧院先前建筑的4个门面与廊厅，内部已呈斑驳状，重新改造之后则极具水准，内部空间也较先前扩增为两倍。另外歌剧院地下有5层楼，而最高处的6层楼呈现出圆顶带玻璃结构的上部构造，现在的设计是将透明度的观念转化在建筑物上，整体外观颇具现代感。来到此处除了可以欣赏精彩的歌剧外，还能欣赏到特殊的建筑之美。

TIPS
🏠Place de la Comédie, 69001 Lyon ☎08-26-30-53-25 ★★★★

56 圣让首席大教堂 赏
近千年历史的首席大教堂

里昂的圣让首席大教堂位于索恩河畔，始建于12世纪末，建造时间长达近3个世纪，距今已有近千年的历史。尽管从建筑规模上来说，这座教堂并不算特别宏伟，但却因为糅合了罗曼和哥特两种强烈的建筑风格，并且因为资格老、地位高的缘故而驰名远近——里昂的大主教享有首席大主教的地位，所以他的座堂也就成为"首席大教堂"。曾经在这里留下过足迹的名人很多，例如教皇约翰二十二世，便是在这里举行了自己的加冕仪式，而法王亨利四世和他的王后玛丽亚也正是在这里举行的婚礼。

TIPS
🏠Place Saint-Jean, 69005 Lyon ☎04-78-42-28-25 💰免费 🕐周一至周五8:00～12:00，14:00～19:30；周六至周日14:00～17:00 🚇乘地铁至Vieux Lyon站，下车即达 ★★★★★

57 里昂灯光节 赏
节日期间的"光明使者"

里昂的灯光节最早可以追溯到19世纪中叶,当时的人们每到12月初,都会在自家的窗台或门前点起烛光,感谢传说中的圣母玛丽亚为人们驱走了可怕的瘟疫。这项活动后来被确定为一个正式的节日,并且因为科学的进步,灯光也逐渐地取代了古老的烛光,成为节日期间的"光明使者"。于是,每逢节日期间,漫步里昂街头,随着夜幕降临,四周旋即呈现出一个五光十色的灿烂世界,更给城中那些古老的名胜平添了几分柔和而神秘的色彩。

TIPS
🏠 里昂市区 ⭐★★★★

58 里昂圣母教堂 赏
里昂标志的圣母院

在里昂有一座名叫富维尔的小山丘,那里高耸着一座被视为里昂标志的圣母院——里昂圣母教堂,是里昂著名的建筑之一。教堂的外形和城堡很相像,1168—1170年始建的这座小教堂敬奉圣母玛丽亚,之后这里经历了拆毁、重建和扩建。1870年,里昂总主教向天主教徒许愿,如果圣母能显灵使里昂免于普鲁士军队的蹂躏,将扩建圣堂以感谢圣母。里昂人民的祷告最终如愿,该教堂从此成为里昂市守护神圣母玛丽亚的象征。这座教堂融合了拜占庭和中古世纪风格,有各式复杂美丽的雕刻。

TIPS
🏠 8 Place de Fourvière, 69005 Lyon ☎ 04-78-25-13-01 💰 免费 🕐 10:00—12:00,14:00—17:00 ⭐★★★★

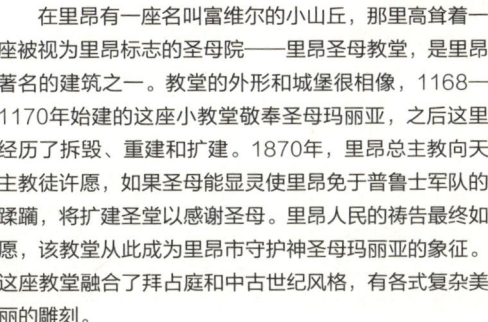

59 布卢瓦城堡 赏
探索法国的建筑历史

布卢瓦城堡的特色是在一个庭院周围汇聚了建造年代不同、建造风格各异的4个侧翼。游览这座城堡,犹如穿越时空去探索发现法国的建筑历史。在19世纪和20世纪时这座城堡曾进行了修复,进而使其建筑历史愈加丰富多彩。

TIPS
🏠 6 Rampe des Fossés du Chateau, 41000 Blois ☎ 02-54-90-33-30 ⭐★★★★

畅游欧洲 · 法国

60 舍农索城堡
充满浪漫情调的古堡

TIPS
📍 Place de la Mairie, 37150 Chenonceaux ☎ 02-47-23-90-07 ★★★★

建于16世纪的舍农索城堡是一座横跨歇尔河的水上城堡,后来这座城堡与一座新建的石桥融为一体,构成现今的形状。舍农索城堡是卢瓦河谷所有古堡中最富浪漫情调的一座,带有浓郁的女性气息,美丽的花园和幽静的松林吸引了弗朗索瓦一世的妻子凯瑟琳·布里索耐、亨利二世的情妇狄安娜·德·普瓦捷,还有设计出歇尔河上华丽长廊的凯瑟琳·德·梅迪契等贵妇在这里留下芳踪。此外,文化氛围浓郁的舍农索城堡内收藏了许多名画,这里的浪漫情调与艺术气息吸引了许多法国人来这里举办婚礼,笼罩在甜蜜浪漫中的舍农索城堡令人感觉如梦似幻,也吸引了众多游人来这里一探究竟。

61 马赛旧港
马赛的城市灵魂

2600多年前,远航的希腊人在今天的法国海岸边发现了一处恬静的港湾——拉希冬海港,而这也正是后来的法国第二大城市及最大的海港城市马赛最早的源起,位于马赛市中心的名胜——旧港。说是"旧港",其实这个港口一点儿也不旧,其码头设施大多是在第二次世界大战之后的废墟上重建起来的。当地的人们之所以约定俗成地称它作"旧港",更多的还是源自一份对于这片世代生息之地悠远的感情。不过在它的岸边,倒是还保留着诸如圣约翰城堡和圣尼古拉城堡这样建成于路易十四执政时期的古迹,确是值得一看的珍贵古迹。旧港地区是整个马赛的重点和精华

TIPS
📍 34 Quai du Port, 13002 Marseille ☎ 04-91-90-53-43 🆓 免费 🕐 全天开放 🚇 乘地铁1号线至Vieux-Port站,出站即达 ★★★★

所在,是这座因海而生、因海而盛的城市灵魂。倘若想要更加真实地了解马赛,旧港也是远道而来的游客们的最佳选择,因为只有在这里,才能感受最为纯粹的马赛风情。

62 维朗德里城堡及花园 赏
镶嵌在卢瓦尔河畔的一颗明珠

维朗德里城堡坐落在法国中部风景秀丽的卢瓦尔河畔，是16世纪弗朗索瓦一世在他统治法国期间建造的最后一座著名的城堡，也是文艺复兴时期一座极具魅力的建筑。质朴和谐、典雅精致的外观充分体现出16世纪的建筑风格。到了18世纪，这座城堡已经变得疮痍满目，并且经过多次改建，直到1906年，西班牙籍生理学家乔西姆·卡瓦洛买下这座城堡之后，几经修复才终于恢复了美丽的原貌，重现出文艺复兴时期的建筑风格。

TIPS
🏠 1 Rue Principale, 37510 Villandry ☎ 02-47-50-03-77 ★★★★

63 老救济院 赏
300余年前的救济院

1671年法国王室下令兴建一座贫民庇护所——救济院，主要目的是要为马赛街头那些贫病交加的外来移民，建造一处安身之所。救济院分为医院与圆顶教堂两部分，由法王路易十四的御用建筑师Pierre Puget所设计。这座救济院的教堂有些意大利文艺复兴时期的风格，但较为简单朴素。现在救济院变成了地中海考古博物馆（Musée de Archeologie），陈列非洲与埃及的文物供游人参观。

TIPS
🏠 19 Rue de Grignan, 13006 Marseille ☎ 04-91-54-77-75 💰 免费 🕐 10月至次年5月10:00—17:00；6月至9月11:00—18:00，周一休息 🚇 乘地铁2号线至Joliette站，下车即达 ★★★★

64 伊夫城堡 赏
《基督山伯爵》的故事场景

TIPS
🏠 马赛西方伊夫岛上 ☎ 04-91-59-02-30 💰 5欧元，18岁以下免费 🕐 9:30—17:30 🚢 在马赛旧港乘船即达 ★★★★

伊夫岛是马赛最小的岛。起初，这个小岛一直无人居住，国王弗朗索瓦一世在1516年来到这里时，充分意识到了它的防御价值，下令在这里建一座堡垒，即伊夫城堡。这是一个非常坚固的工事，后来成为国家监狱，曾囚禁过许多王公贵族的后代，还有新教徒、政治犯、革命家等。据说伊夫城堡是马赛最大的古堡，防守极为严密，犯人要从这里逃出去，简直是不可能的——然而被关押在这里的法利亚神甫和爱德蒙·邓蒂斯成功地逃了出去。大仲马根据他们的经历，写出了著名的小说《基督山伯爵》，伊夫城堡正是因为这部小说而声名大噪。1890年，伊夫城堡向公众开放，人们从全世界涌来，寻找法利亚神甫和爱德蒙·邓蒂斯曾经的足迹。

畅游欧洲·法国

65 圣母加德大教堂
马赛城的骄傲和象征

始建于14世纪的圣母加德大教堂位于马赛市郊一处高约150米的山丘上，从这里不单可以俯瞰马赛全城，更能欣赏到地中海的壮阔美景。教堂的尖塔顶端伫立着一座高约9.7米的镀金圣母像，无论站在马赛城的哪一个角落，抬头便能望见这尊闪闪发光的圣像，于是圣母加德大教堂也就成为马赛城的骄傲和象征。

步入教堂，伴随着僧侣们修行时平静而沉稳的脚步，人们还能在四周的墙壁上发现许多弹孔，这正是"二战"时期盟军与德军在此激烈交火时所遗留的痕迹。

TIPS
Place du Colonel Edon, 13006 Marseille　04-91-13-40-80　7:00—19:00　在旧港的利浦农布码头（quai de Rive Neuve）左转，再沿坡道向上走20分钟左右即达　★★★★★

66 圣维克多修道院
马赛最美的宗教建筑

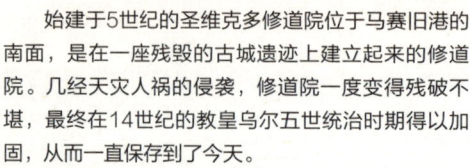

始建于5世纪的圣维克多修道院位于马赛旧港的南面，是在一座残毁的古城遗迹上建立起来的修道院。几经天灾人祸的侵袭，修道院一度变得残破不堪，最终在14世纪的教皇乌尔五世统治时期得以加固，从而一直保存到了今天。

修道院内有一座著名的地下教堂，藏有5世纪时的诸多重要文物和石棺。这些石棺的历史颇为悠远，迄今已经有了大约1500年之久，棺内至今依然保存着大量基督徒和异教徒们的遗骸，其中最为古老的属于两位殉教者，据说是在修道院落成之初便已经长眠在这里了，非常值得有兴趣的游客前往瞻仰。

或许相较于其他景点，圣维克多修道院显得并不是特别抢眼，但是需要知道的是，正是从这里出发，中世纪那些虔诚的信徒们才使得基督教在其周边地带迅速地扩散开来，使其成为整个普罗旺斯地区传教的起点。

TIPS
3 Rue de l'Abbaye, 13007 Marseille　04-96-11-22-60　免费　9:00—19:00　乘地铁1号线至Vieux-Port站，出站步行20分钟即达　★★★★★

67 戛纳电影节
世界上最大、最重要的电影节之一 娱

戛纳国际电影节是世界上最大、最重要的电影节之一。每年盛事期间,在著名的海滨大道及附近的海滩上都会云集众多美女,期待着影界大腕、星探们的发掘,一圆其明星梦。1939年,法国为了对抗当时受意大利法西斯政权控制的威尼斯国际电影节,决定创办自己的国际电影节。第二次世界大战爆发使筹备工作停顿下来。大战结束后,于1946年9月20日在法国南部旅游胜地戛纳举办了首届电影节。自创办以来,除1948年、1950年停办和1968年中途停断外,戛纳电影节每年举行一次,每次为期两周左右。1956年最高奖为"金鸭奖",1957年起改为"金棕榈奖",分别授予最佳故事片、纪录片、科教片、美术片等。

TIPS
🏠 Boulevard de la Croisette, 06400 Cannes　☎ 04-93-39-01-01　🕒 每年5月中旬　🚶 从戛纳火车站步行约5分钟即达　★★★★★

戛纳电影节自创办之日起,就得到法国外交部、教育部、国家电影中心的支持和资助。电影节的活动分为6个单元:"正式竞赛"、"导演双周"、"一种注视"、"影评人周"、"法国电影新貌"、"会外市场展"。有两组评审委员分别评审长片和短片,"正式竞赛"的部分由各国电影文化界人士组成,人选都是颇有声望的导演、演员、编剧、影评人、配乐作曲家等,而其中一名担任主席。非竞赛部分以提拔新人为主,其中"导演双周"及"一种注视"发掘了不少颇具潜力或业有成就的导演。

---

68 列航群岛
戛纳外海的离岛 赏

列航群岛指的是戛纳外海的两处离岛,大的叫做圣玛格丽岛,小的叫圣何那瑞岛。圣何那瑞是一位罗马修士的名字。4世纪末,这位修士来到岛上,并修建了一座修道院,圣何那瑞岛也就因此得名。圣玛格丽是这位修士的妹妹。不过,圣玛格丽岛之所以有名,却是因为法王路易十四,传说他那位戴着铁面具的弟弟曾被囚禁在这里,并且一待就是11年。除了这个历史悠久的法国王室传说,对于今天的游客们来说,更吸引他们的还是岛上修道院自酿的葡萄酒,由于品质极佳且限量生产,所以很受市场的欢迎。

TIPS
🏠 戛纳外海　☎ 93-39-11-82　🚢 在戏剧宫旁的Vieux Port搭乘渡轮,夏季:去程7:30—19:30,每30分钟一班;回程15:00—18:00,每小时一班。冬季班次较少　★★★★★

畅游欧洲 : 法国

69 普罗旺斯
迷人的薰衣草花田 赏

普罗旺斯位于法国的南部，历史上的普罗旺斯范围很大。整个普罗旺斯地区因极富变化而拥有不同寻常的魅力：天气阴晴不定、暖风和煦、海风狂野、地势跌宕起伏、平原广阔、峰岭险峻、寂寞的峡谷、苍凉的古堡、蜿蜒的山脉和活泼的都会等，全都在这片大地上演绎着万种风情。

在普罗旺斯，薰衣草花田一年四季都有着截然不同的景观。冬天，在收成切割后，只剩下短而整齐的枯茎，覆盖着白雪。春天一到，绿叶冒出。6月紫晕，渐渐地随着夏天的艳阳愈来愈热，薰衣草花也很快地转变成迷人的深紫色。紧接着是忙碌的采收工作开始了，掌握时间很重要，因此，花农们必须夜以继日地采割花朵，并蒸馏萃取汁液。直到9月底，所有的花田都已采收完成。这时，薰衣草花田才得以喘口气，吸收大自然的精华，为紫色花朵明年夏天的再一次盛开而做准备。

TIPS
法国南部 ★★★★★

70 尼斯老城
意大利式的生活气息和情调 逛

尼斯城最早是由希腊人所建，后来又曾经沦为罗马帝国的殖民地，在1860年还由意大利管辖。因此，尼斯的老城仍具有意大利式的生活气息和情调，高大的房屋和狭窄的街道是颜色清淡的意大利风格。街上的教堂则大都是17世纪的巴洛克建筑。

在这个由蜿蜒街道和色泽柔和的房屋组成的老城里，保留着多位世界级名人生活过的场所：这里有俄国戏剧大师契诃夫写下著名话剧《三姐妹》的疗养寓所，有画坛巨匠马蒂斯发挥创作灵感的画室，有古典音乐家贝里奥斯逗留的住所，还有小提琴家帕格尼尼过世的房子，更有千军统帅拿破仑下榻的行宫，在这里他还曾写下献给约瑟芬皇后的最优美的情书。

在这座崇尚艺术的城市，街头巷尾常有艺术家表演，他们多不是为乞食，而是为展示自己，其中许多人来自意大利，他们的歌声优美，表演诙谐。在这里，艺术画廊比比皆是，游人随意走进一家画廊就可看见各种抽象艺术和绘画作品，从作品鲜艳的色彩和活跃的笔触中，可以看到从印象派后期发展而来的鲜明印记。

TIPS
Rue Colonna d'Istria, 06000 Nice 在巴黎车站乘TGV火车至尼斯，后从游客服务中心步行10分钟即达
★★★★

71 天使湾
蔚蓝海岸的代表景观 玩

位于地中海沿岸的天使湾，犹如一道湛蓝的美丽弧线，吸引了无数游人，同时也形成了尼斯最经典的画面。作为全世界景致最丰富且活跃的海滩之一，天使湾的海滩上随处可见五彩缤纷的遮阳伞、岸边装饰奢华典雅的饭店、日光浴的美女、依偎在一起欣赏美丽海景的情侣、玩耍嬉戏的孩童、躺在躺椅上悠闲看报的人们……来到天使湾，即使不下海游泳，光是在海滩上享受地中海沿岸的阳光和悠闲地散步，就是一次足以令人难忘的经历。

TIPS
 4 Rue de l'Opéra, 06200 Nice 04-93-85-65-40 ★★★★

72 葛拉斯
全世界最负盛名的"香水之城" 赏

葛拉斯位于尼斯西北部的山区，与著名的"电影之城"戛纳相邻，尽管规模不大，却是全世界最负盛名的"香水之城"。因为这一带的山间盛开着各种香花，于是香水工业应运而生，渐而发展成为当地的支柱性产业，仅环绕着城区的香水工厂便不下三十余家，价格也比巴黎这样的大城市便宜很多，确是旅客不容错失的一个好去处。

城中还设有一座香水博物馆，展示着从世界各地采集原料所制成的香水，甚至就连中国的茉莉花也列在其间，教人倍感亲切。

TIPS
 Centre Cial Barnéoud, 13480 Plan de Campagne
 04-42-46-62-67 在尼斯搭巴士70分钟左右，每小时一班；在康城乘巴士45分钟左右，每半小时一班 ★★★★

73 英国人散步大道
尼斯著名的海滨步行道 逛

英国人散步大道也称"盎格鲁大街"，是尼斯一条沿着地中海蔚蓝海岸的著名海滨步行道。这条大道是1830年由尼斯的英国侨民募款修建的，他们本来是想把这里发展成为自由贸易港。它原本是条两线道，中间被美丽的花床与棕榈树分开，现在则是一条八线大道，长达5公里左右，艺廊、商店及豪华饭店林立。而散步大道则是由卡诺特公爵在1931年所启用的，公爵是英女王维多利亚之子，由此可见这条大道的不凡。每逢黄昏的时候，不论是游人还是当地人，都会被这里美丽的夕阳所吸引。

TIPS
 尼斯南部海边天使湾旁 ★★★★

74 马蒂斯博物馆 赏
令人心情愉悦的博物馆

马蒂斯博物馆位于西米埃园的橄榄树林内，建于17世纪。现在这座热那亚式别墅已经全面翻新，建筑物外表以逼真画作为装饰。馆内主要展出的是著名野兽派画家马蒂斯的私人珍藏，马蒂斯从1917年抵达尼斯，就对尼斯透明细致的光线极为热爱，所以一待就是37年，直到1954年去世为止。馆内收藏了马蒂斯不同时期的作品，包括236幅画作、218幅版画和由他设计插图的全套书册，以及著名的《蓝色裸体4号》及石榴静物画等。

TIPS

164 Avenue des Arnes de Cimiez, 06000 Nice　04-93-81-08-08　免费　10月至次年3月10:00—17:00；4月至9月10:00—18:00，周二休息　乘15、17、20、22、24路公交车至Arenes站，下车即达　★★★★

75 摩纳哥王宫 赏
摩纳哥百年传统的守护神

被誉为"摩纳哥百年传统守护神"的王宫，坐落在地中海岸，地理位置得天独厚。这座由热那亚人始建于1215年的军事要塞，17世纪以前一直被作为军事用途。摩纳哥王宫由两部分组成，一半是王室的私人住所和办公场所，另一半是博物馆，每年6月到10月向游人开放。参观王宫，如同做一次从中世纪教皇时期到拿破仑战争横贯几个世纪的旅游。目前在这座豪华的宫殿中，可参观意大利式长廊、路易十五客厅、马萨兰客厅、座厅、巴拉丁小教堂、圣马力塔楼。王宫广场周围陈列着路易十四时期铸的炮台，从广场放眼望去可看到蒙特卡洛港，远可望到意大利的泊蒂凯拉角，从西南侧远眺，则可将峰威区风光尽收眼底。

TIPS

Place du Palais, 98000　93-25-18-31　免费　6月至10月9:30—18:20　在巴黎里昂车站乘TGV火车至摩纳哥公国，后步行15分钟即达　★★★★★

76 摩纳哥邮票及钱币博物馆 赏
世界闻名的邮票及钱币博物馆

现代化的摩纳哥邮票及钱币博物馆内，向游人展示了大量摩纳哥王室收藏的精美邮票和钱币，尤其是博物馆内的珍稀邮票馆更是吸引了众多游人驻足停步，堪称世界集邮爱好者不可错过的一处圣地。

TIPS

Terrasses de Fontvieille, 98000 Monaco　93-15-41-50　3欧元　10:00—18:00　★★★★

77 异国花园
超现实的自然王国 玩

摩纳哥的首都坐落在西边海峡阿尔卑斯山脉伸入海中的一座陡峭悬崖上，被称为"悬崖顶上的首都"，如此惊心动魄却又被誉为"世界上最安全的国家"。阳光、海滩、歌剧、SPA、F1、豪华酒店，每一处都让摩纳哥这个不到两平方公里的地中海小国散发出耀眼光芒，吸引了全世界的目光。摩纳哥最著名的城市非蒙特卡洛莫属，顺着蒙特卡洛市区的石阶就可以找到这里——异国花园。异国花园建于1933年，园内引种了7000余种国外植物，主要是热带的奇花异草。在这里可以俯瞰整个摩纳哥，穿过公园来到山上，山中还藏着一个天然的溶洞，溶洞的入口在园林深处的山腰上，从那儿顺石阶下行558级，曲曲弯弯通到约60米深的洞底。洞口下面是史前人类博物馆，摩纳哥人的祖先曾在这里居住。

TIPS
- 62 Boulevard du Jardin Exotique 98000
- 93-15-29-80
- 6.9欧元
- 9:00—19:00
- 乘2路公交车至Jardin Exotique站，下车即达 ★★★★

---

78 摩纳哥大教堂
为格蕾丝王妃献上一束鲜花 赏

始建于1875年的摩纳哥大教堂由来自法国阿尔卑斯山村杜尔比的白色石料建成，因此大教堂外观为白色，整个建筑呈现了罗曼及拜占庭的风格。摩纳哥大教堂是1956年好莱坞明星格蕾丝·凯莉与兰尼埃三世亲王举行婚礼的教堂。从1885年之后，摩纳哥王室成员大多埋葬于此，格蕾丝王妃死于车祸后也葬于此地，现今仍有无数游人在参观之余为王妃的墓碑献上鲜花。

教堂内每逢重要节日就有大主教祭礼，教堂内部主祭坛后的装饰屏创作于1500年，出自尼斯画家路易·布雷阿之手。1976年，教堂内部开始使用四排键管风琴，管风琴奏出的华美的音色、深沉的乐曲为节日增色不少，使得这座大教堂成为举办宗教音乐会的理想场所。

TIPS
- 4 Rue du Colonel Bellando de Castro, 98000
- 93-30-87-70
- 免费
- 8:30—19:00
- 在巴黎里昂车站乘TGV火车至摩纳哥公国，后步行15分钟即达 ★★★★

---

79 蒙特卡洛
摩纳哥公国的代名词 玩

1865年，为了解决当时日益严重的财政危机，摩纳哥公国政府在旧城区北边的一处岬角上开设了第一家赌场，此后当地的赌博业迅速发展，最终成为占其年财政总收入约40%的支柱产业，这个地方便是今天举世闻名的赌博与旅游之城蒙特卡洛，摩纳哥公国的代名词。

当地的标志性建筑是蒙特卡洛大赌场，始建于1878年，是一幢古色古香的宫殿式建筑，加上周边风景绚丽，向来极受欢迎。游客在缴纳了约10法郎的费用后，便会成为赌场的"一日会员"，即便是无意于赌博，单是去感受一番赌场内的气氛，想来也是一件教人终生难忘的事情。

当然了，蒙特卡洛所拥有的还不仅仅只是赌场和美丽的风景而已。每年的1月和5月，当地都会举办蒙特卡洛大赛车和世界一级方程式赛车蒙特卡洛站的赛事。此外，音乐季、歌剧演出、国际马戏节、芭蕾舞以及7—8月份的焰火盛会，更是让这座城市充满了无限的生机和活力。

TIPS
- 摩纳哥公国东北 ★★★★★

80 日本花园
秀美的艺术杰作 赏

这个清秀静幽的花园是由世界上著名的园林设计师亚索·倍布设计的，位于地中海沿岸，据说一位神道大道士为这个公园念了一套经来祝福。整个花园是一个真正的艺术杰作，在这里，石、水、花、木和谐地融合在一起。松树、橄榄树等按照日本的传统修剪而成，带有象征意味的各种形状的小岛点缀着水塘、瀑布——水在花间，人在花水间。

花园中所有的石头都是天然的，但是同时每一块又似乎经过了严格的形状、色泽、体积等的挑选。园中所有的竹篱笆、茶馆、石灯、瓦片及木门都来自日本。

漫步园中，绿地、鲜花在喷雾营造出的地潮气中若隐若现，恍若人间仙境。

TIPS

🏠 Avenue Princesse Grace, 98000 Monaco/ Monte Carlo ☎ 92-16-60-00 💰 12.5欧元，学生6欧元 🕘 9:30—19:00 🚌 乘1、2路公交车至Monaco-Ville站，下车即达 ⭐ ★★★★

81 卡尔卡松
中世纪的要塞都市 赏

奥德省的首府卡尔卡松旧城原为中世纪的一座要塞城市，人口约4万，隔着比利牛斯山与西班牙遥遥相望，因为城中保留有大量的历史遗迹，1997年被联合国教科文组织列入世界遗产名录。

卡尔卡松城内的古城堡号称是欧洲现存最大、保存最完整的古堡，拥有着内城与外城双重城墙，内城是罗马式的城垒，外城则是典型的哥特式建筑，各设有26座御敌的箭楼。而越过吊桥，穿过古街，便可到达小镇中心。漫步在岁月沧桑的石板道上，或是绕行过古墙壁垒，浓浓的中世纪风情叫人不由得想起传说中那些披荆斩棘的骑士英雄们，仿佛他们此时依然静静地守护在人们的身旁。

TIPS

🏠 法国西南部奥德省 ⭐ ★★★★

82 圣安德烈教堂
记载波尔多历史的教堂 赏

圣安德烈大教堂建于11~16世纪，是一座哥特式建筑风格的教堂，位于波尔多市中心。教堂的正面有着繁复的雕刻，令人印象深刻，两座三角锥形的高塔宏伟壮丽，教堂两侧有用以支撑拱顶和主墙的许多斜柱，形成一种优美的图案，相当耐人寻味。在教堂周围可以看到许多精美的雕像，值得细细观赏。在夏天时，教堂内还有免费的管风琴演奏。此外，圣安德烈教堂还有一座矗立于教堂东侧的Pey Berland塔，高约48米的塔顶安置着一尊黄金圣母雕像，游人也可在此一览波尔多的城市风光。

TIPS

🏠 66 Rue des Trois Conils, 33000 Bordeaux ☎ 05-56-81-26-25 🕘 9:00—18:00 🚌 乘NS线或EW线至市政厅站（CityHall），下车即达 ⭐ ★★★★

83 波尔多大剧院 娱
波尔多的城市标志

建于1773—1780年的波尔多大剧院位于波尔多市中心，是一座新古典式的纪念堂，为法国最美的建筑之一，被视为波尔多的标志。剧院的外观像一座庄严的希腊式神庙，一排12根科林斯式巨柱构成宏伟匀称的门廊。门廊阳台上，并排竖立着12尊神态各异的雕像，都是希腊神话中的女神，好似西洋的"金陵十二钗"。内部装饰金碧辉煌，宫廷式的包厢和楼座有4层。巴黎歌剧院设计时就曾以波尔多大剧院为样板。

TIPS
📍Place de la Comédie, 33000 Bordeaux ☎05-56-79-62-43 💰6欧元 ⓘ须预约参观 ★★★★

84 证券交易广场 逛
波尔多18世纪建筑的完美典范

建于1749年的证券交易广场象征着波尔多的城市繁荣。在200余年的历史中这里曾多次改名，先后被命名为皇家广场和自由广场，直到1848年路易-菲利普一世失势后才确定为证券交易广场。1869年，广场前增添了一座三女神喷泉，与广场周围毗邻的财政部、工业部和关税部门等建筑相映生辉，在夜幕降临后更是灯火璀璨，吸引了无数游人驻足留步，欣赏这处有着美丽拱廊线条与石板屋顶的城市广场。

TIPS
📍Pont de Pierre, 33000 Bordeaux ★★★★

85 圣凯瑟琳街 逛
全欧最大的步行街

圣凯瑟琳街位于波尔多的市中心，据说是全欧最大的步行街。有人说除了巴黎地铁站，这里便是法国最拥挤的地方，店铺的形式和中国的步行街差不多，只不过多了很多非连锁的个性化小商铺。当然，波尔多是法国CHANEL等众多大名鼎鼎品牌的原产地，在这条著名的步行街上也可以看得到这些品牌。

TIPS
📍Rue Sainte-Catherine, 45000 Orléans ★★★★

畅游欧洲 · 法国

86 沙尔特龙区
葡萄酒商人聚集的街区 逛

位于证券交易广场北端的沙尔特龙区曾在18世纪达到繁荣顶峰，"沙尔特龙"的字面意思是葡萄酒商人，从15世纪就有众多葡萄酒商人聚集在沙尔特龙区。而在18、19世纪，这些经商致富的葡萄酒商开始在沙尔特龙区纷纷建立起豪华的公馆，游人漫步其间，可以欣赏到大量建于这个时代的雅致建筑，其中建于18世纪的沙尔特龙博物馆原本是一位皇家经纪人的住宅，游人可以在此了解葡萄酒对于当地经济和文化的重要性。在建于1720年的拱形酒窖里，葡萄酒装在酒桶里发酵成熟，而这里各种各样的酒瓶、玻璃杯以及标签都表明了葡萄酒在波尔多占据着核心地位。

TIPS
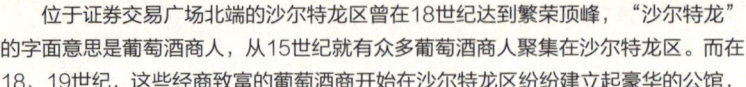 证券交易广场北端 ★★★★

87 坎康斯广场
欧洲最大规模的城市广场 逛

坎康斯广场于1810年整理城堡遗址时建成，并在路易十四在位时为防止波尔多市内的造反运动而加以修缮。坎康斯广场拥有两根高21米、正对加仑河的纪念柱，分别象征罗马船队辉煌的控海权，纪念柱上方的浮雕则象征着航海贸易。广场西侧兴建于19世纪末20世纪初的纪念碑用来纪念大革命时期被处以死刑的吉伦特派党徒，在正中央高43米的纪念柱上则屹立着高10米的自由女神像。

TIPS
Place des Quinconces, 33000 Bordeaux ★★★★

88 穆顿·罗特席尔德酒庄
世界上最著名的酒庄之一 赏

穆顿·罗特席尔德庄园是世界上最著名的酒庄之一，是已故的巴朗·罗特席尔德毕生的心血，1988年去世的罗特席尔德同时还是个诗人、剧团经理及海上游艇赛手。1925年，罗特席尔德决定在自己的庄园里装瓶，这在当时是革新性的。"二战"后，他又出了个别出心裁的主意，就是每年请世界有名的不同美术家在酒瓶的标签上半部画点东西。自1945年以来，像夏加尔和安迪·沃霍尔都曾在穆顿·罗特席尔德的年份酒标签上留下过墨宝。1973年，庄园晋升为一等园，以追认其葡萄酒质级数。

TIPS
Batailley, 33250 Pauillac 05-56-59-24-49 5欧元 9:15—11:00，14:00—16:00 ★★★★

89 马尔戈酒庄
波尔多葡萄酒文化的一部分

TIPS
📍 Domaine de Chateau Margaux, 33460 MARGAUX 💰 免费 🕙 10:00—12:00, 14:00—16:00 ★★★★

18世纪初，马尔戈一问世就跻身四大著名波尔多红酒之列，在伦敦的咖啡店中出售后一炮而红。1787年，美国第一任法国大使托马斯·杰斐逊在波尔多旅行时，从包括拉菲特、拉图尔、穆顿在内的四大名园中，选出马尔戈，称赞马尔戈是所有紫红酒中最精致、最美妙的一种。

马尔戈酒庄位于波尔多酒区的梅多克次产区，庄园建筑是第一帝国的廊柱结构，在这一片区域中是最宏伟的建筑。酒庄拥有葡萄园面积约79万平方米，种植的品种优良。马尔戈酒庄的正牌酒都是采用人工采收葡萄，并且在第一次发酵后还要进行一次分级，将不好的酒液打入第二等葡萄酒的行列。最后在全新的法国橡木桶中醇化20—26个月。这所酒庄所用的橡木取自不同的桶厂，使味道多元化。因此，马尔戈葡萄酒细致、优雅、丰浓、留香持久。

90 拉菲特·罗施尔德酒庄
波尔多的顶级庄园

拉菲特·罗施尔德庄园是波尔多的顶级庄园，也是世上最著名的酒庄之一，看到它的第一眼印象便是极其静谧而有序的一等园。拉菲特庄园是典型的17世纪庄园建筑，公共厅和卧室亲切的设计，营造出了乡土生活的气氛。1974年巴龙·埃里克·罗施尔德接管庄园后，拉菲特的酒又恢复了昔日的典雅和神韵，增加了色深，香味更丰富浓郁，转变了人们心目中拉菲特酒纤细的传统观念。

TIPS
📍 Chateau Lafite-Rothschild, 33250 Pauillac ☎ 05-56-73-18-18 💰 免费 🕙 9:00、10:30、14:00、15:30 ★★★★

91 圣米歇尔山修道院
法国著名的古迹和基督教圣地 赏

位于芒什省一处小岛上的圣米歇尔山是法国著名的古迹和基督教圣地,整体呈圆锥形的圣米歇尔山几乎全由坚硬的花岗岩构成,四周经常被大片的沙岸包围,仅在涨潮时才会形成岛。古时这里是凯尔特人祭神的圣坛,直到8世纪左右,红衣主教奥贝在岛上建起了一座城堡式的修道院,奉献给天使长圣米歇尔,从此才成为了一处基督教的朝圣之地。

除修道院外,今天的圣米歇尔岛上还保存着许多10至15世纪期间修建的古建筑,极具中古时代的加洛林王朝和古罗马式教堂风格。

TIPS

🏛 Abbaye du Mont-Saint-Michel, Le Mont-Saint-Miche ☎ 02-33-89-80-00 💰 免费 🕘 9:30—18:00 🚌 在巴黎蒙帕纳斯车站乘TGV火车至雷恩,换乘开往圣米歇尔山的巴士即达 ★★★★

92 卡昂
北方的雅典 赏

TIPS

🏛 法国西北部奥恩河与奥东河的交汇点 ☎ 02-31-27-14-14 🚆 在巴黎圣拉萨车站乘前往卡昂的直达快车即达 ★★★★

卡昂位于法国的西北部、奥恩河与奥东河的交汇点,是下诺曼底大区的首府,曾因文化和商业的繁盛而被称作"北方的雅典"。第二次世界大战时期,盟军发起诺曼底战役,卡昂首当其冲,至战争结束时几乎成为一片废墟,就连著名的圣米歇尔教堂的尖塔也被破坏,以致今天依然是一幢没有屋顶的特殊建筑。

尽管如此,当战争结束之后,卡昂却坚强地站了起来,并且在1432年英国国王亨利六世所建立的大学废墟之上重建起了新的卡昂大学。校园门口矗立着一尊"凤凰涅槃"雕像,喻意这座城市已经重又获得了新生。至于1988年开馆的诺曼底战役纪念馆,则以各种资料向游客们再现了那场史诗般壮烈的战斗,并以"和平纪念馆"之名向人类传送着卡昂人那一份美好的心愿。

93 圣马洛

积淀了厚重的文化、传统和历史的城市

圣马洛是法国西北部布列塔尼大区的一座海港城市，一片积淀了厚重的文化、传统和历史的土地。"二战"时期，圣马洛因为战火化作了一片废墟，是以今天市区内的主要建筑景点大多是按照其原样或17至18世纪时期的风格所重建起来的，在它们光鲜亮丽的背后，隐藏着的是法兰西民族灾难深重与浴血不屈的那一段过往。

不过，即便如此，圣马洛依然是游客们心目中梦幻般的旅游胜地，是整个布列塔尼半岛地区最为热门的观光目的地。这里有着整体完好的中世纪古城、曾经用来抵御海盗入侵的古城墙、波涛拍岸的壮阔海岸线，以及迷人的岛屿和内陆茂盛的森林风光。同时，这里还是全世界涨潮时水位线最高的地区之一，比如埋葬着一代作家、政治家夏多布里昂的格良贝岛，由于与陆地只有一处堤道连接，一旦涨潮，就会因为完全淹没而无法通行——游客前往参观的时候，务必事先向当地旅游部门咨询潮汛到来的时间。

TIPS

法国西北部布列塔尼大区　08-25-13-52-00　在巴黎蒙帕纳斯车站乘TGV火车即达　★★★★

94 兰斯圣母大教堂与T型宫

象征着法国王权正统的圣地

TIPS

1 Rue Guillaume de Machault, 51100 Reims
03-26-47-55-34　免费　7:30—19:30
★★★★

作为法兰西引以为傲的世界遗产之一、13世纪建筑工艺与雕塑装饰完美结合的哥特式建筑的优秀代表，兰斯圣母大教堂在法国人心目中的地位绝对丝毫不亚于同样久负盛名的巴黎圣母院。宛如拔地而起的兰斯圣母大教堂宏伟壮观，任何语言似乎都不足以精确地描述它的庄严、精致与美丽。而每当光影流动，教堂内多达2302座以圣经故事为题材创作的雕像在地面和墙壁间投射出不同的姿态，又使得它们如同上帝之手借助阳光雕塑出来的一般，令人过目难忘。

教堂大门正面北侧还有一座"微笑的天使"的雕像，由于造型甜美、生动，现在已经成为了兰斯的象征，被称作"兰斯的微笑"。实际上，自公元496年第一位法国国王克洛依选择在兰斯加冕伊始，这里便成为象征着法国王权正统的圣地，英法百年战争时期，圣女贞德也曾护送查理七世前来此处加冕。

95 图卢兹圣塞南教堂

法国保存圣物最多的教堂之一

TIPS

📍 13 Place Saint-Sernin, 31000 Toulouse
☎ 05-61-21-80-45 💰 免费 🕐 8:30—12:00, 14:00—18:00 ★★★★

　　图卢兹的圣塞南教堂始建于1080年，是一幢杰出的罗曼艺术代表作，同时也是欧洲最大的长方形教堂、法国保存圣物最多的教堂之一。由于建筑本身所蕴含的文化之美，世人历来对其评价极高，如诗人克洛德·努加便曾经说过，"圣塞南教堂就像太阳浇灌下的珊瑚花照亮了整个天空"，而拿破仑一世则以军人的方式直截了当地作出了定论，"这个圣塞南教堂值得全世界的人都到图卢兹来"。

　　步入教堂内部，每每会让人有种时光倒流的错觉。这里到处都是历史的遗迹，无论斑驳的青砖、青铜的烛灯，抑或幽静悠长的回廊，仿佛都在诉说着一段段尘封的过往。整个大殿全长约115米，宽64米，高21米，顶部采用加强筋构成了结构独特的圆顶，映衬着尖塔下精致的祭坛，愈发衬托出这座宏伟而古老的建筑的庄严、肃穆与美丽。

96 依云镇

因矿泉水闻名的小镇

TIPS

📍 法国东部日内瓦湖南侧 ★★★★

　　因矿泉水而闻名的依云镇是个仅有7500居民的法国小镇，沿着湖畔的人行道行走，19世纪末到20世纪初的精美建筑物便会映入眼帘，这不禁让人回忆起法国的繁荣时代。依云镇背靠阿尔卑斯山，面临莱芒湖，湖的对面是瑞士的洛桑，是法国人休闲度假的好去处，在湖边散步是一件让人心情舒畅的事。这里的开支预算相当于一个4万多人的城市，这样富足的生活当然源于其所处的地理

位置，依云镇一多半的财政收入都来自依云矿泉水产业。依云镇独特的地理构造成就了依云水，融自阿尔卑斯雪峰的冰川水向山下流去，经过一个封闭的砂石过滤层，水流渗过这层砂石，要用15年的时间。经过这15年的渗透，普通的冰川水就成了珠圆玉润的依云水。水厂将珍贵的依云水接进来，不经过任何人工处理，直接灌装入瓶并贴上EVIAN标签，然后在世界各地销售。要知道全世界的依云水都来自依云镇。小镇的人们生活安宁、祥和，手工灵巧的花匠把小镇打扮得多姿多彩，小镇的生活伴随着阿尔卑斯山依云水的节奏和音符缓缓地流淌着。

97 安纳西
阿尔卑斯山区最美丽的小城 赏

TIPS

法国东部，日内瓦南方 ★★★★

安纳西是阿尔卑斯山区最美丽的小城，是法国邻近瑞士国界的城镇，所以城中的瑞士风味要浓于法国风味。在穿城而过的运河附近，有瑞士人卢梭曾经居住过的房屋。从车站到解放广场只需步行十来分钟，解放广场位于安纳西湖边宽广的马斯田园入口附近，在设有剧场、咖啡厅的现代化建筑物Centre Banlieu的一角。面对着阿尔卑斯山脉的步行街，使人不由得想在凉风吹拂的早晨在此漫步闲游。特别是安纳西湖，它的水来自阿尔卑斯山脉的冰雪，被认为是全欧最干净的湖。湖畔有许多供游人租赁的游艇，乘坐游览船沿湖游览也是不错的选择。把步行街与欧洲公园相连的，是有名的阿穆尔桥。傍晚时分，游人们到这里欣赏美丽的风景。湖水流入沿着公园流淌的蒂乌运河之后，直接流往老城区。在运河两岸的老城区，有许多古老的房子。运河沿岸的栏杆上装饰着让人赏心悦目的各色花朵。这里不愧被法国人称为"阿尔卑斯山的阳台，萨瓦省的威尼斯"。

98 夏慕尼
欧洲知名的滑雪胜地 赏

位于欧洲最高山脉——勃朗峰山脚下的夏慕尼是个古老而又繁华的小城镇，也是欧洲知名的滑雪胜地。常住人口近万人，由16个村庄组成，是法国地理位置最高的镇之一。夏慕尼由风景引人入胜的法国阿尔卑斯山脉所环绕，地形与喜马拉雅山有相似之处：裂缝很深的冰川从勃朗峰冰雪覆盖的山顶一直铺到相距4.8公里的谷底。在特殊地理环境和种种因素下，这里成为了滑雪和山地活动的天堂，人们不仅可以在这里进行滑雪、登山、攀岩、攀冰等各种运动项目，还可以在这里尽情购物，享受丰富多彩的生活。这里有全长约20公里的著名La Vallee Blanche野雪道，其中部分雪道还穿越了冰川地带，更增加了难度，因而每年来这里挑战极限的滑雪爱好者络绎不绝。这是一座旅游业很兴旺的镇，不同国界的游客，使得这座镇如同"地球村"一般。1924年，第一届冬季奥林匹克运动会就在这里举行，如今夏慕尼不仅是雪上运动的乐园，还已经成为法国著名的旅游城市，带给众多游客更多的开心与惬意。

TIPS

法国东部　04-50-53-58-90　在巴黎里昂车站乘TGV火车至安锡，换乘往St-Gervais的特快车，后换乘火车即达

★★★★

EUROPE GUIDE

EUROPE
畅游欧洲 ③

德国

曾经被称为"西欧磐石"的德国在两德统一以后逐渐改变了过去刻板、沉闷的形象,现今德国拥有众多国际性的大都市,德国的首都柏林与南部巴伐利亚州首府慕尼黑都是德国历史上的著名城市,拥有大量古迹和博物馆。而法兰克福则作为战后德国经济复苏中心,拥有摩天大厦林立的大都会区,堪称德国的第二首都。汉萨同盟的古老港口汉堡则拥有德国最热闹的夜生活,灯红酒绿间不时闪过来自世界各地的年轻人身影。弥漫着浪漫气息的海德堡大学则是浪漫思潮的发源地,阿尔卑斯山区的终年积雪和黑森林区都有着无数优美的传说和迷人故事。

打开德国！

1 印象

曾经被称为"西欧磐石"的德国在两德统一以后逐渐改变了过去刻板、沉闷的形象，现今德国拥有众多国际性的大都市，德国的首都柏林与南部巴伐利亚州首府慕尼黑都是德国历史上的著名城市，拥有大量古迹和博物馆。而法兰克福则作为战后德国经济复苏中心，拥有摩天大厦林立的大都会区，堪称德国的第二首都。古老的港口城市汉堡则拥有德国最热闹的夜生活，灯红酒绿间不时闪过来自世界各地的年轻人身影。弥漫着浪漫气息的海德堡大学则是浪漫主义思潮的发源地，终年积雪的阿尔卑斯山区和黑森林区都有着无数优美的传说和迷人故事。

2 地理

德国北部毗邻北海、波罗的海，并与丹麦、荷兰、比利时、卢森堡、奥地利、瑞士、捷克、法国、波兰等国接壤，国内地势南高北低，中部为丘陵地带，总面积约为35.7万平方公里，最高峰楚格峰海拔2964米。

③ 气候

德国西北部海洋性气候较明显，东、南部逐渐向大陆性气候过渡，夏季平均气温25℃，1月为-5℃。德国大部分地区每年12月至次年3月为冬季，南部阿尔卑斯山区的冬季一直持续到5月，夏季平均气温在20℃。

⑥ 航空

目前中德之间有德国汉莎和中国国际、中国东方，以及香港国泰和台湾中华等航空公司在经营北京、上海、香港和台北与法兰克福和慕尼黑之间的航线。内地游客除了从北京和上海直飞之外，也可考虑从香港、新加坡和曼谷转飞，此外也可选择从德国周边国家转飞德国，其中阿联酋航空公司的机票价格低廉，服务品质优良，可在曼谷和迪拜转机。德国境内柏林航空公司、German Wings航空公司及Ryan Air航空公司等都经营从欧洲各城市飞往德国各大机场的低价航班。

④ 区划

德国分为巴登-符腾堡、巴伐利亚、柏林、勃兰登堡、不来梅、汉堡、黑森、梅克伦堡-前波美拉尼亚、下萨克森、北莱茵-威斯特法伦、莱茵兰-普法尔茨、萨尔、萨克森、萨克森-安哈尔特、石勒苏益格-荷尔斯泰因和图林根16个州，其中柏林、不来梅和汉堡是联邦州级市。

⑤ 人口、国花、国鸟

德国人口约为8211万，国花为矢车菊，国鸟是白鹳。

⑦ 铁路

德国的铁路交通网非常发达，是世界上最大的铁路网之一，连接了德国所有大城市和几乎全部小城市：如果目的地距离较远，可选择搭乘速度快、乘坐舒适的城际高速（ICE）；近距离旅行可选择城市加快列车（SE）、区间加快（RE）和地区列车（RB）。如果游客需要频繁往返于多个城市和地区，可以选择购买欧洲铁路通票，持此通票可在17个欧洲国家内无限制地乘坐国际、国内火车，并且包括如芬兰到德国的渡船、巡游莱茵河和摩泽尔河的KD Line渡船等渡船服务，非常便利。如果只在德国境内乘坐火车，可选择德国铁路的火车卡，德国铁路为吸引乘客不断改革价格系统，目前德国铁路的火车卡打折方式分成25%、50%、100%三种，需经常乘坐长途火车旅行的游客，选择火车卡不失为省钱的好方法。

8 公路

德国的公交系统由各独立经营的公交公司在不同地区提供服务，且都有自己的价格表和时刻表。由于德国的铁路网非常发达，大部分地区公交车的安全性、舒适性和速度都远不如火车，只在舒尔茨山脉、巴伐利亚森林的某些部分区域和阿尔卑斯山丘陵地带等特殊地区火车难以到达。在城市中，火车站附近通常都有中心公交车站，游客可直接从公交公司购买车票，也可上车后直接从司机处购买。此外，德国公交服务的频率也与中国不同，很多地区周末班次更少，专为通勤者设置的线路周末会暂停服务，如果背包游客想要乘坐公交车游览，须提前记住线路提示。

Berlin Linien公交车

由多个德国公交运营商共同组成的Berlin Linien拥有30条贯穿全德国的路线，从柏林乘公交车可抵达慕尼黑、杜塞尔多夫和法兰克福等主要城市，以及舒尔茨山和巴伐利亚森林等度假胜地。

Europabus公交车

德国铁路局附属的德国旅游公司提供Europabus长途车服务，共有3条位于德国境内的旅游路线，分别是沿浪漫之路从法兰克福前往菲森的EB190，从曼海姆通往陶伯河上游罗腾堡的EB189和穿越黑森林、从Reutlingen直至法国斯特拉斯堡的EB178。

9 水运

德国的主要海港城市是基尔、吕贝克、石荷州的特拉沃明德和梅克伦堡的罗斯托克及吕根岛，这些地区都提供前往斯堪的纳维亚的渡船服务。此外，德国河畔及湖畔的城镇和村庄中的渡船运营商经常会组织各种观光巡游，一种被人们称为"漂流旅馆"的小型豪华船还可提供全包式旅行服务，包括就餐、英语导游、陪同观光、乘马车到附近城镇游览等。

10 自行车

被德国人称为"Bundesstrasse"的辅助道路非常发达，并拥有专用的自行车道，在各大城市中也可以找到专门的自行车道，以及专为骑自行车的游客和步行者划分的道路。如果目的地之间距离较近，游客可以选择骑自行车游览，非常便利，而且可以欣赏沿途风光。

11 德国美食

德国菜的烹饪方法以烤、焖、串烧、烩为主，口味以酸、咸为主，调味较为浓重。德国面包很有咬劲，汤一般比较浓厚，厨师喜欢把原料打碎在汤里。游人可以品尝到小牛肉香肠、醋焖牛肉、斯图加特美食、卡塞尔腌肉、酸白菜、豌豆泥、威斯特法轮火腿、酸乳酪腌腓鱼、柏林冷盘、咸猪爪、洋葱熏肉饼等特色菜和萨可森杏仁蛋糕、油炸甜甜圈、吕贝可杏仁糖、苹果馅饼等甜品。在慕尼黑除了啤酒外，游人还可以在街边的啤酒馆品尝到香肠和猪肘等充满当地特色的传统美食。

12 德国娱乐

德国拥有全欧洲最为原始且充满多样化的夜总会，为新的音乐、时装和设计提供了展示的舞台。其中在废弃的工厂、仓库和邮局等地充斥着大量风格前卫的俱乐部，各种电子音乐是这里的主导旋律。每年冬季的柏林国际电影节则是热爱电影的人们最为向往的，电影节期间市内的各家影院都会播放不同的参赛影片。慕尼黑拥有巴伐利亚州立歌剧团、慕尼黑爱乐乐团和巴伐利亚广播交响乐团三大享有世界声望的乐团，喜爱音乐的游人可以在嘉斯台爱乐大厅欣赏慕尼黑爱乐乐团和巴伐利亚广播交响乐团的演出。一年一度的啤酒节是慕尼黑乃至德国最受欢迎的娱乐项目，每年的啤酒节都会将整座城市的激情点燃，使人们沉浸在欢乐气氛中。

畅游欧洲 · 德国

01 国会大厦
体现德意志帝国的强大象征

TIPS

📍 Platz der Republik，111011 Berlin
📞 030-227-32-152　🕐 8:00—24:00
🚇 乘轻轨S1、S2、S25至菩提树下大街站（Unter den Linden）；或乘100、200、248、257、348路公交亦可到达
⭐ ★★★★★

　　国会大厦又称"帝国大厦"，位于勃兰登堡门以北，它建于1894年，是新文艺复兴风格建筑，长约137米，宽约97米，外观宏伟，呈深灰色。这座豪华的建筑是德意志帝国强大的象征，是一座最能体现德国历史与发展的现代化综合办公楼群。它在1933年成为德国国会所在，第二次世界大战严重损毁后重新整建。新国会大厦由英国著名建筑师诺曼·福斯特设计，中心为国会议事厅，大厅四周是玻璃墙，屋顶是半球型玻璃天窗。这里保留了大厦19世纪的内部摆设和战争遗留的痕迹，包括大火和战争留下的烧过的痕迹以及苏联红军留下的涂鸦等。

02 大屠杀纪念馆陵园
纪念"二战"中的犹太殉难者

TIPS

📍 Pariser Platz，10117 Berlin　📞 030-263-943-36　💰 免费　🕐 全天　🚇 乘轻轨S1、S2、S25至菩提树下大街站；或乘100、200、248、257、348路公交车亦可到达
⭐ ★★★★★

　　记录"二战"期间德国纳粹对犹太人实施大屠杀事件的柏林大屠杀纪念馆位于柏林市中心靠近勃兰登堡门的地方，分地上和地下两部分。地上耸立着2751块高低不一的水泥墓碑，远远看上去就像是一座灰色的大坟场，刻着60多年前那场空前绝后浩劫的600万犹太殉难者中部分人的名字。参观者可在这里了解犹太人受害者的痛苦经历。在水泥墓碑下边是一个名为"信息之地"的地下文件展览馆，在这里可以了解更多当年的情况。

03 勃兰登堡门 赏
德国的象征

位于柏林市中心菩提树大街和6月17日大街交会处的勃兰登堡门最初是柏林城墙的一道城门，因通往勃兰登堡而得名。现今的勃兰登堡门是一座新古典主义风格的建筑，由普鲁士国王腓特烈·威廉二世下令于1788年至1791年间建造，以雅典卫城的城门作为蓝本，由12根15米高、底部直径1.75米的多立克式立柱支撑着平顶，门顶中央最高处是一尊高约5米的胜利女神铜制雕塑。自滑铁卢战役以后，勃兰登堡门逐步成为柏林的象征，也是德国国家的标志，成为德国多项庆典活动的举办会场。

TIPS
Pariser Platz, 10117 Berlin　全天　乘轻轨S1、S2、S25至菩提树下大街站下车；或乘100、200、248、257、348路公交车亦可到达 ★★★★★

04 柏林墙遗址 赏
世界最大的露天画廊

"二战"结束后东西德分裂期间，柏林被1961年修筑的柏林墙分为两部分。之后直到1989年，柏林墙的拆除成为了东西方冷战结束的标志性事件，同时也是两德统一进程的开始，现今只有少数几处还能看到柏林墙的残迹。1990年9月28日，来自21个国家的180位艺术家在长达1316米的柏林墙上，创作了不同主题的绘画。其中最著名的作品有Dimitri Vrubel的《兄弟之吻》，Gunther Schaefer的《祖国》，Gerhard Lahr的《柏林-纽约》等，形成了今日的东边画廊，同时也是世界最大的露天画廊。

TIPS
柏林东火车站至奥伯鲍姆桥之间　免费　全天　乘轻轨S1、S2、S25至菩提树下大街站；或乘100、200、248、257、348路公交车至勃兰登堡门，向西步行即达 ★★★★★

05 宪兵广场 逛
欧洲最美的广场

由J.A.Nering于1688年开始建造的宪兵广场由德国大教堂、法国大教堂和音乐厅所环绕，是欧洲最美的广场之一。宪兵广场最初名为"菩提树广场"，又名"弗里德里希城广场"或"新广场"，1736年至1782年间因军人使用而得名"宪兵广场"，也被称为"御林广场"，其美丽和谐的氛围令来自各地的游人流连忘返。

TIPS
Gendarmenmarkt, 10117 Berlin　免费　全天　乘地铁U2、U6至 Stadtmitte站，或U2至Hausvogteiplatz站，或U6至Franzsische Strasse站均可到达；或乘100、142、147、157、200、267、348路公交车亦可到达 ★★★★★

畅游欧洲 : 德国

06 菩提树下大街
欧洲著名的林荫大道 逛

东起马克思-恩格斯广场，西至勃兰登堡门的菩提树下大街是柏林的著名街道，同时也是欧洲著名的林荫大道，由于街道两侧栽植着4行挺拔的菩提树，宛如翠绿长廊而得名。始建于1647年的菩提树下大街最初街道两侧种满了菩提树和核桃树，之后由于街道改建，在1680年又重新栽植了法国菩提树，之后在腓特烈大帝在位时已成为柏林的交通要道。1945年，德国法西斯灭亡前的最后血战就发生在菩提树下大街附近，街道两侧遍布众多历史悠久的古老建筑，其中不乏海涅等名人的住所。

TIPS
- 柏林菩提树下大街 免费 全天 乘轻轨S3、S5、S6、S7、S9、S75至华沙大街站（Warschauer Str.）；或乘地铁U1、U12、U15至华沙大街站（Warschauer Str.）；或乘140、142、147、340路公交车 ★★★★★

07 军械库
柏林第一座巴洛克式大型建筑 赏

建成于1706年的军械库是柏林第一个巴洛克式大型建筑，这里曾经是收藏战利品及古代武器的博物馆。1952年至1989年柏林墙倒塌之前，这里是民主德国的历史博物馆。现在，它是统一后的德国历史博物馆。前联邦德国总理科尔曾亲自委托贝聿铭为博物馆设计一座扩建馆，贝聿铭接受了委托，在军械库北侧设计了一座三角形、带有玻璃旋转塔的新建筑，新建筑的入口大门正好面对着新岗亭。此外，内部庭院及入口大厅同样以玻璃为顶，扩建馆与军械库通过地下通道相连。

TIPS
- 柏林亚历山大广场北 ★★★★★

08 博物馆岛
柏林博物馆的荟萃之地 赏

柏林市有许多著名的博物馆，其中博物馆岛是博物馆的荟萃之地。博物馆岛位于柏林市中心施普雷河两条河道的汇合处，岛上的建筑群是一组独特的文化遗产，在这里的5座博物馆形态各异，却又和谐统一。施普雷河从两侧流过，使它们的气势更加宏伟磅礴。岛的最南端，紧邻宫殿大桥和柏林大教堂的是老博物馆，在它前面的是卢斯特花园，最北端是新博物馆和老国家艺术画廊。面向西侧的是佩加蒙博物馆，最外侧的是博德博物馆。

TIPS
- Unter den Linden / Am Kupfergraben, 10178 Berlin 030-242-33-33 国立博物馆联票：6欧元，三日票：10欧元
- 依各景点而异 乘轻轨S3、S5、S7、S9、S75至Hackescher Markt或S1、S2、S25、S3、S5、S7、S9、S75至弗里德里希大街站（Friedrichstrasse）；或乘地铁U6至弗里德里希大街站；或乘100、147、157、257、348路公交车或2、3、4、5、6、15、53、58路有轨电车 ★★★★★

09 老博物馆
赏
博物馆岛上建的第一个博物馆

始建于1830年的老博物馆是博物馆岛上建的第一个博物馆，是由著名设计师卡尔·申克尔设计的。建筑物本身反映了申克尔把柏林建成"施普雷河上的雅典"的理念，可是他没有满足于建筑物外表庞大的气势，反而出乎意料地把它内部的中心建成了一个圆形大厅，并排列摆放着各种神像——显然是受到了罗马万神殿的影响。在博物馆岛上，老博物馆的古典气质与贝加蒙博物馆中来自古代世界各种美妙绝伦的雕塑、绘画、工艺品竞放异彩。

TIPS
 Unter den Linden / Am Kupfergraben, 10178 Berlin ☎030-242-33-33 国立博物馆联票：6欧元，三日票：10欧元 乘轻轨S3、S5、S7、S9、S75至Hackescher Markt或S1、S2、S25、S3、S5、S7、S9、S75至弗里德里希大街站（Friedrichstrasse）；或乘地铁U6至弗里德里希大街站；或乘100、147、157、257、348路公交车或2、3、4、5、6、15、53、58路有轨电车 ★★★★

10 柏林大教堂
赏
霍亨索伦皇族的宫廷教堂

由Julius Carl Raschdorff在威廉二世在位期间设计修建的柏林大教堂，曾是霍亨索伦皇族的宫廷教堂。按照当时威廉二世的喜好，教堂拥有一座装饰华丽、带有意大利文艺复兴风格的圆顶，内部装饰也是富丽豪华。霍亨索伦家族成员都埋葬在教堂的地下室中，其中包括大选帝侯及夫人、弗里德里希一世及王后索菲·夏洛特。

TIPS
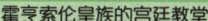 Am Lustgarten, 10178 Berlin 5欧元 周一至周六9:00—20:00；4月至9月周日12:00—20:00；3月至10月周日12:00—19:00 乘轻轨S3、S5、S7、S9、S75至Hackescher Markt站；或乘有轨电车2、3、4、5、6、15、53路或100、157、348路公交车均可到达 ★★★★★

11 亚历山大广场
逛
柏林的交通枢纽和商业中心

位于柏林东部卡尔·马克思大道与卡尔·李卜克内西街交会处的亚历山大广场是柏林的交通枢纽和商业中心，早在17世纪就是羊毛和牲口的交易市场。后来广场被木栅栏一分为二，广场的北部继续作交易市场，每年都在这里举行德国最大的羊毛交易会，而南部则作为阅兵场使用。1805年俄国沙皇亚历山大一世造访柏林，当时的普鲁士国王弗里德里希-威廉三世为此特别将该广场命名为"亚历山大广场"。现今，亚历山大广场最引人注目的是高368米的电视塔，游人可登上这座柏林最高的建筑一览全城的风景。

TIPS
 卡尔·马克思大道与卡尔·李卜克内西街交会处 ★★★★

畅游欧洲 · 德国

12 蒂尔加藤公园 玩
欧洲最大的都市公园

蒂尔加藤这一地名的由来，要归功于17世纪在柏林城门外为选帝侯打猎所设的野生动物畜养苑。这是天然树林遗留部分。随着时间的推移，迅速发展的城市占用了蒂尔加藤公园的大部分地区。公园内设有许多国会和政府机构，其中有设在国会大厦内的德国联邦议院和新建的总理府。德国总统的官邸美景宫和钟楼也位于蒂尔加藤公园。园内还有一些著名的雕塑，例如凯旋柱、俾斯麦以及一些普鲁士将军的雕像等，过去全都位于面对国会大厦的典礼园内，后来被纳粹迁移到了今天的位置。

TIPS
🏠 柏林市中心蒂尔加藤区　🚇 乘S1、S2至Unter den Linden站，下车后步行5分钟即达　★★★★

13 胜利女神纪念柱 赏
柏林为人所熟知的地标之一

与勃兰登堡门遥遥相对的胜利女神纪念柱位于6月17日大道上，是蒂尔加藤公园内林荫大道的中心点。建筑的柱顶上有一个为了纪念1864年至1871年间普法战争时，普鲁士军队击败法军而建立的镀金自由女神像。纪念柱本身是一个展望台，登上展望台可以将柏林市区全景尽收眼底。两次世界大战期间，胜利女神纪念碑并未受到太大的伤害。胜利女神纪念碑圆环的外围有3座雕像，分别是德意志第一帝国的3位开国元勋——首相俾斯麦、参谋长毛奇和陆军大臣隆恩。

TIPS
🏠 Siegessaule　💰 1欧元　🕐 9:30—18:30　🚇 乘100号巴士至Grosser Stern站，下车即达　★★★★

14 文化广场 逛
柏林的文化中心

毗邻波茨坦广场的文化广场位于柏林市中心的蒂尔加藤区，是在柏林影响最大、最具争议性的项目之一。"二战"后，由建筑师汉斯·夏隆负责柏林城的重建规划，柏林爱乐大厅就是"二战"后夏隆对德国现代建筑的一大贡献，是他倡导的有机建筑的代表作，也是他在柏林中心建成的第一栋建筑。而1968年在文化广场南侧修建的，由密斯设计的柏林国立美术馆，也是20世纪最有影响的建筑之一。此外，在文化广场还有古特布鲁德设计的工艺美术博物馆、斯特林的科学中心等。

TIPS
🏠 柏林市蒂尔加藤区　★★★★

15 柏林爱乐大厅 赏
全世界乐迷心中的圣地

建于20世纪60年代的柏林爱乐大厅位于柏林的市中央，是柏林爱乐乐团的大本营，也是全世界乐迷心中的圣地。音乐厅的外形由内部空间形状决定。周围墙体曲折多变，屋顶的形状由内部的天幕似的天花板确定，前厅的空间高矮不一，其中还布置着许多柱子、阶梯和入口，因而音乐厅前厅的空间形状极其复杂，整个建筑物的内外形体都极有特色，充满后现代美感。

TIPS
 柏林市蒂尔加藤区 ★★★★

---

16 选帝侯大街 逛
柏林最有代表性的林荫大道

选帝侯大街是柏林最有代表性的林荫大道。它成为在欧洲象征尊贵的地标，要追溯到1356年查理四世颁发金玺诏书开始，当时罗马帝国的皇帝不再世袭，而在7个公侯中选举产生。这7个有着重要使命和权力的侯就叫做选帝侯。这条柏林最繁华的大街名为"选帝侯大街"，也说明了这条街道在柏林，甚至德国商业圈里的特殊地位。在选帝侯大街街道的两侧，商店、餐厅、咖啡馆、剧院、电影院，应有尽有。夏天，宽阔的人行道上摆有许多露天咖啡座，其中历史悠久的"克朗兹勒咖啡馆"是人们最喜爱的咖啡馆之一。

TIPS
 Breitscheid Pl. 030-218-5023 在动物园火车站步行约5分钟即达 ★★★★

17 波茨坦广场 逛
柏林最有魅力的繁华区域

位于勃兰登堡门和德国国会大厦以南的波茨坦广场最初只有一个十字路口，在"二战"前曾是欧洲最热闹繁华的区域，"二战"中，广场遭到严重毁坏。由于它地处美、英、法、苏管辖区的交界处，并有柏林墙横穿广场，因而这繁华一时的城市中心战后沦为了没有人烟的隔离区。柏林墙倒塌之后，波茨坦广场曾是欧洲最大的建筑工地。1993年至1998年间，这里建起了戴姆勒·克莱斯勒区，其中有办公楼、商店、饭店、居民住房、餐馆以及Stella音乐剧院和卡西诺赌场，成为柏林最有魅力的场所。

TIPS
 Potsdamer Platz, 10785 Berlin 3.5欧元 11:00—20:00 乘轻轨S1、S2、S25至波茨坦广场站 (Potsdamer Platz)；或乘地铁U2至波茨坦广场站或Mendelssohn-Bartholdy-Park站，下车即达；或乘129、148、200、248、348路公交车 ★★★★★

18 凯泽·威廉皇帝纪念馆 赏
柏林仅存的"二战"遗迹之一

地处柏林市繁华地段——布赖特沙伊德广场的威廉皇帝纪念馆建于1891—1895年，是威廉二世为纪念他去世的祖父——德意志帝国首位皇帝威廉一世而下令建造的，建筑风格属于新罗马式教堂风格，柏林人称它为"命运之门"。"二战"中，盟军轰炸机向柏林投下无数炸弹，威廉皇帝纪念馆被炸掉了屋顶，教堂外的时钟至今还停留在被炸的时刻。在旁边的新建筑是1961年建的新教堂，强烈的现代风格和废墟的对比，时刻提醒着人们不要忘记战争的残酷。

TIPS
 Breitscheidplatz 030-218-5023 免费 9:00—19:00
 乘S5、S7、S9或U2、U9至Zoologischer Garten站，下车即达 ★★★★

19 民族学博物馆 赏
欧洲最大的民族学博物馆

柏林民族学博物馆是欧洲最大的民族学博物馆，游览这个博物馆，一天的时间可不算太充足，由此可知这个博物馆的规模之大以及藏品的丰富。博物馆内收藏着美洲、亚洲、非洲和大洋洲的独一无二的藏品，房间里巧妙布置的照明，使每一件物品的价值都显露出来了。此外，这座博物馆也拥有欧洲最丰富的哥伦布以前的藏品。

TIPS
 Lansstrasse 8 030-242-33-33 国立博物馆联票：6欧元；三日票：10欧元 10:00—18:00 乘地铁U1至Dahlem-Dorf村，下车即达 ★★★★

20 达勒姆区 赏
柏林的繁华商业区

旧时曾是贵族领地的达勒姆区如今已经成为绿树掩映的住宅区，作为柏林的繁华商业区之一，达勒姆区随处可以看到绿树间的英国村舍式别墅，林荫大道两旁则林立着众多商店。此外，达勒姆作为柏林的文化中心之一，拥有民族学博物馆、印度艺术博物馆、东亚艺术博物馆和欧洲文化博物馆等，由此组成了达勒姆文化艺术博物馆群。

TIPS
 Lansstrasse 乘地铁U1线至Dahlem-Dorf村，下车即达 ★★★★★

21 东亚艺术博物馆 赏
德意志帝国时期建立的第2座非欧洲文化博物馆

柏林东亚艺术博物馆创建于1906年，位于柏林自由大学校园内，是一座巨大的白色建筑，四四方方的，外表没有一点装饰。东亚艺术博物馆是德意志帝国时期建立的第二座非欧洲文化博物馆，其前身是柏林皇家博物馆。博物馆大门口竖立着一块匾额，上面是启功先生的题字"东方艺术博物馆"，旁边是一块高2米的太湖石，下面配白色大理石须弥座。现馆内藏品主要来自中国、日本和韩国，其中中国文物有2000多件，基本涵盖中华文化的各个时期。该馆现在是德国17个国立博物馆之一，在世界上享有一定的声望。

TIPS
 Takustrasse 40, 14195 Berlin 030-8301-361 3欧元 10:00—18:00 ★★★★

22 夏洛特堡宫
柏林保存最好的普鲁士宫殿建筑

　　夏洛特堡宫位于柏林露丝广场，是一座巴洛克式宫殿，是柏林地区保存得最好、最重要的普鲁士国王宫殿建筑物之一。最初这个宫殿是弗里德里希三世请建筑师约翰·阿诺德·奈林为他的妻子索菲·夏洛特在柏林与波茨坦之间修建的一座朴素的避暑寓所。1705年，弗里德里希为纪念同年故世的爱妻，将宫殿改名为"夏洛特堡宫"。如今，施洛斯剧院成了史前史和古代史博物馆，用于展览，城堡西侧是一大片柑橘园。

TIPS
Spandauer Damm 10-22,14059 Berlin　030-320-911　旧宫：10欧元；新宫：6欧元　10月至次年3月周一至周五9:00—16:00，周末10:00—16:00；4月至9月周一至周五9:00—18:00，周末10:00—16:00　乘S41、S42、S46至Westend站，下车沿Spandauer Damm向东步行即达；或乘U2至Sophie-Charlotte-Platz，下车向北步行亦可到达　★★★★★

23 库达姆街
一条举世闻名的购物街

　　库达姆街曾是连接王城宫邸和古纳森林狩猎宫的一条骑马沙路，俾斯麦曾亲自推动这条街的开拓扩建工程，使它成为通向城西别墅区的市区林荫大道，直达瀚蓝斯湖。早在19世纪末，库达姆街就拥有大量富丽堂皇的住宅和艺术咖啡屋、剧场、戏院、电影院等，第二次世界大战后这里继续作为商业区见证了德国战后经济发展的奇迹。两德统一后，东西商业区中心之间的竞争更高程度上促进了该地区的进步，再次成为了高级时装和时尚商店云集的首要地区。

TIPS
Kurfursten damm Berlin　★★★★

24 埃及博物馆
精美绝伦的古埃及艺术珍品

　　埃及博物馆位于夏洛特堡宫的对面，以众多珍稀的收藏享誉世界，这里收藏了古埃及自史前时期至被罗马帝国征服期间的上千件各式文物。进入馆里，每一件古埃及人的精致作品都令游人为之侧目。柏林埃及博物馆的镇馆之宝是Nefertiti王妃的头像雕塑，这个优雅精致的面庞号称完全符合黄金比例，难怪它的原型被视为埃及历史上与"艳后"克娄巴特拉齐名的女子。这件已有3000余年历史的雕塑可以说是古埃及艺术的杰作。

TIPS
Schlostrasse 70, 14059 Berlin　030-34357311　6欧元　10:00—18:00　★★★★

25 歌德博物馆和歌德故居
德国最伟大诗人的故居

歌德博物馆和歌德故居位于德国法兰克福市中心的格罗撒·希尔施格拉本大街上，是德国最伟大的诗人约翰·沃尔夫冈·冯·歌德诞生的地方。歌德故居内展示了18世纪歌德家中的生活情况，除了保持原来家中厨房、客厅及卧室的摆设之外，还展示了歌德亲笔撰写的文章及许多知名画家的作品，吸引了世界各地的游客慕名前来。歌德故居旁边的建筑现今被建置为歌德博物馆，馆内陈列有歌德亲笔写的信及手稿，还提供多种语言导览，让来自各地的游客都能深入了解歌德的生平，是法兰克福著名的旅游景点。

TIPS
GroBer Hirschgraben 23-25,60311 Frankfurt an Main 069-138-800 3.58欧元 10月至次年3月周一至周五9:00—16:00，周末10:00—16:00；4月至9月周一至周五9:00—18:00，周末10:00—16:00 乘U1-3、U6、U7、S1-6、S8、S9至Hauptwache站，下车后向南步行右转即达 ★★★★

26 罗马市政厅
哥特式风格的建筑群

由3座中世纪时期的房屋组成的罗马市政厅是法兰克福市行政机构和市长的办公之处，其名称源自其中一座名为"罗马人"的最古老奢华的房屋，这座房子中的皇帝大厅内悬挂着52位皇帝的肖像。1405年罗马市政厅被法兰克福市政府买下。19世纪末，这组楼群的正面墙被统一改为新哥特式风格。

TIPS
3Rmerberg 23, 60311 Frankfurt am Main 069-21238589 乘地铁至Romer站，下车即达 ★★★★

27 美因河
莱茵河右岸的重要支流

美因河是德国莱茵河右岸的重要支流，由魏瑟美因河和罗特美因河在库尔姆巴赫附近汇合而成，河谷以上396公里可通航，有运河接通莱茵河和多瑙河两大水系，在美因河注入莱茵河，河谷地带人口稠密。主要河港有维尔茨堡、法兰克福。美因河旅游的最好城市是法兰克福，在公元纪年前后，莱茵河和多瑙河是罗马帝国的北方边界，罗马人修筑了绵延数百里、连接两河的长城，并在法兰克福设置驻军营地，之后直到8世纪才开始兴起并逐渐发展成为重要城市。

TIPS
库尔姆巴赫附近 ★★★★

28 施特德尔艺术学院
收藏艺术圣地

施特德尔艺术学院,即施特德尔美术馆,是由法兰克福的银行家施特德尔捐资设立的绘画馆。它广泛地收集了自中世纪至现代的德国、日本、意大利、荷兰及法国绘画。其中歌德肖像画《堪帕涅的歌德》是众多歌德像中最有名的,每天都会有大量的歌德迷来参观。除此之外,中世纪的德国佛朗多绘画、14~18世纪的意大利画家、浪漫派与纳扎雷派以及表现主义等的作品也都能欣赏到。

TIPS
Schaumainkai 63　605-0980　6欧元　10:00—17:00　乘地铁至Schweizer Platz站,下车即达　★★★★

29 德国电影博物馆
德国最杰出的电影博物馆

德国电影博物馆是德国最杰出的电影博物馆,博物馆的二楼以收藏和演示旧电影为主,一楼的展馆着重以物品编年史的手法向游客展出电影的发展历程,包括埃米尔·雷诺1882年的"实用镜"、发明家爱迪生1889年发明的活动电影放映机、卢米埃兄弟1895年发明的"电影机"的复制品等,同时还会有生动的展示会向游客介绍现代电影如《侏罗纪公园》等,以及如何制作电影特效。

TIPS
Schaumainkai 41,60596 Frankfurt am main　069-961-220　2.5欧元　依各展览活动而异　乘地铁至Schweizer Platz站,下车即达　★★★★

30 采尔大街
法兰克福的步行者天堂

在世界上,德国各款名牌产品,其品质、实用性及耐用性均获得一致的好评,同时德国大城市法兰克福也是世界各国名牌的集中地。法兰克福的购物中心在采尔大街上,这条街云集了大大小小的世界品牌,在这里有很多大型的百货商场和专卖店,是步行者的天堂,热闹非凡。

TIPS
Zeil　乘U1、U2、U3、S2、S5、S6至Houptwache站,下车即达　★★★★

31 慕尼黑玛丽亚广场 逛
慕尼黑古城区的中心点

玛丽亚广场是慕尼黑古城区的中心点，同时也是交通要冲，周围店家林立，来往的人群络绎不绝，非常热闹。在热闹的广场中央，有一座金色圣母像，伫立在大理石柱上。这是慕尼黑人民1590年所建，是为了感谢上帝保佑慕尼黑未受到30年战争的波及而设立。

TIPS
🏛 慕尼黑玛丽亚广场Marienplatz　🚇 乘S-Bahn至玛利亚广场，下车即达　⭐★★★★

32 圣母教堂 赏
慕尼黑明信片上展示的标志性建筑

始建于15世纪的慕尼黑圣母教堂直到16世纪才最终将教堂的尖顶落成竣工，而最初哥特式设计的圣母教堂也因为时代演变而拥有了文艺复兴风格的圆顶，被称为"罗曼国家的帽子"，成为巴伐利亚州众多教堂圆顶风格的典范。游人在夏日时可以乘坐电梯来到教堂塔顶，一览慕尼黑的城市风景和远处阿尔卑斯山脉群峰竞秀的景色。

TIPS
🏛 慕尼黑玛利亚广场Marienplatz　💰 1欧元　🕐 4月至10月10:00—17:00，周日休息　🚇 乘地铁至Marienplatz站，下车即达　⭐★★★★

33 慕尼黑新市政厅 赏
气势恢弘的哥特式建筑

地处玛丽亚广场北侧的慕尼黑新市政厅始建于1867年，直到40年后方始竣工落成，是一座棕黑色哥特式建筑，外观气势恢弘，正面装饰有巴伐利亚国王以及寓言、传说中的英雄、圣人等的雕像。慕尼黑新市政厅高85米的钟楼上拥有全德国最大的木偶报时钟，每天11、12、17、21点整点时都会有真人大小的32个木偶分上下两排列队而出，配合着音乐惟妙惟肖地演出威廉五世1558年大婚的情景，吸引了众多游人仰头观看。

TIPS
🏛 慕尼黑玛丽亚广场北侧　📞 089-233-00　💰 1.5欧元　🕐 周一至周五9:00—19:00，周末10:00—19:00　🚇 乘地铁至Marienplatz站，下车即达　⭐★★★★

34 慕尼黑皇宫区
慕尼黑古典建筑的汇集

位于慕尼黑市中心的慕尼黑皇宫区汇集了当地16—19世纪包括国王大楼、马克西米里安皇宫、宴会厅大楼、巴伐利亚歌剧院、将军纪念堂等或辉煌、或宏伟、或简单、或繁复的历史建筑。其中最引人注目的旧皇家剧院是一座外观呈金红色的洛可可式建筑,而建于1571年的古物博物馆则是阿尔卑斯以北最大的文艺复兴时期非宗教用途的会堂,现今被用作巴伐利亚州宴会厅,而皇宫珠宝馆则展出了众多价值连城的珍宝,其中还包括君主加冕时所用的皇冠。此外,相传游人如果抚摸在慕尼黑皇宫区的狮子雕像的鼻子,就可以得到保佑,因而经常可以看到来自各地的游人轮番抚摸狮子雕像。

 TIPS

🏠 慕尼黑市中心 💰 4欧元 🕘 9:00—18:00 🚇 乘U-Bahn至Odeonsplatz站,下车即达;或乘19路有轨电车亦可到达 ⭐★★★★★

---

35 宁芬堡皇宫
历代王侯的夏宫

 TIPS

🏠 慕尼黑西北郊 ☎ 0089-179-080 💰 10欧元 🕘 9:00—18:00 🚇 乘17路电车至Schlosss Nymphenburg站,下车步行即达 ★★★★★

坐落在慕尼黑西北郊的宁芬堡皇宫是历代王侯的夏宫,整座宫殿坐西朝东,由一幢幢方形楼房连接成一组建筑物。主楼雄伟壮观,展开的两翼对称和谐,远远望去主次分明。宫殿前一潭清水、天鹅野鸭、冲天的喷泉、浓荫掩映的笔直人工河,构成一幅宁静典雅的风景图。宫殿内众多的厅堂之中,值得一提的是中国之阁,里面的装饰摆设全是中国式的,诸如壁纸屏风,绘着龙凤、山水、花鸟、虫鱼,还陈列着中国的漆器和瓷器。宫中还有一个独特的群芳画廊,陈列着由宫廷画家斯蒂勒所作的36幅美人油画像,油画中的美人个个天生丽质,仪态万方。

36 英国公园
玩
风景如画的自然公园

英国公园最初是公爵们狩猎的场所，名为卡尔·特奥多公园。1972年，公园首次开放，因为按照英国的样式建造而得名，它围绕着老城区、Schwabing区和伊萨河，是欧洲最大的城市公园之一。英国公园是慕尼黑人休闲的最佳去处，有着专门的林荫小道、专门的自行车道，甚至还有马道。公园南端有日本在1972年赠送的日式茶坊。中部则是仿中式建筑的"中国塔"。在中国塔的周围是慕尼黑第二大的露天啤酒园。北部的两个露天啤酒园也很是气派。

TIPS
🚩 慕尼黑市区东北方　🚌 乘U-Bahn至Universitat、Giselastrasse或Münchener Freiheit站，下车即达
★★★★

37 谷物市场
逛
慕尼黑最受欢迎的食品市场

谷物市场是慕尼黑最受欢迎的食品市场，出售各种新鲜食品和熟食，最初是一个农民集市。这里有100多个店铺，出售鲜花、进口水果、猎物、家禽、调味品、奶酪、鱼、果汁等。在慕尼黑其他任何地方都找不到如此多种类新鲜、精美的食物。所有店铺都在规定时间开放。花店、面包房和餐馆则有自己特别的开放时间。在慕尼黑嘉年华会中有一个非常古老的节目，就是谷物市场的老板娘们穿着滑稽的服装表演舞蹈。

TIPS
🚩 Am Viktualien Marktet　☎ 089-233-234-73　🕙 10:00—18:00　🚌 乘S1、S2、S3、S4、S5、S6、S7、S8至Marienplatz站，下车步行即达；或乘52号公交车至Viktualien站，下车亦可到达 ★★★★

38 伦巴赫之家市立博物馆
赏
慕尼黑著名的美术馆之一

伦巴赫之家市立博物馆是慕尼黑著名的美术馆之一。伦巴赫是19世纪名震一时的肖像画家，以他名字命名的博物馆是一个马蹄形的小院，米黄色2层小楼，院内有大小两个喷泉，长翅膀的小天使坐在4匹马驾驶着的莲花盆顶不停喷水，造型优美、活泼可爱。6尊黑人铜铸雕像错落有致地分散在庭院草地上，周围古树参天，铁栏杆围墙上爬满了藤蔓花草。这座小巧玲珑的庭院本身就是一座典雅优美的艺术品，经常会有人坐在这里写生。

TIPS
🚩 Luisenstrasse 33,80333 München　☎ 089-233-320-00　💰 成人12欧元，15岁以下儿童6欧元，家庭票18欧元　🕙 周一至周五10:00—18:00，周六10:00—15:00　🚌 乘U-Bahn至Universitat、Giselastrasse或Münchener Freiheit站，下车步行即达 ★★★★

39 德意志博物馆 赏
世界最早的科技博物馆之一

德意志博物馆坐落在慕尼黑市伊萨尔河中的一个岛上，是欧洲现有科技博物馆中规模最大的，也是世界最早的科技博物馆之一。展览馆是一个4层"口"字形建筑，有展览面积5万平方米左右。内院的另一侧为图书馆和科技史研究所，图书馆内藏书丰富。博物馆内展出有复原的伽利略实验室、第一和第二次世界大战时德国发明的潜水艇和火箭、仿真地下矿井，以及德国特产的精良乐器等，其中最吸引人的是高压电展厅中的100万伏雷电模拟表演装置。

TIPS
- 慕尼黑伊萨尔岛Museumsinsel 1，80538 München
- 089-217-91
- 7.5欧元
- 9:00—17:00
- 乘城铁S1-8至Isartort站，下车即达 ★★★★

40 皇家啤酒屋 娱
领略慕尼黑的啤酒文化

始建于1589年的皇家啤酒屋前身是皇家啤酒厂，可容纳5000人的建筑内拥有可容1000人开怀畅饮的宴会大厅，每天都有近万升的HB啤酒从这里运往慕尼黑各地的酒馆和餐厅。在宴会厅内还有演奏世界各国名曲的乐队，由于近年中国游客日渐增多，《义勇军进行曲》也成了这里的必奏曲目之一，带给中国游客一种油然而生的亲切感。在装饰别具一格的啤酒屋内，除了巴伐利亚风情浓郁的歌舞表演外，茜茜公主、歌德、列宁、莫扎特等名人政要嘉宾也为这处400余年历史的啤酒屋增添了厚重的历史感。

TIPS
- 慕尼黑维也纳广场内19号
- 089-290-136-0
- 9:00—23:30
- 乘地铁至Marienplatz站，下车即达 ★★★★

41 新天鹅城堡 赏
童话世界中的梦幻城堡

TIPS
- 拜恩州富森近郊
- 083-629-398-80
- 9欧元
- 4月至9月9:00—18:00；10月至次年3月10:00—16:00
- 在慕尼黑乘坐到富森的火车，后换乘310路公交车即达 ★★★★★

始建于1869年的新天鹅城堡是根据巴伐利亚国王路德维希二世的梦想设计建造而成。以瓦格纳的音乐剧《天鹅骑士》为灵感建造的新天鹅城堡与四周的湖泊、群山一同洋溢着浪漫唯美的中世纪气息。绚丽奢华的新天鹅城堡内不论壁画、门把手还是浴盆上随处可见以天鹅为主题的装饰，辉煌的大厅穹顶上点缀着灿烂繁复的星辰，墙上的壁画描绘了歌剧《唐豪瑟》中的场景，高耸的大厅正中是高悬的金色皇冠，象征着至高无上的王权，每年9月都会在这里举办音乐会。此外，充满梦幻色彩的新天鹅城堡还是迪士尼仙履奇缘宫以及柴可夫斯基《天鹅湖》的原型。

42 圣米歇尔教堂
媲美圣彼得大教堂的圆顶 赏

建于16世纪末的圣米歇尔教堂毗邻慕尼黑新市政厅西侧，是一座拥有可媲美梵蒂冈圣彼得大教堂圆顶的文艺复兴风格建筑。在教堂地下安葬着巴伐利亚王室维特尔斯巴赫家族的灵柩，其中最著名的就是修建了新天鹅城堡的路德维希二世。此外，在圣米歇尔教堂对面的卡尔广场正中央有一座为纪念在慕尼黑诞生的作曲家理查·施特劳斯的巨型喷泉，吸引了众多游人在这里小憩片刻，拍照留念。

TIPS
 Krayenkamp 4c　眺望台：3欧元　10:00—17:00　在中央车站乘37路公交车至St. Michaeliskirche，下车即达　★★★★★

43 阿玛琳堡
巴伐利亚选帝侯的避暑行宫 赏

毗邻宁芬堡的阿玛琳堡建于18世纪30年代，是巴伐利亚选帝侯卡尔·阿尔布鲁希特以其夫人阿玛琳命名的一座避暑行宫。阿玛琳堡由建筑师弗朗索瓦·德维居莱设计，外观带有18世纪法国建筑严谨质朴的特色，室内装饰则是轻松活泼的风格。与欧洲众多古堡不同，阿玛琳堡从最初设计上就完全放弃了城堡的防御目的，豪华考究的装饰使其宛如一件艺术珍品般充满浓浓的童话氛围，被誉为"最完美的洛可可式建筑"之一。

TIPS
 慕尼黑西北郊　2.5欧元　9:00—18:00　乘17路电车至Schlosss Nymphenburg站，下车步行即达　★★★★

44 汉堡微缩景观世界
世界上最大的数控铁路模型 赏

位于仓库内的汉堡微缩景观世界拥有4000平方米的展览面积，在高高的仓库内，不论铁轨、火车、塑像、建筑还是自然景观都被一一再现，总长度超过1.5万米的铁轨与众多火车模型、5000余幢各式房屋、25万棵树木和超过20万的单人塑像一同营造出一个气势恢弘的世界，在超过50万盏灯光的照射下令参观者过目不忘。而超过60台计算机控制的火车模型更是在这庞大的微缩世界中奔驰，是世界上规模最大的铁路数控模型，吸引了来自世界各地的铁路爱好者。

TIPS
汉堡仓库城内　9:30—18:00　乘地铁U3至Baumwall站，下车即达　★★★★★

45 汉堡市政厅
巴洛克式风格建筑

TIPS
📍Rathausmarkt 📞040-703-833-99 💰1.5欧元 🕐10:00—15:00 🚇乘地铁U3至Rathaus站；或乘31、34、35、36、37、102路公交车至Rathausmarkt站，下车亦可到达 ★★★★★

始建于1886年的汉堡市政厅历时11年竣工，用砂岩砌成的市政厅外墙上装饰了大量富有纪念意义和象征作用的艺术品，铜绿色屋顶的建筑古朴典雅，是汉堡市最醒目的建筑物之一。汉堡市政厅规模宏大，共有647个房间，中央尖塔高112米，钟塔上安装着象征德意志统一的镀金帝国之鹰。底层大厅的16根粗壮石柱分为两排，每个柱子上都有4处人像浮雕，其中有人们熟知的戏剧家莱辛、音乐家勃拉姆斯和物理学家赫兹。此外，大楼内的市长厅保存着汉萨同盟的"金册"，铜牌上镌刻着1264—1912年汉堡历届市长的名字，二楼各窗之间还立有20位德意志著名帝王的塑像。

46 阿尔斯特湖
镶嵌在汉堡市区中的明珠

阿尔斯特湖分为内湖和外湖两部分，两湖之间相连的大桥是欣赏汉堡全景的绝佳地方。毗邻汉堡市政厅广场的阿尔斯特湖内湖风景如画，湖畔立有精美的雕像，透过远处林立的教堂和典雅的建筑不时可以看到优雅的天鹅穿梭在粼粼波光之间；阿尔斯特外湖则是水上运动的圣地，不论帆船还是划船运动员都会在湖泊中一试身手。汉堡人喜欢在阿尔斯特湖畔散步，湖畔的阿尔斯特公园则是游客休憩的胜地，经常可以在咖啡馆中看到边喝咖啡边欣赏湖畔美景的游客身影。

TIPS
📍汉堡市政厅广场东侧 🚇乘地铁U3至Rathaus站；或乘31、34、35、36、37、102路公交车至Rathausmarkt站，下车亦可到达 ★★★★★

47 汉堡港
德国最大的海港

位于易北河下游的汉堡港是德国最大的海港，同时也是目前世界上最大的集装箱港口之一，共设有18个集装箱码头和22台集装箱起重机，相距很远就可以看到繁忙的港口装卸景象。在汉堡港周围的自由港区内则是斯堪的纳维亚和中欧地区各国货物的转口，游人沿着易北河漫步就可看到沿途36个绘有彩色图片和解说词的牌子，介绍汉堡港的兴衰历史，而每年5月的汉堡港口节更是可以欣赏到芭蕾舞表演、大型帆船检阅和烟火表演，吸引了众多游人的目光。

TIPS
💰免费 🕐全天 🚇乘S1、S3或地铁U3至Landungsbruecken，下车均可到达 ★★★★★

畅游欧洲 | 德国

48 科隆大教堂 赏
苏格兰的重要象征

位于科隆市中心的科隆大教堂毗邻莱茵河畔，是德国最大的教堂，同时也是世界最高的教堂之一。由16万吨石头堆砌而成的科隆大教堂和其157米高的两个尖顶已经成为科隆市的标志，也是知名度最高的德国建筑之一。始建于1248年的科隆大教堂又名"圣彼得大教堂"，内有10个礼拜堂，中央大礼堂穹顶高达43.35米，大教堂四壁上方共1万多平方米的窗户上全部绘有《圣经》中的人物，在阳光反射下充满瑰丽奇幻的色彩。游客不仅可以在科隆大教堂的钟楼上一览科隆市区的风景，还可在夜晚时在莱茵河对岸欣赏水中光影交织的教堂倒影。

TIPS
Domkloster 3　0221-1794-0100　免费　6:00—19:30　乘公共交通Dom至Hbf站，下车即达　★★★★

49 路德维希博物馆 赏
欧洲的后现代艺术圣地

科隆市内的路德维希博物馆是欧洲知名的后现代艺术圣地，博物馆内收藏了达利、里希特施泰因、沃霍尔等20世纪知名的各个类型后现代艺术作品，其中包括700余幅毕加索的作品，吸引了众多后现代艺术爱好者来到这里朝圣。此外，路德维希博物馆内的摄影博物馆是世界上最大的历史图片和照相机博物馆，收藏了大量一个世纪以前的摄影作品，是摄影爱好者来到科隆后不可错过的绝佳去处。

TIPS
Bischofsgartenstrasse 1　0221-2212-6165　9欧元　10:00—18:00　乘公共交通Dom至Hauptbahnhof，下车即达　★★★★★

50 巧克力博物馆 赏
香气浓郁的博物馆

来到科隆巧克力博物馆，在购买入场券时每个人都会得到一块巧克力，而当踏进博物馆大门时，扑鼻而来的浓郁香气更是令喜爱巧克力的人兴奋不已。巧克力博物馆规模并不大，游人在馆内不仅可以品尝从阿茨特肯的美味到现代工业生产出的美食，还能观看制作巧克力的全过程，或是在博物馆内设的自助餐厅一边品尝美食，一边欣赏窗外莱茵河的景色，充满浪漫情调。

TIPS
Rheinauhafen 1a,50678 Kln　0221-931-8880　7.5欧元　周二至周五10:00—18:00，周末11:00—19:00　从科隆大教堂乘有轨电车即达　★★★★

51 瓦尔拉特博物馆
德国最古老的美术馆之一

TIPS

📍Martinstrasse 39 ☎21119 💰5.5欧元 🕙10:00—18:00 🚌乘公共交通Dom至Hauptbahnhof，下车即达 ⭐⭐⭐⭐

位于马丁大街的瓦尔拉特博物馆是德国历史最悠久的美术馆之一，收藏了大量中世纪绘画作品，尤其是科隆画派作品。瓦尔拉特博物馆同时被誉为是"一座德国古典主义大画库"。博物馆内的巴洛克展厅和19世纪展馆拥有众多鲁宾斯和伦勃朗的作品，此外还有一个收藏了从1300年到1550年期间超过7.5万件艺术品的版画收藏馆，大量文艺复兴时期的艺术作品在这里一一展现给游人欣赏。而在浪漫主义、现实主义和印象主义的作品之外，还有羊皮纸上可以阅读的缩图、独一无二的徒手画等中世纪美术品，是艺术爱好者的一处圣地。

52 德意志之角
威廉一世的骑马雕像

TIPS

📍摩泽尔河与莱茵河交汇处 💰免费 🕙全天 🚌在科布伦兹观光码头沿莱茵河岸向北步行即达 ⭐⭐⭐⭐

位于科布伦茨、摩泽尔河与莱茵河交汇处的德意志之角以威廉一世的骑马雕塑而闻名，其前身为条顿骑士团在科布伦茨的驻地——德意志庄园，因而得名德意志之角，2002年作为莱茵河上游河谷的一部分入选联合国教科文组织世界遗产目录。在总高37米的威廉一世骑马雕塑下，每年夏天都会举办音乐会、露天节日、莱茵河烟花表演等各种活动，2005年起还作为莱茵河中游马拉松赛终点，成为市民休闲娱乐的绝佳去处。

53 德国体育与奥林匹克博物馆
记载体育运动与发展的博物馆

TIPS

📍Rheinauhafen 1 💰4欧元 🕙10:00—18:00 ⭐⭐⭐⭐

1999年开始对公众开放的德国体育与奥林匹克博物馆分为两层，拥有超过2000平方米的展览空间与活动区，通过服装、运动和比赛用具、奖章、证书、运动奖项、版画、照片、录像等多种方式，生动形象地介绍了体育运动的历史和发展变化。其中最为引人注目的就是风洞里的自行车比赛和用沙袋组成的拳击场，以及在科隆最高的运动场上举行的足球比赛等展览，吸引了众多体育爱好者在来到科隆时特意来到这里观光。

54 汉诺威大花园
显赫的皇家园林 玩

由卡兰博格公爵于1638年开始修建的汉诺威大花园由多个公园组成，里面最特别的是巴洛克式Grosser Garten公园和Berggarten公园。1714年由当时的选帝侯汉诺威的索菲夫人将其改建成了一座巴洛克风格花园，之后1936年汉诺威市政府将其买下进行改建，使其成为了汉诺威人引以为豪的场所。每年夏季的烟火节、花园里的小节日在这里定期举办，是欧洲最负盛名的巴洛克风格花园之一。

TIPS
 Herrenhuser Strae 4, 30419 Hannover　0511-1684-7576　4月至10月成人4欧元，儿童免费；10月至次年3月免费　★★★★

55 汉诺威展览中心
世界上最大的展览中心 赏

"二战"结束后的1947年，由于莱比锡展览中心曾被苏联占领，英国人为举办贸易展销会而选汉诺威南部的飞机制造厂，将其改建为展览中心举办了第一次展览会。之后除了2000年的汉诺威世博会外，每年的CeBIT和汉诺威工博会都会在汉诺威展览中心举办。现今汉诺威展览中心共拥有总面积近50万平方米的室内场馆，以及5.8万平方米的户外场地、27个馆和一个拥有35个功能厅的会议中心，是世界上最大的展览中心。

TIPS
 Messegelnde 1, 30521 Hannover　0511-890　4欧元　10:00—20:00　★★★★

56 奔驰博物馆
记录汽车的发展历史 赏

位于斯图加特的奔驰博物馆于2006年5月20日正式对公众开放，这栋全部由汽车制造材质的铝合金与玻璃建成的奔驰博物馆共有9层楼，馆内没有一面直立墙壁或是密闭空间。在1.65万平方米的展示空间内展出了160部不同年代生产的汽车，其中既有全世界第一部汽车，也有如F1赛车这样代表当今汽车工业最高成就的汽车供游人观看。漫步其间仿佛重新经历了100余年的汽车发展史一般。

TIPS
 Mercedesstrass 100,70372 Stuttgart　071-117-300-000　4欧元　10:00—20:00　乘S1至Gottlieb-Daimler-Stadion站，下车即达　★★★★

57 莱比锡
前东德第二大城市

作为前东德地区第二大城市的莱比锡古称"Lipsia"或"Lipzk",来源于斯拉夫语"Липа",意思是"酸橙树"或"椴树",歌德曾称赞其为"小巴黎"。现今的莱比锡拥有日趋繁荣的商业区,也有尼古拉教堂和老市政厅为代表的古朴建筑,因巴赫精心培养的托马斯合唱团而闻名的托马斯教堂,更是吸引了众多慕名而来的朝圣者,此外这里还有丰富多彩的夜生活。尽管申办2012年奥运会失败,但繁荣的莱比锡却充满独特活力,吸引了来自世界各地的游客。

TIPS
Leipzig ★★★★

58 国王大道
欧洲著名的购物大街

位于斯图加特市中心的国王大道长达1100米,是欧洲最著名的购物大街之一,道路两侧林立的精品店吸引了众多游人在这里漫步而行。国王大道的尽头是由威廉一世下令修建、于1860年完工的国王大厦,现今这座由26根石柱撑起135米长廊的古典主义建筑集购物店、咖啡馆于一体,与街道两旁林立的商店一同,组成了一处颇为雅致的购物区。

TIPS
Konigstrase,70173 Stuttgart　在斯图加特中央车站出站后即达　★★★★

59 多瑙河
欧洲西部最长的河流

多瑙河是欧洲西部最长的河流,因一曲《蓝色多瑙河》而扬名天下。那湛蓝的河水、旖旎的风光及围绕它的美丽传说和诗文,都令人魂牵梦萦。多瑙河发源于德国的森林之中,河流沿岸一派优美的田园风光,绿色的河岸上点缀着朵朵艳丽的鲜花,宛如人间仙境。多瑙河畔的秀丽风光与德国古朴的乡村风情相互融合,令人沉醉其间。多瑙河水质清澈,倒映着近处黑林山山脉的险峻风光,水波被微风轻柔地翻动,蜿蜒前行间与两岸美景相映生辉。

TIPS
发源于德国东南部森林中　★★★★

畅游欧洲　德国

EUROPE GUIDE

EUROPE

畅游欧洲 ④

西班牙

地处伊比利亚半岛上的西班牙是欧洲最接近非洲大陆的国家,被比利牛斯山脉同欧洲大陆分割开的西班牙是一个对比鲜明的国家:土地贫瘠的内陆与富饶的沿海花园,清脆葱绿的西北地区和阳光炽热的安达卢西亚地区都形成鲜明的对比。在热情激昂的弗拉门戈舞曲陪伴下,西班牙人的体育运动同样激情澎湃,不论足球、篮球、网球还是F1,全世界最吸引人的运动项目中都少不了西班牙人的身影,而狂热的斗牛表演更是吸引了全世界的目光,斗牛同时也成为西班牙的代名词。

打开西班牙！

❶ 印象

地处伊比利亚半岛上的西班牙是欧洲最接近非洲大陆的国家。被比利牛斯山脉同欧洲大陆分隔开的西班牙是一个对比鲜明的国家：土地贫瘠的内陆与富饶的沿海花园，清脆葱绿的西北地区与阳光炽热的安达卢西亚地区都形成鲜明的对比。在热情激昂的弗拉门戈舞陪伴下，西班牙人的体育运动同样激情澎湃，不论足球、篮球、网球还是F1，全世界最吸引人的运动项目中都少不了西班牙人的身影，而狂热的斗牛表演更是吸引了全世界的目光，斗牛同时也成为西班牙的代名词。

❷ 地理

地处伊比利亚半岛的西班牙北濒比斯开湾，西邻葡萄牙，南隔直布罗陀海峡与非洲的摩洛哥相望，东北与法国、安道尔接壤，东临地中海。西班牙海岸线长约7800公里，境内多山，是欧洲的高山国家之一。

斯蒂利亚－莱昂、卡斯蒂利亚－拉曼恰、加泰罗尼亚、埃斯特雷马杜拉、加利西亚、马德里、穆尔西亚、纳瓦拉、拉里奥哈和瓦伦西亚17个区。

❺ 人口、国歌、国花、国石

西班牙人口约有4700万，主要是卡斯蒂利亚人，少数民族有加泰罗尼亚人、加利西亚人和巴斯克人。西班牙国歌是《皇家进行曲》，皇家名称为《西班牙荣誉进行曲》，民间则称为《步兵进行曲》。国花是石榴花。国石为绿宝石。

❸ 气候

西班牙中部梅塞塔高原属大陆性气候，夏季干热、冬季干冷。北部沿海属海洋性温带气候，南部属地中海型亚热带气候，常年气候温和湿润，夏季较炎热干燥，冬季以降水为主，一年能保证有250天以上的阳光。

❻ 航空

西班牙总共拥有47座机场，其中马德里的巴拉哈斯机场、巴塞罗那的普拉特机场和马拉加的马拉加机场是西班牙国内最重要的3座国际机场，与欧洲各大城市之间有密集的航班往来，也是前往非洲、美洲的交通枢纽。中国游人可以从北京、广州、上海乘飞机经过巴黎等城市转飞西班牙。

❹ 区划

西班牙全国共划分为安达卢西亚、阿拉贡、阿斯图利亚斯、巴利阿里、巴斯克、加那利、坎塔布利亚、卡

畅游欧洲 西班牙

8 公路

西班牙的公路交通非常便捷，游人可以乘坐Eurolines公司的国际巴士从西班牙前往巴黎、法兰克福、里斯本等欧洲各大城市。如果需要往返不同欧洲国家，则可以选择购买欧洲巴士通行证，可任意搭乘Eurolines公司的巴士来往于20多个欧洲国家任意站点。

7 铁路

西班牙铁路网与欧洲铁路网连通，游人可以乘火车从伦敦、巴黎、维也纳、苏黎世等欧洲主要城市乘火车前往马德里、巴塞罗那等西班牙主要城市，非常便捷。西班牙国内的铁路以首都马德里为中心，呈放射状分布，另外有一条沿地中海海岸修建的铁路连接塞维利亚、瓦伦西亚、巴塞罗那，并通往法国和意大利。在西班牙不同季节，甚至一天中不同时间的车票价格也会有很大的差异，游人可以选择网络购票或购买铁路通票，价格会便宜一些，而且方便快捷。如果能够预先定好旅行时间表，可以尽早购买车票，以便获得不错的折扣。通过网络购票比在售票口购票也要稍微便宜一点。

9 水运

巴塞罗那和瓦伦西亚码头有渡轮可以前往巴利阿里群岛，或是从加的斯出发到加那利群岛，从马拉加出发到梅利亚，从阿尔赫西拉斯到休达。渡轮一天有不同班次，非常方便。

10 西班牙美食

西班牙首都马德里的饮食，融合了伊比利亚半岛所有的烹调风格，其中包括卡斯蒂利亚-莱昂大区的莱昂腊肠、布尔戈斯血肠，塞戈维亚的红肠和肉蛋卷，卡斯蒂利亚-拉曼恰大区的杂烩菜、咸肉菜、凉拌肉，以及马德里当地的马德里烩菜、牛肚、大蒜浓汤、土豆煎蛋饼等马德里名菜。此外，马德里是世界上仅次于东京的水产交易中心，最有代表性的海鲜名菜是烤海鲷。西班牙第二大城市巴塞罗那的饮食则代表了典型的加泰罗尼亚地方风味，最常使用的原料是鳕鱼、蜗牛、蘑菇等，从家常的小白豆杂烩到西班牙最丰富的海鲜菜肴，口味非常多变。瓦伦西亚可品尝到最正宗的西班牙海鲜饭，这里将地中海式菜肴的特色与山地烹调融

合在一起的平锅菜饭，是一种蒸饭，材料为米、鸡肉、白肉鱼、虾、贝、蔬菜等，比较高级的还用龙虾，是瓦伦西亚地方最具特色的代表菜之一。西班牙南部安达卢西亚地区最有名的美食是炖牛尾和炸鱼。在塞维利亚街头的小酒馆，可以品尝到纯正的塞维利亚风味菜，大部分餐馆全年都供应胡瓦山出产的精致火腿、桑鲁卡明虾等名菜，佐以塞维利亚有名的蒙萨隆尼亚酒，实在是一流享受。

12 西班牙娱乐

西班牙首都马德里的夜间娱乐场所通宵提供丰富多彩的娱乐活动，堪称夜生活的天堂。繁华热闹的巴塞罗那拥有各种不同的娱乐活动，每到周末的时候当地的酒吧都会聚集大量年轻人彻夜狂欢。瓦伦西亚的火祭和小镇Bunol的番茄大战都是举世闻名的节日庆典，每年都吸引了来自世界各地的游人参与其中。塞维利亚的弗拉门戈舞世界闻名，游人可以在圣十字区欣赏不同舞者的弗拉门戈表演。作为2010年世界杯冠军国家，西班牙的足球联赛在全世界都拥有很多FANS，马德里的圣地亚哥·伯纳乌球场和巴塞罗那的诺坎普球场都是世界闻名的顶级球场，是体验纯正西班牙足球氛围的绝佳场所。

11 西班牙购物

西班牙首都马德里拥有众多购物街区，可以买到各种西班牙工艺品和旅游纪念品。而巴塞罗那除了是各种旅游纪念品的购买地，还是大量西班牙知名品牌的发源地和总部所在地，众多品牌当季最新款的服饰都可以在巴塞罗那寻觅到，刚过季的服装更会以极低的折扣出售。在毗邻地中海的瓦伦西亚，游客们可以购买各种做工精美的手工艺品和陶瓷器。南部安达卢西亚地区传统手工业发达，精美的刺绣、陶器都非常出名，绣花的丝绸披肩也是颇受女游客喜爱的旅游纪念品。作为弗拉门戈舞的发源地，塞维利亚大街上有很多出售弗拉门戈服饰和吉他的商店，在旧城区中还有许多卖陶瓷工艺品、吉他、传统弗拉门戈舞服饰、扇子及刺绣品的商店。

畅游欧洲 — 西班牙

01 马德里王宫
世界上保存最完整且最精美的宫殿之一

于1738年加尔罗斯三世在位期间开始建造的马德里王宫，地处曼萨莱斯河左岸的山冈上，历时26年才完工，是仅次于凡尔赛宫和维也纳皇宫的欧洲第三大宫殿，也是世界上保存最完整而且最精美的宫殿之一。作为波尔梦王朝的文化遗迹代表，王宫的豪华壮丽程度在欧洲各国宫殿中均堪称数一数二。

马德里王宫外观呈正方形结构，具有卢浮宫的建筑美；内部装潢则是意大利风格，富丽堂皇。宫内藏有无数的金银器皿和绘画、瓷器、皮货、壁毯、乐器及其他皇室用品。内墙上的刺绣壁画及天花板的绘画都经常维护，保存情况相当好。现今王宫已被辟为博物院，供游人参观。

TIPS
Calle de Bailén, S/N, 28071 Madrid ☎915-597-404 马德里王宫（办公大厅、药房和皇家兵器馆）：在导游带领下参观9欧元，自由参观8欧元；办公大厅和绘画长廊：在导游带领下参观10欧元；皇家兵器馆（Real Armería）：自由参观3.40欧元 冬季：周一至周六9:30—17:00，周日和节假日9:00—14:00；夏季：周一至周六9:00—18:00，周日和节假日9:00—15:00 乘地铁2、5号线至Opera站，出站即达 ★★★★★

02 普拉多博物馆
收藏世界级艺术珍品的博物馆

与巴黎卢浮宫、伦敦大英博物馆和纽约大都会博物馆并列为世界四大博物馆之一的普拉多博物馆，从1818年起被辟为专门的美术品博物馆，是全世界收藏西班牙绘画作品最全面、最权威的美术馆。普拉多博物馆的前身是西班牙王室的私人收藏馆，分为维拉努埃瓦大楼和布恩·雷蒂洛之家，游人穿过装饰着戈雅、委拉斯盖兹和牟利罗3位西班牙古典绘画最杰出代表雕像的大门后，即可来到这座收藏有委拉斯兹、戈雅、牟利罗、葛雷柯、贝拉、提香、拉斐尔、波提切利、鲁本斯等绘画大师作品的博物馆。馆内共有8600幅绘画、5000多幅图画、2000件雕刻作品、700余件雕塑和多件局部作品、约1000枚钱币和奖章，以及近2000件装饰艺术品，是全世界游人来到马德里后不可错过的美术圣殿。

TIPS
Calle de Ruiz de Alarcón, -23, 28014 Madrid ☎913-302-800 6欧元，25岁以下学生半价，每周日9:00—19:00免费，10月12日（西班牙语世界日）、12月6日（宪法日）、5月2日（马德里大区法定节日）、5月18日（国家博物馆日）免费；艺术之旅套票：12欧元，有效期一年，可参观普拉多博物馆、提森·波涅米萨博物馆和索菲亚王后国家艺术中心；普拉多博物馆：年卡36欧元，凭此卡可以在一年内任意参观普拉多博物馆，次数不限 冬季：周一至周六9:30—17:00，周日和节假日9:00—14:00；夏季：周一至周六9:00—18:00，周日和节假日09:00—15:00 乘地铁2号线至Banco de Espana站，或1号线至Atocha站，出站即达 ★★★★★

03 马约尔广场
如舞台般充满艺术效果的广场 逛

马德里的马约尔广场始建于17世纪，正值西班牙的哈布斯堡王朝最为辉煌的时代，世人历来对其赞誉有加，如作家高迈斯·德·拉塞尔纳便称其为"西班牙的大院"，而大仲马则把马德里湛蓝的天空视作是它"最美丽、绘画最精美的屋脊"。广场的正中央伫立着西班牙国王菲利普三世的骑马像，在他的注视之下，人们百余年来在这里举办着集市、戏剧、斗牛、宗教活动和节日庆典，那些随处可见的街头艺术家们更是为这座宏伟的广场注入了几分加尔多斯的艺术风格。

TIPS
- Plaza Mayor, 3, 28012 Madrid ☎ 915-881-636
- 免费 全天开放 乘地铁1、2、3号线至Sol站，出站即达 ★★★★★

04 圣地亚哥·伯纳乌足球场
世界上最著名的足球场之一 娱

TIPS
- Paseo de la Castellana, 144, 28046 Madrid
- ☎ 902-291-709 ★★★★

圣地亚哥·伯纳乌足球场由当时只任一年的主席伯纳乌计划兴建，1944年10月27日开始动工，1947年12月14日正式落成。起初球场名为Estadio Chamartin，1955年1月4日，俱乐部官方正式将球场命名为圣地亚哥·伯纳乌足球场，以纪念功不可没的伯纳乌主席。这座体育场是西班牙足球俱乐部皇家马德里的主场，是世界最著名的足球场之一。

05 提森·波涅米萨美术馆
世界上最重要的私人收藏博物馆之一 赏

提森·波涅米萨美术馆是展示提森·波涅米萨男爵父子私人收藏的一座博物馆，馆内收藏的艺术品从中世纪和古典主义到20世纪印象派、后印象派、德国表现主义先锋派及欧美战后绘画作品无所不有，与索菲亚王后艺术中心和普拉多博物馆一同被称为"马德里艺术三角区"。

TIPS
- Paseo del Prado, 8, 28014 Madrid ☎ 913-690-151 6欧元，65岁以上老人及学生凭证件4欧元，有大人陪同的12岁以下儿童免费入场 10:00—19:00，12月25日、1月6日、5月1日及周一闭馆 乘地铁2号线至Banco de Espana站，出站即达 ★★★★

畅游欧洲：西班牙

06 圣安东尼奥教堂 赏
精美的教堂穹顶

圣安东尼奥教堂建于1798年,内部的壁画由戈雅创作,这位著名艺术家的遗骸就安放在礼拜堂中。教堂的穹顶绘有漂亮的壁画,是研究18世纪末马德里人生活的珍贵资料,吸引了众多游人前来观看。

TIPS
Glorieta de San Anotonio de la Florida 5　915-42-07-22　免费　10:00—14:00,16:00—20:00
★★★★

07 西班牙大广场 逛
与堂吉诃德合影

马德里的西班牙大广场前身曾是18—19世纪的王宫军营,现今则成为来自世界各国的游人争先与堂吉诃德雕像合影的热门景点之一。在堂吉诃德主仆二人的雕像一旁,是矗立在广场正中的方尖碑,端坐其上的塞万提斯雕像与这座方尖碑同为纪念其诞辰300周年而立。

TIPS
Plaza de Espaa, 41013 Sevilla　乘地铁3、10号线至Plaza de Espaa站,出站即达 ★★★★

08 卡斯蒂利亚大街 逛
大街正中的哥伦布广场

马德里的卡斯蒂利亚大街之所以有名,在于其中央的哥伦布广场。当初,这位伟大的航海家来到西班牙时,在一位名叫胡安·佩雷斯修士的帮助之下,获得了当时的西班牙女王伊莎贝拉的赞助,从而揭开了人类历史上著名的地理大发现时代的序幕。

今天的哥伦布广场是在1973年,经马德里政府的协商,在原有基础上历时5年扩建起来的。除开纪念哥伦布的雕塑群像,广场的地下还建有文化中心,用来展示各种西班牙的艺术珍品,以及一段千余年前马德里的古城墙。

TIPS
Castellana, 28046 Madrid ★★★★

09 索菲亚王后艺术中心国家博物馆
西班牙现代艺术的殿堂

索菲亚王后艺术中心国家博物馆的前身是一座医院，经过数次改建与扩充后，成为如今呈现在游人面前的是这幢新古典主义风格的建筑。拥有上万平方米展厅的索菲亚王后艺术中心国家博物馆同时也是世界上最大的博物馆之一。游人在展厅内可以欣赏到毕加索、达利、米罗等西班牙现代艺术大师的杰作，从超现实主义、抽象主义，到"二战"后的前卫派等现代艺术的珍品令人目不暇接。其中毕加索创作的《格尔尼卡》曾辗转纽约现代美术馆、普拉多博物馆，最后才于1993年由索菲亚王后艺术中心收藏，其黑白灰的阴暗色调令参观的游人不由驻足停步，细细品味这幅凝聚了对战争控诉的画作。

TIPS

Calle de Santa Isabel, 52, 28012 Madrid　917-741-000　3欧元，持青年证、学生证或其他相应国际证件半价，18岁以下、65岁者周六14:30—21:00、周日10:00—14:30、5月18日、10月12日及12月6日免费入场。艺术之旅套票：12欧元，有效期一年，可参观普拉多博物馆、提森·波涅米萨博物馆和索菲亚王后艺术中心博物馆；索菲亚王后艺术中心博物馆年卡：24.04欧元，凭此卡可以在一年内任意参观；博物馆年卡：36.06欧元，可以在一年内任意参观索菲亚王后艺术中心博物馆、普拉多博物馆以及其他隶属文化财产与美术总会的国家博物馆　10:00—21:00　乘地铁1号线至Atocha站，出站即达　★★★★★

10 赤足女子修道院
西班牙王室宗教建筑的杰出代表

始建于1557年的赤足女子修道院是西班牙王室宗教建筑的杰出代表，环绕着修道院的礼拜堂、王室阶梯、阳台，美轮美奂，18世纪重建的礼拜堂内则有贝拉斯克斯所绘的穹顶画。赤足女子修道院由远嫁葡萄牙的西班牙公主Juana在丈夫过世后创建，之后成为哈布斯堡王朝众多贵族女子隐居的一处修道院，如奥地利皇帝马克西·米利安二世去世以后，皇后玛丽和玛格丽特公主也选择在此渡过余生，这些贵族女子带到修道院的珍贵艺术品和大量画作也一并收藏在修道院内，成为其珍贵的收藏。哈布斯堡家族的肖像画，以及苏巴朗、布鲁盖尔、里韦拉、提香等名家的画作、挂毯、宗教画及雕像和圣物等艺术珍品吸引了众多游人来此参观。

TIPS

Plaza de las Descalzas 3　914-548-800　5欧元　周二、周四、周六10:30—12:45，16:00—17:45　乘地铁1、2、3号线至Sol站，出站即达　★★★★★

畅游欧洲 | 西班牙

11 皇家化身女子修道院
哈布斯堡王朝的女性修道院 〔赏〕

由菲利普三世的妻子——奥地利的玛格丽特于1611年创立的皇家化身女子修道院是一幢由大石块砌成的建筑，历史上无数出身名门的贵族女子都曾经在这里修行，她们来时都携带了大量珍贵的画作和艺术品，因而这座巴洛克风格的修道院内又以奢华闻名。游人在这里可以欣赏到Carducci等艺术名家的画作、大量大理石和青铜雕刻，以及其后波旁王朝的家族画像等艺术珍品。

TIPS
- Plaza de la Encarnación, 1, 28013 Madrid
- 914-548-800
- 周一至周六10:30—12:45、16:00—17:45，周日11:00—13:45
- 乘地铁2、5号线至Opera站，出站即达
- ★★★★

12 丽池公园
马德里最为知名的公园 〔玩〕

丽池公园是马德里最为有名的公园，是17世纪由当时的国王菲利普四世下令兴建，以用作王室成员的娱乐场所。园内种植的各类植物超过了1.5万株，诸多造型各异的纪念碑散落其间，更是为这一派青葱的景色平添了几分历史的神秘感。

公园里还有一处玻璃宫，完全采用铁质构件和玻璃建成，宫前的水池里还有优雅的天鹅悠游其间。此外，委拉斯盖兹宫同样也很出名，它与玻璃宫一同建于19世纪末，目前则被改建成为用以展示西班牙文化的博物馆。

TIPS
- Puerta de Alcalá, Plaza de la Independencia
- 免费
- 6:30—22:30
- 乘地铁1号线至Atocha站、2号线至Retiro站或9号线至Ibiza站，出站即达
- ★★★★

13 阿尔穆德纳大教堂
马德里旅游必去的景点 〔赏〕

阿尔穆德纳大教堂坐落在马德里王宫的南侧，面对着穆罕默德一世公园。这座充满着新哥特式风格的建筑始建于1879年，但却因为各种原因直到20世纪末才得以彻底完工。虽然算起来有些年轻，但是它却坐落在马德里最为古老的历史遗迹——古罗马城墙之上，是以人们自然也就对它格外地珍视了起来。

1993年，梵蒂冈教廷的教皇保罗二世将阿尔穆德纳大教堂正式对外开放，大教堂旋即成为前往马德里参观的旅行者最为热爱的景点之一。

TIPS
- Calle de Bailén, 8, 28005 Madrid
- 915-422-200
- 9:00—21:00
- 乘地铁2、5号线至Opera站，出站即达
- ★★★★

14 美洲博物馆 赏
了解美洲大陆的窗口

马德里的美洲博物馆内收藏了大量涉及考古学、人类学的藏品，是了解美洲大陆文化的一道窗口。其中编于13~16世纪的一部玛雅药典更是堪称博物馆的镇馆之宝，现今全世界仅存3本类似的手抄本，非常珍贵，吸引了众多游人前来参观。

TIPS
Avenida de los Reyes Católicos, 6, 28040 Madrid, Espaa 915-439-437 3欧元 9:30—15:00
★★★★

15 国家考古博物馆 赏
马德里藏品最丰富的博物馆之一

马德里国家考古博物馆内拥有为数众多的丰富藏品，游人可以参观到阿尔塔米拉岩洞的野牛壁画复制品，品味伊比利亚半岛上粗犷的旧石器时代岩画艺术。此外博物馆内还有大量古罗马时期的艺术品，如建于12世纪的阿尔兰萨·圣彼得修道院的精致大门，以及莱昂古城内的圣伊西多罗珍宝馆藏品，吸引了众多游人驻足欣赏。

TIPS
Calle de Serrano, 13, 28001 915-777-912 3欧元，周六14:30后、周日全天免费开放 9:30—20:30
★★★★

16 丰收女神广场 逛
皇家马德里队庆祝胜利的广场

丰收女神广场是马德里市最著名的城市广场之一，中央的喷泉建于18世纪，装饰有丰收女神西维勒斯驾着雄狮战车的雕像，而矗立在大广场周围的建筑物也都恢弘壮观，站在广场上远眺四周也是美景如画——这些都给无数艺术家以创作的灵感，吸引了众多游人专程前来观光游览。此外，值得一提的是，丰收女神广场还是皇家马德里队球迷庆祝获得冠军时的圣地——每当皇马在球场上获得冠军后，球队都会与数万球迷一同在广场忘情庆祝。

TIPS
Calle de Belén, 9, 28004 Madrid 免费 全天开放
★★★★

17 凡达斯纪念斗牛场
欣赏精彩刺激的斗牛表演

TIPS
📍 Calle Alcala 237, Plaza de Toros ☎ 902-150-025 💰 不同场次、不同位置的票价都不同,从4欧元到数十欧元不等 🕐 3月至10月周一至周五10:00—14:00、17:00—20:00,表演当日14:00后 🚇 乘地铁2号线至Ventas站,出站即达 ★★★★

每年3月19日—10月12日是马德里的斗牛季节,这期间每周末都有斗牛表演,而5月份的圣伊西德罗斗牛节是水平最高、场面也最热闹的斗牛表演,吸引了来自世界各地的游人专程前来观看。地处马德里东北郊的凡达斯纪念斗牛场是一座古罗马剧场式的圆形建筑,外墙为鲜艳的红色,拥有高大的拱门和色彩缤纷的瓷砖装饰,与大门前西班牙最著名的斗牛士Bienvenida和Cubero的雕像一同吸引了过往游人的注目。可容纳3.2万名观众的凡达斯纪念斗牛场内,每到5月的高峰期间都会座无虚席,全国乃至全世界的斗牛士们都以在这里表演斗牛为荣。此外,斗牛场一旁附设的博物馆内展出了长矛、短扎枪等斗牛装备,以及知名斗牛士的画像与雕刻,其中还有第一位女斗士的服装,是欣赏完紧张刺激的斗牛表演后进一步了解这项运动的绝佳场所。

18 埃斯科利亚宫
西班牙王室最重要的陵寝

位于马德里西北方瓜达拉马山脚下的埃斯科利亚宫,是一幢以大理石打造的庄严建筑,虽然名为宫殿,但埃斯科利亚宫却是结合了陵寝的一座修道院,全名为圣罗伦佐皇家修道院,始建于1563年,从落成之日起就是西班牙王室最重要的陵寝——这里安眠着长达5个世纪内,从神圣罗马帝国皇帝查理五世到阿方索十三世在内的历任西班牙国王。

TIPS
📍 C/ Juan de Borbon y Battemberg,s/n ☎ 918-905-902 🕐 4月至9月10:00—18:00;10月至次年3月10:00—17:00 🚆 在马德里阿托查火车站乘坐火车;或乘661、664路公交车均可到达 ★★★★

19 圣十字架烈士谷
纪念西班牙内战期间战死的英魂

圣十字架烈士谷毗邻埃斯科利亚宫,也位于瓜达拉马山下,是西班牙内战期间多达4万名阵亡官兵的安息之处。在烈士谷内修建有规模庞大的阵亡将士纪念碑,耗时18年才完工,其中大教堂上方高达150米的十字架更是成为这里的标志之一,颇为醒目。

TIPS
📍 28209 San Lorenzo de El Escorial ☎ 918-905-611 🕐 周一至周五8:00—14:35 🚌 在埃斯科利亚宫的感恩圣母广场乘660路公交车即达 ★★★★

20 华纳兄弟游乐场　玩
感受华纳兄弟电影公司创造的虚拟世界

华纳兄弟游乐场位于马德里以南约30公里处，娱乐中心包括：重现好莱坞盛名的好莱坞大道；有汽车追捕、开枪、爆炸，以及其他难得一见场面的WB电影世界片场；最著名的动画人物，如超人、蝙蝠侠的超级英雄世界；可以重温Rio Bravo与煤炭装运车作冒险之旅的西部世界；可与汤姆猫、杰瑞老鼠、达菲鸭、兔宝宝等卡通人物见面的卡通小城。此外，游乐场内还附设有众多酒吧和餐厅，是一处充满娱乐氛围的虚拟世界。

TIPS
 Carretera Pinto-San Martín De La Vega (M-506) KM 22, 0, 28330 San Martin de la Vega 902-024-100 1日游：32欧元，儿童票25欧元；2日游：48欧元，儿童票37欧元 ★★★★

21 塞哥维亚城堡　赏
历史悠久的古堡

始建于12世纪的塞哥维亚城堡，最初是一座军事要塞。其后历代国王不断扩建和整修城堡，16世纪后更是增建了圆锥状的城堡尖塔和屋顶部分，并采用河中的石材来加固城堡的防御功能。伊莎贝拉女王的父亲也曾经大规模装修过城堡的内部。虽然19世纪初古堡曾经历一场火灾，但1940年后又修复完毕。现今的塞哥维亚城堡内除了开放给游人参观的伊斯兰风格宝座厅和拥有美丽祭坛的礼拜堂外，还有一座大型的兵器博物馆，展示了大量军事装备。此外，游人也可登上城堡的瞭望台，一览周围的美丽风景。

TIPS
Plaza de la Reina Victoria Eugenia, S/N, 40003 SEGOVIA　921-460-759　4月至9月10:00—19:00
在马德里乘地铁6、10号线至Principe Pio站，在旁边的汽车站乘开往塞哥维亚的长途车即达 ★★★★

22 阿尔卡拉城　逛
塞万提斯的故乡

阿尔卡拉全名阿尔卡拉·德·埃纳雷斯，这座古老的城市是西班牙历史上最伟大的作家塞万提斯的故乡，同时塞万提斯也正是在这座古城中完成了不朽名著《堂吉诃德》。作为文艺复兴时期西班牙著名的大学城，阿尔卡拉城内拥有众多保存完好的学院建筑、教堂、修道院和古城墙，洋溢着浓郁的文化气息。其中最为知名的建筑是始建于1541年的圣伊德方索学院，这座带复杂花叶形装饰的建筑同时也是该大学的标志。此外，塞万提斯故居则是吸引世界各地游人专程前来的标志景点：这座16世纪的建筑依旧保持着旧日的风貌，上下两层的建筑由8根花岗岩石柱支撑。一层是书房、客厅和厨房，二层是卧室。房间中陈设的扶手椅、卡斯蒂利亚式床头柜等家具和当时的绘画、雕刻体现了16世纪富裕家庭的生活情况。

TIPS
位于马德里以东33公里 ★★★★

畅游欧洲 : 西班牙

23 莱昂
莱昂古国的国都

TIPS
📍 Plaza de San Marcos, 7　☎ 987-237-300　🚆 在马德里乘火车即达
★★★★

莱昂始建于1世纪，在后罗马时期这里已经成为莱昂王国的重要城市。9世纪时莱昂王国战胜了摩尔人，莱昂也在这时成为王国的首都，在再征服时期成为天主教核心城市，到中世纪时这里已经成为繁华的城市，是圣地亚哥朝圣之路上重要的中转站之一，吸引了许多商业和艺术从业者来此定居。

莱昂最著名的地标当属莱昂大教堂，该大教堂兴建于13世纪，曾为王宫，建筑材料选取金色砂岩。与同属哥特式教堂的布尔戈斯大教堂相比，莱昂大教堂风格更为简洁，更有法国建筑风格。教堂内部的彩绘玻璃是莱昂大教堂最大的特色，彩绘题材多种多样，从动物、植物到圣经故事，时间跨越700年之久，在装饰教堂内部的同时也提供了明亮的光线。大教堂西面有直径8米的巨大玫瑰窗。除彩绘玻璃外，狭长的大教堂内还有15世纪镀金的精美唱诗班席。在美术馆中还陈列着10~17世纪的各种美术品。除莱昂大教堂外，圣伊西罗皇室教堂、波提内斯之家、莱昂当代美术馆也都是莱昂标志性的景点。

24 托莱多古城
西班牙的古都

托莱多位于马德里西南约71公里的一处山丘上，逶迤的塔霍河流经古城的东、南、西三面，为它形成了一道天然的屏障。凭借着这样得天独厚的地理优势，这里曾经作为西班牙的首都统治着这片国土近千年的时间，直到16世纪，西班牙王室才将首都迁到了它旁边的马德里。

城中保存有哥特式、摩尔式、巴洛克式和新古典式的各类教堂、寺院、修道院、王宫、城墙、博物馆等大型古建筑约70多处，却没有任何一栋现代化的建筑，是以整个城市显得格外古朴、雅静，名列联合国教科文组织的世界文化遗产名录中。

TIPS
📍 马德里西南　🚇 乘地铁6号线至Méndez Avaroé站，在站旁的Galiano-Continental公司汽车站有发往托莱多的汽车　★★★★★

25 萨拉曼卡新旧大教堂
风格迥异的宗教建筑

萨拉曼卡大教堂始建于12世纪中叶,在16世纪停止使用,并扩建成为结合了哥特式、银匠式以及丘里格拉式的新教堂,紧密相连的两座教堂由一座大门相连,被称为新旧大教堂。历时200年修建而成的新教堂拥有富丽堂皇的内部装饰和玫瑰形拱顶的装饰性肋骨,其中颇为特别的是教堂的正门两侧装饰的浮雕,除了传统的宗教图案外,还有新近加上的外星人与怪兽吃冰激凌等图案。穿过新教堂后游人可以参观旧教堂,旧教堂内略显斑驳的壁画和祭坛无不显示出这里古老的历史,主祭坛旁的礼拜堂内还有古老的罗马式地下墓穴,旧时萨拉曼卡的达官贵人和主教都在此长眠。

TIPS
Plaza Anaya,Salamanca 923-217-476 新教堂:4月至9月9:00—20:00,10月至次年3月周一至周六9:00—13:00、16:00—18:00,周日9:00—13:00;旧教堂:4月至9月10:00—19:30,10月至次年3月周一至周六10:00—12:30、16:00—17:30,周日10:00—19:30 在马德里查马丁火车站乘火车即达 ★★★★

26 巴塞罗那神圣家族教堂
世界建筑史上的奇迹

由西班牙最伟大的建筑设计师高迪设计的神圣家族教堂,又名"圣家赎罪堂",不论游人身处巴塞罗那城内哪一处,抬头都可以看到这座壮观华美的建筑。这座充满象征主义符号的教堂始建于1882年,教堂的三个立面,分别描绘着耶稣的诞生、受难和上帝的荣耀这代表耶稣神性的三个方面场景的浮雕。迄今教堂已经超过百年时间,但高迪设计的分别代表基督、圣母玛丽亚、12门徒和4位福音使者的18座尖塔依旧只完工了8座——高高的塔顶上依旧布满脚手架。游人登上教堂顶部平台后,可以一览巴塞罗那城区的美丽风光。此外,教堂内建有一间小型的博物馆,里面陈列着高迪的照片、生平介绍及部分建筑设计图样和模型,游人可以更加全面、细致地了解这座世界建筑史上的奇迹。

TIPS
Carrer de Mallorca,401,08013 Barcelona 932-07-30-31 8欧元。20人以上团队5欧元/人(需预约,每20人1人免费),持巴塞罗那卡、旅游巴士打折券7欧元。有导游带领游览11.5欧元,旅游巴士打折券10.5欧元 10月至次年3月9:00—18:00;4月至9月9:00—20:00;语音导览在闭馆前1小时结束。12月25—26日、1月1日、1月6日教堂部分关闭 乘地铁L2、L5线至Sagrada Familia站,下车即达 ★★★★★

畅游欧洲 西班牙

27 加泰罗尼亚音乐厅

巴塞罗那最具标志性的建筑之一

加泰罗尼亚音乐厅是巴塞罗那最具标志性的建筑之一，也是巴塞罗那最有特点的现代建筑之一。经过3年由声名显赫的建筑师路易斯·多梅内奇·蒙塔内尔主持的工程建设，音乐厅于1908年落成。从建成以来，这里一直被视为加泰罗尼亚现代主义建筑史上的巅峰之作。每年都有近400场音乐会在这里举行，许多知名乐队和歌唱家都以能够在这里公开献艺为荣。音乐厅的内外装饰大量使用马赛克和彩色玻璃，剧场大厅天井的巨型吊灯流光溢彩，舞台上方奏乐天使的雕塑则神采奕奕。

TIPS

C/ Palau De La Música, 4, 08003 Barcelona 932-957-200 10欧元，包含导游费。持巴塞罗那卡8折，观光巴士打折券8折 10:00—16:00（15:00停止入场），8月、圣周（复活节）10:00—19:00（18:00停止入场），必须在导游带领下参观，全程约50分钟 乘地铁1、4号线至Urquinaona站，出站即达 ★★★★

28 高迪故居博物馆

走近现代主义建筑大师高迪

位于古埃尔公园内的高迪故居博物馆是高迪生前的住所。值得一提的是，虽然高迪是巴塞罗那闻名世界的建筑艺术大师，但他的故居却是由其助手佩雷凯尔设计建造，只有房子周围的铁艺装饰是高迪本人用废铁制作的，充满高迪独有的华丽艺术美感。游人在高迪故居博物馆内，可以通过展出的高迪设计的家具来感受这位艺术大师所推崇的现代主义美感。

TIPS

Carretera Carmel, S/N, 08024 Barcelona 932-193-811 成人4欧元，学生3欧元，持巴塞罗那卡8.8折 10月至次年3月10:00—18:00；4月至9月10:00—22:00 乘地铁3号线至Lesseps站，出站步行约15分钟即达；或乘24、25路公交车至Parc Guell站，下车即达 ★★★★

29 巴塞罗那大教堂
历史悠久的大教堂 赏

主体建筑建于13—15世纪的巴塞罗那大教堂直到19世纪末才在一位当地银行家的资助下建成完工，因此教堂的各部分呈现出了不同时期的建筑风格，以哥特式风格为主的大教堂细长洗练的线条结合了新哥特风格的圆顶和内部结构，充满独特美感。教堂回廊两侧的祈祷室内供奉着巴塞罗那各个行业的保护神，游人在参观之余还可通过电梯上到教堂顶端，一览巴塞罗那的城市风光。

TIPS

🏠 Pla Seu, S/N, 08002 Barcelona ☎933-151-554
🕐 参观教堂免费，参观回廊、唱诗班席、教堂博物馆4欧元 🕐 教堂：8:00—13:15，16:30—19:30，收费部分13:30—16:30开放 🚇 乘地铁1、3号线至Catalunya站，4号线至Jaume I站，出站即达 ★★★★

30 巴塞罗那现代艺术博物馆
充满现代派艺术特色的博物馆 赏

建于1995年的巴塞罗那现代艺术博物馆由建筑大师迈耶设计建造。简洁的立方体造型通过大胆的立面切割和异形体的引入，形成了多个纵横交错的面的组合，使空间产生无穷的变化，充满现代派艺术特色。博物馆内主要收藏1950年以后的巴塞罗那当代艺术作品，其中一半为马库巴所收藏作品的常年展示，另一半则每隔半年会有一次较大的变动。

TIPS

🏠 Plaa àngels, 1, 08001 Barcelona ☎934-120-810 💰4欧元，季度票10欧元。每周三3.5欧元。持巴塞罗那卡8折，观光巴士打折券8折，也可以购买艺术联票 🕐9月25日至次年6月23日11:00—19:30，周六10:00—20:00，周日和公共假日10:00—15:00，每周二（非公共假日）、12月25日、1月1日闭馆；6月24日至9月24日周一、周三11:00—20:00，周四、周五10:00—0:00，周六10:00—20:00，周日和公共假日10:00—15:00，每周二（非公共假日）闭馆 🚇乘地铁1号线、2号线至Universitat站；或乘1号线、3号线至Catalunya站；或乘24、41、55、91、141路公交车均可到达，旅游巴士红、蓝两线均经过 ★★★★

31 不和谐建筑群
3位设计大师设计的风格迥异的3座建筑 赏

从Gran Via大道到Diagonal之间的巴塞罗那格拉西亚大街，被称为"不和谐街区"。在这短短的一段路上汇集了3位设计大师设计的梦幻的巴特约之家、端庄的阿马特耶之家和柔美的叶奥·莫雷拉之家3座比邻而居，而又风格迥异的建筑，巨大的反差给人以强烈的视觉冲击。3座建筑交由不同风格的设计师进行改建和翻修后，全都成为不朽的艺术作品，就连这条路上的街灯，也都是风格华丽的铁艺作品，使得整条大街充满了艺术气息。

TIPS
- Passeig Gràcia, 41, 08007 Barcelona 934-961-245
- ★★★★

32 毕加索博物馆
收藏了丰富的毕加索画作 赏

巴塞罗那毕加索博物馆位于旧市区蒙卡答路15号，是一间建于15世纪的优美宅邸，有着幽静的庭院、华丽的墙壁和窗棂。馆中藏有毕加索及其他一些画家的作品。该馆是14世纪建筑物，虽然道路窄小，外观也不起眼，收藏却很丰富。这里曾是毕加索的寓所，在这里可以一睹大师少年时期的作品——由于他成名在法国，最好、最成熟的作品多流散在国外，在他成名后西班牙才全力收集他少年时期的习作、画作。作品以人物肖像居多，素描、水彩、油画都有，结构严谨，基础深厚。

TIPS
- C/ Montcada, 15-23, 08003 Barcelona 933-196-310
- 6欧元，每月的第一个周日免费。持巴塞罗那卡5折，也可以购买艺术联票
- 周二至周六10:00—20:00
- 乘地铁4号线至Jaume I站，出站即达 ★★★★

33 米拉之家
风格前卫的大胆建筑 赏

建于1905年的米拉之家又名"石头屋"，不规则的墙面和戴头盔的士兵造型的烟囱是其最著名的标志。作为高迪的朋友，米拉之家的主人曾是20世纪初巴塞罗那的知名纺织商，而米拉之家的主建筑师则是乔杰尔，最初参与设计的高迪因自己设计的圣母玛丽亚雕像被拒绝放置在屋顶而辞去了这项工作。现今的米拉之家已经成为文化和艺术中心，有一层楼专门用作展览厅和视听室，一间套房再现当年现代主义家具陈设。阁楼和屋顶平台被辟为"高迪的空间"展厅，展示了众多精妙的设计，吸引了无数游人来这里参观。

TIPS
- Paseo de Gracia, 92, 08008 Barcelona 934-845-900
- 9.5欧元，学生票5.5欧元（仅限欧盟学生）。观光巴士打折券9折
- 11月至次年2月9:00—18:30；3月至10月9:00—20:00，12月25—26日、1月1日、1月6日闭馆
- 乘7、16、17、22、24、28路公交车可达；或乘地铁3号线、5号线至Diagonal站；旅游巴士红、蓝两线都途经米拉之家 ★★★★★

34 古埃尔宫
奠定高迪现代建筑艺术大师地位的宏伟建筑 赏

于1888年设计建造的古埃尔宫，是奠定高迪艺术大师地位的作品。在这幢规模宏伟的建筑内，拱门间以铁艺铸造的古埃尔家族徽章气派非凡；中央大厅的抛物线拱顶设计别具匠心；建筑外观造型各异的烟囱是其后高迪设计的众多大胆烟囱造型的始祖；色彩缤纷的碎瓷拼贴法也是在古埃尔宫才得到首次大规模运用。

TIPS
Carrer Nou de la Rambla, 3, 08001 Barcelona　933-173-974　免费参观　周二至周六10:00—14:30，公众假期闭馆。开放范围视情况可能随时调整　乘地铁3号线至Liceu站；或乘14、59、91、120路公交车均可到达　★★★★★

35 安东尼·塔皮基金会
现代主义风格的砖楼 赏

1923年生于巴塞罗那的安东尼·塔皮是一位艺术家，由其创建的安东尼·塔皮基金会位于一座现代感十足的砖砌建筑内，楼顶上装饰着塔皮亲自创作的"云彩与座椅"巨型雕塑。游人在安东尼·塔皮基金会内可以欣赏到其创作的300余件绘画和雕塑作品，可近距离接触这位20世纪巴塞罗那现代艺术家的艺术人生。

TIPS
C/ Aragó, 255 08007 Barcelona　934-870-315　4.2欧元　10:00—20:00　★★★★

36 兰布拉步行街
巴塞罗那最知名的步行街 逛

兰布拉步行街是巴塞罗那最有名、最热闹的交通要道。它北起加泰罗尼亚广场，南至矗立着哥伦布纪念碑的和平门广场，是远近闻名的步行街。兰布拉步行街是最具巴塞罗那特色乃至国际特色的街道，是世界各国人民的大舞台，是从早至晚、昼夜不息的各种活动的缩影。

兰布拉街因为拥有众多的传统花店，花香四溢，所以又称为是"兰布拉花街"。两侧植满法国梧桐树的林荫大道上，每天都挤满了络绎不绝的人群。街道右侧即是总督宫，现为市政府文化处所在地。总督宫里面有一个展厅，常有精彩的展览。

TIPS
Mercat de Sant Josep　周一至周六7:00—19:00　乘地铁1、3号线至Catalunya站或Liceu站、Drassanes站均可到达　★★★★

37 加泰罗尼亚历史博物馆　赏
了解加泰罗尼亚的历史

位于海洋宫内的加泰罗尼亚历史博物馆，面朝巴塞罗那老港，博物馆内二层和三层为常设展览区。游人可以在这里通过各种文献资料和实物模型了解公元前古希腊和古罗马对西班牙的影响，以及西班牙内战以来加泰罗尼亚自治区的历史，并全面了解当地的地理、经济、生活等各方面。

TIPS
🏠 C/ SANT ANTONI, 13, 08201 SABADELL 💰 2.4欧元 🕐 9:30—19:00，周日和公众假期10:00—14:00，周一休息 🚇 乘地铁1、3号线至Espanya站，出站后步行约15分钟即达 ★★★

38 波盖利亚市场　逛
巴塞罗那最古老、最地道的美食市场

步入巴塞罗马著名的波盖利亚市场，首先映入眼帘的便是街头巷尾那一幅幅充满灵感的

街头涂鸦作品。多少年来，无数的涂鸦大师们都是从这里起步，在不断的创作中积累起宝贵的艺术底蕴，最终成为世界级的涂鸦艺术家。

不过，波盖利亚最为有名的地方，则在于它还是巴塞罗那最古老、最地道的美食市场。在这里不单可以购买到各种新鲜的蔬菜水果、海鲜和奶酪，更有享誉世界的美食——伊比利来火腿。切上几片做工考究的火腿，坐在街旁的小酒馆里品上一杯香醇的啤酒，会令人顿觉不虚此行。

TIPS
🏠 La Rambla, 91, 08002 Barcelona 📞 933-182-017 ★★★★

39 诺坎普体育场　娱
全世界最有影响的体育场之一

诺坎普体育场是西班牙著名的巴塞罗那足球俱乐部的主场。作为欧洲乃至全世界最富影响力的足球俱乐部之一，创建于1899年的巴塞罗那俱乐部在它漫长的历史当中取得了无数辉煌的成就。而这座可以容纳近11万名观众的体育场，无疑则更是成为每一个喜爱这支球队的人们心目当中当之无愧的圣地。

为了方便并凝聚球迷，体育场在入口处还设有巴塞罗那俱乐部博物馆，在以多媒体、图片、实物等方式介绍俱乐部历史的同时，还陈列有不同时期的杂志、报纸以及具有纪念意义的服饰、奖杯、奖牌等。

TIPS
🏠 Estadio Nou Camp, Carrer d'Arístides Maillol, 08028 Barcelona, 08028 📞 902-189-900 💰 7欧元，可参观巴塞罗那足球队博物馆，并进入球场开放参观的局部观众席。旅游巴士打折券9折 🕐 10:00—18:30，周日和节假日10:00—14:00；1月1日、1月6日、9月24日、12月25—26日休息 🚇 乘地铁5号线至Collblanc，出站步行约10分钟；或乘75路公交车；旅游巴士红线均可到达 ★★★★

40 波布雷特修道院

拥有近千年历史的西班牙古王国宗教中心

坐落于巴塞罗那西面的波布雷特修道院，始建于1150年，是当时的阿拉贡-加泰罗尼亚王国的宗教中心，同时也是王室陵墓的所在地。由于宗教势力在中世纪欧洲政治格局中的重要地位，这座修道院在它的极盛时期曾经管辖着7个男爵领地，其建筑之宏伟、藏书之丰富、财力之雄厚，对后来西班牙的文化和历史发展都产生了极为深远的影响。

今天的修道院是12世纪以后在残留的基础之上重新修建起来的。1991年，波布雷特修道院入选世界文化遗产名录。

TIPS
 Carrer de l'Abadia, 43448 Poblet 977-870-089
★★★★

41 巴塞罗那港

巴塞罗那的那不勒斯

巴塞罗那港被誉为"巴塞罗那的那不勒斯"，居住在这一区域的人们以渔民和码头工人为主，狭窄的街巷充满浓郁的地域特征。游人不仅可以在这里欣赏港区的风光，也可以在沿街林立的餐馆内品尝这里独特口味的海鲜料理。

TIPS
 La Barceloneta ★★★★

42 海之圣玛丽亚教堂

巴塞罗那的艺术瑰宝

海之圣玛丽亚教堂始建于14世纪，是巴塞罗那的艺术瑰宝。当初，为了祈求远航者的平安，人们集资建起了这座宏伟的教堂。建筑整体呈典型的加泰罗尼亚-哥特式风格，线条柔美而富有生气，更以其布局之和谐而广受世人的赞誉。尤为难得的是，考虑到教堂常用于吟唱福音的缘故，设计者还在它的内部强化了音响效果，是以直到今天，这里还时常举办各种音乐会，游客置身其间，恍然间会有种聆听天籁般的感动。

不过需要注意的是，每周的周五到周日下午是教堂的弥撒时间，这里不对外开放的。

TIPS
 Carrer dels Sombrerers, 6, 08003 Barcelona 933-102-390 免费 9:00—13:30, 16:30—20:00, 周五至周日下午的弥撒时间不对外开放 乘地铁4号线至Jaume I站，出站即达 ★★★★

43 让·米罗基金会
收藏米罗作品最丰富的美术馆

开放于1975年的米罗基金会位于蒙锥克山上，是收藏米罗作品最丰富的美术馆，收藏品近万件。同时这里也是当代艺术研究中心的总部，经常举办先锋艺术家的展览。

美术馆内的收藏品涵盖了绘画、雕刻、纺织品、版画、海报、素描等，显示出艺术家的非凡才华。作品年代则以米罗晚年为主。此外，还有数十件作品名为"献给米罗的珍藏品"，由马蒂斯等现代艺术家创作。

TIPS
 Parc de Montjuc s/n, 08038 Barcelona 934-439-570 7.5欧元，可以使用巴塞罗那艺术联票。持巴塞罗那卡8折，观光巴士打折券8折 10月至次年6月10:00—19:00，周四10:00—21:30，周日和公众假日10:00—14:30；7月至9月10:00—20:00，周四10:00—21:30，周日和公众假日10:00—14:30；逢周一休息，但公众假日除外 乘缆车至Parc de Montjuic站；旅游巴士蓝线均可到达 ★★★★

44 Passeig de Gracia大街 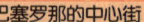 逛
巴塞罗那的中心街

作为巴塞罗那的中心街道，Passeig de Gracia大街构成了巴塞罗那最富有的城区中心，并取代兰布拉大街而成为城市上层阶级居住区。在Passeig de Gracia大街上林立着大量世界知名品牌店铺，西班牙最为知名的Zara与创立于加泰罗尼亚本地的Mango，更是这条巴塞罗那最时髦大道上必不可少的知名商家。

TIPS
 Passeig de Gràcia Barcelona ★★★★

45 西班牙村
西班牙的缩影

西班牙村建于1929年，是为当年在巴塞罗那举行的世界博览会而建的。在这里展示着西班牙各地富有民族特色的村庄和建筑，有"西班牙的缩影"之称。这个风景如画的村子是由Xavier Nogué、Miquel Utrillo和Ramón Raventós在研究了西班牙各地中世纪、文艺复兴时期巴洛克风格的建筑之后设计和建造的，建筑师Fransisco Folguera任总指挥。在景区内再现了从马德里的马约尔广场到科尔多瓦的小院等各地的著名景点。虽然说是微缩景区，但实际上这里的房屋、道路，甚至是广场也大都是实物大小。与众不同的是，村中的建筑里有各种各样的手工作坊和工艺店。艺术家们现场向游客展示了具有西班牙特色的各种手工制造工艺，诸如陶瓷、玻璃、面具、布艺等，数不胜数。而且做出的工艺品可在当场以不高的价钱卖给游客。

TIPS
 Avinguda Marquès De Comillas, 13, 08038 Barcelona 935-086-300 7.5欧元，旅游巴士打折券5.5欧元 9:00—2:00，周一9:00—20:00，周五、周六9:00—4:00，公众假期9:00—24:00 乘地铁1、3号线至Espanya站；旅游巴士蓝线均可到达 ★★★

46 蒙瑟莱特修道院 赏
加泰罗尼亚人"精神和灵魂的守护者"

加泰罗尼亚人"精神和灵魂的守护者"——蒙瑟莱特修道院，位于巴塞罗那市郊约60公里处，因其坐落在群山环抱的山谷之间，素来便以形态各异的山岩而著称于世。同时，这里还展示着著名的黑色圣母像，一尊充满了新罗马主义风格的艺术佳作，而其发现于圣哥帕地穴的传说，则无疑更是为它平添了几分神秘的色彩。

每天的中午1点和傍晚6点，欧洲最古老的蒙瑟莱特少年唱诗班还会在院内举行两场演唱。唱诗班由在修道院里学习和生活的少年们组成，年龄大多为10~14岁，殊为难得。

TIPS
 C/ Coroleu, 2, 08030 Barcelona 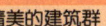933-114-704
★★★

47 波依谷地 赏
精美的建筑群

在巴塞罗那郊外的波依谷地，散落着10余座不同时期、不同风格的教堂。因其建筑之美、历史及宗教意义重大，这里于2000年被列为世界文化遗产。

谷地间最负盛名的建筑，当数塔乌邑的圣克里门特和圣玛丽亚教堂、波依的圣胡安教堂、艾利河谷的圣欧拉利亚教堂、巴鲁埃拉的圣费柳教堂、卡尔德特的圣玛丽亚教堂、杜罗的圣母圣诞教堂和圣基茨隐修院，以及可邑的圣母升天教堂等。除开这些建筑本身的历史、人文和艺术价值，其间更藏有丰富的壁画、雕塑，乃至于圣水器、圣水盆和圣灯油槽这样珍贵的宗教圣器。

TIPS
Plaa Doctor Letamendi, 37, 08007 Barcelona 933-234-010 ★★★★

48 达利博物馆 赏
超现实主义世界大师达利的故乡

在巴塞罗那以北距法国约20公里的地方，有一座名为菲格拉斯的小城，20世纪初世界级的绘画大师萨尔瓦多·达利就出生在这里。1974年，达利在家乡创建了举世闻名的达利博物馆，旋即成为全球艺术爱好者心目中的圣地，是西班牙参观人数最多的博物馆之一，而他本人于1989年去世之后，便长眠在这座博物馆的地下室中。

博物馆是由达利亲自设计的，用以体现他所谓的"超现实主义世界"。馆内藏有他的名作如《挂钟》、《维纳斯的幻影》、《记忆的永恒》、《西班牙内战的预感》等，以及他设计的雕塑、珠宝、家具。

TIPS
Pujada Castell, 28, 17600 Figueres 972-677-500 11欧元（包括达利珠宝博物馆），25人以上团体7欧元（需预约），9岁以下儿童免费 11月至次年2月10:30—18:00；3月至6月9:30—18:00；7月至9月9:00—20:00；10月9:30—18:00；每周一及公共假日休息，6月至9月除外 乘火车从巴塞罗那至菲格拉斯，由火车站步行15分钟即达 ★★★★

49 瓦伦西亚大教堂
瓦伦西亚的标志性建筑 赏

瓦伦西亚大教堂是古城瓦伦西亚的标志性建筑。这座建于13世纪的教堂建在古罗马时期的神殿旧址上，在修建时是以巴洛克式建筑风格为主，在日后不断的修缮维护中成为一座融合罗马、哥特和巴洛克等多种艺术风格的典雅殿堂。瓦伦西亚大教堂是一座具有鲜明的不对称美感的建筑物。教堂的三座大门分别使用了三种不同的建筑风格，正门采用威严肃穆的新罗马式风格，南侧的宫门是一座华丽的巴洛克式建筑，而北侧的使徒门则是一座典型的哥特式建筑。巍峨高耸的钟楼则是瓦伦西亚的象征，具有典型的哥特色彩。教堂的门厅、墙壁、穹顶上都刻绘着精美的雕刻，各种神秘的图案将这里装点得神圣无比。这里的圣杯礼拜堂内收藏的餐具，据说是耶稣在最后一餐时所使用的，极为珍贵。这座教堂的正厅前方有一座该教堂的全景模型，游客们可以从宏观角度清楚感知教堂总体形象。瓦伦西亚大教堂周围的风景也是极为优美的，一栋栋古老的房屋散布在四周，其间点缀着供人休憩的绿地。

TIPS
🏠 Plaza de la Reina, 46003 Valencia ☎ 963-918-127 💰 免费
🕙 10:00—18:00 🚆 在马德里阿托查车站乘火车即达，从市政厅步行前往即可 ★★★★★

50 孤苦圣母教堂
瓦伦西亚最著名的圣母教堂 赏

孤苦圣母教堂是瓦伦西亚最著名的圣母教堂，每年一度的火祭节也是在这里举行的。圣母是瓦伦西亚的守护神，因此这里的圣母广场被誉为"瓦伦西亚的发源地"。孤苦圣母教堂建于17世纪，是一座典型的巴洛克式建筑，粉色的外墙与圆锥尖顶是这座艺术殿堂最引人注目的地方。圣母教堂的墙壁、窗台上都刻绘着精美雕塑，这些雕塑线条精巧细密，人物的形体呈S形，环绕的旋涡、卷草、舒花装饰，缠绵盘曲，连成一体；窗被纤细柔媚的铁艺栏栅和卷曲凸凹的花边装饰，墙角屋檐更由壁画、浮雕包裹，复杂而繁琐，完全是巴洛克"精致而柔靡、绚丽而忧郁、亲切而惝恍"的特征体现，也透露出设计师和工匠们对技艺的热爱与赞美，而位于正门上方为天使所环绕的圣母像则是其中最为华贵典雅的雕塑。每年的3月18日，瓦伦西亚的市民都会在这里举行庆典游行，其规模之大在整个欧洲也是罕见的。圣母教堂前的广场上会立起一座用鲜花来装点的圣母怀抱圣子像，而教堂的围墙则被各种花卉所覆盖。

TIPS
🏠 Pl.de la Virgen ☎ 963-918-611 💰 免费 🕙 7:00—14:00, 16:30—21:00 🚆 在马德里阿托查车站乘火车即达，从市政厅步行前往即可 ★★★★

51 交易中心
欧洲最著名的哥特式建筑纪念物之一

位于瓦伦西亚市区内的交易中心是一组辉煌的建筑群，其中的丝绸交易厅尤为引人注目，是西班牙国家历史和艺术的纪念物。历史悠久的丝绸交易厅是瓦伦西亚哥特式建筑风格代表作，也是欧洲最著名的哥特式建筑纪念物之一，因此也被联合国教科文组织指定为世界文化遗产。交易中心的圆形大厅是过去的商人进行交易的地方，这里被8根巨大的廊柱分为3个纵向和5个横向广场，这些螺旋形圆柱是整座建筑中最惹人注目的地方，兼具艺术的美感与实用的坚固。交易大厅内的毛石平台是进行商业裁决的地方。独具特色的海康诺皮尔拱门，是这里最为精美的门。高耸的塔楼中有着螺旋形楼梯，人们沿梯而上可以纵览四周风景。塔楼的礼拜堂位于地下室中，两层顶楼在过去是用来关押赖账不还的人。海关厅是当时的商人法庭，用于解决各种商务纠纷。

TIPS
📍 C/Conde de Almodovar,4 Valencia ☎ 963-912-295 🕐 周二至周六10:00—14:00、16:30—20:30，周日10:00—15:00 ★★★★

52 火祭博物馆
欣赏火祭节上的人偶

　　火祭博物馆是收藏瓦伦西亚独特的火祭节中各种人偶的地方，这里记录着火祭节每年不同的主题，在馆内也可以买到各种相关的影片。这座博物馆内详细地介绍了各种人偶的制作方法，从古老的纸质人偶到现在各种新材料制作的人偶，应有尽有。火祭博物馆内收藏的人偶是从1930年到现在历年来参展的精品，每年的火祭节都有着不同的主题，参展的人偶也用各种方法表达出参展的内容。那些惟妙惟肖的人偶令人赞不绝口。这些人偶或者造型奇特、独具匠心，反映了制作者所赋予的内涵。火祭博物馆内还收藏着历年来的各种海报，这些制作精美的海报也是这个盛大节日上的一道美丽的风景线，从这些海报上游人们可以感受那喧嚣热烈的节日气氛。

TIPS
📍 Av de San José Artesano, 17, 46025 Valencia ☎ 963-525-478 🕐 周二至周六10:00—14:00、16:30—20:00，周日10:00—15:00 ★★★★

畅游欧洲 · 西班牙

53 帕尔马旧城
西班牙著名的旅游胜地

TIPS
 Palma old Town 934-121-287 ★★★★

古城帕尔马是马洛卡岛的首府,它的老城区建筑保存完好,是西班牙著名的旅游胜地。旧城中景点众多,神圣华贵的帕尔马大教堂是这里最具风采的景点。这里的街道狭窄,房屋拥挤,阳光从楼宇的夹缝中直射下来,倒是别有情趣。将旧城团团围住的城墙,是阿拉伯人统治时所建造的,也是那个时代所残存下来的见证物。帕尔马旧城布局紧凑,在狭小的区域内安放了众多的建筑,可谓麻雀虽小,五脏俱全。漫步在狭窄的小巷中,可以感受到这里独特的海岛风情,并游览这里的各种餐馆、商店与文化景点。这里商铺林立,西班牙和欧洲的一些知名品牌在这里都能找到,而且马洛卡独特的手工艺品商店更是旅游者们不可错过的地方。帕尔马旧城内还有许多酒吧、饭店,在那里可以品尝到原汁原味的西班牙海鲜饭和各种特色食品。

游览这座古城,除了在街上漫步外,还可以乘坐观光马车,在不到一个小时的时间里将这里的各种风情尽收眼底。

54 伊比萨
优美的自然风光和珍贵的人文历史遗迹

伊比萨岛是巴利阿里群岛中的第3大岛,最靠近西班牙本土,由于其地理位置重要,历史上一度饱受战火洗礼,腓尼基-迦太基人和阿拉伯人都曾经在此盘踞多年,从而在优美的自然风光之外,也给后世留下了许多珍贵的历史人文遗迹。

该岛的首府伊比萨位于岛的南部地区,拥有着4000座迦太基和古罗马时代的陵墓、收藏了大量腓尼基-迦太基文物的达特维拉区、文艺复兴时期修建的巨石门、以及阿拉伯人始建于6世纪的阿尔穆德纳城堡。

TIPS
巴利阿里群岛最东端 伊比萨市机场为国际机场,到欧洲各主要城市和西班牙各主要城市都有航线;同时伊比萨岛还与巴塞罗那、马约卡岛和梅诺卡岛之间有固定班次的渡轮,非常方便 ★★★★

55 古根海姆博物馆
世界上最美的博物馆

毕尔巴鄂的古根海姆博物馆建于1997年,甫一落成便以其优美的造型赢得了"一个奇迹"、"世界上最美的博物馆"这样的高度赞誉。博物馆占地约2.4万平方米,展览面积约1.1万平方米,外墙由质感对比鲜明的玻璃、钢和石灰岩构成,仿佛是由许多块扭曲的几何形体随意堆积而成,极富独特的艺术气质。馆内主要展出由古根海姆基金会所收藏的艺术品,尤以20世纪的现代派作品居多。一楼的画廊长约130米,宽30米,是世界上的最大画廊之一。

TIPS
 Abandoibarra Etorbidea, 248011 Bilbao 944-359-000 7.5欧元,专人导游10欧元,20人以上团体7欧元/人。有免费英语语音导览 10:00—20:00,每周一闭馆 ★★★★

56 塞维利亚大教堂
欧洲规模最大的哥特式教堂 赏

规模宏伟的塞维利亚大教堂，曾是塞维利亚清真寺，15世纪清真寺被拆毁后于原址上修建的塞维利亚大教堂曾是整个基督教世界最大的教堂，与梵蒂冈圣彼得大教堂、伦敦圣保罗大教堂一同被称为世界三大教堂。由5座哥特式殿堂组成的大教堂内有交叉甬道相互连接各教堂，其中主礼拜堂的祭坛浮雕描绘着基督生平的36个场景，费尔南多三世和阿方索十世父子都在这间礼拜堂内长眠。此外，哥伦布的灵柩1898年由古巴运回西班牙后也埋葬在此教堂中，石棺上雕刻有西班牙四古国——卡斯蒂尔、莱昂、纳瓦拉、阿拉贡的骑士抬起哥伦布灵柩的雕像。

TIPS
Avenida de la Constitución, S/N, 41001 Sevilla　954-214-971　14欧元　7月至8月9:30—16:00；其他时间周一至周六11:00—17:00，周日和节假日14:30—18:00；1月1日、1月6日、3月20日、3月22日、5月26日、8月15日、12月8日、12月25日不开放　在马德里阿托查火车站乘火车至塞维利亚，后乘车前往即可　★★★★★

57 塞维利亚王宫
欧洲最古老的王室宫殿 赏

塞维利亚王宫是欧洲最古老的王室宫殿，始建于1181年，持续营建时间长达500多年。曾先后作为伊斯兰教和天主教王宫，呈现出混合着各种风格的面貌。

佩德罗一世宫建于14世纪。由于当时的天主教国王佩德罗一世和格拉纳达的伊斯兰教国王关系很好，因而建造宫殿的工匠中既有来自托莱多的基督教工匠，也有参与了阿罕布拉宫建造的阿拉伯工匠。故在这座建筑中，可以同时看到哥特式建筑元素和伊斯兰黏土建筑风格，因而成为了穆德哈尔式建筑的典范，其中最华丽的是金碧辉煌的大使厅。此外，王宫中还有一座古罗马卫城、一座阿拉伯要塞和几座哥特建筑。卡洛斯五世宫、少女中庭、玩偶中庭、王宫花园等也都值得一看。

TIPS
Calle Judería, 41004 Sevilla　954-502-323　12欧元　周二至周六9:30—16:00，周日10:30—13:30，周一闭馆　在马德里阿托查火车站乘火车至塞维利亚，后乘车前往即可　★★★★★

58 皇家骑士俱乐部斗牛场 娱
西班牙最重要的斗牛场之一

TIPS
📍 Paseo de Cristóbal Colón, 12, 41001 Sevilla ☎ 954-224-577 💰 3欧元 🕐 10:00—13:30 🚶 在塞维利亚大教堂出发，向西步行约20分钟即达 ★★★★

皇家骑士俱乐部斗牛场位于塞维利亚最著名的斗牛区阿雷纳尔，是西班牙最重要的斗牛场之一，前后花了120年才建造完成，可容纳一万多名观众。

斗牛场建筑中最醒目的是富丽堂皇的半圆形拱廊和王子门，斗牛场对面有一座名为"雪茄厂女工卡门"的雕塑，是根据小说《卡门》中的经典形象创作。而根据梅里美和比才的作品，卡门就是在这里被何塞杀害的。

斗牛场附设的博物馆中陈列有塞维利亚斗牛的历史资料、斗牛士服装等，其中最值得一看的是毕加索亲笔作画的斗牛披肩。此外，斗牛场边的阿雷纳尔大道，在文学史上也占一席之地，是文学家维加笔下流浪汉小说中很多故事的发生地，传奇人物唐璜的故事也以这条大道为背景。

59 玛丽亚·路易莎公园 玩
塞维利亚规模最大的公园

玛丽亚·路易莎公园曾是西班牙公主玛丽亚·路易莎的宫殿花园，在1893年由巴黎布隆尼公园景观设计师Jean Forestier设计改造成为一座绿意盎然的城市公园，并以公主的名字命名。在1929年，玛丽亚·路易莎公园曾作为伊比利亚-拉丁美洲博览会的会场，现今则是塞维利亚规模最大的城市公园，吸引了众多游人在这里观光拍照。

TIPS
📍 Sin determinar Delimitado porlas Avenidas de Delicias, Portugal, María Luisay Borbollay Eritae ☎ 954-221-404 💰 免费 🕐 周三至周六9:00—20:00，周二15:00—20:00，周日及公众假期9:00—14:30，每周一闭馆 🚌 乘6、24、34、53、C-1和C-2路公交车即达 ★★★★

60 圣十字区 逛
古色古香的塞维利亚老城区

圣十字区亦称旧犹太区，位于塞维利亚的中心地带，原为其老城区，建筑及布局具有典型的安达卢西亚风格。自15世纪伊始，大量的西班牙贵族家庭迁居至此，建起了为数众多的华美宫殿和精致的宅第，齐聚在古王宫城墙的屏障保护之下。这里四周花团锦簇，院落幽静典雅，虽然在20世纪初几经重建，时至今日也依然保留着其古色古香的氛围。

塞维利亚一些重要的景点，例如塞维利亚大教堂、王宫以及西印度档案馆等，也都坐落在圣十字区中。

TIPS
📍 Barrio de Santa Cruz 🚌 乘21、22、23、25、26、30、31、33、34、40、41、42、C-3和C-4路公交车即达 ★★★★

61 意大利加
2000余年历史的古罗马城市 赏

意大利加是一座始建于公元前206年的古罗马城市，原为远征至此的古罗马侨民们的聚居地，其遗迹位于塞维利亚西南的圣地庞塞村。目前对外开放有包括圆形剧场在内的古城区的一部分。圆形剧场能够容纳约2.5万名观众，是当时古罗马帝国境内最大的剧场之一。

中世纪时，随着塞维利亚的兴起，大量的土木工程导致了建筑原料的短缺，意大利加许多古建筑的石材都被拆去建成了新的建筑，使得今天的古城四处都是残垣断壁，显得尤为凄凉。不过其残存的镶嵌画和雕塑大多安静地躺在当地的考古博物馆里，依然清晰可见，等待着好奇的游客们前往探望。

TIPS
📍Plaza del Triunfo, 2, 41004 Sevilla ☎954-210-212 🚌在Plaza de Armas站乘公交车即达 ★★★★

62 彼拉多之家
塞维利亚最精致的建筑 赏

彼拉多之家建于15—16世纪，是安达卢西亚总督的宅第，因为模仿了埃尔萨勒姆的彼拉多总督的住宅而得名。建筑风格深受意大利文艺复兴的影响。后改造成巴洛克、文艺复兴和阿拉伯风格的混合体，是塞维利亚最精致的建筑之一。

彼拉多之家掩藏在老城小巷中，不是很起眼。进门之后是个简单的小院，向右一转就会看见一扇铁艺门栏，走进去是个两层小楼围起来的天井，小喷泉在中间，石雕像在右上角。站在石雕像旁往回看，可以看见进来的铁艺门和外面的小院。院子里有一个小喷泉。回廊里的木门原来是彩色的，随着时光的推移，已经变得片片斑驳。回廊的一角，可以找到通向二楼的楼梯，二楼的墙壁则全是用马赛克装饰的。

TIPS
📍Plaza de Pilatos, 1, 41003 Sevilla ☎954-225-298 🕘9:00—19:00 🚆在马德里阿托查火车站乘火车至塞维利亚，后换乘公交车即可 ★★★★★

63 希拉达塔 赏
摩尔风格的高塔

毗邻塞维利亚大教堂的希拉达塔高98米，原为清真寺的宣礼塔，16世纪改建为教堂的钟楼，现今依旧可以在钟楼外墙上看到阿拉伯风格的网格装饰和马蹄形窗。此外，游人还可以顺着塔内的环形坡道登上70米高的瞭望台，一览塞维利亚的城市风光。

TIPS
📍Plaza Virgen de los Reyes Puerta del Lagarto S/n, 41001 Sevilla ☎954-214-971 💰14欧元 🕐7月至8月9:30—16:00；其他时间周一至周六11:00—17:00，周日和节假日14:30—18:00；1月1日、1月6日、3月20日、3月22日、5月26日、8月15日、12月8日、12月25日不开放 🚆在马德里阿托查火车站乘火车至塞维利亚，后乘车前往即可 ★★★★

64 塞维利亚美术馆 赏
西班牙第二大美术馆

塞维利亚美术馆位于塞维利亚旧城区北端，是西班牙除普拉多美术馆外规模第二大的美术馆，拥有大批西班牙艺术大师的作品。美术馆曾是建于17世纪的施恩会修道院，经过建筑师Juan de Oviedo改造后，在1838年作为塞维利亚博物馆对公众开放。拥有超过20间展览室的塞维利亚美术馆内主要收藏和展出中世纪至现代的西班牙画作，以慕里欧、雷亚尔等塞维利亚画派的作品为主，记录了塞维利亚画派的发展历史。

TIPS
📍Plaza del Museo, 9, 41001 Sevilla ☎954-220-790 🕐周二15:00—20:00，周三至周六9:00—20:00，周日9:00—14:00 🚆在马德里阿托查火车站乘火车至塞维利亚，后乘车前往即可 ★★★★★

65 神奇岛 玩
感受新大陆探险的惊险与刺激

位于瓜达尔基维尔河中卡尔图加岛上的神奇岛，是一座以大航海时代为背景的主题公园。总占地面积达到40万平方米的神奇岛共分为启程印第安纳之港、美洲之门、亚马逊河流域、海盗巢穴、不老泉和黄金之国六大主题区域。游人在神奇岛不仅可以一览16世纪塞维利亚的城市风光，还可以体验发现新大陆的艰辛和狂喜。

TIPS
📍Avenida Camino Los Descubrimientos, S/N, 41092 Sevilla ☎902-161-716 💰成人21欧元，儿童15欧元 ★★★★

66 科尔多瓦大清真寺
伊斯兰教文化与基督教文化并存的独特建筑

TIPS

📍 Plaza de Santa Catalina, 1, 14003 Cordoba ☎ 957-470-512 💰 成人8欧元，10~14岁儿童4欧元，10岁以下儿童免费。重要宗教节日期间免费 🕙 10:00—18:30，周日13:30—18:30 🚗 在马德里阿托查火车站乘火车至科尔多瓦，后乘公交车即达 ★★★★★

科尔多瓦大清真寺位于西班牙南部的古城科尔多瓦境内，始建于公元786年前后，后来经过多次扩建，到1236年时面积已经增大了2倍，充满了摩尔建筑与西班牙建筑的混合风格，且一次就可容纳近2万名信众，蔚为壮观。

16世纪初，西班牙人曾经试图将大清真寺改建成一座完全的文艺复兴式大教堂，所幸在饶具艺术修养的国王卡洛斯五世的及时制止之下，寺院的原貌基本得以保留，并由此而成为一座伊斯兰教文化与基督教文化并存的独特建筑。

67 科尔多瓦百花巷
色彩缤纷的古街巷

科尔多瓦的百花巷位于那座著名的大清真寺旁边，正如它的名字一样，街巷两侧的白色墙壁上总是装点着当季盛放的鲜花，令人如同置身于花的天堂之中。这里许多的私人住宅庭院都在当地的庭院节里获得过各类奖项，每年5月时还会打开大门供人们观赏品评，是远近驰名的一项盛事。

其实，由于历史上的百花巷属于犹太人的聚居地，街道一般修建得颇为狭窄和繁复，并且无一例外均采用瓷砖和栅栏装饰着各自的墙面和窗台，颇值得游客们仔细地探寻一番。

TIPS

📍 Calleja de las Flores,14002 Córdoba ☎ 957-202-928 💰 犹太教堂：0.3欧元；安达卢斯之家博物馆：2.5欧元 🕙 周二至周六9:30—14:00、15:30—17:30，周日9:30—13:30 🚗 在马德里阿托查火车站乘火车至科尔多瓦，后乘公交车即达 ★★★★

68 科尔多瓦天主教国王城堡
摩尔风格的天主教城堡

天主教国王城堡位于科尔多瓦城侧的哥多华瓜达基维尔河畔,这座古老的城堡是在14世纪西班牙人攻下科尔多瓦后,由当时的国王阿方索八世下令建造的。城堡内笔直的塔楼剑指蓝天,古老的城堡威严耸立着,让人回想起那金戈铁马的时代,斑驳的城墙上能够看到岁月流逝所带来的痕迹。天主教国王城堡一侧的花园则给这座充满阳刚色彩的地方带来一抹柔美的光环,这里的各色鲜花争奇斗艳、令人陶醉,清澈的水流在水渠中欢快地流淌着,直到从喷泉中蓬勃而出,水池中则有鲤鱼畅游其间。一棵棵繁茂的树木将这无限美景环绕其间,它们整齐地排列在水池的两侧,宛如正受检阅的士兵。一旁还有几棵参天巨树与远端的塔楼交相辉映。站在城堡顶部,游人们还能俯瞰科尔多瓦老城和周边的美好景色。

TIPS
Calle de las Caballerizas Reales, S/N, 14004 Cordoba　957-760-269　周二至周日10:00—14:00、17:30—19:30,周日9:30—14:30　在马德里阿托查火车站乘火车至科尔多瓦,后乘公交车即达　★★★★

69 安达卢斯博物馆
记录10世纪时安达卢西亚的生活风貌

气势雄伟的安达卢斯博物馆位于瓜达尔基维尔河南岸的加拉欧拉塔之中,是一处反映摩尔人统治时期科尔多瓦风貌的博物馆。这座博物馆用详实的资料反映了10世纪时期安达卢西亚地区的生活风貌,介绍了阿拉伯文明在西班牙传播的历史,并展现了伊斯兰文明所拥有的独特风采。博物馆内最著名的展品是科尔多瓦大清真寺的全景复原模型,俯瞰这座模型能够看到按比例缩小的各种人物与物品,实际上是比现在的大清真寺更加宏伟。大清真寺的模型里有坐在庭院里聊天的妇女,也有在房间里祷告的青年,他们的表情栩栩如生,而各种栏杆支柱也把阿拉伯建筑的风采展现得淋漓尽致,令人赞叹不已。建于14世纪的加拉欧拉塔原是科尔多瓦的重要军事要塞,现在则是展示古城各种文明的地方,也是纪念伊斯兰教、基督教、犹太教这三种宗教在这里的发展历史。

TIPS
Bajada del Puente, 2, 14009　954-220-790　★★★★

70 麦地那-阿沙哈拉宫
倭马亚王朝的王宫 赏

麦地那-阿沙哈拉宫是倭马亚王朝的王宫，后来被北非的柏柏尔人摧毁，现在只剩下一片片遗迹供人凭吊。这座长方形的王宫是一组依山而建的宏大建筑群，宫内外诸多华美的雕塑具有鲜明的阿拉伯风格，目前所发掘出的大片残垣还不到当年全盛时期的五分之一，不愧是中世纪的三大阿拉伯王宫之一。这座王宫分为三层，每一层都被由巨石砌成的墙分隔而开，宫殿的主体位于山丘顶部，被花团锦簇、绿树成荫的各种花坛、苗圃所包围，最外层则是官员与平民所居住的地方，倭马亚王朝的御用大清真寺也在这里。王宫内的阿拉伯式宫门仍保持着当年的金碧辉煌，各种精美方形廊柱也令人啧啧称奇，而错综复杂的屋墙断壁则是这里特有的景致。阿沙哈拉宫的大厅基本上已经被复原，充满了精美的壁画和令人眼花缭乱的各种雕刻，在这里能够遥想当年倭马亚王朝的盛况。

TIPS

Medina Azahara 14005, Córdoba 954-220-790 ★★★★

71 格拉纳达阿罕布拉宫
伊斯兰王国的宫殿 赏

坐落在格拉纳达城东山丘上的阿罕布拉宫，是奈斯尔王朝的王宫，也是世界文化遗产。这组庞大而华美的建筑群被巨大的城墙所包围着，而那一座座雄伟的城楼则是安全的保障。王宫的核心建筑是气势雄伟的阿罕布拉城堡，它是国王所居住的宫殿，由两处宽阔的长方形庭院与诸多各有特色的宫室组成。桃金娘宫院因四周布满了繁茂的桃金娘树而得名，巨大水池由大理石铺砌而成，周边建筑倒映在水中，那些纤巧的立柱、优雅的拱券，以及回廊外墙上精致的传统格状图案，与静谧而清澈的池水交相辉映，使人恍如处于漂浮空灵的圣地之中，四周的墙壁上则绘满了色彩艳丽的几何形图案，走廊上有不可胜数的圆形廊柱，上面有着精心打造而成的雕刻。大使厅是国王会见来宾的地方，这里的星状彩色天花板和拱形窗户都是不可多得的精品。狮子厅是苏丹一家生活的地方，这里被由大理石圆柱支撑的走廊所环绕，中心处则是由12只强劲有力的白色大理石狮所托起的大喷泉。

TIPS

Avenida de Medina Azahara, 42, 14005 Granada 902-441-221 3月至10月8:30—20:00、22:00—23:30；11月至次年2月8:30—18:00，20:00—21:30 在马德里查马丁或阿托查火车站乘火车至格拉纳达，后换乘公交车即达 ★★★★★

72 格拉纳达大教堂
建筑艺术的大拼盘

位于卡门广场的格拉纳达大教堂是由摩尔人统治时期的清真寺的地基改建而来的，建造时间长达200年之久。有趣的是这座教堂的设计样本是哥特式，结果在中途改为了文艺复兴式，故被誉为"建筑艺术的大拼盘"。这座教堂气势宏伟的正门由3个巨大的拱形组成，走入圆顶高达45米的中央礼拜堂，会被这里的神圣氛围所震撼，阳光从顶部镶嵌彩绘玻璃的窗户照射进来，装饰华丽、形态优美，巨大的双管风琴则会奏响那空灵无比的圣歌。中央礼拜堂中那一根根巨大的支柱朴素简洁，顶端是弧形的拱门，远远望去很有宁静幽深的感觉。教堂内还有许多装饰华美的小礼拜堂，里面的香烛照亮了墙壁上那些精彩的壁画。教堂四角处则有哥特式的尖塔，它们剑指蓝天，展现出自己独特的魅力。珍宝馆内收藏的都是知名艺术家的杰出作品，这些精美的图画大都是以宗教为题材，具有极强的神圣感与渲染力。

TIPS
Catedral de Granada, Plaza de las Pasiegas, 18001 Granada　958-222-959　免费　10:45—13:30, 16:00—20:00　在马德里查马丁或阿托查火车站乘火车至格拉纳达，后换乘公交车即达　★★★★

73 王室陵寝
西班牙双王的安眠之处

TIPS
Calle Oficios, 1, 18001 Granada　958-227-848　在马德里查马丁或阿托查火车站乘火车至格拉纳达，后换乘公交车即达　★★★★

王室陵寝是埋葬阿拉贡王国的国王费尔南多与卡斯蒂亚王国的女王伊莎贝尔的地方，他们的结合为统一的西班牙王国奠定了基础。这座古老的建筑采用了当时流行的哥特式风格，典雅肃穆，是由费尔南多本人亲自监督建造的。大厅被称为"王室礼拜堂"，两位国王被并排在位于地下室的大理石棺椁中，石棺的四周绘满了精美的雕刻，它们风格相近却又各不相同，这些微妙的细节体现了这对夫妻异同之处。石棺的下部是惟妙惟肖的石狮，意味着他们作为人间君王的权势，四周那些环绕着的天使，则是他们虔诚信仰的象征，而灵柩上方则有一组为他们记述功德的大型浮雕，其中有一块碑文记述了他们打败阿拉伯人、统一西班牙的丰功伟绩。王室陵寝内还埋葬着他们的女儿乔安娜公主及其夫法国菲利普亲王。富丽堂皇的圣器收藏室内展示的是这对夫妻所收藏的精美浮雕、塑像和油画，其中有一幅描绘的是他们初次相见时的情形，画得惟妙惟肖，是这里的珍品。

74 圣山
欣赏弗拉门戈舞

圣山修道院是格拉纳达郊区著名的景点，它建于瓦尔帕莱索山之上，是埋葬基督教圣人遗骨的地方。此外，这座修道院内还埋葬着格拉纳达的第一任大主教，同时也是这座城市的守护神——圣凯基利乌斯。现今的圣山则是游人欣赏弗拉门戈舞的绝佳场所，不同于塞维利亚的舞者在中庭为游人表演，在圣山的舞者是在如蜂巢般的洞穴中为游人表演——狭窄的洞穴中舞者、乐师和观众相互围在一起，气氛更加热烈。

TIPS
 Calle ángel Ganivet, 6, 18009 Granada
958-225-599　在马德里查马丁或阿托查火车站乘火车至格拉纳达，后换乘公交车至阿尔拜辛区东部即可 ★★★★

75 加的斯
西欧最古老的城市之一

TIPS
 西班牙加的斯市 ★★★★

三面环海的加的斯是西欧最古老的城市之一，也是西班牙重要的海港。这里遍布着诸多人文景点，又有卓越的自然风光。大教堂是这里的标志性建筑物，它是一座以巴洛克式建筑风格为基础，又综合了洛可可与新古典式风格的大教堂，宏伟的气势令人叹为观止。教堂内部装饰着精美的雕刻与各种风格的绘画。市政府与加的斯大剧院是老城中的两座各有特色的建筑。塔维拉塔是加的斯沿海地区诸多现存的瞭望塔中最高的一座，在这里不但能看到远方波澜壮阔的海景，还能通过针孔投影的原理看到老城的全貌。古老的城墙代表着加的斯的辉煌过去，而跨越加的斯湾的高压电线架则是加的斯的今日成就，这两座极具现代工业美感的高大建筑雄伟壮观。位于加的斯老城区的卡莱塔沙滩是最受游客欢迎的沙滩，轻柔的海浪拍打着金色的沙滩，两侧的古堡则给这里增添了一抹神秘的色彩。维多利亚沙滩是享受海洋运动与日光浴的好地方，每年的2月这里会举行著名的狂欢节，届时在脸上绘制各种幽默图案的人们会用精彩的表演展示自己那丰富的想象力。

76 马拉加
阳光明媚的西班牙港口城市

TIPS
🏠 西班牙马拉加市　☎ 952-122-020　🚄 从马德里乘火车或飞机即达　★★★★

以明媚的阳光著称的马拉加是西班牙著名的港口城市，这里的沙滩、海岸等自然景观都是令人沉醉的地方。马拉加是大艺术家毕加索的故乡，位于市中心的毕加索纪念馆是按照这位大师出生时的环境来摆放物品的，这里还有许多大师曾用过的物品。毕加索博物馆则是全面纪念画家生平的地方，这里拥有大师各个时期的代表作，这些精美的绘画能够表现大师个人情感世界和探索风格转换的作品。漫步在马拉加旧城区中那些纵横交错的小巷里，可以看到富有安达卢西亚民间特色的物品和品尝当地的风味小吃，除了名产葡萄干和葡萄甜酒外，还有如维多利亚醋鱼、什锦炸鱼、鲜烤沙丁鱼等做法独特的小吃。历经风雨的阿尔卡萨瓦的穆斯林城堡记录着这里的历史，希布拉尔法罗山脚下的希腊剧场则是这里著名的露天剧场。

马拉加的海岸平缓，是一个舒适悠闲的场所，钴蓝的天空与平静湛蓝的海面遥相呼应，远端那积雪的山峰更给这里带来了无限空灵的感觉。

77 米哈斯
浪漫的白色山城

TIPS
🏠 西班牙米哈斯市　☎ 952-589-034　🚌 在马拉加乘长途车可直达米哈斯　★★★★

米哈斯是一个充满了浪漫氛围的小城，这里独特的白色建筑安静而悠闲地矗立在地中海之滨。这座小城坐落在山丘之上，被茂密的丛林包围，远端则是波澜壮阔的地中海。米哈斯的小巷蜿蜒崎岖，红瓦白墙的小屋在耀眼的阳光下闪闪发亮，蓝色的窗台上放满了正在绽放着的各色鲜花。米哈斯最独特的地方是这里的斗牛场，因为它是西班牙唯一一座全年开放的斗牛场，在这里人们可以尽情地感受斗牛这项运动带来的激情与魅力。山丘上佩尔圣母礼拜堂供奉着小镇的守护圣母佩尔圣母像，至今仍保持着过去的样貌。米哈斯又是一个悠闲的地方，马车是这里最重要的交通工具，而随处可见的街头酒吧、咖啡馆则是感受小城魅力的最佳场所。来到这个充满往日风情的地方，可以悠然自得，把一切烦扰置之脑后。

78 隆达
典型的西班牙白色小镇

TIPS
西班牙隆达市　952-187-119　在米哈斯乘长途车至马贝亚，后换乘开往隆达的公交车即可 ★★★★

位于险峻山谷间的小城隆达是一个典型的西班牙白色小镇，险峻的地势让这里拥有一种独特的魅力，宛如一束兰花绽放在这空谷之中。高达百余米的山谷大桥雄伟壮丽，它横跨将隆达一分为二的Guada-levín河，桥身上装饰的花纹具有浓郁的阿拉伯特色，它是小城与外界的交通要道，也是这里最著名的景点。大桥两侧是幽深的峡谷，奇险之处令人啧啧称奇，大桥的桥洞形状像清真寺的圆顶，给这里带来了一抹异域风情。位于市中心的托罗斯德隆达广场历史悠久，这里的斗牛场是西班牙最早的斗牛场。小城的许多房屋坐落在狭窄的谷地上，别有一番难以言喻的魅力。每当夕阳西下漫步在小城街头，看着周围那些静静矗立的房屋，仿佛是一朵清新淡雅的野花盛开在这绿色的山谷间。这里还是海明威名著《丧钟为谁而鸣》的重要场景地。

79 赫雷斯
雪利酒和骏马的故乡

TIPS
西班牙赫雷斯市　956-341-711　从隆达乘长途车可直达赫雷斯 ★★★★

赫雷斯是西班牙重要的马术基地，这里也是著名的旅游城市。赫雷斯马是赫赫有名的混血马，在这里的马场可以尽情享受自由驰骋的感觉，而皇家安达卢西亚马术学校则是欣赏精彩马术表演的绝佳地点。赫雷斯还是热情洋溢的弗拉门戈音乐之都，这种歌舞一体的混合艺术代表了安达卢西亚人民所拥有的激情与魅力。这里的人们会一边品尝本地出产的樱桃、葡萄等美酒，一边欣赏着动人的旋律与优美的舞姿，而冷杏仁汤等名菜也是酒桌上必不可少的美食。古老的伊斯兰王宫是这里历史最悠久的建筑，也是这里的标志性景点。赫雷斯大教堂是综合了多种建筑艺术风格的华美楼宇，而考古博物馆则展示了赫雷斯悠久的历史，里面有来自于古罗马时期西哥特王国的物品。赫雷斯的摩托车赛道是著名的赛车运动场地，这里独特的赛道使它成为了最受欢迎的比赛场地。

畅游欧洲 — 西班牙

80 梅里达
西班牙最美丽的古罗马式城市之一 逛

有着2000多年历史的古城梅里达是西班牙最美丽的古罗马式城市之一，这里曾经作为古罗马行政区路西塔尼亚的首府，当时是整个罗马帝国中数一数二的大城。如今这里已经成为西班牙埃斯特雷马都拉地区的首府，虽历经数千年还保留着很多古罗马时代的遗迹，除了已经被发现的之外，地下还埋藏着许多不为人知的古迹和文物，整个城市也因此被列入世界文化遗产名录。

在古迹中最引人注目的当属古罗马剧场和旁边的古罗马圆形竞技场。它们都是建造于2000多年前，古罗马剧场建于公元前15年，古罗马圆形竞技场完工于8年之后。古罗马剧场在当时能容纳6000多名观众同时观看，依山坡而建的3层座位呈阶梯状排列，位置的不同可以说明当时人们等级分明的社会地位。在阶梯座位前有半圆形合唱团席，舞台背后的壁墙上有精美的石柱和雕像，是整座建筑的精华。古罗马圆形竞技场位于古罗马剧院的对面，可容纳1.4万多名观众，当年主要的表演项目是场地中央椭圆形沙场中的角斗士和斗兽。这两个地方每年夏天都会举办西班牙最重要的戏剧节——梅里达古典戏剧节。

除此之外，梅里达还有古罗马艺术博物馆、奇迹水道桥、罗马桥、凯旋门、西班牙广场、月神庙等诸多古迹。

TIPS
🏠 西班牙西南部　☎ 924-009-730　🚌 在塞维利亚乘长途巴士即达 ★★★★

---

81 卡萨雷斯
城墙环绕的中世纪古城 逛

和梅里达等古城同样有2000多年历史的卡萨雷斯，建造于古罗马帝国开发白银之路后，现在整个城市周围还由3~4世纪的古城墙所包围着，13世纪时阿拉伯人更是借此建立了更加坚固的防线。虽经过上千年的变迁，不过这些城墙依旧如同坚实的壁垒保护着卡萨雷斯，也保护了城内众多中世纪风格的豪宅，使这里成为西班牙第一座古迹城市。

现在的卡萨雷斯，历经沧桑的旧城和现代化的新城被城墙隔开。面对着主广场的星辰拱门是旧城的最主要出入口，也是卡萨雷斯的标志性建筑。星辰拱门建于18世纪初，是一个丘里格拉风格的砖石建筑，正上方有圣母雕像。沿拱门进入旧城中心后就可以看见卡萨雷斯最重要的景点——圣母广场。广场边耸立的圣母联合大教堂是广场上最高的建筑，融合了哥特式和文艺复兴的建筑特色，建造时间跨越了4个世纪。

卡萨雷斯最著名的是这里经过几百年的修建，融合了罗马、伊斯兰、文艺复兴等多种风格的古建筑，每条巷道两侧都有各式各样的豪宅和府邸，如主教宫、奥万多之家、卡瓦扬宫、圣马特奥教堂、白鹳之家等。如果想观赏古宅内部，还可以去卡萨雷斯博物馆等地参观。

TIPS
🏠 西班牙西南部　☎ 927-010-834　🚌 在梅里达乘火车或者长途车均可到达 ★★★★

82 青琼
古朴的西班牙风情小镇

逛

TIPS

📍马德里郊区ZONA C1地区　☎918-935-323
🚌在马德里Estacion de Auto-Res车站乘长途车即达　★★★★

青琼位于马德里郊区，距离马德里只有不到一小时的车程，是典型的西班牙风格小镇，至今仍然保留着几百年前的古朴风貌，如同遗世独立的理想国一般过着自己平静而淳朴的生活。在这里能够看到僻静的小巷、古朴的木门、精细的木阳台、古老贵族的家族纹饰等西班牙的原生态景色。现在这里已经被列为景观保护区，吸引了很多游客前来观光。

青琼过去曾经因茴香酒而出名，很多马德里人都喜欢周末到青琼的小酒馆品尝茴香酒和当地小吃，度过一天悠闲的时光。这里有著名的酒窖餐厅，整个餐厅都是由一个酒窖改建而成，现在在餐厅中还能看到百年前的酿酒工具。青琼最热闹的城镇中心是大广场，与其他地方的广场不同，这里的大广场地面没有铺设砂石，在斗牛季节，只要封住四周出口就成了天然的斗牛场。除此之外，宫殿广场、国营旅馆等也都是值得游览的景点。

83 圣地亚哥
天主教的圣地之一

逛

TIPS

📍西班牙西北部　☎981-555-129　🚌在潘普洛纳或布尔戈斯乘火车即达　★★★★

圣地亚哥朝圣之路可以说是欧洲第一条文化之路，这条路上最核心的圣地就是圣地亚哥，9世纪时在圣地亚哥发现圣雅各遗骨，使这里成为天主教三大朝圣地之一，圣地亚哥的名字也是从圣雅各而来。几百年来，成千上万的天主教信徒从法国出发，翻越比利牛斯山脉，经过潘普洛纳、布尔戈斯、莱昂等城镇，来到圣地亚哥朝圣。

圣地亚哥作为天主教圣地，最高大的建筑就是建造于1188年的大教堂，在充满罗马风格的荣耀之门上，雕刻着栩栩如生的圣经故事浮雕。教堂中的圣雅各石头坟墓，还供奉着圣雅各的遗骨，这是天主教徒朝圣必须要朝拜的。在大教堂主门廊的大理石柱上，有马太大师创作的巨大石雕像，游客们在这里都会把右手放在石柱上，以示对圣徒的崇敬和祈求宠爱，经过数百年，石柱的厚度已经被抹去十几毫米。教堂所在的大广场上还有秀丽的喷泉，广场以南的老城区由数条长街组成，街上长廊里有很多西班牙风格的拱门、酒馆、餐厅等。

84 孔塞格拉 赏
堂吉诃德大战风车的地方

TIPS
马德里南部　925-475-731　在托雷多乘巴士即达
★★★★

孔塞格拉最具代表性的景观，是在一片漫无边际的红土平原上矗立着的一座座白色风车，在湛蓝天空下缓缓旋转着，在塞万提斯的旷世名作《堂吉诃德》中，那个疯狂的骑士堂吉诃德也是在这里和他幻想中的风车怪物大战一场，因而吸引了众多慕名而来的游人。现今的孔塞格拉共有11座大小规模不一的风车，风车一旁傲然而立的堂吉诃德骑士雕像也与这些白色的风车一同成为孔塞格拉的标志景观。

85 昆卡大教堂 赏
气势宏伟的哥特式教堂

始建于12世纪的昆卡大教堂毗邻昆卡主广场。作为西班牙知名的大教堂之一，昆卡大教堂曾是一座精美的巴洛克式建筑，在20世纪初意外崩塌后才重建为今日的哥特式风格，同时昆卡大教堂还是西班牙众多教堂之中唯一一座受到英国诺曼式风格影响的教堂。昆卡大教堂内拥有20座礼拜堂，藏有大量精美的宗教艺术品，吸引了众多游人慕名而来。

TIPS
Plaza Mayor, S/N, 16001 Cuenca　969-224-626
免费　夏天：9:30—14:00, 16:30—19:30；冬天：9:30—14:00, 16:00—18:00　在马德里阿托查火车站乘火车即达　★★★★

86 潘普洛纳 逛
圣地亚哥朝圣之路上的重镇

潘普洛纳从中世纪起就是圣地亚哥朝圣之路上的重镇，又因为海明威《太阳依旧升起》当中的描写广为世人所知，在斗牛场的大门口还有海明威的雕像。潘普洛纳位于比利牛斯山区，传说始建于9世纪，至今仍然保留着很多中世纪时的建筑，有数百年传统的奔牛节更是这里最著名的节庆活动。

一年一度的奔牛节是潘普洛纳最盛大的活动，正式名称为圣费尔明节，圣费尔明是西班牙东北部富裕的纳瓦拉省省会潘普洛纳市的保护神。奔牛节开始于1924年，每年7月都会在潘普洛纳的街巷中举行。奔牛节的起源与西班牙的斗牛传统有关，传说是17世纪时因人们无法把牛赶到斗牛场，于是就激怒公牛，让公牛沿着街巷跑到斗牛场。现在潘普洛纳旧城区的奔牛之路其实只是一条狭窄的石板路，在奔牛时，上万人挤满街道，愤怒的公牛在人群中狂奔，险象环生，从1924年到现在已经有几百人受伤、15人丧生，但是人们还是乐此不疲。奔牛结束后，人们会聚集在广场和街道，进行持续七天七夜的欢庆活动。

TIPS
西班牙东北部　在马德里乘坐火车即达
★★★★

87 贝壳湾
西班牙十大度假海滩之首 玩

因形状如同贝壳而得名的贝壳湾以其湛蓝的海水、平缓的沙滩、宁静的气氛和便利的生活设施而位居西班牙十大度假海滩之首,每年夏天英国和法国的游客都会来到这里休闲度假。据说伊丽莎白一世女王生病时,医生建议她洗海水浴,于是女王选择了贝壳湾疗养并很快痊愈,因而贝壳湾名声大噪,成为无数人度假的首选。一年一度的圣塞巴斯蒂安电影节大奖也因此被称为"金壳奖"。

TIPS
🏠 Place page Paseo de la Concha 20007 Donostia ✪★★★★

88 库尔萨尔文化中心
圣塞巴斯蒂安国际电影节的举办地 娱

作为一年一度圣塞巴斯蒂安国际电影节的举办地,库尔萨尔文化中心是一幢拥有两座方正的玻璃幕墙、外观充满现代元素的建筑。库尔萨尔文化中心在阳光照耀下宛若水晶宫一般晶莹透明,而在夜晚则依靠建筑周围变幻迷离的灯光制造出璀璨夺目的效果,是圣塞巴斯蒂安的城市标志之一。

TIPS
🏠 Avenida de Zurriola 1 San Sebastián ☎943-003-000 ✪★★★★

89 加那利群岛
北非风情的西班牙离岛 赏

位于大西洋中的加那利群岛由7座大小不一的岛屿组成,距离西班牙本土1100公里,距离北非海岸却只有100公里。从撒哈拉沙漠吹来的热风在常年经过加那利群岛的同时,也为这里带来温暖的气候。婆娑摇曳的棕榈树和迷人的沙滩都使这里成为欧洲最热门的冬季度假胜地。

TIPS
🏠 大西洋中距离北非海岸100公里 ✈在马德里机场乘航班飞往加那利群岛的大加岛机场;或乘Fred公司的轮渡亦可前往 ✪★★★★

畅游欧洲 | 西班牙

EUROPE GUIDE

EUROPE

畅游欧洲 ❺

意大利

位于欧洲南部的意大利地处亚平宁半岛上,狭长的形状宛若一只长筒靴。作为古代罗马帝国的发祥地,意大利在14—15世纪曾经空前繁荣,被誉为"欧洲文艺复兴的摇篮"。意大利的首都罗马从8世纪开始就是天主教世界的中心,其他著名的城市有米兰、威尼斯、佛罗伦萨、那不勒斯、都灵、热那亚、巴勒莫等。意大利南北风光截然不同:北部的阿尔卑斯山区终年积雪、风姿绰约;南部的西西里岛阳光充足而又清爽宜人。一年四季,意大利的任何角落,都不会令人失望。

打开意大利！

❶ 印象

位于欧洲南部的意大利地处亚平宁半岛上，狭长的形状宛若一只长筒靴。作为古代罗马帝国的发祥地，意大利在14～15世纪曾经空前繁荣，被誉为"欧洲文艺复兴的摇篮"。意大利的首都罗马从8世纪开始就是天主教世界的中心，其他著名的城市有米兰、威尼斯、佛罗伦萨、那不勒斯、都灵、热那亚、巴勒莫等。意大利南北风光截然不同：北部的阿尔卑斯山区终年积雪、风姿绰约；南部的西西里岛阳光充足而又清爽宜人。一年四季，意大利的任何角落，都不会令人失望。

❷ 地理

位于欧洲南部的意大利主要由亚平宁半岛和两个位于地中海中的大岛（西西里岛和萨丁岛）组成，国土面积约为30万平方千米。意大利全境4/5为丘陵地带，北部有阿尔卑斯山脉，中部有亚平宁山脉。意、法边境的勃朗峰海拔4810米，是欧洲第二高峰。亚平宁半岛西侧的

维苏威火山和西西里岛上的埃特纳火山是欧洲闻名的火山，其中埃特纳火山是欧洲最大的活火山。发源于阿尔卑斯山南坡的波河是意大利最长的河流，较大湖泊有加尔达湖、马焦雷湖和科摩湖。

5 人口、国花、国石

意大利约有人口6011万，意大利国花为雏菊，国石为珊瑚。

3 气候

意大利大部分地区属亚热带地中海气候，年平均气温1月为2～10℃，7月为23～26℃，年平均降水量500～1000毫米。

4 区划

意大利全国划分为皮埃蒙特、瓦莱达奥斯塔、伦巴第、特伦蒂诺上阿迪杰、威尼托、弗留利-威尼斯朱利亚、利古里亚、艾米利亚-罗马涅、托斯卡纳、翁布里亚、拉齐奥、马尔凯、阿布鲁齐、莫利塞、坎帕尼亚、普利亚、巴西利卡塔、卡拉布里亚、西西里岛、撒丁岛共20个行政区。

6 航空

罗马港和米兰港是意大利的主要国际航空港，每天有来自全世界各个国家的航班起落，通常是境外游客计划意大利行程的起点和终点。由于意大利地形狭长，游客在意大利境内跨越南北全境的旅行乘飞机最为方便。意大利的国内航线主要由Alitalia航空、Aerotrasporti Italiani航空、Alialia航空经营，罗马、米兰、热那亚、威尼斯、撒丁岛、那不勒斯等各大城市均有机场。

7 铁路

意大利铁路网是欧洲铁路网的一部分。到欧洲各主要都市的国际特快列车，包括欧洲城市特快、欧洲夜车、国际高速列车，在意大利的主要停靠站有罗马、米兰、威尼斯、佛罗伦萨等。意大利国内的列车误点率很高，意大利南部的列车速度也比北部慢。

⑧ 公路

意大利的公路状况良好，长途汽车站通常位于市中心交通最方便的地方，游客在意大利旅行可以选择搭乘城市间的长途公交车——虽然舒适性、速度和时间上相比火车和飞机有很大差距，但频繁的班次和便宜的票价颇适合背包客短途及在城市周边游玩。

⑨ 水运

地处亚平宁半岛上的意大利三面环海，水运发达，除前往意大利国内的西西里岛、撒丁岛等周边岛屿外，还有连接意大利和希腊之间的航线，可体验在地中海航线游览的乐趣。游客持欧洲火车通行证搭乘意大利—希腊航线船舶，只需要支付6欧元的入港税，使用客舱也可享有25%的优惠。

⑩ 意大利美食

意大利菜以原汁原味、简单质朴为特色，烹调以炒、煎、炸、烩等方法见长，而且地域性较强，从南到北分为多个风格迥异的地方菜系。意大利套菜的顺序第一道是汤、面类，第二道是肉、鱼等主菜，第三道是沙拉、蔬菜等，最后是水果、冰淇淋、咖啡。饮料以葡萄酒为代表。意大利闻名于世的风味美食是比萨饼、面条和通心粉，起源于中世纪末的意大利面分为线形、颗粒、空心和花式几大类，每种面还配有不同的调料汁酱。这些味道香浓、品种繁多的酱汁也为意大利面增色不少。作为意大利重要的日常食品，意大利面包分为软式和硬式两种：软式的有牛奶卷、蜂蜜面包、优格面包、玉米面包、香蕉面包等；硬式面包中，除了面粉外，还多加了麦麸、裸麦、燕麦、玉米粉，做出来的高

纤面包拿来当主食佐餐，尤其能够显现出其健康风味。

毗邻亚得里亚海的威尼斯肴将海鲜和陆地菜绝妙地协调起来，是品尝鱼虾风味菜的绝佳地。特色菜有被当地人称为"安提帕斯托"的扇贝螃蟹沙拉、海鲜与帕达拿平原大米合制的杰作——Risottonero意式茄汁烩肉饭、醋渍沙丁鱼、西红柿填馅、蛤仔意大利面等。此外，作为美味葡萄酒的产地，威尼斯的红白葡萄酒都非常有名。

11 意大利购物

历史悠久的罗马是一座世界闻名的旅游都市，在罗马可以购买到皮具、文具、瓷器、儿童商品和宗教工艺品等特色商品作为馈赠家人亲朋的礼物。意大利第二大城市米兰是一座不亚于巴黎的时尚之都，精品区内汇集了几乎所有的意大利知名品牌的旗舰店，Giorgio Armani、Prada、Gucci、Versace、D & G等都可以在这里寻觅到，此外还有大量充满个性的精致服装和饰品。美丽的威尼斯可以购买到精美的玻璃制品和手工细致的蕾丝花边，以及最受各国游客欢迎的狂欢节面具等纪念品。而佛罗伦萨的金银工艺店大多历史悠久，可以买到做工精美的首饰。

12 意大利娱乐

永恒之城罗马拥有众多历史悠久的文化节目，如戏剧、电影、歌剧、音乐等。每年都有不少节目在公园、花园和教堂的庭院里上演，各种专题的文化活动也应有尽有，如古典乐和爵士。夜幕降临后，罗马的俱乐部和各式夜总会则带给这座古老城市前卫现代的娱乐气氛。时尚之都米兰拥有世界上最著名的斯卡拉歌剧院，这里从古典歌剧到现代作品的节目种类繁多，夏天则举办音乐会或者上演芭蕾表演。娱乐色彩浓厚的威尼斯狂欢节是意大利最有名的节日之一，而一年一度的威尼斯电影节则汇集了众多大牌明星和导演，吸引了全世界影迷的目光。意甲联赛作为中国最早转播的欧洲足球联赛之一，在中国拥有众多支持者，AC米兰与国际米兰、罗马与拉齐奥的同城德比都会点燃整座城市的激情，热烈的场面也感染了众多身在意大利的游客。

01 罗马圆形竞技场 赏
古罗马的荣耀象征

"何时有Colosseo，何时就有罗马，当Colosseo倒塌之时，也是罗马灭亡之日。"

建于公元72年的罗马圆形竞技场曾是尼禄的黄金宫，从建成的那一天起，圆形竞技场就是罗马的象征与标志。竞技场的看台用3层混凝土制的筒形拱上，每层80个拱，形成3圈不同高度的环形圈，最上层则是约50米高的实墙。看台逐层向后退，形成阶梯式坡度。每层的80个拱形成了80个开口，最上面两层则有80个窗洞，观众们入场时可以按照自己座位的编号，首先找到自己应从哪个底层拱门入场，然后再沿着楼梯找到自己所在的区域，最后找到自己的位置。直到公元608年，可容纳9万观众的圆形竞技场依旧用于角斗和斗兽表演，直到中世纪时被改建成为一座城堡。现今的圆形竞技场地处罗马市中心东南部，游人站在空旷的竞技场内依旧可以听到2000年前疯狂的观众地动山摇般的呐喊，感受那个庞大帝国的光辉历史。

TIPS
🏛 Piazza del Colosseo ☎ 06-3996-7700 🎫 成人13.50欧元，优惠票8欧元（2天有效，可参观帕拉迪欧博物馆、古罗马遗迹区） 🕐 周一至周日9:00～19:30(冬季至16:30) 🚇 乘地铁B线至Colosseo站，依Colosseo指标走出地铁站就会看到竞技场 ⭐★★★★★

02 古罗马广场 逛
古罗马时代的城市中心

古罗马广场曾经是罗马时代市民生活的中心，周围散落着神殿、元老院、公共演讲台、交易进行所等古罗马建筑的遗迹，即使在2000多年后的今天依旧可以感受到古罗马当时的辉煌与壮观。毗邻古罗马广场的神圣大道曾经是军队凯旋游行经过，并接受道路两旁市民欢呼的道路。其沿途会经过3座宏伟的凯旋门，其中规模最大的君士坦丁凯旋门更是体验古罗马魅力的绝佳场所。顺着神圣大道走，右边是一座圆形的小神殿，这是火神维斯塔的神殿，据说这座神殿中燃烧着的是象征罗马生命不息的圣火。

TIPS
🏛 Via del Fori Imperiali ☎ 06-6990-110；06-3600-4399 🎫 持竞技场联票入场（13.50欧元） 🕐 周一至周日8:30—17:30 🚇 乘地铁B线至Colosseo站，过马路到竞技场即达 ⭐★★★★★

03 西班牙广场 逛
罗马文化、旅游的中心地带

西班牙广场从17~18世纪以来，一直是罗马文化和旅游的中心地带，也是艺术家们汇集的地段。

不少艺术家就住在马尔古塔大街和巴布伊诺大街，这两条街上有很多古玩店和艺术画廊。西班牙台阶是电影《罗马假日》的外景地，十分有名。台阶上有很多画像的和卖鲜花的小摊。在台阶上坐下来，自然就有一种明快、悠闲气氛。台阶前的"破船喷泉"前面总是有人在弹吉他或拍照，一片热闹景象。该喷泉是由巴洛克大师贝尼尼的父亲彼得(Pietro)改建的。彼得将原喷泉的外围制成了一条破破的船，半淹在水池中，喷泉的水于是先流入破船，再从船的四边慢慢溢出，成了西班牙广场观赏的重点之一。夏天时，除了西班牙广场会坐满人外，破船喷泉旁也常是朋友互约的地点。

TIPS
🏛 Piazza di Spagna 🎫 免费 🕐 全天开放 🚇 乘地铁A线至Spagna站，往Spagna出口走，步行约2分钟即达 ⭐★★★★

04 纳沃那广场 逛
罗马最华丽的广场之一

TIPS
📍 Piazza Navona　💰 免费　🕐 全天开放　🚌 乘70、81、90、492路公交车至Corso di Rinascimento
⭐⭐⭐⭐⭐

纳沃那广场是罗马最华丽的广场之一，建于多米奇亚诺运动场的遗址上，现在仍保持着昔日的模样。纳沃那广场有3座巴洛克式喷泉，中央的是四河喷泉，它是贝尔尼尼的又一个天才杰作。4个寓意雕像代表着尼罗河、恒河、多瑙河和拉普拉塔河。

广场一侧外观雄伟的阿科内圣阿涅塞教堂是贝尔尼尼艺术上的对手——博罗米尼的杰作。这里有一个民间传说，说贝尔尼尼的拉普拉塔河塑像举着前伸的手臂是为了防止他的对手设计的教堂倒塌。然而，这一传说却与事实不符，因为这一喷泉是于1651年建成的，而教堂在1666年才落成完工。

05 百花广场 逛
布鲁诺被处以火刑的广场

毗邻纳沃那广场的百花广场在15世纪时曾经是罗马市的中心地带。1600年2月17日，被视为异端分子的布鲁诺修士就在这里被处以火刑，后来人们为了纪念他，1887年在广场中央竖立了铜人像。这个广场处处是人，还有各种卖鱼肉、花卉和蔬菜的商店，以及酒吧和咖啡屋，可以说尽是花香、菜香、咖啡香和喧嚷的人声。想要感受罗马一般市民平日生活气息的游客，不妨到这里走一走。

TIPS
📍 Campo dei Fior　💰 免费　🕐 全天开放　⭐⭐⭐⭐

06 威尼托街 逛
罗马最有名的大街

威尼托大街是罗马最有名的大街——弯弯曲曲的街道虽然不算长，却是最能代表罗马的繁华。这里有罗马最豪华、最有名气的酒店、商店、夜总会及其他娱乐场所，是全国各地和其他国家的富人们来罗马居住、购物、休闲的地方，也是他们显示其身份和富有的地方。

TIPS
📍 Via Veneto　⭐⭐⭐⭐

07 万神殿
令人惊叹的完美圆顶 赏

始建于公元前27年的万神殿，最初是为庆祝奥古斯都大帝对安东尼和埃及艳后克里奥帕特拉的胜利而建的。118年哈德良大帝增建了神殿的圆顶建筑，被米开朗基罗赞誉为"天使的设计"。万神殿的名字"Pantheon"中"Pan"是指"全部"，"theon"是"神"的意思，指供奉罗马全部的神。在公元609年，万神殿被圣化为基督教教堂，从而在中世纪消灭罗马异教痕迹的清洗行动中逃过一劫，成为现今罗马城内古罗马时代的建筑物中保存得最为完好的一座。万神殿拥有宏伟优雅的内部装饰，正面的16根圆柱让人联想到古希腊建筑，大圆顶的基座从总高度一半的地方开始建起，殿顶圆形曲线继续向下延伸形成完整的球体，并恰巧与地相接。整个殿堂内没有一根柱子，阳光透过圆顶上方直径达9米的圆洞洒入神殿内，营造出一种庄严肃穆的气氛，吸引了无数游人在这里驻足停步、抬头仰望。

TIPS
📍Piazza della Rotonda ☎06-6830-0230 💰免费 🕐周一至周六9:00—18:00，周日9:00—13:00 🚇乘地铁A线至Spagna站，穿过Via Condotti左转Via del Corso直走，右转Via Caravita直走，步行约15分钟；或乘46、62、64、170、492路公交车至Largo di Torre站，走进Via Torre Argentina约步行5分钟即达 ★★★★

08 特莱维喷泉
罗马市内最大的喷泉 赏

TIPS
📍Piazza di Trevi 💰免费 🕐全天开放 🚇乘地铁A线至Barberini站，由Via del Tritone出口往下坡直走，左转Via Stamperia直走即可抵达，步行约7分钟；或在西班牙广场步行约12分钟即达 ★★★★

特莱维喷泉又名"许愿池喷泉"，是罗马市内最大的喷泉。作为罗马最后一件巴洛克杰作，由教皇克里门七世命Nicola Solvi设计建造，共花了30年才完成，它是罗马的象征之一。喷泉建筑完全左右对称，在中央立有一尊被两匹骏马拉着奔驰的海神像，海神像是在1762年由雕刻家伯拉奇设计的。在海神的左右两边各立有两尊水神，右边的水神像上，有一幅"少女指示水源"浮雕，浮雕上面有四位代表四季的仕女像。

罗马有一则美丽的传说：只要背对喷泉从肩以上抛一枚硬币到水池里，就有机会再次访问罗马。用同样动作抛三次硬币，第一枚是代表找到恋人，第二枚是彼此真心相爱，第三枚是蜜运成功，婚后将一起重返罗马。这传说吸引了很多旅游者在喷泉边排队抛硬币。

09 奎里纳尔宫

意大利的总统府

TIPS

 Piazza Montecavallo　06-46-991　9月至次年6月周日8:30—12:00　★★★★

奎里纳尔宫位于罗马7座山丘中最高的奎里纳尔山上，由教皇在16世纪末修建，在1870年之前一直是教皇的夏季行宫。现今，奎里纳尔宫成为了意大利共和国总统府，宫殿前的广场中央有双子星喷泉，喷泉上有4尊1787年在奎里纳尔山丘上的君士坦丁浴场发现的古罗马时期双子星神和他们的马匹雕像。奎里纳尔宫内的庭院和花园别具一格，庭院四周被典雅的长廊包围，四周栽种着大量奇花异草，高大挺拔的棕榈树给地中海风情浓郁的花园带来几分热带气氛。每年6月2日意大利国庆节时，总统都在此举行盛大的国庆招待会，场面非常热闹。奎里纳尔宫内厅的四周墙上挂满以圣经故事为题材的壁画，装潢豪华的"玻璃厅"是昔日教皇与国王的卧室，如今也已成为总统的书房，是意大利的政治心脏。同时，在奎里纳尔宫的其他大厅里，还珍藏有许多稀世文物，因此它也是罗马一座著名的博物馆。

10 拉特拉诺的圣乔万尼大教堂

全世界与基督教历史渊源最深厚的教堂之一

TIPS

Piazza S.Giovanni　06-6988-6452　免费　6:45—18:30，13世纪教堂庭院：9:00—18:00　乘地铁A线至San Giovanni站，出站即达；或乘4、15、16、85、87、93路公交车至San Giovanni站　★★★★★

历史上第一位皈依基督教的罗马皇帝——君士坦丁大帝在与拉特拉诺家族联姻时，曾将圣乔万尼教堂所在的土地作为赠礼。公元314年君士坦丁大帝皈依基督教后，将土地捐赠给教皇，并修建了当时罗马城内规模最大的基督教堂——圣乔万尼大教堂。现今呈现在游人面前的拉特拉诺的圣乔万尼大教堂，是由17世纪巴洛克的建筑师代表波罗米尼进行大规模改建后的建筑，教堂正面上部高达6米的基督与圣徒像是伽利略修的，教堂内装饰有君士坦丁大帝画像，方格形天花板上描绘有教堂的徽章。据说在屋顶天棚中描绘的彼得和保罗像的头部里面分别装有他们的头骨。教堂内部的至圣小堂是教皇的私人礼拜堂，中门上方的雕像取自古罗马元老院，而其中最著名的则是被称为"神圣楼梯"的28级台阶，相传这是特意从耶路撒冷运来、耶稣被钉上十字架以前走过的最后的木梯。在这里常常可以看到虔诚的信徒一边祷告，一边跪着用膝盖登上这段楼梯的身影，堪称是基督教世界中最珍贵的圣物之一。

11 君士坦丁凯旋门 赏
规模宏伟的凯旋门

建于公元315年的君士坦丁凯旋门位于神圣大道，是为纪念君士坦丁大帝击败马克森提皇帝、统一罗马帝国而建。凯旋门上方的浮雕板是当时从罗马其他建筑上直接取来的，主要内容为历代皇帝的生平业绩，如安东尼、哈德良等；浮雕板下面则描述了君士坦丁大帝的战斗场景。虽然君士坦丁凯旋门是神圣大道上3座凯旋门中建造最晚的一座，但依旧充满早期罗马艺术的影子，是游人体验古罗马魅力的绝佳场所。

TIPS
位于圆形竞技场西北角 ★★★★★

12 大竞技场 赏
古罗马时期最大的运动场

从公元前4世纪就开始扩建的大竞技场在古罗马时代曾是罗马最大的运动场。直到公元549年举办最后一场竞赛，近千年的时间，这里曾经举办过无数次马车比赛。在大竞技场的场地正中央设计有一个由7只铜铸海豚组成的计圈器，每跑完一圈就转动其中一只。公元前10年时，奥古斯都大帝还曾经从埃及搬运来一块方尖碑安放在场内，4世纪时君士坦丁二世又增加了一块方尖碑。

TIPS
Via del Circo Massimo　乘地铁B线至Circo Massimo
★★★★

13 阿德里亚诺别墅 赏
古罗马皇帝的度假别墅

TIPS
位于蒂沃利市郊山脚下 ★★★★

阿德里亚诺别墅位于蒂沃利市郊的山脚下，与远处的罗马城遥遥相望，原为古罗马帝国的皇帝阿德里亚诺所建，故由此而得名。整个建筑群落周长约5公里，包括有宫殿、神庙、剧场、图书馆、浴场和花园等。

因为阿德里亚诺皇帝自身的文化和艺术素养极高，据说他曾经亲自设计了罗马城中希腊与罗马风格和谐结合的万神殿，所以这处同样经由他的规划所建造出的别墅同样亦是隽美非凡，以其园林之美、馆阁布局错落有致、复杂多变而著称于世，无一处细节不展现出精致高雅的意境。

14 耶稣教堂
第一座巴洛克建筑

TIPS

🏛 耶稣广场　📞 06-6970-0232　🕐 6:00—12:30,16:00—19:00　★★★★

　　位于耶稣广场的耶稣教堂是由意大利文艺复兴晚期著名建筑师、建筑理论家维尼奥拉设计的。耶稣教堂作为维尼奥拉由手法主义向巴洛克风格过渡的代表作，被誉为"巴洛克艺术的瑰宝"，也被称为"世界上第一座巴洛克风格的建筑"。耶稣教堂的圣坛装饰富丽而自由，教堂内还有一座装饰奢华的坟墓，青铜扶手上装饰着生动活泼的孩童雕像，和由大理石及金银雕刻而成的圣徒雕像一样栩栩如生。圣坛上方的地球仪则是用世界上最大的青金石制作而成。作为巴洛克风格的开山之作，耶稣教堂冲破了文艺复兴晚期古典主义者制定的种种清规戒律，反映了设计者向往自由的世俗思想。

15 圣母玛丽亚大教堂
罗马四大教堂之一

　　圣母玛丽亚大教堂又被称为大圣母堂、罗马圣母大教堂或马杰奥尔圣母大教堂，是罗马四大教堂之一。在罗马所有长方形大教堂中，圣母玛丽亚教堂算是结合所有建筑风格最成功的教堂——仿罗马式钟楼是中世纪的表征，1377年建造，高达75米，被誉为"罗马之冠"。

　　教堂的中殿为5世纪建筑，天花板富丽堂皇，克斯马蒂式镶嵌地砖花纹精美。36根圆柱是从古罗马的神殿搬来的，而以列柱支持的水平梁是典型的初期基督教教堂建筑手法。镶嵌天花板的藻井可嗅出文艺复兴的气息。大门背面圣母子的彩色镶嵌玻璃画的风格也很现代。

　　主殿祭坛中描绘《旧约·圣经》中36个场景的镶嵌画是5世纪基督教初期的遗物，金碧辉煌的壁画下面，还有一传说中的圣物——据说耶稣幼时婴儿床的木头残片就保存在这个容器里。教堂内部除了主殿以外，右侧是西斯托小教堂，左侧则是保利纳小教堂，属于17世纪初期巴洛克艺术风格。

TIPS

🏛 Piazza di Santa Maria Maggiore 42　📞 06-483-195　💰 免费　🕐 夏季：7:00—20:00；冬季：6:45-19:00　🚇 乘地铁A/B线至特米尼火车站，由Via Cavour出口直走，步行约5分钟；或乘70路公交车至Piazza Esquilino站　★★★★★

16 圣保罗大教堂
罗马四大圣教堂之一

TIPS
- Via Ostiense, 186, 00146 Roma
- 06—5410341
- ★★★★★

圣保罗大教堂位于罗马城外南边，是罗马四大圣教堂之一，最终是君士坦丁大帝下令在保罗墓上修建的，后经几次扩建，非常的富丽堂皇。不幸的是，1823年的一场大火将教堂完全烧毁，后来在1854年重新修建。教堂前伫立着圣保罗手握他殉教的长剑的雕塑，象征他为基督教所进行的卓越奋斗。教堂正面19世纪的金碧辉煌的镶嵌画在阳光下熠熠闪光。教堂内部雄伟庄严，由于宗座祭坛设在保罗墓之上，故只有教皇才被允许在此做弥撒。

17 圣天使城堡
坚若磐石的堡垒

圣天使城堡最初是公元130—139年哈德良大帝所建的陵寝，后来罗马帝国的各代皇帝都安葬于此。圣天使城堡的名字源于6世纪，当时黑死病肆虐，教皇格里高利一世受大天使米伽勒神谕，在城堡顶部树立了持剑的米伽勒铜像，后来瘟疫平复，从此城堡便命名为圣天使城堡。此外，在城堡前方的圣天使桥上还立有12尊手持耶稣受难刑具的天使雕像，是文艺复兴时期巴洛克大师贝尔尼尼的杰作。

圣天使城堡除了是皇家陵寝外，历史上还曾经作为监狱，反对教廷的布鲁诺就曾被拘禁于此。由于临近梵蒂冈，圣天使城堡还被教皇作为避难之地，城堡内设教皇厅，与梵蒂冈教皇宫之间设有密道相连。圣天使城堡还是罗马的要塞，城堡外建有方形城墙，城墙四角有突出的堡垒，还留有古代的武器和成堆的大理石圆球炮弹，城墙外还有沟壕。现今，圣天使城堡作为博物馆，在教皇厅等几十个房间，展出盔甲、兵器以及意大利名家的画作等物品。

TIPS
- Lungotever Castello 50
- 06-618-9111
- 6欧元
- 周二至周日 9:00—19:00
- 乘地铁A线至Lepanto站；或乘64路公交车至城堡前的桥边下车（看到城堡即下车）
- ★★★★

18 圣彼得广场

椭圆形的宏伟广场

由巴洛克大师贝尔尼尼在1656—1667年设计建造的圣彼得广场，是一座宽达240米的椭圆形大广场，广场周围成半圆形的长廊里有4列共284根多利安柱式的圆柱，圆柱上面是140个圣人像。中央矗立的巨大方尖碑高25.5米，重320吨，是公元40年由埃及不远万里运来的，它曾被摆放在尼禄的大竞技场中。

椭圆形的圣彼得广场左右两个圆心的位置各有一座喷泉，右边的喷泉是玛德尔诺17世纪时设计修建，左侧的是贝尔尼尼修建的复制品。作为基督教世界最神圣的象征之一，圣彼得广场与之后的圣彼得大教堂代表了耶稣的身体与张开的双臂，随时准备拥抱从世界各地前来的信徒。此外，教皇每个星期天的正午时分也会出现在最顶层右边第二个窗口，向广场上聚集的人们祝福。

TIPS

Piazza San Pietro　06-6988-3462；导览预约电话06-6988-5100（导览团21.50欧元，学生18欧元，请到最旁边的学生买票柜台）　免费　乘地铁A线至圣彼得大教堂北方的Cipro Musei Vaticani站，步行约5分钟；或至圣彼得大教堂北方的Ottaviano站，由S.Pietro出口沿Via Ottaviano，朝古城墙步行约7分钟即达；或在特米尼火车站乘64路公交车至圣彼得大教堂城墙旁；或在竞技场乘81路公交车至Piazza Risorgimento站，下车即达　★★★★★

19 圣彼得大教堂

基督教世界最神圣的大教堂

始建于4世纪的圣彼得大教堂最初是由君士坦丁大帝下令，在圣彼得墓上修建的长方形会堂。1452年尼古拉五世下令重建早已老旧的教堂，在文艺复兴时期由布拉曼特建成教堂，之后圣迦罗、拉斐尔、米开朗基罗等相继参加重建，1626年才全部完成。圣彼得大教堂最为引人注目的就是由米开朗基罗设计的高达132.5米的巨大圆顶，大圆屋顶下是用贝尔尼尼的青铜盖覆盖着的教皇祭坛，下面的礼拜堂里有圣彼得的墓，墓前跪着的是由新古典主义雕刻家卡诺巴创作的教皇庇奥六世像。

游人进入大教堂后，在右边走廊里可以欣赏到米开朗基罗25岁时完成的作品《皮埃塔》，虽然只能隔着玻璃欣赏，却仍然能打动人心，令游人沉醉于美丽的艺术之中。登上房顶的大圆屋顶的入口在面向教堂外侧的右手边。尽管有电梯，不过要到达屋顶花园必须要登330级台阶，值得一提的是，从屋顶眺望的圣彼得广场的夕阳是最美的。

TIPS

Piazza San Pietro　06-6988-3462；导览预约电话06-6988-5100（导览团21.50欧元，学生18欧元，请到最旁边的学生买票柜台）　免费　4月至9月7:00—19:00；10月至次年3月7:00—18:00（圆顶8:00至教堂休息1个小时前）　乘地铁A线至圣彼得大教堂北方的Cipro Musei Vaticani站，步行约5分钟；或至圣彼得大教堂北方的Ottaviano站，由S.Pietro出口沿Via Ottaviano，朝古城墙步行约7分钟即达；或在特米尼火车站乘64路公交车至圣彼得大教堂城墙旁；或在竞技场乘81路公交车至Piazza Risorgimento站，下车亦可到达　★★★★★

20 梵蒂冈博物馆
文艺复兴时期的艺术珍品

可以与伦敦大英博物馆和巴黎卢浮宫相媲美的梵蒂冈博物馆位于意大利罗马圣彼得大教堂北面，其前身是一座教皇宫廷。作为世界上最早开设的博物馆，梵蒂冈博物馆早在5世纪末就已有雏形，博物馆内分为12个博物馆和5个艺术长廊，还包括屋顶花园，收藏的展品包括古希腊、古埃及、文艺复兴以及现代艺术品——不论是公元前1世纪时的希腊雕刻群像"拉奥孔"，还是古罗马时期的"观景台的阿波罗"雕像，还是米开朗基罗在西斯廷礼拜堂创作的《创世纪》和《最后的审判》，都堪称无与伦比的艺术珍品，吸引了世界各地的游人慕名而来。

TIPS

Piazza San Pietro　06-6988-3333　14欧元（优惠票8欧元，网路预定需再加4欧元）　周一至周六8:45—16:00(11月至12月至13:45)，每个月最后一个周六也开放，详细资料请上网查询。每个月最后一个周日免费参观08:30—12:30(14:00闭馆)，天主教节日不对外开放　乘地铁A线至圣彼得大教堂北方的Cipro Musei Vaticani站，步行约5分钟；或至圣彼得大教堂北方的Ottaviano站，由S.Pietro出口沿Via Ottaviano，朝古城墙步行约7分钟即达；或在特米尼火车站乘64路公交车至圣彼得大教堂城墙旁；或在竞技场乘81路公交车至Piazza Risorgimento站，亦可到达　★★★★★

21 西斯廷礼拜堂
集中展示意大利文艺复兴时期的绘画艺术精华

集中了意大利文艺复兴时期的绘画艺术精华而闻名于世的西斯廷礼拜堂建于1480年，最初是作为教皇私人礼拜堂，所以又被称为"西斯廷小教堂"。礼拜堂内没有柱子，侧墙的高处有6扇半圆拱形窗户，房顶呈穹隆形状。

现今的西斯廷礼拜堂因收藏了米开朗基罗、拉斐尔、波提切利等著名艺术大师的作品而闻名于世，堂内祭坛两侧墙壁各有6幅壁画，分别由平图里基奥、佩鲁吉诺、波提切利、科西莫·罗赛利、西尼奥利等名家创作，祭坛后正面墙上是米开朗基罗的名作《最后的审判》。礼拜堂房顶上是米开朗基罗创作的巨幅画作《创世纪》，带给仰望壁画的游人一种庄严肃穆、神圣可畏的感觉。礼拜堂侧墙上方窗户之间布有众多的教皇画像。每当在重大的礼仪性场合，侧墙下部会用描绘《圣经》故事、由拉斐尔设计的挂毯加以装饰。

TIPS

Via Cesare Pascarella,12, 00153 Rome　327-654-6936　乘地铁A线至圣彼得大教堂北方的Cipro Musei Vaticani站，步行约5分钟；或至圣彼得大教堂北方的Ottaviano站，由S.Pietro出口沿Via Ottaviano，朝古城墙步行约7分钟即达；或由特米尼火车站乘64路公交车至圣彼得大教堂城墙旁；或在竞技场乘81路公交车至Piazza Risorgimento站，下车也可到达　★★★★★

22 拉斐尔画室
梵蒂冈博物馆的重点

赏

拉斐尔画室是梵蒂冈博物馆的重点所在，主体是4个房间中拉斐尔的杰作，因此命名为"画室"。四幅壁画分别在1508—1511年，拉斐尔25到28岁期间完成。

第一个房间的壁画是《梵蒂冈的火灾》，据说847年梵蒂冈城发生大火，由于站在画面后上方的教皇利奥四世挥手划了十字架，大火立刻熄灭。第二个房间右面的壁画《圣事争论》是在1509—1510年完成的，《雅典的学院》位于第二个房间左面，画面以表现古代雅典柏拉图的学院为背景，将地中海沿岸各国的古今著名学者齐聚一堂。第三个房间的壁画《埃里奥多罗被逐出圣殿》是在1512—1514年完成的，而油画《西斯廷圣母》则是拉斐尔圣母画的主要代表作之一，被公认为杰作，反映了拉斐尔的人道精神、文化素养和完美的技巧。第四个房间的壁画是拉斐尔死后其弟子画的。

TIPS

Piazza San Pietro 06-6988-3333 14欧元（优惠票8欧元，网路预定需再加4欧元） 周一至周六8:45—16:00(11月至12月至13:45)，每个月最后一个周六也开放，详细资料请上网查询。每个月最后一个周日免费参观8:30—12:30(14:00闭馆)，天主教节日不对外开放 乘地铁A线至圣彼得大教堂北方的Cipro Musei Vaticani站，步行约5分钟；或至圣彼得大教堂北方的Ottaviano站，由S.Pietro出口沿Via Ottaviano，朝古城墙步行约7分钟即达；或在特米尼火车站乘64路公交车至圣彼得大教堂城墙旁；或在竞技场乘81路公交车至Piazza Risorgimento站下车也可到达 ★★★★★

23 梵蒂冈花园
梵蒂冈的美丽花园

玩

梵蒂冈花园被圣彼得大教堂、博物馆和梵蒂冈城墙包围在内，从外是看不到的，但当游人来到圣彼得大教堂的圆顶或参观梵蒂冈博物馆时，就能看到部分绿意盎然的花园景致。梵蒂冈花园已经有800多年的历史，花园里花木茂盛、古树参天，各种花草维护得相当用心。此外，在众多奇花异草之间，还散落着国务院、行政大楼和法院等单位，也设有一般日常生活机构，如电台、报社、消防队、邮局、药局、免税商店及超级市场——凡是一个国家所应具有的，这里也一应俱全。游人在参观花园时如果是按着顺时针的顺序来逛，可以依次看到3个著名景点：马赛克工作室、总司铎楼、米开朗基罗的工作室。

TIPS

梵蒂冈山上 须事先提出申请 乘地铁A线至圣彼得大教堂北方的Cipro Musei Vaticani站，步行约5分钟；或至圣彼得大教堂北方的Ottaviano站，由S.Pietro出口沿Via Ottaviano，朝古城墙步行约7分钟即达；或在特米尼火车站乘64路公交车至圣彼得大教堂城墙旁；或在竞技场乘81路公交车至Piazza Risorgimento站，下车也可到达 ★★★★★

畅游欧洲 | 意大利

24 比萨斜塔
斜而不倒的世界建筑奇迹

位于比萨古城内教堂广场上的比萨斜塔是一座古罗马建筑群中的钟楼,造型古朴而又秀巧。在建塔之初,它还是笔直向上的,建到第三层时由于土层强度差,而且塔基只有3米深,完全不能承受大理石砌筑的塔身重量,于是塔体开始倾斜,工程也被迫停工,直到96年后才开始继续施工。为了防止塔身再度倾斜,工程师们采取了一系列补救措施,现今比萨斜塔依旧巍然屹立,其"斜而不倾"的现象也被称为"世界建筑史上的奇迹"。

此外,值得一提的是,比萨斜塔除了因塔身倾斜而闻名外,1590年伽利略曾经在塔顶做过让2个重量相差10倍的铁球同时从塔顶落下的自由落体运动试验,推翻了希腊著名学者亚里士多德的"物体下落速度与重量成正比"理论,一举开创了实验物理的新时代,比萨斜塔也因而名声大噪。

TIPS
Piazza del Doumo　050-560464　15欧元　9:00—19:00　在佛罗伦萨的新圣母玛丽亚车站乘火车至比萨车站,出站后沿着克利斯比路步行约30分钟即达　★★★★★

25 比萨大教堂
意大利罗马式教堂建筑的典型代表

始建于1603年的比萨大教堂是为纪念比萨城的守护神圣母玛丽亚而建。具有所谓罗马-比萨风格的比萨大教堂是意大利著名的宗教遗产,也是意大利罗马式教堂建筑的典型代表。平面呈长方拉丁十字形的比萨大教堂纵深的中堂与宽阔的耳堂相交处为一椭圆形拱顶所覆盖,中堂用轻巧的列柱支撑着木架结构的屋顶。大教堂的底层入口处有3扇大铜门,上有描写圣母和耶稣生平事迹的各种雕像。大门上方是几层连列柱廊,以带细长圆柱的精美拱圈为标准,逐层堆叠为长方形、梯形和三角形,布满整个大门正面。教堂外墙是用红白相间的大理石砌成,色彩鲜明,具有独特的视觉效果。

TIPS
Piazza del Doumo　050-560464　2欧元　10:00—19:00　在佛罗伦萨的新圣母玛丽亚车站乘火车至比萨车站,出站后沿着克利斯比路步行约30分钟即达　★★★★★

26 比萨大教堂广场
庄严雄伟的"奇迹广场"

TIPS
📍Piazza del Doumo ☎050-560464 💰免费 🚌在佛罗伦萨的新圣玛丽亚车站乘火车至比萨车站，出站后沿着克利斯比路步行约30分钟即达 ★★★★★

比萨大教堂前的大教堂广场由雕塑家布斯凯托·皮萨诺主持设计，又被称为"奇迹广场"。整个广场全部采用白色大理石砌成，带给人们雄伟庄严的感觉，广场四周耸立着宏伟壮观的比萨大教堂，此外还有一个圆形的洗礼堂和一个钟塔，构成了一组世界闻名的建筑群。该建筑群修建共耗时288年，是意大利中世纪最重要的建筑群之一，也是比萨城的标志性建筑。

27 圣母百花大教堂
欧洲最美的教堂

圣母百花大教堂又叫做圣玛丽亚·德尔·弗洛雷大教堂，被称为"欧洲最美的教堂"。是当今世界最著名的天主教堂之一，也是文艺复兴时期第一座伟大建筑。

这座教堂是在1295年由阿尔诺沃·迪卡姆比奥在原先的佛罗蒂诺大教堂的基址上兴建，1496年最后完工。教堂总高为107米。整个建筑群由大教堂、钟楼和洗礼堂构成。该教堂与其他教堂不同，它是世界上第一座带有大圆顶的教堂，圆顶由10块浮雕组成，顶内有螺旋形阶梯直通穹顶，可鸟瞰佛罗伦萨市风光。然而，负责设计建筑的两位大师虽耗尽了一生心血，但未能目睹教堂建成的这一天。为了纪念他们在建筑史上的贡献，教堂侧边分别竖立着这两位设计建筑大师的雕像。

圣母百花大教堂气势庞大，基本颜色采用意大利国旗的绿、红、白三色。教堂外墙采用意大利卡拉拉的白色大理石、普拉托的绿色大理石与玛雷玛的粉红色大理石镶嵌而成，装饰华丽、线条明快、色彩优雅，恰似百花齐放。教堂雕像以圣母玛丽亚为中心，左右两边有12位耶稣的门徒。

TIPS
📍Piazza del Doumo ☎055-2302885 🕐周一至周六10:00—17:00，周日、假日13:00—17:00；洗礼堂：周一至周六13:00—18:30，周日、假日9:00—12:30 ★★★★★

28 乔托钟楼 赏
圣母百花大教堂的标志性景观

坐落在"花之都"佛罗伦萨的圣母百花大教堂广场之上,由文艺复兴时期的艺术巨匠乔托所设计的乔托钟楼正是这座教堂的标志性景观。钟楼高约82米,四方形的结构显得颇为修长、匀称,通体以洁白的花岗石建成,表面布满了精心设计的拼贴图案和繁复的浮雕,虽然历经岁月沧桑,时至今日依然在阳光的映衬下熠熠生辉。钟楼的一侧设有台阶,共计约414级,游客倘若登上顶端的露台,更可以360°的视角俯瞰整个佛罗伦萨的景色。

TIPS
Piazza del Duomo　055-2302885　4月至9月8:30—19:30;10月9:00—18:00;11月至次年3月9:00—17:00　★★★★★

29 皮蒂宫 赏
美第奇家族气势磅礴的主要居所

气势磅礴的皮蒂宫最初是为银行家卢卡皮蒂建造,于1457年开始修建,在1550年成为美第奇家族的主要居住地,后来佛罗伦萨城的所有统治者都居住于此。现在这座富丽堂皇的宫殿成为了展厅,展示来自美第奇家族的无数珍品。皮蒂宫的正面高贵而纯粹,几乎没有任何的装饰,从拱形大门穿过中庭就进入阿马纳蒂庭院,庭院的后面是高于它的博博利山丘,山丘与园林共同组成了这座建筑的屏障。

TIPS
Piazza de' Pitti　055-213440　帕拉汀纳美术馆与纪念起居室:周二至周六9:00—19:00,周日9:00—14:00;现代艺术美术馆:周二至周日9:00—14:00;银器博物馆:周二至周日9:00—14:00　★★★★★

30 圣乔万尼洗礼堂 赏
但丁接受洗礼的教堂

圣乔万尼洗礼堂是位于大教堂前的八角形建筑,是用与大教堂同样美丽的彩色大理石建造的,属11~13世纪的建筑。因为是献给城市守护圣火的,所以在大教堂建成之前作为圣堂使用。据说但丁也是在这里接受的洗礼。

这里共有3扇青铜的大门,南门是安德雷亚·皮萨诺的作品;北门与东门是吉贝尔蒂的作品;东门非常精美,被米开朗基罗命名为"天国之门",因为参观游客经常用手触摸,现在整扇门都闪着金色的光辉。内部的屋顶部分装饰有以《最后的审判》、《创世纪》等为主题的拜占庭风格马赛克镶嵌画。这里还有德纳特罗与米开罗兹设计的教皇约翰二十三世之墓。

TIPS
Piazza S. Giovanni,位于圣母百花大教堂前　3欧元(关闭前30分钟停止售票)　12:00—19:00;周日及每月第一个周六8:30—14:00;复活节的周一、4月25日、5月1日8:30—19:00,1月1日、复活节、9月8日、12月24日、圣诞节休息　★★★★

31 圣罗伦佐教堂
美第奇家族的私人教堂 赏

1419年由布鲁涅内斯基根据中古世纪教堂风格,重新设计修建的圣罗伦佐教堂,是美第奇家族的私人礼拜堂,由3个不同时代、建筑风格各不相同的旧圣器室、新圣器室和君主礼拜堂构成。其中布鲁涅内斯基修建的旧圣器室属于文艺复兴初期的新古典主义风格,摒弃了多余的装饰,充满优雅、清朗的气氛。米开朗基罗修建的新圣器室收藏着米开朗基罗的9尊雕像,游人经过雅致的庭院可以登上米开朗基罗设计的台阶来到位于二层的圣罗伦佐图书馆,这里收藏有美第奇家族历代收集的共1万册古书。此外,由Matteo Nigetti于1604年设计的君主礼拜堂运用大理石与珍贵石材镶嵌出了华丽的内部装饰,而毗邻的美第奇家族墓园内的两座灵柩上的雕像则是由米开朗基罗雕刻而成。

TIPS
Piazza San Lorenzo　2欧元　教堂:7:00—12:00,15:30—18:30;美第奇小祭堂:8:00—18:30　★★★★

32 大教堂美术馆
了解文艺复兴时期佛罗伦萨造型艺术 赏

大教堂美术馆内从19世纪末期开始将圣母百花大教堂及乔托钟楼、圣乔万尼洗礼堂中的众多艺术珍品集中收藏在美术馆内,以便更好地保护。大教堂美术馆内最著名的藏品是米开朗基罗的《圣母子》,同时这也是他3幅同题材作品中的第二幅。美术馆二层展示有多那太罗的木雕作品《抹大拉》,以及从大教堂中整体搬迁到这里、由罗比亚和多那太罗建造的圣歌队席位。无论从建筑还是雕塑的角度来看,这些都是文艺复兴风格的重要作品。此外,美术馆中还收藏着13~18世纪使用的祭祀用品、洗礼堂的祭坛、乔托钟楼的绞盘、教堂大圆顶的模型和建造工具等重要文物,这些艺术品和建筑构件是完整了解文艺复兴时期佛罗伦萨造型艺术发展变迁的最好教材。

TIPS
Piazza del Duomo 9,属于圣母百花大教堂的一部分　6欧元(关闭前40分钟停止售票)　9:00—19:30,周日9:00—13:45,1月1日、复活节、9月8日、圣诞节休息　★★★★★

33 巴杰罗宫国家博物馆
意大利最美丽的景致之一 赏

巴杰罗国家博物馆始建于1256年,是13世纪要塞建筑的代表,也是佛罗伦萨保存得最完好的中世纪建筑。巴杰罗国家博物馆由3座建筑物构成,曾经是王爷府和行政长官住宅,16世纪时则是警察厅所在地,包括了城堡、池沼和吊桥。这座建筑物在1859年正式改为国家博物馆,在1857—1865年经历了规模庞大的翻修,并成立了巴杰罗国家博物馆,是意大利早期具有代表性的博物馆之一。

走近博物馆,随处可见方形高耸的建筑,上面还保留着守望楼,这些都是几百年前古堡的遗迹。走过有圆形天花板的大厅和被拱形回廊所包围的中庭,就会感受到一种异样的气氛,因为这座建筑物在1574年时曾作为监牢使用,如英国的伦敦塔一般,在当时专门囚禁重要的犯人。

TIPS
Via del Proconsolo 4　055-2388606　9:00—14:00　★★★★

34 但丁故居
感受但丁的生平

TIPS
- Via Santa Margherita, 1, 50122 Firenze
- 055-219416
- 周二至周日10:00—14:30
- ★★★★★

但丁的故居位于市政广场东边的一条幽深街巷里，这条偏僻的小巷就叫但丁街。沿着但丁街走到一个拐角处，眼前出现一座砖石结构的小楼，与周围建筑相比古朴而有些破旧，未加粉饰的墙面由于岁月久远显得凹凸不平，但一石一砖清晰可辨。要不是落满尘埃的但丁半身雕像提醒，很难相信这就是但丁故居。

或许是深藏于僻静小巷中的缘故，故居多少有些冷清。展室简陋而陈旧，展品以图片和文字资料为主，其中最吸引人的是由羊皮纸装订成的《新生》、《宴会》、《神曲》等但丁诗作的手稿。在但丁故居的墙壁上零零散散挂着几幅油画，其中最引人注目的是亨利·豪里达的《但丁与贝特丽丝邂逅》。在故居二楼展室的玻璃柜台里，还有1302年3月佛罗伦萨法庭对但丁的判决书——就是这纸判决书使但丁度过了20年的流亡生活。

35 乌菲兹美术馆
意大利最大的美术馆

TIPS
- Piazzale degli Uffizi
- 055-294883
- 6.5欧元
- 周二至周日8:15—18:50
- ★★★★★

乌菲兹美术馆建于1560年，这座建筑物最初是按美第奇家族的柯西摩一世旨意建造的，用来作为佛罗伦萨公国政务厅办公室。由于办公室在意大利语中发音为"乌菲兹"，于是便成了美术馆的名称。在世界所有美术馆中，乌菲兹以其丰富的意大利文艺复兴绘画作品收藏而独具特色。

乌菲兹美术馆是意大利最大的美术馆，不仅可欣赏到意大利最著名的文艺复兴时期的绘画作品，也同时可欣赏到来自西班牙、德国、荷兰等国家的名画杰作。馆内的展览品陈设在顶楼，而雕刻类的作品则是陈列在走廊上，绘画是依照年代悬挂在展示室中。馆内共有45间展示室：2—6室是哥特式艺术展，7—14室是文艺复兴初期的作品，15—29室是文艺复兴鼎盛时期的作品，30—45室是较近代的作品。

36 帕拉汀娜画廊
皮蒂宫内的美术馆

帕拉汀娜画廊是皮蒂宫内的美术馆，收藏着美第奇家族历代成员收集来的艺术珍品。这里收藏了包括拉斐尔、波提切利、提香等艺术家的作品，这些作品被妥善安放在11间沙龙内。其中有5间沙龙的天花板上还有湿壁画。这些赞美美第奇家族历代先人的湿壁画吸引了众多观光客，其中最具有代表性的是拉斐尔在文艺复兴鼎盛时期的作品《椅子上的圣母》和《戴面纱的女士》。

TIPS
- 50125 Firenze
- 055-2388614
- 6.5欧元
- 8:15—18:50
- ★★★★★

37 米开朗基罗博物馆 赏
欣赏《楼梯上的圣母》

位于Via Ghibellina的米开朗基罗博物馆曾经是米开朗基罗的住所，1508年3月米开朗基罗成为这幢建筑的主人，并在这里居住了一段时间。现今，当时的房屋已经被辟为博物馆，游人在这里可以感受这位艺术大师当年的日常生活。此外，在这里还可以欣赏到米开朗基罗早期的一些绘画作品，其中创作于米开朗基罗15岁时候的《楼梯上的圣母》吸引了众多游人的目光。

TIPS
- Via Ghibellina, 70-red, 50122 Firenze
- 055-241752
- 9:30—14:00
- ★★★★★

38 圣十字教堂
众多名人与艺术家的安息地

圣十字教堂建于1294年，外观是哥特式风格，不过整个立面是1863年才增建的，其后的哥特式钟楼也是1842年才加建的。

教堂立面是一些重量级名人的纪念碑和陵墓，有艺术大师米开朗基罗、天文学家伽利略、政治家马基维利、歌剧大师罗西尼等。米开朗基罗的陵墓是由瓦萨利设计的，石棺下方有3个雕塑，分别代表着绘画、雕刻和建筑，是一座非常有设计感而且很端庄的纪念碑。教堂边上的圆顶帕奇礼拜堂则是布鲁内雷斯基设计的，装饰有阿尼奥洛·加迪1380年画的壁画《圣十字架传说》，祭坛上有杰里尼作的多联画《圣母和圣徒》，上面有乔托工作室作的《殉难十字架》。教堂里宽大的正偏三殿间以八棱列柱，列柱上飞起大跨度的双沿尖顶连拱。经过16世纪部分改建以后，这座教堂变得更加美丽。从入口到三大殿尽头，整个地板用旧墓石铺就，教堂的彩窗皆为14世纪末期作品。

TIPS
- Piazza di Santa Croce
- 教堂：周一至周日8:00—12:30，15:00—16:30；博物馆与帕济小祭堂：周四至周二10:00—12:30，14:30—18:30
- ★★★★

39 美第奇-里卡迪宫

美第奇家族的住所

TIPS
📍 Via Cavour 1　💶 4欧元　🕐 9:00—13:00、15:00—18:00，周日、假日 9:00—13:00，周三休息 ★★★★

始建于1444年的美第奇-里卡迪宫毗邻圣罗伦佐教堂。作为美第奇家族的住所，美第奇-里卡迪宫外观朴素，没有任何装饰，直到17世纪才进行扩建并加上了华丽的巴洛克风格内部装饰。

从1460年起，约100年内美第奇-里卡迪宫都是美第奇家族的住宅。建筑内的小礼拜堂装饰有贝诺佐·戈佐利创作的湿壁画《三王朝圣》，以圣经东方三王朝拜耶稣降临为题，实则为美第奇出行图，画面场面巨大，人物众多，手法细腻。

游人在美第奇-里卡迪宫内主要参观由弗拉·安杰利科的学生贝诺佐·戈佐利创作的三面壁画系列装饰而成的三王小教堂，壁画的表面主体是《三王的旅程》，主题是每年一次的三王会：骑着一匹白马走在队伍前头的显然是皮耶罗；骑着一头骡子、戴着红帽子的可能是科西莫·德梅迪奇；脱离队伍、骑着灰色马匹、身穿金色披风的是伟大的罗伦佐；罗伦佐的弟弟朱利亚诺可能是走在弓箭手前面的那个人；戈佐利自己也出现在人群中，站在倒数好几排的左边，他的红帽子上写有金色的"opusbenooti"（意为"贝诺佐的作品"）。

40 艺术学院美术馆

收藏威尼斯画派作品最多的美术馆

位于大运河河畔的艺术学院美术馆，其前身是慈悲圣母教堂，1807年拿破仑将其改建成现今的外观，并使其成为世界上收藏威尼斯画派作品最丰富的美术馆，而以明亮的画风著称的威尼斯画派拥有乔万尼·贝利尼、卡尔帕乔、丁列托、曼特尼亚、乔尔乔纳、韦罗内塞等艺术大师。此外还收藏有提香未完成的《圣母哀痛耶稣画像》等意大利美术杰作，吸引了世界各地的艺术爱好者慕名而来。

TIPS
📍 Campo D.Carita　📞 041-5222247　💶 6.5欧元　🕐 周二至周日9:00—19:00，周一9:00—14:00　🚢 至Accademia船站，下船即达 ★★★★★

41 米开朗基罗广场

眺望佛罗伦萨全景的绝佳场所

逛

TIPS

🏛 Piazzale Michelangelo　💰 免费　🕐 全天开放　⭐★★★★

　　米开朗基罗广场位于佛罗伦萨市区南端的高地上，站在广场上，可以眺望佛罗伦萨市的全景。因广场上有佛罗伦萨的象征——《大卫》雕像，故米开朗基罗广场也就成为许多游客开始佛罗伦萨之游的第一站。

　　米开朗基罗广场是由朱塞佩·波吉设计，始建于1868年，从广场向佛罗伦萨城内望去，红色砖瓦、古式建筑、阿尔诺河、圣母百花大教堂的圆屋顶等等都看得清清楚楚，全景的佛罗伦萨更显古老和典雅。米开朗基罗广场建成时，广场的中心摆放了米开朗基罗所雕刻的大理石雕像《大卫》。20世纪时，佛罗伦萨市政府从保护雕塑的角度出发，将雕塑移进了佛罗伦萨美术学院，而广场上则立了一座青铜制的《大卫》复制品。

　　这座青铜品虽是复制品，但也可以从他身上领略大卫的那种坚毅的神采、完美的身材、力与美的结合。据说米开朗基罗创作《大卫》时，所使用的石头并非一座完好的大理石。就是在这块略有瑕疵的石头上，米开朗基罗一改大卫传统的血腥形象，历时3年，创造了一个准备参加战斗的大卫，紧张的肌肉、专注的神情是那么自然，《大卫》也成为了米开朗基罗的不朽之作。根据解剖学专家最新研究表明，这座高5.5米的雕像，人体的肌肉比例极尽完美。

42 米兰大教堂

欧洲中世纪最大的教堂

赏

TIPS

🏛 Piazza del Duomo　📞 02-860358　💰 6.5欧元
🕐 教堂：7:00—19:00；登顶：3月至8月、11月9:00—17:45，其余为9:00—16:45　🚇 乘地铁红线或黄线至Duomo站，下车即达　⭐★★★★★

　　意大利米兰大教堂是欧洲中世纪最大的教堂，可供4万人举行宗教活动。它始建于1386年，直至1485年才完成。这座教堂全由白色大理石筑成。尖拱、壁柱、花窗棂，有135个尖塔，像浓密的塔林刺向天空，并且在每个塔尖上都有神的雕像，教堂的外部总共有2000多个雕像，甚为奇特。如果加上内部雕像则总共有6000多个，是世界上雕像最多的哥特式教堂。因此教堂建筑格外显得华丽热闹，具有世俗气息。

　　该教堂有一个高达107米的尖塔，出于15世纪意大利建筑巨匠伯鲁诺列斯基之手。塔顶上有金色的圣母玛丽亚雕像，在阳光下显得光辉夺目，神奇而又壮丽。

43 斯卡拉歌剧院
全世界最著名的歌剧院之一

TIPS
📍Piazza della Scala ☎02-8053418 💰6.5欧元 🕐5月至10月9:00—12:00，14:00—17:00；11月至次年4月周日不开放 🚇乘地铁红线或黄线至Duomo站，下车即达 ⭐★★★★★

斯卡拉歌剧院位于意大利米兰，是世界上最著名的一座歌剧院。歌剧院于1778年8月3日正式启用，当时名为"Nuovo Regio Ducal Teatro alla Scala"，首日上演的是安东尼奥·萨列里的歌剧《欧罗巴的现身》。

斯卡拉歌剧院是原址重建的第二座歌剧院，首座歌剧院于1776年2月25日在一个狂欢会后发生的一场火灾中焚毁。这座由新古典建筑师皮尔马利尼设计的剧院有超过3000个座位及一个会堂，观众厅呈马蹄形，有6排奢华装饰的包厢，建成后旋即成为一众米兰贵族及富豪的集中地。"二战"中的1943年，斯卡拉歌剧院在空袭中被严重炸毁。1946年5月11日，斯卡拉歌剧院按照先前的原貌修复完成并再次开放，首场的演出便是令人难忘的由阿图罗·托斯卡尼尼指挥的音乐会。现今的斯卡拉歌剧院还设有剧院博物馆，展出大量有关歌剧及剧院历史的珍贵收藏，如画作、手稿、雕像、戏服及其他文件，其中威尔第的藏品占了2个展室。另外还设有剧院图书馆，收藏了8万册不同文字的戏剧艺术典籍。

44 安布洛其亚图书馆
全世界馆藏最丰富的图书馆之一

TIPS
📍Piazza Pio XI 2 ☎02-806921 💰8欧元 🕐9:30—11:30，14:00—16:00 🚇乘M3号线至MONTENAPOLEONE站，出站后步行约5分钟即达 ★★★★

建于1603年的安布洛其亚图书馆以米兰保护神的名字命名，作为当时米兰学术和文化的中心，不论收藏古籍的广泛性还是学术价值都是意大利数一数二的。作为全世界馆藏最丰富的图书馆之一，安布洛其亚图书馆内收藏的达·芬奇的402卷绘图稿堪称镇馆之宝。1618年这里创建了安布洛其亚美术馆，1621年又增设了美术学院，虽然之后学院衰败并最终于1776年关闭，但美术馆内现今依旧收藏了各类美术品1500多件，其中包括达·芬奇的《音乐家》、拉斐尔的《雅典学院》、卡拉瓦乔的《水果篮》和波提切利的《帘下的圣母》等艺术大师的数百幅精美画作。

45 维托里奥·埃马努埃莱二世拱廊
米兰人的"生活区"　　逛

维托里奥·埃马努埃莱二世拱廊背靠大教堂，右侧雄伟壮丽，有拱形玻璃的连拱廊，直通向斯卡拉广场。这座于1877年完成的连拱廊，在天花板附近的绘画、人行道上的马赛克图案都很精致，是千万不能错过的一个景点。道路两旁有咖啡馆、餐馆、书店及汉堡店，到处是休息的市民和观光客，常年都很热闹。穿过这条通道可以来到斯卡拉广场，里面有达·芬奇的塑像。

TIPS
Piazza del Scala，piazza del Duomo　乘地铁红线或黄线至Duomo站，下车即达 ★★★★

46 布雷拉画廊
米兰代表性的绘画馆　　赏

TIPS
Via Brera 28　5欧元　8:30—19:30（闭馆前45分钟停止售票），每周一、12月25日、1月1日、5月1日休息　乘MM3线至Montenapolepne站；或乘MM2线至Lanza站 ★★★★

布雷拉画廊是米兰代表性的绘画馆，其前身为基督教会学校，由建筑师里基尼于1651年设计扩建，1870年曾为米兰国家图书馆，后成为美术馆、天文馆，最后成为画廊，藏品以15~18世纪伦巴第派和威尼斯派的作品为主。

布雷拉画廊的整座建筑是一座四方形庭院，共两层，均有柱廊。庭院中有一座右手握有胜利的象征、左手拿着权杖，由新古典主义大师安·卡诺瓦于1809年铸成的拿破仑一世铜像，四周还有许多科学家、艺术家的石像。

布雷拉画廊的代表藏品有拉斐尔的《圣母玛丽亚的婚礼》、《圣母子》，曼提尼亚的《圣殇图》及提因托雷托、皮埃罗·德拉·弗朗西斯卡、维罗内责等的作品。代表北部意大利的曼提尼亚的《圣殇图》利用了透视画法，这幅将横卧着的耶稣置于眼高的位置，从脚底开始描绘的独特的画，吸引了众多游客前来参观。

47 精品区
米兰城内的顶级时尚区

TIPS

🏠 Via Montenapoleone与Via della Spiga之间　🚇 乘地铁红线至San Babila或Montenapoleone站，下车即达
⭐⭐⭐⭐⭐

位于蒙提·拿破仑大道与史皮卡大街之间的区域分布着众多精品名店，其间错落着圣安德烈街、耶稣路、圣灵路、Via Borgospesso等街区，众多国际一线品牌的旗舰店和意大利顶尖品牌店纷纷入驻这里，是喜爱购物逛街的游人来到米兰绝对不可错过的一处顶级时尚区。此外，这里还云集着众多天才设计大师：Via Osti大街的Bulthaup、Via Durini大街的Cassina、Corso G. Matteotti的Alessi，还有更往北一些的Via Carlo Porta大街的Kartell。这些大师别具一格的设计吸引了众多时尚人士。

---

48 斯福尔采斯科城堡
文艺复兴大师的杰作

建成于1466年的斯福尔采斯科城堡位于米兰市区中部偏西，是统治米兰公国的斯福尔采斯科家族所建，据说达·芬奇也参与了这座城堡的建设。宏伟的城堡由浅棕色的正方形城墙围绕，城墙上有高大的城楼，四角各有一个圆柱形的角楼。

斯福尔采斯科城堡内为好几个区域的博物馆，有市立博物馆和地下展示埃及遗物的考古学博物馆，二楼有画廊、乐器收藏品。藏品中有据说是米开朗基罗在去世前数日制作的《伦达尼尼的圣母哀痛耶稣》雕刻，在一楼的一座大门上，实在不该错过。

城堡后面是圣匹沃内公园，很适合在阳光充足的下午一边吃着意大利美味的冰淇淋，一边让逛了一天的身体充分休息。在街道和楼宇之间穿插着很多具有历史意义的绿地，其中瓜斯塔拉花园的历史可追溯到1781年，是城里最古老的花园。此外，游人还可以在1784年朱塞佩·皮埃尔马里尼设计的蒙塔内利花园的小路上散步，欣赏各种当地和异域的植物，参观天文馆和自然历史博物馆。森皮奥内园、巴西里凯公园、王室别墅花园和意大利海员公园也都是游览时不错的选择。

TIPS

🏠 Piazza Castello　📞 02-62083940　🕐 城堡：周一至周日8:00—20:00；博物馆：冬季周二至周日9:00—17:30，夏季周二至周日9:30—19:00　🚇 乘地铁红线至Cailori或Cadorna站；或乘地铁绿线至Lanza或Cadorna站，下车即达　⭐⭐⭐⭐

49 感恩圣母堂
收藏了闻名世界的《最后的晚餐》

建于1490年的感恩圣母堂由索拉里设计完成，是一幢外观非常漂亮的典型伦巴第风格红砖建筑。由于教堂曾被改造成为斯福尔采斯科家族坟墓，并拆除了原先的后殿重建为文艺复兴风格的布道台，故教堂内外呈现出两种截然不同的风格。毗邻教堂一侧的餐厅墙壁上绘制有达·芬奇于1495年完成的名画《最后的晚餐》，达·芬奇以其深厚的科学造诣，大胆打破常规的绘画技巧，创造了独特的透视效果。由于《最后的晚餐》是一幅油画而非传统的湿壁画，非常容易受到外界环境的侵蚀，故数百年来曾多次进行修复，以致最终面目全非。直到1999年，艺术家和科学家对其进行了大规模

修复：恢复原有色彩，并且去除了之前修复时覆盖的颜料，才使之最大限度地恢复了本来面目，这吸引了世界各地的游人慕名而来参观这幅艺术珍品。

TIPS
📍Piazza Santa Maria delle Grazie ☎02-4676111，观赏《最后的晚餐》预约电话02-89421146 💰6.5欧元，手续预约费1.5欧元 🕐教堂：7:00—12:30，15:00—19:00；《最后的晚餐》餐室：10月至次年5月周二至周日9:00—18:50，6月至9月周二至周五8:15—18:45，周六至22:15，必须预约 🚇乘地铁红线至Conciliazione或Cadorna站；或乘地铁绿线至Cadorna站，下车即达 ★★★★

50 王室别墅公园
优雅精致的公园

TIPS
📍Viale Brianza, 1, 20052 Monza Monza e Brianza ★★★★★

王室别墅公园环境幽雅，宽阔的步道散布在高大林木和翠绿草坪的环抱中，步道尽头便是米兰著名的王室别墅建筑。这栋建筑古朴优美，体现了意大利王室繁复优雅的宫廷气息以及古朴厚重的历史感。在高大雄伟的宫殿后面，是一个开阔的英式公园，公园北边有几座体育场，意大利最有名的蒙扎赛车道也在这里。作为世界上最重要的赛车道之一，每年9月，一级方程式大奖赛的蒙扎站比赛都会在这里举行，是赛车爱好者不可错过的去处。即使不是赛车爱好者，9月间也不妨来凑凑热闹，看赛场的欢呼热浪，也可沉浸在这异国情调的热血浪漫之中。

51 威尼斯圣马可广场
欧洲最美丽的客厅

TIPS
📍Piazza San Marco　💰免费　🕐全天　🚢至San Marco船站，下船即达　⭐★★★

圣马可广场位于威尼斯市中心，是威尼斯最热闹、最繁华的地方，被拿破仑称为"欧洲最美丽的客厅"。广场分别被圣马可大教堂、钟楼、新市政厅、克雷尔博物馆和总督府环绕。广场边有几家著名的咖啡馆，拜伦、狄更斯都曾经在这里的露天咖啡座品咖啡。广场上纷飞的鸽子是广场的另一特色。

圣马可广场的钟楼装饰有会移动的人物、挂铃和带翅膀的狮子，已经有500年的历史。圣马可钟楼是在1499年落成的，能够显示分钟、小时、日期、月份、黄道带和月亮周期等。它还配备了几个可移动的部件和人物，表示时间和基督教历法上的重要日子。整点时刻会有两个绰号为"莫尔斯"的移动小人出来敲击巨大的挂铃。钟楼上装饰的带翅膀的狮子是威尼斯的标志，上端还有圣母玛丽亚携子的镀金铜像。每两年在主显圣容节上，一扇小门开启，3个来自圣经故事的国王木人和吹喇叭的天使便会出来围绕着铜像移动。

52 圣马可大教堂
中世纪欧洲最大的教堂

TIPS
📍Piazza San Marco　🕐教堂：周一至周六10:00—16:00，周日13:00—16:00；钟塔：冬天9:00—15:45，夏天9:00—21:00　🚢至San Marco船站，下船即达　⭐★★★

位于圣马可广场东侧的圣马可大教堂是一座混合了罗马式和拜占庭式风格的建筑物，在中世纪时曾经是欧洲规模最大的教堂。圣马可大教堂内有耶稣门徒圣马可的坟墓，同时圣马可也是水城威尼斯的守护神。

始建于829年的圣马可大教堂原为存放从亚历山大移来的耶稣门徒圣马可遗体的纪念建筑。公元976年，在反对总督康提埃诺四世的群众起义中，教堂被烧毁，后来由继任者孔塔里尼修复。现存建筑始完工于1071年，在1807年改为威尼斯主教座堂。圣马可大教堂平面呈正十字形，有6个穹隆圆顶，前面圆顶较大，其余较小，具有鲜明的拜占庭风格。教堂正面有5座菱形罗马式大门，顶部立有东方式与哥特式尖塔，以及塑像和浮雕。中间大门上的尖塔顶部，安有一尊手持《马可福音》的圣马可塑像。教堂内饰有许多以金黄色为主调的镶嵌画，内墙装以彩色岩石贴面，地面用大理石和玻璃铺嵌，由雅各培罗和彼尔·保罗雕刻的《施洗礼约翰》和众使徒雕像位于唱诗坛和中殿之间。此外，圣马可大教堂内收藏有大量雕刻、雕塑作品，镶嵌画及礼仪用品，其中第四次十字军东征时从君士坦丁堡掠夺的4匹青铜马堪称无比珍贵的艺术品。

53 大运河
威尼斯的主要水道

威尼斯大运河是意大利威尼斯市主要水道，自圣马可大教堂至圣基亚拉教堂呈反S型，沿天然水道把威尼斯市分为两部分。

威尼斯的房屋建造独特——地基都淹没在水中，犹如从水中钻出来似的。威尼斯大运河被誉为威尼斯的水上"香榭丽舍大道"。在河道的两边，散布着各式各样的古老建筑，既有洛可可式的宫殿，也有摩尔式的住宅，当然也少不了众多富丽堂皇的巴洛克和哥特式风格的教堂。文艺复兴时代，许多伟大的艺术家都在这些教堂里留下了不朽的壁画和油画作品，至今仍吸引着世界各地的游客和艺术家。此外，遍及运河两岸的店铺、市场以及银行等等，也给这个水上大都市增添了无穷的活力。

TIPS
贯穿威尼斯　小汽船1线、82线常年都有，3线、4线夏季才有。小汽船票包括单程票、24小时旅程票、3日与7日旅程票。1线小汽船在大运河的每个浮码头都有停靠；较快的82线停靠站较少　★★★★★

54 叹息桥
由死囚的叹息声而得名的古桥

TIPS
大运河上　至San Marco船站，下船即达　★★★★

叹息桥建于1603年，桥的两端联结着总督府和威尼斯监狱，是古代从法院向监狱押送死囚的必经之路。造型属早期巴洛克式风格的叹息桥呈房屋状，上部穹隆覆盖，封闭得很严实，只有朝向运河一侧有两个小窗。桥的一面是总督府，15世纪时则为审讯犯人的地方。

相传叹息桥的名字便是由死囚的叹息声而得名，而另一个传说则是一个犯人攀着窗棂俯视，见到一条窄窄长长的贡多拉正驶过桥下，船上坐着一对男女拥吻在一起，而那女子竟是犯人的爱人，犯人疯狂地撞向花窗，最终抑郁而亡。充满凄美的传说使叹息桥从此成为恋人见证爱情的地方，据说恋人们在桥下接吻就可以天长地久，电影《情定日落桥》就是在这里取景的。

55 佩吉·古根海姆美术馆
收藏超现实主义作品的美术馆 赏

佩吉·古根海姆是一位美国籍的犹太女富豪，因为童年时经常被关在书房里，终日与阴森的巨幅油画相对，成年后出于某种奇特的逆反心理，却又对艺术产生了疯狂的兴趣。于是她凭借着自身雄厚的财力去资助那些才华横溢却又穷困潦倒的艺术家们。等到她1980年去世以后，根据遗嘱，便将她生前这座位于威尼斯的豪宅改建为了美术馆，用以展示其穷尽一生的珍藏。

美术馆的展品包括毕加索的《海滩上的诗人》、杜尚的《列车上的忧郁青年》、波拉克的《月光女神》和米罗的《安静的少妇》等传世之作。

TIPS
 Dorsoduro, 704, 30123 Venezia ☎041-2405411 💰8欧元
🕐周一、周三至周日10:00—18:00，周二休息 🚌乘1、82号水上巴士至ACCADEMIA站 ★★★★★

56 总督府
共和国时代威尼斯总督的住所 赏

建于814年的总督府是共和国时代威尼斯总督的住宅、办公室及法院的所在地。作为当时威尼斯的政治中枢机构所在，总督府最初是用作防御的城堡。现今游人所见到的建筑建于14—15世纪，府邸内有拱廊相连的哥特式回廊，宫殿中栋的2楼黄金梯建于16世纪，曾是总督府的正式入口。总督府内2、3楼的各厅房内装饰着奢华尊贵的威尼斯派绘画，而4座门厅的顶棚壁画、会客厅的壁画以及排列着历代总督肖像的大会议厅也都是游人参观的重点。

TIPS
📍位于圣马可大教堂南侧 🎫科雷尔博物馆、雷佐尼科宫、蕾丝博物馆通用的市立美术馆通用券15欧元；语音导览5.5欧元 🕐9:00 - 19:00，闭馆前1.5小时停止进入 🚌乘1号水上巴士至VALLARESSO站、S.ZACCARIA站，下船即达 ★★★★

57 安康圣母教堂
威尼斯巴洛克建筑的杰作

TIPS

Fondamenta della Dogana alla Salute, 30123 Venice　041-5225558　教堂免费，圣器室：1.5欧元　9:00—12:00，15:00—18:00　乘1号水上巴士至SALUTE站，下船即达　★★★★★

安康圣母教堂是威尼斯巴洛克建筑的杰作，在1630年黑死病肆虐之际，共和国政府决定兴建此教堂献给圣母玛丽亚。这座由著名设计师巴达萨雷·隆格纳设计的教堂，正式落成于1687年。

顶着巨大圆顶的正堂为正八角形，周围有6座礼拜堂环绕着。面对着主祭坛的圣器室内有描绘旧约圣经故事的壁画《大卫和哥利亚》，还有由提香创作的顶棚画及丁多托的《迦纳的婚礼》等，都是值得一赏的艺术佳品。

58 雷佐尼科宫
威尼斯的著名博物馆之一

雷佐尼科宫由隆格那在1649年建造，直到1750年才由Giorgio Massari建造完成。1712年热那亚的雷佐尼科家族买下这幢建筑，并在19世纪将其卖给美国诗人布朗宁，在布朗宁去世后这幢建筑被辟为威尼斯18世纪博物馆，并于2001年6月30日对公众开放。雷佐尼科宫曾经是提香画室的所在地，现今游人在雷佐尼科宫内除了可以欣赏到这里收藏的18世纪生活用具、陶器、织锦画等展品，还可以欣赏到卡纳莱托、卡列拉、提也波洛、瓜尔等著名画家的作品。

TIPS

Fondamenta Rezzonico, 3136, 30123 Venezia　6.5欧元（持总督府等通用的市立美术馆通用券（Museum Pass）可入场）　周一、周三至周日10:00—18:00，周二休息　乘1号水上巴士至Ca'Rezzonico站，下船即达　★★★★

59 利多岛
气味芬芳的海滨度假胜地

利多岛是横贯威尼斯东南、约12公里长的细长小岛，与法国的利比埃拉、美国的迈阿密、夏威夷的瓦依基基齐名，是国际闻名的海滨疗养胜地。利多岛上拥有众多外观雅致的别墅和豪华饭店，同时也是托马斯·曼名作《威尼斯之死》的故事舞台，沙滩上便建有电影《威尼斯之死》中出现过的休息用的小屋，同时岛上还有众多赌场、餐馆和夜总会，是品味高雅的社交场所。此外，作为世界上最著名的电影节之一，每年9月的威尼斯电影节期间，来自世界各地的电影导演、演员和评论家们都会齐聚在岛上的电影宫。

TIPS
Lido Island ◎全天开放 ◎在圣马可广场乘1、82、N线航船即达，行程约30分钟 ◎★★★★★

60 黄金宫
威尼斯城最杰出的哥特式建筑

始建于1440年的黄金宫又名"法兰盖提美术馆"，涂金的建筑物闪闪发光，过去被称为"黄金的宫殿"，是威尼斯城最杰出的哥特式建筑。

现今黄金宫已经被辟为对一般公众开放的美术馆，馆内收藏了威尼斯画派14~18世纪的绘画珍品。卡巴乔的《圣告图》、安东尼奥·范·代克的《基督受难记》、曼帖那的《圣塞巴斯蒂安》以及提香等人的作品都可以在这里欣赏到。

TIPS
◎位于佩沙罗宫的对面 ◎5欧元 ◎8:15—19:00，复活节、圣诞节和元旦休息 ◎乘1号水上巴士至Ca'd Oro站，下船即达 ◎★★★★★

61 钟楼
威尼斯最高的建筑 赏

建成于912年的钟楼高98.05米，是威尼斯最高的建筑，最初曾作为下方港口的瞭望台，以及为海上船只指明航路的灯塔。近千年时间里一直经历风吹雨打和闪电轰击的钟楼，在1902年7月14日倒塌，几小时后威尼斯市政会就立誓要在原址上建造一座与原来一模一样的钟楼。1912年4月25日圣马可节当天，同时也是第一座钟楼建成1000年后，崭新的钟楼落成完工，其外观与旧的钟楼一模一样，只不过重量轻了600吨，地基也更加牢固。现今，游人可以登上这座威尼斯的标志建筑，一览水城威尼斯的迷人风光。

TIPS
位于圣马可广场附近 1、82号线与所有通往San Marco的船只均可到达 ★★★★

62 时钟塔楼
景泰蓝和金漆装饰的时钟塔 赏

位于圣马可广场的时钟塔楼于15世纪末完工。用景泰蓝与金漆装饰的时钟塔楼上面用拉丁铭文写着："我只计数幸福的时光。"每年1月6日的主显圣容节和8月15日的圣母升天节，时钟内的东方三贤者会从侧门走出，向中央的圣母与圣婴致敬。据传说，威尼斯人曾将时钟塔楼制造人的眼睛弄瞎，以防他们为竞争对手的城市创作出同样的作品。

TIPS
位于圣马可大教堂西面 1、82号线与所有通往San Marco的船只均可到达，但需要步行一段路程 ★★★★

63 雷雅托桥
《威尼斯商人》的场景之一 赏

TIPS
大运河上 乘1、82号水上巴士至RIALTO站 ★★★★

雷雅托桥是架设在威尼斯大运河中央的桥梁，其历史可以追溯到13世纪，它曾经是大运河上唯一的桥梁。在最初的设计中雷雅托桥是木质的掀起式桥，后来改为吊桥。在1444年的一次庆典中，大桥因不堪重负而折断。在15世纪中叶对大桥进行了改建，1591年大理石新桥竣工完成，桥长48米，宽22米，离水面7米高，桥两头用1.2万根插入水中的木桩支撑，桥上中部建有厅阁。

雷雅托桥附近是交易盛行之地，各类小铺、摊贩云集，桥上有许多出售纪念品的小店。大桥中央是拍摄大运河的最佳地点，而桥梁本身也是很好的摄影素材。现在的桥顶有一浮亭，两侧是20多间各具特色的首饰商店和贩卖纪念品的小摊。这里不仅是游人流连忘返的去处，也是威尼斯最重要的商业区之一，莎士比亚名剧《威尼斯商人》就是以这里为背景的。

64 穆拉诺岛
威尼斯的玻璃之岛

TIPS
位于威尼斯的东北部　在San Zaccaria船站乘41号船，或在Fondamenta Nuova船站乘12、13号船　★★★★

位于威尼斯北部的穆拉诺岛以生产玻璃和制作玻璃制品著名，也称"玻璃岛"。13世纪时威尼斯的玻璃制造业发展迅速，当时城内遍布大小不一的熔炉。后来，为了防止火灾发生，玻璃作坊全部移至城北的穆拉诺岛。15~16世纪，穆拉诺岛的玻璃制造工艺达到顶峰，当时岛上的手工艺人创造了水晶玻璃和带花边装饰的乳白色玻璃，成为威尼斯与东方贸易中最贵重的商品，为威尼斯共和国带来了巨大的财富。现今，游人来到穆拉诺岛，不可错过这里的玻璃艺术博物馆，馆内展示了从古至今各时代的玻璃工艺品，有各式吊灯、果盘、花瓶、花卉、工艺摆设和日用器皿，还有奔马、天鹅等动物鸟兽，以及项链、耳环等装饰品，其中意大利传统大型水晶吊灯由数百件晶莹剔透的玻璃花朵、玻璃烛台、玻璃坠子组成，反映了穆拉诺岛玻璃工艺的高超水平。此外，岛上的一些玻璃制品厂也有专门的玻璃制品陈列室，游人不仅可以欣赏优美精致的玻璃艺术品，还可以到玻璃工艺制品厂的车间参观，了解工人制作玻璃的工艺过程。

65 圣乔治·马乔雷教堂 赏
恢弘壮丽的教堂

TIPS
30124 Venice　041-5227827　教堂免费，钟楼：3欧元　9:30—12:30、14:00—18:00，周日弥撒期间不对外开放　乘82号水上巴士至S.GIORGIO站　★★★★

始建于16世纪中期的圣乔治·马乔雷教堂直到1610年才最终竣工完成，科林特式的巨大圆柱赋予了圣乔治·马乔雷教堂壮丽恢弘的外观。此外，教堂内还收藏有多幅丁多列托的作品，其中最知名是《马纳的宝藏》和《最后的晚餐》两幅画作。游人还可以从教堂内的电梯直达钟楼顶，眺望从朱提卡岛到对岸圣马可广场的迷人风光。

66 布拉诺岛 逛
威尼斯潟湖上色彩最缤纷艳丽的岛屿

位于威尼斯东北部的布拉诺岛是一座渔村和编织花边的村庄，运河两岸排列着的都是涂成粉色和淡绿色的房子。这座以蕾丝花边闻名的岛屿同时也是威尼斯潟湖上色彩最缤纷艳丽的一座岛屿。在布拉诺岛的商店中堆满了琳琅满目的蕾丝花边制品，是作为旅游纪念品馈赠亲朋的绝佳选择。此外，布拉诺岛上还可以品尝新鲜的海鲜，经常有威尼斯人在周末专程前来，享受一顿味美价廉的丰盛大餐。

TIPS
位于威尼斯的东北部　在San Zaccaria船站乘14号船；或在Fondamenta Nuova船站乘12号船，约30分钟即达　★★★★

67 帕多瓦

充满学术气息的古城

TIPS

🏠威尼斯西侧 ☎049-8752077、8753087（旅游服务中心） 🚆在威尼斯乘火车约半小时即达，从火车站出来沿着人民大道直走约10分钟即达老市区 ⭐⭐⭐⭐

　　毗邻威尼斯不远的帕多瓦早在罗马时代就已经是一座富庶的城市，曾被誉为是仅次于罗马的"富庶之城"。13世纪开始作为自由城邦的帕多瓦，在15世纪开始接受当时强盛的威尼斯共和国支配，现今人们依旧可以在这座古老的城市中看到大量中世纪流传下来的柱廊式街廓布局，而新建的建筑也遵循这一原则，使得城市整体风格和谐统一。毗邻帕多瓦火车站的斯克罗韦尼教堂与市立博物馆相连，游人可以在这里欣赏乔托的壁画，其中最为知名的当属《犹大亲吻耶稣》，吸引来自世界各地的美术爱好者前往朝圣。

　　作为帕多瓦的城市骄傲之一，帕多瓦大学创建于13世纪，以自由、通俗而闻名，哥白尼、哈伯等曾在此学习，伽利略、但丁、彼特克拉等曾在此授课。在医学和自然科学的研究方面被誉为"欧洲第一"的帕多瓦大学，拥有世界上第一个圆形阶梯状解剖学教室，是现今众多游人前往观光的重要景点之一。此外，帕多瓦的雕塑广场也吸引众多观光客拍照留念，广场上一系列人像雕塑都是帕多瓦历史上的名人，观光之余还可了解帕多瓦的历史。

68 维罗纳

悲剧爱情的舞台

🏠威尼斯西部 ☎045-8000861、80686809（旅游服务中心） 🚆在威尼斯火车站乘火车至维罗纳的新门站即达，行程约1小时20分钟 ⭐⭐⭐⭐⭐

　　位于阿尔卑斯山南麓的维罗纳风光迷人，是意大利最为古老、美丽的城市之一。古罗马、中世纪和文艺复兴三段历史时期的建筑完整地呈现在维罗纳的老城区中，曲折的街巷两侧林立着众多历史悠久的古老建筑。其中最吸引游人的当属卡佩罗路27号小院里的一幢小楼，作为莎士比亚名作《罗密欧与朱丽叶》中朱丽叶的故居，院内正面竖立着一尊真人大小的朱丽叶青铜塑像，亭亭玉立，深情而又略带哀怨，每一个来到这里观光的游人都会触摸下铜像的右胸，祈求能够得到美好的爱情。铜像左侧的大理石阳台是罗密欧与朱丽叶这对情侣幽会的场所，所有门墙上写满了祝福爱情的话语。这里与朱丽叶的墓地一同成为全世界青年男女膜拜的爱情圣殿，每年都有不少情侣专程从世界各地赶到这里结婚，为的是要像罗密欧与朱丽叶一样誓死捍卫爱情。

69 帕维亚
威斯康迪家族的大本营

位于米兰以南的帕维亚在罗马帝国成立之前就已存在，西罗马帝国灭亡后直到11世纪，帕维亚成为了伦巴第人的首都，之后又沦为日耳曼红胡子腓特烈大帝联盟下的自治政府所在地。1359年威斯康迪家族成为帕维亚的领主后，这座古老的城市重新迎来了大规模的扩建。现今漫步在帕维亚城内，依旧可以看到大量典雅优美的红砖建筑和中世纪遗留下来的高塔，完美的文艺复兴风格吸引了来自世界各地的游人竞相拍照留念。此外，在帕维亚城区北侧还保留有旧时的城墙遗迹，城郊8公里外的大修院是伦巴第地区文艺复兴时期的建筑杰作，内部收藏有众多具有极高艺术价值的艺术品。

TIPS
米兰南端　0382-22156（旅游服务中心）　在米兰中央车站乘火车至帕维亚火车站，下车即达，行程约40分钟　★★★★

70 曼托瓦
雅致宜人的古城

TIPS
伦巴第大区边界　0376-432432（旅游服务中心）　在米兰中央车站乘火车，1小时50分左右即达　★★★★

位于伦巴第大区边界的曼托瓦在Gonzaga家族统治下，从14世纪开始直到18世纪经历了被誉为"黄金四百年"的辉煌岁月，整座城市的建筑如同宫殿般洋溢着强烈特色。曼托瓦的老城区被Mincio河三面环绕，热爱艺术的当地领主曾聘请了Andrea Mantegna、Leon Battista Alberti、Giulio Romano等文艺复兴时期的艺术家营造出这里精致优雅的街巷与建筑。沿街绵延不断的拱廊下散布着数不清的商店与咖啡馆，建于11世纪的圣罗伦佐教堂充满古典气息，周围毗邻公爵府、圣乔治城堡等古建筑群。此外，曼托瓦老城区南侧的Palazzo Te是由建筑师朱利欧·罗马诺于1525年设计修建，是Gonzaga家族的斐德里克二世休闲玩乐的场所，建筑内部装饰堪称经典，其中，壁画从天花板延续至墙角的巨人厅，尤其令人震撼。

71 克雷蒙纳
小提琴的发源地 逛

位于米兰东南端的克雷蒙纳早在公元前218年,便已经是一座颇具规模的古罗马城市。罗马被侵后城市开始向外扩张,中世纪与文艺复兴时期,克雷蒙纳出现了许多精致的贵族住宅,其中14~17世纪手艺精湛的制琴工匠们更是为这座小城带来了浓郁的艺术气息,进而使这里成为了小提琴的发源地。生于1505年的Andrea Amati被公认为"小提琴之父",Antonio Stradivari也在这座小城制作了上百把小提琴,而Giuseppe Guameri del Gesu制作的小提琴也堪称经典作品,现今游人还可以在克雷蒙纳的公共王宫欣赏这些出自制琴大师手中的顶尖之作。

TIPS
🏠米兰东南侧 🚂在米兰中央车站乘火车,1小时左右即达 ★★★★

72 西米欧尼
风景优美的湖滨小镇 逛

位于米兰与威尼斯之间的西米欧尼毗邻意大利面积最大的湖泊——加达湖,北宽南窄的加达湖是由冰河融化而成,因其湖畔的优美风景自古以来就受到但丁、歌德等诗人作家的赞颂。地处湖泊南侧的西米欧尼是一座风景优美的湖滨小镇,13世纪时统治维罗纳的Scaligeri家族曾经在这里修建了一座城堡。环绕古堡的旧城区逐步向外发展,最终形成了这座古色古香的湖滨小镇,吸引了众多游人来到这里观光度假。此外,西米欧尼北端的Grotte di Catullo是公元前1世纪时拉丁诗人Catullo的别墅遗迹,游人可以在这碧蓝湖水的陪伴下,感受这段久远的历史。

TIPS
🏠米兰与威尼斯之间 ☎030-914116(旅游服务中心) 🚂在米兰中央车站乘火车至Desenzano del Garda/Sirmione站,下车即达,行程1小时45分钟左右 ★★★★

畅游欧洲 意大利

73 圣吉米纳诺
托斯卡纳地区最迷人的高塔之城

位于托斯卡纳地区的圣吉米纳诺是一座风光迷人的山城。在中古世纪时，这座小城曾经是信徒从欧洲北部南下前往罗马朝圣的主要休息站，曾经繁荣一时。在1348年瘟疫席卷托斯卡纳地区后，朝圣的信徒们被迫改道，这座古老的山城也逐渐走向没落。

现今的圣吉米纳诺充满古朴风韵，城中的古建筑随处可见，其中建于1239年的领主宫毗邻主教堂，简朴的外观与拥有大量精美壁画的内部装饰形成强烈对比，吸引了众多游人专程慕名而来。此外，古城内拥有众多错落有致、高耸向天的古老砖塔，成为了圣吉米纳诺最引人注目的标志之一。

TIPS
佛罗伦萨南部　0577-940008（旅游服务中心）　在佛罗伦萨火车站旁边搭乘SITA长途巴士,需1小时10分钟　★★★★

74 锡耶纳
中世纪风情的古城

位于山丘上的锡耶纳是一座历史悠久的古城。城中的街道沿着山势蜿蜒曲折，两旁林立着众多古老的建筑，丘陵之间点缀着众多红砖屋瓦的中世纪房舍，其独有的魅力带给游人浓郁的中古世纪风情。13—14世纪的锡耶纳曾经是历史上最繁荣的时期，瘟疫横行与其后的佛罗伦萨军队围城，使得原本一片繁荣的锡耶纳变成托斯卡纳大公国的臣属，而曾经忙碌的建筑工程也全部停工，古老的锡耶纳也就此停留在了遥远的中世纪。

现今，锡耶纳的古城中依旧充满了浓浓的中世纪情调，始建于12世纪的主教堂是阿尔卑斯山以南罕见的纯哥特式风格建筑，教堂的右侧长廊由于瘟疫而停工，现今被辟为大都会作品博物馆，收藏有锡耶纳画派大师Duccio创作的《庄严的圣母》等名作。

TIPS
il Campo 56　0577-280551（旅游服务中心）　全天开放　在佛罗伦萨的新圣母玛丽亚车站（Firenze S.M.N）乘火车,需1.6小时至锡耶纳火车站,再换乘公交车上山即达　★★★★

75 圣多明尼哥教堂
圣多明尼哥安息的教堂

圣多明尼哥教堂是庄严肃穆的宫殿，它建造于12世纪，是纪念基督教圣多明尼哥会的创始人圣多明尼哥的教堂。这座教堂是由一座修道院几经扩建而来，圣多明尼哥逝世后就埋葬在这里。这座大教堂被分为内外两个部分，是以巴洛克风格为主，又有哥特和中世纪的建筑特征。高耸的阿罗马钟楼建造于13世纪，是大教堂的制高点。教堂内装饰着华美的花纹与雕像，坚固的石柱支撑着庞大的穹顶，阳光从高处的彩窗中照射下来，给大殿内渲染出一层神圣感。这座教堂中还珍藏着许多艺术大师的作品，尤以文艺复兴时期的居多，其中包括皮萨诺、阿诺尔福·迪坎比奥、达博洛尼亚、圭多雷尼、圭尔奇诺和菲利皮诺等人的作品，最珍贵的当属米开朗基罗的杰作。圣多明尼哥的墓室中有着精美的壁画，上面刻绘着他一生传教行善的事迹。教堂前面的广场是用鹅卵石铺成的，这里是中世纪牧师们进行传教的地方。

TIPS
Piazza San Domenico 13　051-6400411　7:00—13:00，15:00—19:30　★★★★

76 蒙特卡蒂尼
意大利著名的温泉度假胜地

位于托斯卡纳大区北部的温泉小城蒙特卡蒂尼地处亚平宁山脉的南麓，是意大利著名的温泉度假胜地。水质清澈、可直接饮用的蒙特卡蒂尼温泉含有丰富的硫黄和苏打，具有解毒的功能，据说对缓解肠道疾病、排除肾功能障碍和消除结石疗效显著，早在罗马时代便是著名的温泉疗养地。

TIPS
位于托斯卡纳大区北部地区，亚平宁山脉的南麓　★★★★

77 帕尔马
美食与艺术闻名的小城 逛

TIPS
 博洛尼亚和米兰之间　0521-218889　在博洛尼亚的中央火车站乘火车至帕尔马，行程约1.5小时 ★★★★

小城帕尔马既是一座艺术之城也是一座美食之城，文艺复兴之花在这里生长绽放，而波旁王朝的长期统治又给这里带来了不少异国风情。德拉宫皮洛塔广场是帕尔马最具吸引力的地区，帕拉丁图书馆、国家美术馆、考古博物馆、波多尼博物馆和法尔内塞剧院均在这里。这里的美术馆有着宽阔的展厅，沿着馆内设计精巧的现代化步道可以看到不同时期的艺术精品，还有许多令人眼花缭乱的高科技展品。帕尔马的考古博物馆虽然不大，但珍藏着史前、古希腊、伊特鲁里亚、古埃及和古罗马的各种物品，这些不同时代的文物让这座博物馆极具吸引力。历史悠久的雷吉奥剧院是当今世界顶尖的歌剧院之一，新古典式建筑的风格极具魅力，室内则拥有华丽的装修，一场场盛大的古典歌剧在这里完美上演。恩尼奥·塔迪尼奥球场是著名的帕尔马俱乐部的主场，来到这里可以感受足球这一运动的激情与魅力。帕尔马干酪是这里的特产，奶酪博物馆则是介绍这种风味食品的绝佳场所，闻名于世的帕尔马火腿则拥有自己的火腿博物馆。

78 拉文纳
意大利最早的城市之一 逛

TIPS
 博洛尼亚东南　0544-35404　在博洛尼亚中央车站乘火车约需1小时10分钟 ★★★★

历史悠久的拉文纳是意大利最早的城市之一，这里风景优美，还有许多古老的拜占庭式建筑。由于曾经是西罗马帝国的都城，故这里的建筑古朴威严、极具魅力，而那些狭窄的小巷让这里充满了休闲的氛围，骑自行车游览拉文纳市区是绝佳的选择。拉文纳的老城区中有许多教堂，其内独特的马赛克艺术品入选了世界文化遗产名录，这些杰作壮观非凡，具有鲜明的罗马晚期色彩，至今还依然闪烁着令人窒息的美丽光芒；教堂内的大理石柱坚固异常，充满了独特的华美之感。有些教堂中还展示了马赛克艺术品的制作过程，让观者无不赞叹古罗马人的聪明与智慧。著名的洗礼池是小城最古老的建筑，这座建于5世纪初的八角形洗礼池，内外均装饰着拜占庭和早期基督教风格的物品，也见证了罗马帝国晚期的历史。大诗人但丁的陵墓也在这里一座风景优美的花园之中，象征着他对生活和自然的热爱。加拉·普拉西第亚的陵墓是欧洲最古老的十字形陵墓，墓室内外装饰华美，令人惊叹不已。

79 圣马力诺

世界上最小最古老的共和国

TIPS

🏛 佛罗伦萨东部　☎ 378-0549-882998　🚌 在博洛尼亚中央车站乘火车至滨海城市里米利，行程约1个小时，再换长途巴士即达，约需45分钟车程　⭐⭐⭐⭐

　　圣马力诺是世界上最小也是最古老的共和国，这个袖珍国家位于蒂塔诺山的山坡上，风景优美，春秋花香，夏季凉爽宜人，冬天白雪皑皑，是世界闻名的旅游休养胜地。圣马力诺所在的山区林木葱茏，掩映在其间的城墙是这个小国的著名美景，3座位于城墙间的高塔是瞭望这里美景的绝佳地点。圣方济各大教堂是此城最古老最富魅力的建筑物，这座教堂庄严肃穆，正门上方悬石匾，刻着一只头戴王冠、展翅欲飞的雄鹰雕像，其旁还有一戴冕头像的浮雕，大厅内还有十分精美的木质耶稣雕像。圣马力诺赛道是著名的F1方程式大赛的赛车道，在这里可以感受赛车的轰鸣与风驰电掣的速度。圣马力诺大教堂是这里的又一处古迹，这座雄伟壮观的教堂令参观者沉浸在神圣的宗教氛围之中，圣马力诺国家博物馆内珍藏着大量珍贵的物品，是了解圣马力诺历史与文明的绝佳地点。而且这里发行的各种新颖邮票与古钱币都是极具特色的收藏品。

80 都灵大教堂

存放耶稣裹尸布的圣殿

　　位于都灵老城区内的都灵大教堂历史悠久，虽然不大，但在世界上众多的教堂中有着独特的地位。这座教堂建于15世纪末，毗邻雄伟壮观的都灵古罗马圆形竞技场，虽然没有恢弘的气势，但却有着自己独特的平和之感。庄严肃穆的氛围、巴洛克式的外观与华贵大理石柱烘托出这里独一无二的气质。这座教堂内"耶稣的裹尸布"是意大利的国宝，在整个基督教世界都是极为珍贵的宝物，因为它是耶稣死于十字架之后，用来包裹其尸体的物品。这块长4.36米、宽1.1米的白色麻布上带有血污的痕迹，依稀可以分辨出一个瘦削的男性人影，男子双手交叉放在腹部，手和脚的部位还有斑斑血迹，脸上的胡须也是依稀可见，真实而又生动地刻画出耶稣基督受难时的形象。这块裹尸布的真实性自发现以来一直饱受怀疑，但它仍是被当作基督教的一个圣物来收藏和尊敬，并广受信徒的膜拜。

TIPS

🏛 Piazza San Givovanni　☎ 011-4361540　🕐 周一至周五7:00—12:00、15:00—19:00，周日、假日8:00—12:00　⭐⭐⭐⭐⭐

81 安托内利尖塔与国家电影博物馆
风格现代前卫的展厅

巍峨耸立的安托内利尖塔是都灵的标志性建筑，这座高达160米的巨塔虽然位于狭窄的老城区中，但在19世纪曾一度是全球最高的建筑物。安托内利尖塔原本是宗教建筑物，后来成为意大利的国家复兴博物馆，现在则是都灵著名的旅游景点。来到这里乘坐透明的观光电梯缓缓地登上塔顶，不但可以俯瞰都灵市区的各种美景，也可以瞭望阿尔卑斯山区的美好风景：白雪皑皑的山巅与褐色的山体，苍翠的山体与漂浮在碧空之中的白云，这五彩缤纷的景象构成了一幅优美的画卷。

意大利国家电影博物馆也在这座塔内，这里的互动式电影馆内滚动播出意大利的著名电影作品，还播放其他国家的电影名作。这座博物馆内的资料除了有对收藏影片的详尽介绍，还有许多与电影相关的花边趣闻与名人轶事。博物馆内还展出了各种拍摄电影与播放电影的设备，以及经典影片中的服装、道具等，游人们来到这里还可以感受到意大利电影工业发展的辉煌历史。

TIPS
Via Montebello 20　011-8125658　周日至周五以及假日9:00—20:00，周六9:00—23:00　★★★★

82 热那亚君王宫
热那亚最华美的宫殿式建筑群之一

TIPS
Piazza del Principe 4　010-2550917　周二至周日10:00—17:00　★★★★

热那亚君王宫是这座古城最华美的宫殿式建筑群之一，它修建于15世纪初期，直到该世纪末才正式竣工，建成之后在欧洲各地倍受赞誉，其后一直作为热那亚统治家族所居住的宫殿。这座宫殿融合了古罗马、文艺复兴、巴洛克、哥特等多种流派的建筑艺术，各具特色而又相互烘托，使得这里成为建筑艺术的瑰宝。热那亚君王宫是由著名的建筑家所设计的，在豪华的风格中又有着庄严肃穆的氛围，令人惊叹无比。王宫外部的雕像精美华丽，充满着热那亚的独特风情，惟妙惟肖的表情更彰显出独特的魅力。宫殿内部装饰豪华，各种艺术品遍布其中：既有一幅幅别出心裁的绘画作品，也有各种充满美感的雕塑作品，这些艺术作品与鲜艳的花朵、苍翠的树木将这里装点得愈轮美奂；这里的大理石柱具有朴素的美感，洁白典雅的外墙将这里渲染得与众不同，还有那些雕刻着精美图案的门窗，阳光从这五彩缤纷的玻璃中照射进来，给教堂内渲染出一层绮丽的氛围。

83 热那亚圣罗伦佐教堂

热那亚地区的主教堂

TIPS

 Via T.Reggio 17 010-865786 周一至周六9:00—12:00、15:00—18:00，周日休息 ★★★★

历史悠久的圣罗伦佐教堂是热那亚地区的主教堂，这座建于11世纪末的大教堂位于热那亚的市中心，也是老城的标志性建筑之一。几经修整重建，现在看到这座教堂的哥特风格是14世纪时所遗留下来的。教堂的外观以黑白两色为主，从浮雕累累的大门及玻璃彩窗的设计上可以看到鲜明的法国宗教建筑的痕迹。教堂内部仍保持着古老的罗马风格：半圆的拱状天花板具有庄严的神圣色彩，坚固的大理石柱是这里的支点，一幅幅精美的壁画环绕其间，给这里增添了无限光彩。教堂内还有华丽的浮雕，那些充满了宗教艺术美感的作品具有极强的感染力。圣罗伦佐教堂还有一座著名的"圣罗伦佐地下博物馆"，那里收藏了基督教各个时期的艺术品和收藏品，其中最为珍贵的当属神圣罗马帝国皇帝"红胡子"腓特烈一世所用的一件物品。这座大教堂还有着神奇的色彩：在第二次世界大战时，这里曾被英国军舰炮轰，但由于水兵的失误，打到主殿的炮弹因为没有导火索的缘故并未爆炸。

84 加里波第路

纪念意大利民族英雄加里波第的大街

19世纪后半叶，在朱塞佩·加里波第的领导之下，意大利首次实现了全国的统一，强盛的意大利王国从此跻身于世界之林。在今天的热那亚城中，便有这样一条以这位意大利民族英雄命名的大街——加里波第路。

这里有热那亚著名的宫殿和艺术馆中心，包括始建于16世纪的比安科宫，以及始建于17世纪的罗素宫等。同时，它还是一个集观光、旅游、美食于一体的特色旅游区，对于喜爱热那亚乃至意大利的游客们来说，非常值得一去。

TIPS

 红宫：Via Garibaldi 18；白宫：Via Garibaldi 11；史宾诺拉宫：Piazza Pelliceria 1 红宫：010-2476351；白宫：010-5572013；史宾诺拉宫：010-2705300 红宫：周二、周四和周五9:00—13:00，周三和周六9:00—19:00，周日10:00—18:00；白宫：周二、周四和周五9:00—13:00，周三和周六9:00—19:00，周日10:00—18:00；史宾诺拉宫：周二至周六9:00—19:00，周日14:00—19:00 ★★★★

85 五渔村
意大利著名的旅游胜地

五渔村是位于拉斯佩齐亚沿海5个风景优美的小镇的统称，这里拥有人文与自然景观完美结合的风景，是意大利著名的旅游胜地。这里拥有碧澈的海水与奇巧的险峰，如诗如画的醉人之美让每一位来到这里的游客都获得了美好的体验。五渔村的美丽风景各有不同，位于海边的蒙特罗梭的沙滩柔软平缓，是享受日光浴和畅游大海的好地方；镇中心的博物馆内还藏有名家的作品；韦尔纳扎是以富有特色的家庭餐厅而出名的，这里的餐厅都是露天的，游客在此可以一边品尝意大利美食，一边瞭望无边无际的大海；科尔尼利亚的葡萄园遮天蔽日，来到这里可以品尝各种与葡萄有关的美食；马纳罗拉的房屋建筑极具特色，是一个色彩斑斓的世界；里奥马焦雷最出名的当属悬崖上的那条"爱之路"——一边是布满奇妙彩绘的涂鸦墙，另一边则是陡峭的悬崖，可以俯瞰惊涛拍岸的蔚蓝色大海。

TIPS
🚩 拉斯佩齐亚沿海　🚌 在热那亚的君王广场或布里纽雷火车站乘火车至五渔村的第一站蒙特罗梭，行程约1小时45分钟。五渔村之间有专门的小火车行驶，每一站都停，可以在南或北的始发站买一日票，沿途上下　★★★★

---

86 佩鲁贾执政官宫
意大利最庞大的中世纪建筑群之一

佩鲁贾执政官宫是意大利最为庞大的中世纪建筑群之一，建于这座古城最辉煌的13世纪末，庞大的工程直到15世纪中期才结束。这座宫殿是当时统治佩鲁贾的地区公社所在地，气势雄伟、庄严恢弘，是意大利历史的重要见证。佩鲁贾执政官宫具有鲜明的哥特式风格，又有意大利建筑的特色。宫殿的外墙布满了各种繁复的花纹与雕饰，其中最引人注目的是代表佩鲁贾城市形象的"秃鹫"与"狮子"图案。技艺大门是宫殿中最具神话色彩的地方，上面的浮雕形象生动、主题鲜明，各种善与美、丑与恶在这里均有体现，来到这里可以获得心灵上的洗涤。"公证人大厅"是过去解决争端的地方，殿堂内的墙壁上悬挂着13世纪的绘画作品。宫殿里的一条条拱廊宽敞深邃，沿此步行可以来到翁布里亚国家艺术馆，这个艺术馆内收藏了翁布里亚大区自13世纪以来众多优秀的艺术作品与当地具有代表性的各种文物。

TIPS
🚩 Piazza IV Novembre　☎ 075-5741257　🕐 公证人大厅：9:00—13:00, 15:00—19:00；11月至次年2月逢周一休馆；国立翁布里亚美术馆：9:00—19:00，每个月第一周的周一休馆　★★★★

87 阿西西
基督教圣人方济各的家乡 逛

TIPS

🚌 佩鲁贾东部 🚆 在佩鲁贾乘火车，出站后可换乘公交车至位于半山腰的小城 ★★★★

阿西西是基督教圣人方济各的家乡，是意大利著名的宗教旅游景区。这座古老城镇的建筑大都是采用附近山区的玫瑰色石料，至今仍好保存着中世纪的各种风貌。阿西西的老城区被城墙所包围，这道坚固的防御工事至今仍保存完好，它是这座小城宁静祥和生活的保障。城区西侧的圣方济各大教堂是阿西西的标志性建筑，它建于13世纪，具有方济各会建筑惯有的朴素外观。但它的内部结构却非常精巧复杂，上下两层建筑让游客从每个角度看感觉都不同；大教堂的装饰是由当时意大利众多的艺术家们精心设计的，尤其是位于拱顶上的壁画属于意大利的国宝。这座用于朝拜圣方济各遗体的大教堂是意大利和欧洲艺术和建筑发展的重要标志。位于市中心的市政厅广场上那座由古罗马神殿改建的天主教堂的美丽长柱是古罗马建筑艺术的精品。阿西西古迹众多，圣女齐亚拉教堂、大城堡、小城堡等也都是不可多得的景点。

88 那不勒斯皇宫
原为那不勒斯王居所 赏

那不勒斯皇宫坐落在普雷比席特广场对面，始建于17世纪，原为西班牙统治时期那不勒斯王的居所，后来则成为波旁王朝的宫殿。皇宫正面8幅巨壁上，至今依然摆放着8尊国王的大理石雕像，洋溢着典型的巴洛克风格。1925年，这里被意大利政府改建为国家图书馆，是那不勒斯最为重要的历史名胜之一。

宫殿内除拥有小型的宫廷剧院和国立图书馆外，同时还展示着历代王室的起居室、客厅和睡房，以及大量的瓷器、家具、绘画等艺术品。

TIPS

🚌 普雷比席特广场旁 💶 4欧元 🕐 周一至周日9:00—20:00，周三休息 🚆 在中央车站乘R2公交车即达 ★★★★

89 索伦托
令人沉醉的碧海蓝天 玩

位于意大利南部索伦托半岛北岸的索伦托是那波里海湾中一座风光旖旎的小城。位于海滨峭壁上的索伦托小城四周被橘、柠檬、油橄榄与桑等树丛所围绕，一边是曲折的海湾，一边是蔚蓝的大海。漫步在小城整洁的街道上，可以远眺壮美的维苏威火山和魅力无比的卡普里岛，同时小镇上还有众多14世纪修道院、大量中世纪雕刻和绘画，吸引了众多游人来到这里度假观光，是欧洲最负盛名的度假胜地。

TIPS

🚌 意大利南部索伦托半岛北岸 🚆 在那不勒斯中央车站地下搭乘"环维苏威线"小火车至终点站Sorrento，下车即达 ★★★★

畅游欧洲 意大利

90 庞贝古城
被火山摧毁的古城遗迹

TIPS
🏠 那不勒斯东侧　🚇 在那不勒斯中央车站地下乘"环维苏威线"小火车至Pompei站,下车即达　⭐★★★★

庞贝是亚平宁半岛西南角上的一座城镇,在古罗马帝国时代,这里原本只是一座中等规模的市镇,然而随着维苏威火山的突然喷发,整个城市在一夜之间被彻底掩埋,直到1748年才被人们发现并发掘至今,从而成为了解和研究古罗马社会生活与文化艺术的重要资料。

古城略呈长方形,四周有城墙环绕,城内街道纵横交错,在古罗马时期曾是有名的"酒色之都"。特别值得一提的是,当考古工作者从废墟中发现了大量的壁画之后,这些被称作"庞贝壁画"的艺术品很快便对后来欧洲新古典主义产生了极为深远的影响。

91 卡普里岛
意大利著名的旅游休养胜地

TIPS
🏠 那不勒斯南部　☎ 081-8370634,081-8370686,081-8371524　🚢 在苏莲托的小码头乘船,需20~30分钟;或在那不勒斯直接搭船过来,需要约40分钟
⭐★★★★★

卡普里岛是意大利著名的旅游休养胜地,这里风景优美,被称为"爱情、梦幻与太阳之岛"。卡普里岛的主要城镇位于山坡之上,游客们可以从港口乘坐缆车前往,一边纵览卡普里岛的各处美景,一边体验以缆车作为交通工具的独特之处。卡普里岛的蓝洞被誉为"世界七大奇景之一",位于悬崖峭壁下的洞穴散发着奇妙的蓝色光芒,瑰丽无比,游客可以乘坐小船来到洞中,不但可以看到柔和的湛蓝色海水,还能看到神秘莫测的蓝色岩石。除了蓝洞外,岛上还有白洞、暗洞、圣人洞、神父洞、奇妙洞、燕贝里洞等诸多洞穴。卡普里岛上还有众多的人文景点,如古罗马皇帝提比略的行宫遗迹和他的墓葬地、革命导师列宁和文学家高尔基的故居。岛上的出租车多为敞篷车,游人们可以更加便利地欣赏岛上的各处美景。

乘船环海岛游是这里的经典旅游项目,海岸线上那混杂在一起的悬崖峭壁、洞穴和多岩石的海垛,都是魅力四射的景点。海岛的海滨浴场有着柔软的沙滩和崎岖的礁石,是享受日光浴的好地方。

92 阿玛尔菲海岸
风景优美的海滨旅游区

TIPS
📍 位于那不勒斯东南部　☎ 081-8370634，081-8370686，081-8371524（旅游服务中心）　🚌 在苏莲托的火车站前有专门去往阿玛尔菲海岸的长途巴士
⭐ ★ ★ ★ ★

阿玛尔菲海岸是意大利著名的海滨旅游区，这里不但拥有优美的自然风光，还有众多古老的人文景点，因此是世界上为数不多的、被联合国教科文组织评定的世界文化和自然双遗产。这片海岸阳光充沛，在蓝天白云的衬托下，遥望远方无边无际的蔚蓝大海，景色令人陶醉，是享受各种海岸美景的绝佳地点。海岸边陡峭的悬崖上到处开满九重葛和夹竹桃的鲜花，硕果累累的柠檬树和柑橘树布满悬崖的顶部，宛如一座空中花园。阿玛尔菲海岸怪石嶙峋，各种延伸到海中的栈桥都有着自己独特的魅力。乘船游览这片海岸可以感受大自然的巧夺天工与房屋建筑者的独具匠心。

依山而建的阿玛尔菲小镇历史悠久，拥有众多独具魅力的古建筑：这些不同年代、不同风格、颜色各异的漂亮房子千姿百态，与屋后当地人种的满山柠檬、橄榄树和葡萄等植物构成了一幅和谐统一的山海风情图。小镇里的古街修长狭窄，幽静的午后时分，走这里的小道前往壮观的阿玛尔菲大教堂，可以充分感受那中世纪的古老风情。

93 巴里主教堂
巴里的标志性建筑

TIPS
📍 Piazza Odegitria　🕐 8:30—13:00, 16:00—19:00　⭐ ★ ★ ★ ★ ★

庄严肃穆的巴里主教堂建造于12世纪末期，是一栋极具哥特风格的建筑物，是巴里地区的主教所驻地。这座历史悠久的大教堂最早可以追溯到古罗马时期，它位于巴里的老城内，一直以来都是巴里的标志性建筑，四周都是古老的旧房屋，来到这里颇有时空倒错之感。巴里主教堂雄伟壮观，洁白典雅的外墙将这里渲染得与众不同，各种美丽的雕刻将这里装点得美轮美奂。教堂的主建筑具有鲜明的对称之美，漫步在教堂内可以感受到庄严神圣的气氛，保存完好的大玫瑰窗在阳光的照射下散发出绚丽的光芒；教堂的正殿内还有精美的塑像，这些由大师精心雕刻而成的塑像具有极强的艺术表现力和感染力；高耸直立的塔楼是巴里主教堂附属建筑物，内部由22根长柱分为3个部分，是通往古老的圣雷丘地下坟墓的必经之路；而安葬基督教圣人的圣尼古拉斯墓也位于教堂的地下室内，那里还有圣尼古拉斯的遗物等许多珍贵的物品。

94 圣尼古拉教堂
基督教世界重要的朝圣地之一

TIPS

📍Piazza San Nicolat ⏰9:00—13:00, 16:00—19:00 ★★★★

  建造于11世纪的圣尼古拉教堂是纪念东欧守护者圣尼古拉的大教堂，这里不但是意大利罕见的东正教堂，而且在整个基督教世界也是极为重要的朝圣地之一。这座教堂修建于动荡的中世纪，不但气势雄伟，而且坚固异常，同时兼具教堂与城堡的双重功能，虽多次遭受围攻但都保留了下来。教堂内部的屋顶都是由坚固的花岗岩石柱支撑的，雕刻着精彩图案的拱门也是由同一材质砌筑而成；正殿内供奉的神像庄严肃穆，具有鲜明的南意大利特色，阳光从五颜六色的彩窗中照射下来，给这里渲染出了一层神圣的氛围。教堂的博物馆内收藏着许多珍贵的物品，最著名的当属查理一世国王所捐赠的烛台，还有拜占庭帝国遗留下来的羊皮手稿；教堂内珍贵的马赛克步道是这一地区最早的马赛克步道，它用不同色彩的石块拼出几幅各有特色的图案，都是出自基督教传说中的人物与动物。每年12月6日与12月19日，这里都会举行盛大活动以纪念圣尼古拉。

95 莱切主教堂广场
南意大利最美丽的广场

TIPS

📍Piazza del Doumo ★★★★

  主教堂广场是莱切古城中最负盛名的广场，被称为"南意大利最美丽的广场"，四面均被独特的莱切巴洛克式建筑所包围，因此是欣赏莱切古建筑的最佳场所。这座广场历史悠久，17世纪时形成了现在这种如同火柴盒一般的奇妙局面。漫步在这空旷的广场上能感受到无与伦比的建筑美感：广场正面是著名的莱切大教堂，这座教堂庄严肃穆，具有独特的不对称美感，而那高达70余米的雄伟钟楼不但是这里的标志性建筑，也是建筑大师津巴罗的杰出作品，登上这座钟楼可以把莱切的美丽风光一览无余。

  红衣主教宫殿位于大教堂右侧，正门华贵优雅，四周都刻绘着与宗教有关的各种图案，楼下是由圆柱支撑的长廊；楼上则是用来欣赏风景的开放式阳台，这里也是主教堂广场通往外界的主要通道。神学院的建筑虽然没有莱切大教堂和主教宫殿华丽，但是它的庭院却给这个广场带来了一抹绿意。

96 卡罗五世城堡 赏
文艺复兴时期意大利南部最重要的军事堡垒之一

TIPS

 Viale XXV Luglio ★★★★

历史悠久的卡罗五世城堡位于莱切古城的制高点，是文艺复兴时期意大利南部最重要的军事堡垒之一。这座独特的巴洛克式城堡，是由西班牙人所建造的，因此具有鲜明的伊比利亚建筑特点。卡罗五世城堡的城墙高大坚固，四角处各有一圆形塔楼，是重要的防御支撑点，墙壁下的杂草青苔与城堡外侧随处可见的各种痕迹，无不让人联想起那金戈铁马的过去。从正门进入，首先要经过那匠心独具的吊桥，正门上方的八角形棱堡不但是控制吊桥起落的地方，还是监视城堡外围情况的重要场所。城堡的内部装饰极为简朴，这在充满华丽氛围的莱切是较为少见的，因此更彰显出这里与众不同的魅力。城堡内部的一部分房间被辟为博物馆，主要展出与这里相关的各种物品，它们记录了在卡罗五世城堡上演的那一幕幕悲欢离合。其他的还有收藏各种图书的图书馆，以及多座相关的研究室和展览会场。4门大炮安放在主堡垒周围，虽历经风雨的洗礼，但仍保持着当年英勇的身姿。

97 帕勒莫四拐角 赏
帕勒莫最为热闹繁华的地段之一

TIPS

 位于Via Maqueda与Corso Vittorio ★★★★

四拐角位于帕勒莫老城的中心地带，这里是两条主干道交会的地方，自古以来就是帕勒莫最为热闹繁华的地段，因此这个现今略显残破的十字路口隐藏着该城最具魅力的景点。东西向的马奎达大街与南北向的埃曼纽大街将这里分为4片区域，每片区域内都有一栋优雅的巴洛克建筑，它们各具特色又相互呼应，是这里的标志性建筑。这些建筑的前方都有一座独特的巴洛克式雕像喷泉，每座雕像都是精心雕刻而成，它们都与后方的主建筑在意境上相互联系，是四拐角最大的看点。这些主建筑具有鲜明的巴洛克风格，高大坚固的门柱支撑着屋檐，又仿佛护卫着朴实的大门，大门上方有奇妙的图案。门厅上方的墙壁上雕刻着各有特点的人像，他们都是出自基督教神话中的人物，全身上下布满了圣洁的光辉。这里到处刻绘着繁复的花纹，充满了独特的艺术想象力。四拐角还有众多出售当地特产的商店和意大利风味的饭店。

EUROPE GUIDE

EUROPE

畅游欧洲 ❻

希腊

希腊是欧洲古文明的发源地之一,它拥有众多的文明古迹,并对三大洲的历史发展有过重大影响。希腊也是著名的旅游国家,拥有世界文化遗产15处、文化与自然双遗产2处,能够以悠久的历史和独特的地中海自然风光吸引全世界的游客。

打开希腊！

1 概况

希腊是欧洲古文明的发源地之一，它拥有众多的文明古迹，并对三大洲的历史发展有过重大影响。该国的开发历史很长，农业、林业资源丰富，工业水平较为发达，比较知名的产业有制酒、橄榄油、葡萄干、运输、纺织、冶金、造船、化学炼油工业等。该国的首都是古城雅典，其他主要城市有塞萨洛尼基、帕特雷等，还有萨洛尼卡、比雷埃夫斯等海港。希腊的国庆日是每年的3月25日，并以油橄榄作为国花，蓝宝石作为国石。

希腊是著名的旅游国家，来到这里的游人们可以欣赏众多的历史古迹，还能欣赏优美的自然风光，该国的地貌具有多样性，既有高大挺拔的山峰，又有一望无际的平原，那一个个景色优美的海岛如同洒落在海中的珍珠。

2 印象

希腊的面积虽然不大，但是各种旅游景点众多，其中世界文化遗产15处，文化与自然双遗产2处，能够以悠久的历史和独特的地中海自然风光吸引着全世界的游客。那些古老的神庙历经了岁月的沧桑，游客们现在只能看到断壁残垣。但是，那些精美的石雕、科学的布局、恢弘的气势仍然能够震撼人的心灵。希腊还拥有众多的历史博物馆，那里陈列着古老文明的发掘物和不同时代的遗留物品，还有珍贵的资料和极具魅力的艺术作品。

希腊是奥林匹克运动的发源地，因此各种体育运

动十分盛行,尤其以足球、篮球和水上运动最为知名,2004年希腊获得了欧洲足球锦标赛的冠军,这是该国现代体育运动最辉煌的时刻。该国的国民主要信仰东正教,并拥有众多的宗教文化景点,古老的希腊神话遗迹则供后来者追忆凭吊。

3 地理

希腊位于阿尔卑斯山与地中海之间,并与保加利亚、马其顿、阿尔巴尼亚、土耳其四国接壤,其海岸线全长约15000千米,领海宽度为6千米,面积约13万平

方千米,是一个三面环海的半岛国家,还有大小不同的约2500个岛屿,占该国面积的15%,其中最大的是著名的克里特岛。希腊境内多山,沿海地区有很多平原带,品都斯山脉纵贯该国西部,其中部为色萨利盆地,海拔2917米的奥林匹斯山是希腊的最高峰。

4 气候

地处北半球的希腊是典型的地中海气候国家,冬季温暖湿润,夏季干燥,平均气温冬季6~13℃,夏季23~33℃。年平均降水量400~1000毫米,各地区气候温度相差不大。

5 区划

希腊下辖色雷斯和东马其顿、中马其顿、西马其顿、伊皮鲁斯、色萨利、爱奥尼亚群岛、西希腊、中希腊、阿提卡、伯罗奔尼撒、北爱琴海、南爱琴海、克里特岛等13个大区,以及享有自治权的阿苏斯神权共和国。

6 人口

希腊约有人口1079万人,其中约98%为希腊人。

9 长途客车

希腊长期以来基础交通较为薄弱,而且和其他欧盟国家来往不便,因此公路里程数较少。不过近年来希腊已经加强了公路的建设,目前国内主要有东西向和南北向两条主要干道,它们都从雅典经过,从公路沿线各大城市都可以乘车前往雅典。在雅典有两座主要的巴士站,它们都位于郊区,其中Kifissou巴士站主要运营来往于伯罗奔尼撒的班车,而Liossion巴士站主要运营来往于雅典和德尔菲之间的班车。

7 航空

雅典是希腊的航空枢纽,以雅典国际机场为中心。雅典国际机场位于斯巴达镇附近,距雅典35公里。这座机场设施完备,有144个服务柜台,总面积约15万平方米,机场共有24个登机口,每个小时有65个航班起降。目前这里开通了前往世界各地主要城市的对开航班,人们可以从世界各地轻松地来往雅典。而雅典国际机场和雅典市内的交通也十分方便,机场与雅典市区有地铁相连,并且有两条巴士线路分别到雅典城区和比雷埃夫斯港。

8 铁路

在整个希腊,坐火车要比坐汽车来得划算,主要是在价格上相当便宜。其中雅典是整个南欧地区重要的铁路枢纽,市内的拉里西斯火车站承担着所有火车运输任务。从雅典乘坐火车可以直接前往中欧和西欧各大城市。不过在雅典乘火车并不是很方便,不光速度较慢而且车次也比较少。此外在雅典和塞萨洛尼基和帕特拉之间有高速火车,从这几个城市前往雅典还是比较方便的。

10 希腊美食

希腊是著名的美食国度,有着鲜明的地中海特色,又有古老的历史传承,全麦面包、地中海蔬果、新鲜鱼获、羊肉、奶酪等自然食材,再搭配橄榄油、葡萄酒及外来的香料,丰富了这个神话国度的饮食……

希腊美食的一大特色是使用橄榄油作

为主要搭配材料，橄榄油既可以作为调制生食、凉拌或色拉时用料，还可以作为厨房里的常备油，它无论煎、煮、炒、炸皆宜；橄榄油还可以加入不同香料、辣椒等，制成风味特殊的食用油。希腊美食的品种众多，其中就包括备受好评的Moussaka羊肉料理，而Pita面包是当地的主食之一。

11 希腊购物

金银珠宝是希腊的特色产品，大多具有独特的希腊风格。首饰大都是当地的工匠手工制作的，精致无比，堪称一件件工艺品。在雅典的Syntagma地区则是服装的天下，在这里大衣、皮衣、毛衣和皮鞋等商品有各种风格，每个人都可以找到适合自己的一款。在Kolonaki区和Erou大街，集中了雅典的各种时装专卖店，还有刺绣品和手工制作的服装出售。在这个地区，还有不少的古董店，出售各种各样的家具、小雕像和小装饰品。此外，陶瓷也是雅典的特产，在Marouri的北郊可以看到许多陶瓷设计师们开设的工坊，典型的希腊风格陶瓷让人爱不释手。

12 希腊娱乐

风雅的希腊人最喜爱的娱乐活动当属去看露天的音乐和戏剧表演。雅典的Odium of Herodes Attius每年夏天都有露天的戏剧和音乐表演。而逛博物馆也是一个不错的选择，希腊博物馆众多，有的博物馆是在古迹旁展示该古迹的遗物，有的是展示珍贵的藏品。不管有多少时间去参观，都可以有很大的收获。

01 雅典卫城
雅典民主的象征

TIPS
- Acropolis, Athènes
- 210-9238175
- 12欧元
- 8:00—18:30
- ★★★★

卫城是雅典以及全希腊的一颗明珠,是雅典民主的象征。卫城建在一个陡峭的山冈上,从雅典市的任何地方都可以看到。卫城的山顶荟萃着古希腊文明最杰出的作品,卫城也因为这些而闻名世界。其中最为人所熟知的是帕特农神庙、卫城入口等等。还有卫城博物馆,这里收藏着卫城原有的各种雕塑以及其他文物。卫城设有蓝白相间的希腊国旗,从这里可以俯瞰整个雅典城。当时建设卫城的主要目的是:赞美雅典,纪念反侵略战争的伟大胜利和炫耀它的霸主地位;让卫城成为全希腊最重要的圣地、宗教和文化中心,吸引各地的人前来,以繁荣雅典;给各行各业的自由民、工匠以就业的机会;感谢守护神雅典娜保佑雅典在艰苦卓绝的反波斯入侵战争中赢得的辉煌胜利。

02 新卫城博物馆
展示雅典文明的窗口

前来参观雅典卫城,一定不要错过新卫城博物馆这处新建的景点。新卫城博物馆距离雅典卫城不远,建成于2007年,是一座玻璃和混凝土结构的三层建筑,尽管是新式的现代化建筑,却并没有因此和卫城的古典气质格格不入,反倒和卫城融为一体,交相辉映,美观大方。从馆内的玻璃窗中就能看到卫城的许多遗迹。尽管是在博物馆里参观,却给人一种漫步在雅典卫城中的感觉,十分奇妙。参观完新卫城博物馆,游客就可以对雅典卫城的历史、文化、发展等有了全面的了解。

TIPS
- 15 Dionysiou Areopagitou Street
- 乘地铁2号线在Akropoli站出站
- 210-9000900
- 5欧元
- ★★★★★

03 帕特农神庙
雅典卫城最重要的主体建筑

TIPS
- Accès par la rue Adrianou, Athènes
- 210-3210185
- 12欧元
- 8:00—18:30
- ★★★★★

始建于公元前447年的帕特农神庙迄今已有2500年的历史,现今虽然早已坍塌,神殿中的雕像也荡然无存,浮雕剥蚀严重,但从巍然屹立的柱廊中,游人依旧可以感受其当年的丰姿。作为雅典卫城最重要的主体建筑,帕特农神庙因为祀奉的雅典娜女神是处女,故又称"雅典娜处女庙"。由伊克谛诺斯和卡里克拉特设计的帕特农神庙在当时的大雕刻家菲狄亚斯的指导和监督下完成,四周的雕刻都为菲狄亚斯和他的弟子所创作,其中一尊高达12米的雅典娜女神雕像,右手托着一个黄金和象牙雕的胜利之神,头戴黄金头盔,象牙雕刻的脸孔、手臂都显出柔和的色调,宝石镶嵌的眼睛炯炯发亮,堪称古希腊文明最伟大的艺术珍品。

04 伊瑞克提翁神殿
雅典卫城的主要建筑之一

始建于公元前395年的伊瑞克提翁神殿毗邻帕特农神庙,是雅典卫城的主要建筑之一,神殿东区是传统的6柱门面,向南采取虚厅形式。南端有6根大理石雕刻而成的少女像柱,亭亭玉立,长裙飘动,代替石柱顶起石顶,成为举世闻名的雕刻艺术珍品。神殿中的雅典娜雕像则是所有雅典娜雕像的原型,周围还有棕榈树形的烟囱和木雕神像。

TIPS
- Dionysiou Areopagitou 15, Athènes 11742
- 210-9238175
- 12欧元
- 8:00—18:30
- ★★★★

05 狄俄尼索斯剧场
古希腊时代的剧场

狄俄尼索斯剧场的历史可以追溯到公元前6世纪,据说最多可容纳1.5万名观众,之后经过罗马时期的改建,古希腊时代的剧场形象荡然无存,但最前面用大理石做的高靠背贵宾席依旧保留着当年的风采。狄俄尼索斯剧场半圆形的舞台后面的雕像和浮雕,取材于狄俄尼索斯的生平事迹,是难得的艺术珍品。狄俄尼索斯是希腊神话中的演剧之神和酒神,每年都以此剧场为中心举办"狄俄尼索斯节",吸引了众多游人慕名而来。

TIPS
- Dionysiou Areopayitou, Athens
- 210-3210219
- 2欧元
- 8:00—19:00
- ★★★★

畅游欧洲 : 希腊

06 希腊国家考古博物馆
希腊最大的博物馆

TIPS
- Hercules & Lysikratous 32 Tzitzifies, Kallithea
- 210-9404518
- 6欧元
- 8:00—19:00
- ★★★★

始建于1866年的国家考古博物馆是希腊最大的博物馆，也是希腊所有博物馆中馆藏最丰富的，它全面集中地展示了古希腊文化。在博物馆入口处有4根具有爱奥尼亚柱式建筑风格的立柱，将希腊的古典韵味烘托得淋漓尽致，整个建筑大气磅礴，让人肃然起敬。博物馆分为2层，用于长期展出馆藏文物的50间陈列室主要分为史前文化、雕塑、小型陶器、青铜器、埃及艺术等，收藏有2万余件珍贵文物，其中闻名世界的阿伽门农黄金面具是迈锡尼时代的国王阿伽门农的陪葬品，是古希腊史前文明的辉煌之作。此外，以海神波塞冬为代表的青铜雕塑，做工精细、绘画精美的希腊陶器等等，都是游人来到这里不可错过的古希腊精美文物。

07 雅典竞技场
第一届现代奥运会的会址

TIPS
- Ardettos Hill
- 乘地铁2、3号线在Syntagma站出站
- ★★★★

提到雅典竞技场，相信没有多少人陌生，它就是第一届现代奥运会的会。此竞技场是17世纪末由雅典的扎巴和阿维诺夫出资建造，竞技场呈马蹄形，场内两根平行的线连接着一小段弯弯的弧，顺着直线和弯弧是用白色的大理石堆砌而成的一排排座位，可容纳万名观众。在竞技场门口的墙壁上镶嵌着五色环，代表着五大洲的运动员在奥运会上相聚一堂。置身雅典竞技场之中，这里古朴而有价值的体育比赛场馆及设施，无不散发着历史的余味。

08 奥林匹亚宙斯神殿
雅典最古老的神殿

TIPS
📍 Vassilissis Olgas, Athens 105 57 📞 210-9226330 💰 2欧元 🕐 周二至周日 8:30—15:00 ★★★★

始建于公元前515年的奥林匹亚宙斯神殿由建筑师Libon设计，宙斯神像则由雕刻家pheidias负责。宙斯神殿是雅典历史最悠久的一座神殿，同时也是当时规模最大的神殿。现今宙斯神殿早已成为一片废墟，只剩下15根巨大的石柱屹立在原地，向人们述说着当年的辉煌。供奉有希腊神话中的主神——宙斯神像的神殿，曾经是古希腊奥林匹克运动会的发源地，同时还是古希腊的宗教中心。

09 梅带奥拉修道院
险峻群山上的修道院

梅带奥拉修道院修建在塞萨里亚平原一座座雄健的山岩顶部，四周无坡可上，远远望去犹如悬浮在半空之中。这些修道院历史悠久，至今仍

TIPS
📍 kastraki - meteora, kalabaka 15745 📞 24320-77914
★★★★

保持着东正教早中期的真实风貌，修道院内还都藏有拜占庭帝国的圣像壁画、羊皮手卷等珍贵文物。这里的修士们在通天柱般险峻的山峰上修行，至今仍可以看到过去修士们用的木梯和绳索等交通工具，令人叹服不已。梅带奥拉修道院是世界文化遗产，也是东正教的圣地，许多著名的电影也将此地作为外景地。

10 阿波罗神庙
希腊最著名的古迹之一

阿波罗神庙被看成是古希腊的宗教中心，它是希腊最著名的古迹之一，是公元前6世纪暴君Lygdami所修建的，但由于工程太过浩大艰巨，一直到现在也无法完成。尽管如此，自从19世纪被开放为景点以来，便吸引了世界各地的游客前来参观。今天在神庙的遗址中随处都能见到残砖碎柱，还有7根巨大的科林斯石柱高高耸立，非常显眼。此外，还有祭坛、纪念碑等遗迹。

TIPS
🚌 从雅典Liossion巴士总站乘班车在德尔菲巴士总站下车步行15分钟　☎ 226-5082312
💰 6欧元　⭐ ★★★★

11 雅典娜圣域
古老的雅典娜神庙

雅典娜圣域，也叫雅典娜普洛纳亚圣殿，它位于阿波罗神庙的下方。这里的普洛纳亚，就是"在庙前"的意思。过去的朝圣者需要先通过这里，然后才能前往阿波罗神庙。在这里有一处早期的雅典娜神庙，时间可以追溯到公元前7世纪，历史十分悠久。从这片圣域中发掘出来的文物十分丰富，都陈列在附近的雅典娜珍宝馆中，所以参观完雅典娜圣域，一定别错过那里。

TIPS
🚌 从雅典Liossion巴士总站乘班车在德尔菲巴士总站下车步行25分钟　⭐ ★★★★

12 奥林匹亚考古博物馆
了解古希腊历史文化的窗口

TIPS
- 从奥林匹亚火车站步行10分钟
- 26240-22544　9欧元　★★★★

如果你想了解奥运会的起源及历史发展，那么就去奥林匹亚考古博物馆，它是希腊第一座省级考古博物馆，主要收藏从奥林匹亚遗迹中发掘出来的各种文物。馆内有9个展厅，展出了从公元前3500多年起的各种珍贵文物，其中海格力斯像、宙斯妻子赫拉头像、胜利神帕欧尼奥斯像，以及希腊诸神如宙斯、波塞冬和雅典娜等会战恶魔的浮雕等都是非常知名的藏品。从这些珍藏品中，能看到古希腊那灿烂辉煌的历史文化。

13 爱琴海
古希腊文明的摇篮

TIPS
- 地中海东北部　★★★★★

爱琴海位于地中海的东北部，是古希腊文明的摇篮，其名便是来源于神话英雄忒修斯的冒险故事。这里岛屿众多，素有"多岛海"之称。爱琴海中最大的岛屿是克里特岛，它不但是爱琴文明的发源地，也是许多古希腊神话中的重要场景地，著名的米诺陶诺斯迷宫就位于这里。风景优美的埃吉那岛也是希腊著名的旅游胜地，赫赫有名的萨拉米斯海战就发生在这片海域。波罗斯岛、伊兹拉岛、米克诺斯岛、圣特里尼岛等岛屿也都是各有特色的旅游景区。

畅游欧洲 | 希腊

14 埃吉那岛
离雅典最近的一个岛屿

埃吉那岛是距离雅典最近的一个岛屿，航程仅需一个半小时，这里犹如人间仙境，景色极为优美，几乎每个来爱琴海的游客都要到此岛上观光一番。岛上最大的景观就是漫山遍野的无花果，被浪漫地称为爱情的果实。在希腊神话中，大神宙斯就将其情妇藏匿在这座岛上。而在历史上，雅典人就是在这里以少胜多击败了来自波斯帝国的侵略，拯救了希腊。可见历史上这里就很出名，现在，这里除了有迷人的海滨风光，还有不少的名胜古迹，比如阿菲亚神庙，就是其中的代表。

TIPS
从皮瑞斯乘渡轮在埃吉那岛下 ★★★★★

15 伊德拉岛
艺术家之岛

伊德拉岛是希腊海外三岛中距离最远的一座，从雅典出发约3个多小时航程才能到达。这里曾经是希腊最重要的商业海港，创造出了灿烂辉煌的文明。在岛上依然保留着传统的生活方式，如果你到了这里会感觉很奇怪，一辆机动车也找不到，所有的运输等全依靠岛上的驴车，而且连游人也常骑着毛驴悠闲地来来往往。白的墙、蓝的窗、粉红的屋顶，也使这里显得极为原始。因为没有被现代文明所沾染，岛上的一切都保持着原生态的面貌，吸引了不少艺术家到岛上来采风创作，所以这座岛渐渐也被称作"艺术家之岛"。

TIPS
从皮瑞斯乘渡轮在伊德拉岛下 ★★★★★

16 波罗斯岛
秀美的岛上山城

TIPS
 从皮瑞斯乘渡轮在波罗斯岛下 ★★★★

波罗斯岛虽然由两座小岛组成,但是面积依然很小,这里的风光无限,人们常称这座岛为秀美的岛上山城。山城上点缀着柠檬树和橄榄树的青翠,葱茏中掩盖着清晰明亮的白色屋檐。岛上的建筑以白色为主,式样古拙,在白墙的氛围中不时透出烂漫的花丛。云涛海浪中,一条石板铺就的甬道蜿蜒而上,渐行渐远,让人感觉极为幽深宁静。此外,岛上的码头边有几家咖啡馆,在这里品品咖啡,听听音乐,是不错的选择。暮色黄昏,伫立在码头上,可以观赏海天一色的迷人风光,还可以远眺伯罗奔尼撒半岛优美的"靓影"。

17 米克诺斯岛
爱琴海上最享盛名的度假岛屿之一

以风车作标志的米克诺斯岛是爱琴海群岛的代名词,窄巷、小白屋、或红或绿或蓝的门窗、小白教堂、几座风车磨坊,把这座小岛装点得五彩缤纷。岛上居民很少,每年有一半的时间游客并不多。四月以后,旅游季节开始了,岛上开始热闹起来,大批世界各地的游客来这里享受地中海的阳光和海滩。白天,岛上海湾内的沙滩是人们游泳、晒日光浴的好去处。黄昏以后,岛西面海边的酒吧和咖啡店挤满了游人,因为这里是看海上落日的最佳位置。另外,在岛西南面海边的小山丘上,有5座基克拉泽式的风车,这是米克诺斯岛的标志,很多游客常常专门到此,摄影拍照。

TIPS
从雅典乘飞机在米克诺斯岛下,或从皮瑞斯乘渡轮在米克诺斯岛下 ★★★★★

18 狄洛斯岛
传说太阳神阿波罗诞生地

狄洛斯岛是一个十分神秘的地方,据说在希腊神话中,太阳神阿波罗就出生此地,因此,希腊人十分崇敬这里。大约在公元前540年,雅典人掌管爱琴海上的霸权,狄洛斯岛也成为一个不可亵渎的圣地。雅典人不但在岛上建立起阿波罗神庙,还将神庙前视野所及的坟墓迁移,并且强制驱逐狄洛斯人,一直到罗马在爱琴海上的势力超过雅典人之后,狄洛斯岛才得到解放,转而成为海上的自由贸易中心,意大利、埃及等国家商队都曾在岛上留下足迹。现在岛上还散布不少的名胜古迹,成为岛上的最大看点。

TIPS
- 从米克诺斯岛乘渡轮在狄洛斯岛下
- ★★★★★

19 纳克索斯岛
被称为"绿地之冠"

TIPS
- 从皮瑞斯乘渡轮在纳克索斯岛下　22850-22993
- ★★★★★

纳克索斯岛是爱琴海上一个很有特色的岛屿,被希腊人称为"绿地之冠"。纳克索斯岛历史悠久,自然资源丰富,有许多天然港口,风光无限美好,是希腊人全家郊游的首选去处,因此这里一直号称"家庭旅游胜地"。关于纳克索斯有许多传说,人们始终相信酒神狄俄尼索斯就居住在这个岛上,至今依然还有不少有关祭祀酒神的节日和庆典,这给美丽的爱琴海小岛,增添了不少神秘色彩。纳克索斯岛上的地形多山丘,许多民居都依山势而建,建筑风格混杂,这使岛上的景观丰富多彩。另外,天气好的时候,在这座小岛上,还可以清楚地看到帕罗斯、提洛、米克诺斯等其他爱琴海岛屿。

20 克里特岛
希腊的第一大岛

克里特岛是希腊最大的岛屿，也是爱琴海最南面的皇冠，这里曾是希腊文明的摇篮，希腊有很多神话故事也发源于此地。因此，克里特岛十分令游人向往。克里特岛上有山地和深谷，还有断崖、石质岬角及沙滩海岸，风景优美。岛上种有橄榄、葡萄、柑橘等，鲜花遍地盛开，植物一年四季常青，岛四周是万顷碧波，所以，克里特岛还获得了"海上花园"的美誉。

TIPS
从雅典乘飞机在克里特岛伊拉克里翁机场下 2810-228203 ★★★★

21 罗德岛
爱琴诸岛中的一颗明珠

罗德岛位于爱琴海东部，是爱琴地区文明的起源地之一，自古以绘画和雕塑中心闻名，公元前3世纪建成的太阳神巨像，远近闻名，尽管现在不复存在了，但是正因为此巨像，这里很早就扬名世界。罗德岛内部非常陡峭，山地一直延伸到海岸，在许多地方形成悬崖入海的绝境。岛上景观非常丰富，比如有蝴蝶谷、罗德岛古城、风车等。现在，罗德岛与克里特岛并列希腊最重要的旅游地区，来这里的世界各地游客成千上万，罗德岛上的旅店密度是全希腊最高的。此外，餐厅、酒吧、咖啡馆也不少，这都增加了罗德岛的吸引力。

TIPS
从雅典乘飞机在罗德市机场下，或从皮瑞斯、伊拉克里翁都可乘渡轮在罗德岛下 22410-44334 ★★★★★

EUROPE GUIDE

EUROPE 畅游欧洲 ⑦

瑞士

地处欧洲中部的瑞士国土面积不大,是一处风景优美的联邦制国家,素有世界公园的美誉。作为全世界最富裕、经济最发达和生活水准最高的国家之一,瑞士在历史上一直保持政治和军事上的中立,而众多国际性组织的总部也纷纷设在这个美丽迷人的国家,也使得世界上更多的人认识和了解瑞士。

打开瑞士!

1 印象

瑞士这个国土面积不大的国家拥有丰富的旅游资源,如画的草原、宏伟庄严的大雪山、澄澈的湖泊……令人叹为观止的自然风光及众多富有特色的节日活动无不带给旅行者莫大的乐趣。在瑞士,除了每年数百场的音乐会外,还有各种各样的观光和运动项目,而该国各种引人入胜的自然景观最大的特色就是其不乏人工雕琢的细节部分,自然和人文融合而成的瑞士也以其多姿多彩的独特魅力,令各国的游客流连忘返。

2 地理

瑞士位于欧洲中南部,是一个南北长220.1公里,东西长348.4公里的多山内陆国家,境内分为中南部的阿尔卑斯山脉、西北部的汝拉山脉、中部高原三个自然地形区,全国总面积41285平方公里,最高点为海拔4634米的杜富尔峰,最低点是海拔-193米的马祖尔湖。除了境内多山,瑞士还是欧洲大陆莱茵河、罗讷河、阿尔河三大河流的发源地,此外全国还有1484个湖泊,河湖总面

积超过1700平方公里,占瑞士全国总面积的4.2%,素有"欧洲水塔"之称。

5 人口及国花

瑞士有人口800多万人,国花为高山火绒草。

6 航空

瑞士境内共有苏黎世、日内瓦、巴塞尔、伯尔尼和卢加诺5座城市开通有国际航班,中国游客可以从北京、上海、香港乘直飞苏黎世的航班。瑞士国际机场不需要支付离境税,游客还可在瑞士的火车站提前24小时办理登记手续领取登机证和托运行李,十分便利。

7 铁路

瑞士与周围邻国之间有便捷的铁路客运网络,瑞士的铁路列车也以快捷、可靠、舒适和整洁的特征深受游客欢迎。作为瑞士旅行最重要的交通方式之一,瑞士的铁路全长超过5000公里,拥有世界上最密集的铁路交通网,不仅苏黎世和日内瓦的机场都设有火车站,同时国内各大城市也保证每小时有一班对开列车发车。

3 气候

瑞士属于地中海型气候,全年气候宜人,但由于阿尔卑斯山区海拔较高,昼夜温差大,即使夏季夜间也需要准备防寒衣物、太阳镜、防晒霜等必备物品。瑞士年降雨量1500毫米,年平均气温8.6摄氏度,夏季最高气温可达30摄氏度,冬季气温经常低于0摄氏度,并伴随降雪。

4 区划

瑞士为联邦制国家,全国分阿尔高州、伯尔尼州、弗里堡州、日内瓦州、格拉鲁斯州、格劳宾登州、汝拉州、卢塞恩州、纳沙泰尔州、沙夫豪森州、施维茨州、索洛图恩州、圣加仑州、图尔高州、提契诺州、乌里州、瓦莱州、沃州、楚格州、苏黎世州、内阿彭策尔州、外阿彭策尔州、巴塞尔城市半州、巴塞尔乡村半州、下瓦尔登州、上瓦尔登州共23个州,其中有3个州各分为2个半州。

8 公路

瑞士的公路运输线路四通八达,游客在瑞士观光旅行可选择乘坐舒适的邮政公共汽车,体验乘车穿越高山关隘的独特魅力。

01 莱芒湖

欧洲阿尔卑斯山区最大的湖泊

TIPS

🅟 瑞士和法国交界处　☎ 021-791-4765　🚌 在日内瓦出发，乘游船即达湖边各城镇　★★★★

　　莱芒湖又称"日内瓦湖"，是著名的冰渍湖之一，也是欧洲阿尔卑斯山区最大的湖泊，位于瑞士西南部和法国东南部之间，湖分为两部分：东为格朗湖，西为珀蒂湖。

　　湖形自东向西呈新月形，气候温暖宜人，湖水清冽湛蓝，微风吹过，有水面上下波动这一明显的湖震现象。在湖边漫步，首先映入眼帘的是一个令人叹为观止的人工喷泉，喷泉高达150米，直冲云天，泉水喷至高空变成四溅的云雾，如同轻纱覆盖于湖的上空。在阳光的照耀下，就像是一条若隐若现的彩虹，与周围的雪山交相辉映，很是壮观。天鹅和水禽游戏于水上，洁白的游艇、五色彩帆点缀于湖中。沿湖分布着几个大大小小的公园和别墅，红墙绿瓦掩映在绿荫深处，花木扶疏，真像是人间仙境，被誉为"游览者的圣地"。

02 圣皮埃尔大教堂

日内瓦老城区的标志性建筑之一

　　圣皮埃尔大教堂位于日内瓦旧街区的中央，是老城区给人印象最深的标志性建筑之一，也是市区的最高点。建于1160~1232年，经过了几次的修改和扩建，因此包含了好几种建筑样式：原建筑是罗马式风格，拱门是哥特式，后来加建的正门则有希腊-罗马式的圆柱和类似罗马万神殿的穹顶。

　　加尔文作为法语区宗教改革中心人物，在1536年开始的25年间，曾在这个教堂宣传新教教义。由于加尔文的举动，日内瓦被誉为"新教的罗马"，而圣皮埃尔大教堂正是产生这种现象的根基所在。教堂里面有加尔文曾经用过的椅子和呈圆形的圣职人员座位等。另外，地下有欧洲最大的考古学发掘展示处，在那里可以观赏到在圣皮埃尔大教堂这个建筑以前的宗教建筑物的基石。如果爬上北边的塔，则可以看见莱芒湖和日内瓦整个的城市面貌。

TIPS

🅟 Cours Saint-Pierre 6,1204 Genève　☎ 022-310-2929　💰 4瑞士法郎　🕐 10月至次年5月周一至周五10:00—12:00，14:00—17:00，周六10:00—17:30，周日12:00—17:30；6月至9月周一至周六9:30—18:30，周日12:00—18:30　🚋 乘有轨电车12、16路即达　★★★★

03 万国宫
联合国欧洲总部的所在地 赏

TIPS
📍 Avenue de la Paix 14, 1211 Genève ☎ 022-917-4896
💰 成人8.5瑞士法郎，学生6.5瑞士法郎，儿童4瑞士法郎。需出示护照 🕐 7月至8月10:00—17:00；4月至6月、9月至10月10:00—12:00，14:00—16:00；11月至次年3月周一至周五10:00—12:00，14:00—16:00，周六闭馆；12月20日至1月1日期间休息，不对外开放 🚌 在火车站乘8路公交车至14 Avenue de la Paix，下车即达 ★★★★

万国宫坐落在日内瓦莱芒湖右岸的山丘上，始建于1929年，历时7年于1936年落成。作为联合国欧洲总部的所在地，万国宫早已是日内瓦城市国际化的重要象征。

万国宫主楼是一组由淡米黄色石块砌成的方形建筑，整体呈双马蹄形。随着联合国活动的增加，万国宫逐渐无法满足需要。1969年，联合国决定扩建万国宫。1973年落成的新配楼通过一条空中走廊与老楼相连，新旧建筑珠联璧合，浑然一体。扩建后的万国宫由四大建筑组成，即中央大会厅、理事会厅、国际会议中心和图书馆，共有50个门，1600个办公室和34个大小会议室。其中图书馆占据着老楼的整个北翼，是世界上最大的国际性图书馆。

万国宫的主楼前是个巨型广场，广场的中央屹立着一个巨型青铜浑天仪，以它为中心的各个角落则陈列着各个时期不同风格的雕塑。在万国宫，引人注目的是联合国捐躯职员纪念碑。这个纪念碑矗立在一块地球图案的花岗岩上，上面分别用多国文字篆刻着这样一句话："永远缅怀为和平牺牲的人"。

04 国际红十字会博物馆
了解红十字会的发展历史 赏

与其他博物馆不同，国际红十字会博物馆的展厅全部设在地下。穿过幽静的小道，由瑞士艺术家卡尔·布赫设计的题为"受惊吓者"雕塑群首先映入眼帘。10个真人大小的雕塑，手臂被反捆着，头被布罩住，雕塑上方悬挂的红十字会旗帜则昭示着红十字会运动的本质是保护人的生命。博物馆的实物展示馆内则有普法战争中使用过的红十字会旗帜，经过100多年的蹉跎岁月，这面旗帜已变成丝丝缕缕。展厅内既有历史上保存完好的首条红十字信息，也收藏有近700万张有关第一次世界大战的寻人卡片。其中最著名的一张，是1917年法国战俘夏尔·戴高乐与他家人取得联系的卡片。在一间12平方米的房间里，墙壁上密密麻麻地贴满了孩子的照片，他们都是因武装冲突而与亲人失散的儿童。红十字国际委员会为他们拍照并把照片分发出去，为他们寻找亲人。

TIPS
📍 Avenue de la Paix 17, 1202 Genève ☎ 022-748-9525 💰 成人10瑞士法郎，学生5瑞士法郎 🕐 周一、周三至周日10:00—17:00，周二闭馆 🚌 乘5、8路公交车至Ariana站，下车即达 ★★★★

05 Bourg-de-four广场 逛
日内瓦市内最古老的广场

位于老城市中心的Bourg-de-four广场是日内瓦市内最古老的广场，其前身是罗马集市，在中世纪时是当地人举办集市的场所。18世纪时广场上兴建起了一座小巧可爱的喷泉，被誉为日内瓦"最美的喷泉"。现在的广场则成了一个餐厅、露天咖啡座林立的休闲角落，弥漫着悠闲的气息。当地人喜欢在夏天的时候来这里喝咖啡，环绕在广场四周的建筑物楼层间有着明显的颜色差异，这是由于宗教改革之后，为了接收大批的移民，日内瓦将楼房往上加盖，故形成了今天特殊的景象。

TIPS
🏠 Bourg-de-four ⭐⭐⭐⭐

06 日内瓦市政厅 赏
多次重要国际谈判的场所

位于日内瓦老城的日内瓦市政厅是一幢历史悠久、具有新古典主义特色的建筑。从1872年起，日内瓦市政厅就是多次重要国际谈判的场所，此外还曾是联合国前身——国际联盟总部最早的所在地。

TIPS
🏠 Rue de l'Hotel-de-Ville　💰 免费　🚶 在圣皮埃尔大教堂往南第一个路口步行即达　⭐⭐⭐⭐

07 钟表博物馆 赏
精致的瑞士钟表

钟表博物馆位于日内瓦旧城附近一座普通的二层小楼里。馆里向人们展示了各种珍贵的手表和精致的瓷釉收藏品，其中还收藏了早期日内瓦本地设计的古董手表、时钟、珠宝等，还有设计精巧的音乐钟。其中有块镶嵌了许多昂贵宝石、古色古香的钟表，算得上是一件艺术品，但比较令人怀念的还是1550年的古老怀表。

TIPS
🏠 Rue des Vieux-Grenadiers 7,1205
☎ 022-807-0910　💰 成人10瑞士法郎，18岁以下免费　🕐 周二至周五14:00—18:00，周六10:00—18:00
🚌 乘Tram12、13、15路至Rond-point de Plainpalais站，下车穿过公园即达
⭐⭐⭐⭐

08 阿里亚那博物馆 赏
欧洲重要的工艺品博物馆

日内瓦阿里亚那博物馆是瑞士唯一展示制陶业、玻璃和瓷器制造工艺的博物馆，它也是欧洲非常重要的工艺品博物馆之一。馆内收藏着多件从历史角度来看非常珍贵的陶瓷器和陶制人像，从收藏数量来说是欧洲最多的。博物馆展示了近7个世纪以来日内瓦、瑞士、欧洲和东方的制陶术发展情况。而主要的制造工艺也在此都有体现，如陶器、瓷器、土器、精瓷、陶瓷等。博物馆同时还展览自20世纪以来的陶瓷艺术品。所有展示品按照年代和特点来展示，便于参观。

TIPS

📍Avenue de la Paix 10,1202 ☎022-418-5450 💰成人5瑞士法郎，18岁以下免费 🕐10:00—17:00 🚌乘8、28路公交车至Appia站，下车即达 ★★★★

09 欧洲原子能研究中心 赏
世界最大的粒子物理研究中心

位于法国和瑞士交界处的欧洲原子能研究中心成立于1954年，是世界最大的粒子物理研究中心。作为欧洲第一个联合研究机构，欧洲原子能研究中心由20个成员国提供资金，其卓越成绩已经成为国际合作的典范。此外，《达·芬奇密码》的作者丹·布朗曾经写过的另一本畅销书《天使与魔鬼》中，就有大段发生在欧洲原子能研究中心的故事，拍成电影后更是吸引了全世界影迷来到这座日内瓦郊外的神秘科研基地一探究竟。

TIPS

📍Meyrin镇郊外 ☎022-2678484 💰参观者需提前通过电话、信件、传真、网络等方式预约，周三14:00和周六9:00、14:00开放个人参观 🚌乘9路公交车至CERN站，下车即达 ★★★★

10 国际汽车博物馆 赏
汽车迷的圣殿

TIPS

📍040,Voice-des Traz ☎022-7888484 💰12瑞士法郎 🕐13:30—18:30 ★★★★

日内瓦国际汽车博物馆位于国际组织区，拥有约2000平方米的多功能空间，这座博物馆是瑞士同类博物馆中最好的，巨大的展厅内共展览了400余部轿车，都是来自世界主要汽车制造商的最重要轿车型号。此外，博物馆还为观众展示了汽车业从雏形到今天的发展历史，揭示了汽车工业对经济和社会环境的多重影响。

这里全年不间断地安排和组织各种展览及相关活动：汽车发展史上最好的招贴画展、模型展、短片展、维修车间、"概念车"展区、"挑战"展区等。每天都会有大量热爱汽车的游客前来参观。

11 瑞士国家博物馆

瑞士全国最大的博物馆

位于苏黎世的瑞士国家博物馆是瑞士全国最大的博物馆。这座博物馆以介绍展出瑞士文物为主，分原始文化、旧石器和中石器时代文化、新石器时代文化、罗马时代文化、中古艺术和手工艺、近代艺术和手工艺、兵器和军服、货币和印章、人文和书画等部室。在瑞士国家博物馆，可以浏览欧洲几千年的文化史。一进入展馆，可见到由年轻艺术家贺德勒所绘的巨幅壁画，这幅画享誉世界。馆内展出了中世纪的宗教艺术精品，还有文艺复兴时期的壁毯、壁画、家具等。博物馆中还展出旧日房屋的内部装饰，该装饰是从真正房子移植到馆内的。总之，只要是足以说明瑞士文化及社会演变的实物，这里几乎应有尽有。1910年列宁侨居苏黎世时，就曾利用这里的丰富资料撰写了不少著作。

TIPS

Museumstrasse 2, 8001 Zürich　044-218-65-11　5瑞士法郎
周二至周日10:00—17:00，周一闭馆　乘有轨电车4、11、13、14路至Hauptbahnhof站，下车即达　★★★★

12 苏黎世圣彼得大教堂

苏黎世最古老的教堂

圣彼得教堂是苏黎世最古老的教堂，在857年的历史文献中便已经可以查到它的名字。使教堂出名的是建于1534年的钟楼，楼里有欧洲最大的时钟，钟的盘面直径有8.7米，时针长3米，分针长4米。教堂中的塔是用于监视火灾的，据说一旦发生火险，就有人把一面旗伸向发生火灾的方向，以此告诉人们救火的位置。

TIPS

Saint Peterhofstatt, 8000 Zürich　044-215-40-88　免费　周一至周五8:00—18:00，周六9:00—16:00　乘Tram2、6、7、8、9、11、13至Paradeplatz站，下车沿阶梯向东上山即达　★★★★

13 苏黎世歌剧院 赏
小而精致的巴洛克式剧院

TIPS
Falkenstrasse 1, 8008 Zürich ☎044-268-64-00 ◎依演出而定 ◎周一至周六10:00—18:00 乘有轨电车至Opernhaus站，下车即达 ★★★★

苏黎世歌剧院创立于1834年，在这里首次公演的歌剧有兴德米特的《画家马蒂斯》、勋伯格的《莫塞和艾伦》。据说，苏黎世歌剧院是第二次世界大战期间在德语圈剧场中惟一没有受到演出限制的。剧场只有1200多个座位，正因为小，在这儿可以体会到重奏的乐趣以及其细微之处。剧场的保留曲目包括巴洛克时期到莫扎特时代及现代的作品，对这些时代的名作，歌剧院亦经常大胆发掘歌手们的新才能，故这里常有出人意料的表演。

14 少女峰 赏
阿尔卑斯最美丽的"欧洲之巅"

少女峰是瑞士境内阿尔卑斯山诸峰中最美丽的山峰，被誉为"欧洲之巅"。少女峰剑指蓝天，雄伟的身姿倒映在山下晶莹剔透的湖泊中，更显得秀美绝伦。少女峰风景优美，万里碧空之时的妖娆壮丽与云蒸霞蔚、云纱半掩等特殊气候下形成少女峰独特的温婉景象，这些都是极具观赏价值的胜景。少女峰还是一座充满奇迹的山峰，它的登山铁路是欧洲最高的登山铁路，因此这里的观光旅游火车又有"云霄飞车"的美誉。攀爬少女峰会在行进间感受到不同的风光，从山脚下的古朴村落，到山腰上的青翠牧场，都与充满冰雪美景的山峰形成了鲜明对比，极具差异之美。

TIPS
瑞士因特拉肯南方 ☎033-826-5300 ◎滑雪票价依年龄从53~58瑞士法郎 ◎8:00—18:00 乘火车由因特拉肯东站经格林华德（Grindelwald）或卢德本纳（Lauterbrunnen）换车，至Kleine Scheidegg，再换车即达 ★★★★

15 伯尔尼联邦大厦 赏
古朴典雅的宫殿式建筑群

伯尔尼联邦大厦是瑞士议会的所在地，也是瑞士政府的重要办公场所之一。历史悠久的联邦大厦建造于19世纪，是一栋古朴典雅的宫殿式建筑群，大厦广场上的26个喷泉则对应着瑞士的各州，并会定时举行喷泉表演。这座大厦内部装饰华丽，既有色彩缤纷的琉璃穹顶，又有坚硬美观的花岗石墙壁，而那些瑞士历史上的伟人塑像更是这个美丽国度的历史见证。来到这座大楼内部可以感受到瑞士国家政权运行的脉搏，这里每年会召开4次瑞士国会，均有公共席可供普通民众旁听。

TIPS
Bundesplatz 3, 3011 Bern ☎031-322-85-22 ◎免费 ◎周一至周六9:00—11:00，14:00—16:00，每小时整点，周四至20:00。议会期间、公共假期和特殊活动期间不开放，需出示护照，全程45分钟 在火车站经斯皮塔尔大道，步行5分钟即达 ★★★★

16 洛桑奥林匹克博物馆 　　赏
全球最大的介绍奥林匹克运动的博物馆

气势恢弘的奥林匹克博物馆是全球最大的介绍奥林匹克运动的博物馆，是体育运动爱好者的圣地。这座博物馆中收藏了丰富的奥运资料，从古希腊时期奥运会的有关文物，到现代历届奥运会的有关资料，应有尽有。在这里尤其以与奥运会有关的纪念品、现代高科技的运动器械等收藏品最受游客青睐。博物馆内还能查询到历史上所有运动员的资料和成绩，如果运气够好的话还能碰到受邀而来的各位体育明星。博物馆内的报告厅是用来展示奥林匹克精神和奥林匹克运动精彩瞬间的地方。

TIPS
quai d'Ouchy 1, 1006 Lausanne ☎021-621-65-11 成人15瑞士法郎、学生10瑞士法郎 4月至10月9:00—18:00；11月至次年3月周二至周日9:00—18:00；周一、1月1日、1月2日和12月25日休息；12月24日、12月31日下午4点关闭 在乌契地铁站步行5分钟即达；或乘2路公交车 ★★★★

---

17 卢加诺 　　逛
风景优美的湖边乐园

TIPS
瑞士与意大利交界处 ★★★★

　　位于瑞士与意大利边境的小城卢加诺是一个风景优美的湖边乐园，这里气候温暖，是著名的旅游度假胜地。小城的湖光山色令人沉醉，而诸多典雅的古建筑更让这里具有旧时的气息。卢加诺又是一个具有时尚色彩的城市，因为这里毗邻大都市米兰，在意大利风情的渲染下更具有活力，也是个购物天堂。市区南郊的圣纳扎罗山是世界自然遗产保护区，是欧洲少见的古代海洋生物化石保护地，来到这里可以体会到沧海桑田的真正含义。卢加诺又有诸多的美术馆，经常展出令人惊艳的艺术品。

18 莱茵瀑布
全欧洲最大的瀑布

雄伟壮丽的莱茵瀑布是浩浩荡荡的莱茵河流域中唯一的一处瀑布，也是全欧洲最大的瀑布，历来为瑞士著名的旅游景点。波涛汹涌的河水在150余米宽的河谷中倾泻而下，23米的落差给这座瀑布带来了雄伟绝伦的气势，水花四溢的景象让观赏者为之叹服。观赏莱茵瀑布不但可以乘坐游船近距离感受水流的冲击，登上瀑布中央的小岛上则更可以纵览瀑布壶口的景色。在附近的山坡上可以俯瞰莱茵瀑布的全景，进而从多个角度感受这处人间胜景。

TIPS
 Industriestrasse 39, 8212 Neuhausen am Rheinfall　052-672-7455　★★★★

19 阿尔卑斯山
欧洲最有魅力的山景旅游区

以奇、险著称的阿尔卑斯山是欧洲最有魅力的山景旅游区，被世人称为"大自然的宫殿"和"真正地貌陈列馆"。一座座挺拔的山峰剑指蓝天，以其修长秀美的身姿装着欧洲大陆。阿尔卑斯山脉又是欧洲最大的山地冰川中心，它拥有许多独特的地质地貌景点，是著名的登山、滑雪、旅游胜地。阿尔卑斯山区的风景变化无穷，山巅角峰锐利颇具极地特色，山间则遍布着茂密的森林，山谷中是令人心旷神怡的牧场，而那一个个晶莹剔透的湖泊犹如镶嵌在山间的宝石。

TIPS
 位于欧洲中心　★★★★★

EUROPE GUIDE

EUROPE

畅游欧洲 ⑧

荷兰

荷兰直译为"尼德兰王国",是"低地之国"的意思。荷兰的很多国土都是经过人们不懈的努力,围海造田而成的,因此四分之一的国土都位于海平面以下。荷兰的历史十分悠久,在大航海时代,无数荷兰航海家为了追寻梦想而扬帆出海,使得荷兰成为海上的霸主,有"海上马车夫"之称。如今的荷兰,经济高度发达,工业和农业都实现了高度现代化,尤其以海上运输业最为发达,第二大城市鹿特丹曾经是世界吞吐量最大的港口。

打开荷兰！

❶ 印象

荷兰是有名的低地之国，四分之一领土都在海平面以下。在荷兰看不到崇山峻岭，也没有峡谷断崖。只有那宁静安详的田园风光，一条条缓缓流淌的运河，还有一架架风车，一片片郁金香田，到处都充满了优雅的韵味。荷兰还是人均拥有博物馆数量最多的国家之一，在荷兰随处都能看到大大小小的博物馆，其中内容各具特色，还有不少在别处看不到的博物馆，十分有趣。此外，荷兰人的友善好客也获得一致好评，在荷兰旅游肯定让人很愉快。

❷ 地理

荷兰位于欧洲大陆的西北部，国土总面积41864平方公里，濒临北海，与德国、比利时接壤。莱茵河、瓦尔河和马斯河将荷兰一分为二。荷兰地势十分平坦，国土一半海拔低于1米，四分之一在海平面以下，最高点是

位于国家最东南角的Vaalserberg，海拔321米。

3 气候

荷兰气候温和，属温带海洋性气候，冬暖夏凉。其中北海沿岸风大且容易变天，整年都需带雨具。来荷兰旅游的最佳时期是春季，这时候天气适宜，气温凉爽，而且郁金香等都到了开放的花期，风景最为优美。

4 区划

荷兰主要分格罗宁根省、弗里斯兰省、德伦特省、上艾瑟尔省、弗莱福兰省、海尔德兰省、乌得勒支省、北荷兰省、南荷兰省、西兰省、北布兰班特省、林堡省等12个省。

5 人口

荷兰现有总人口约1650万人。

6 航空

荷兰首都阿姆斯特丹是荷兰最主要的航空枢纽，位于阿姆斯特丹西南的史基浦国际机场是欧洲第五大机场。中国游客可以从北京、广州、香港等地直接乘飞机前往荷兰。而欧洲各大城市也有直通阿姆斯特丹的航班。

7 荷兰购物

荷兰是欧洲著名的购物胜地，尤其以阿姆斯特丹为最。在阿姆斯特丹到处都能见到大型商场和热闹的集市。在阿姆斯特丹购物首选的地方就是滑铁卢市场，它是荷兰最大的跳蚤市场，来自全国各地的商人都会将自家生产的特产拿出来卖，叫卖声和讨价还价的声音此起彼伏，蓝瓷、风车模型、郁金香、木鞋等都是人们必买的纪念品。

01 阿姆斯特丹达姆广场

荷兰最有名的广场

逛

TIPS

📍 Amsterdam Dam Square ★★★★

达姆广场被称为是"阿姆斯特丹的心脏",是阿姆斯特丹历史的发祥地,也是荷兰最有名的广场。这里历史悠久,在很长时间以前,住在北方临海的人们就在这广场所处的地方上建起了堤防,从而拦住了阿姆斯特河,获得了更多富饶的土地。阿姆斯特河的沙洲也从此不再受海水涨潮的影响而被覆盖在海水下面。因此广场又叫作"水坝广场"。广场上的战争慰灵碑是为纪念在两次世界大战中的牺牲者而建。1945年5月5日荷兰从纳粹德国占领下解放,每年此日荷兰女王和首相都要为纪念碑献花。碑的对面是荷兰王宫。旁边是大教堂,为荷兰历代君王加冕登基的地方。周围地区是繁华商业区。

02 王宫

17世纪建筑史上的一个奇迹

赏

TIPS

📍 Nieuwezijds Voorburgwal 147, 1012 RJ Amsterdam ☎ 020-4211894 ★★★★

这幢古典主义的王宫位于大坝上,是17世纪建筑史上的一个奇迹,共有13568棵树桩支撑着这座建筑。有人曾从中取出过一根,检测其承重能力,结果表明,整幢房屋毫无下陷的危险。这些地桩都是1648~1655年打入地下的原件,是建筑史上的八大奇迹之一。

王宫原为市政厅和法院,曾是阿姆斯特丹乃至整个共和国的政治和经济中心。它所在的地方——大坝,也曾经是全城最重要的广场和画家喜爱的创作主题,直到今天它仍然充满了活力。

在王宫主三角墙的浮雕上,阿姆斯特丹被描绘为海洋的统治者。在市民大厅,整个世界都被置于阿姆斯特丹人的脚下。所有的地方都铺上了大理石,并悬挂着具有讽寓意义的绘画,这些绘画多为伦勃朗的弟子费尔蒂南德·伯尔及哥维特·弗林克的作品。更高一些的墙体则用看起来像大理石的木材遮盖,这样可使建筑不用承受不必要的负担。引人注目的是室内法兰西第一帝国时期风格的家具,它是荷兰第一个国王路易·波拿巴的遗物。路易·波拿巴在荷兰的统治一直维持到1813年,后来,他的位置被奥兰尼家族代替,这幢建筑也被他们接管,但他们并不在这里居住。1935年,王宫被收归国有,故当今女王仍是它的女主人。

03 绅士运河

沿河的优雅住宅

赏

TIPS
- 在老火车站步行即达运河码头
- ★★★★

绅士运河连同其他两条运河——皇帝运河、王子运河将阿姆斯特丹市中心三重围绕，它们同时建于1612年。当时富裕的都市贵族们都选择这个区域作为建造新居的地点，他们都竞相在运河上建造最美、最大、最庄严的住宅。并列于岸边的幽雅住宅都将美丽姿态倒映于宽阔的运河上，这是一条到处充满徽章的运河，运河周围四百余户的住宅都被定为国家纪念物，目前大部分住宅都被作为银行、办公室来使用。

04 国立博物馆

荷兰最大的博物馆

赏

畅游欧洲 荷兰

TIPS
- Stadhouderskade 42, 1071 ZD Amsterdam ☎674-70-47 💰10欧元
- 🕘9:00—18:00 🚋在中央火车站乘2、5路有轨电车至Hobbemastraat，下车即达
- ★★★★

荷兰国立博物馆位于荷兰首都阿姆斯特丹，是荷兰最大的博物馆。馆内藏有来自世界各地的知名艺术珍品，也因收藏了"黄金时代"作品而闻名。其中囊括了伦勃朗、韦梅尔等人的绘画杰作，而伦勃朗的《夜巡》更是馆内的镇馆之宝，被单独放在展室中供游人欣赏。伦勃朗的《犹太新娘》也是经典杰作之一，梵高还曾给予相当高的评价，可见其艺术价值。馆内除众多的绘画作品外，还展示了陶瓷精品等，绝对可使游客沉浸于艺术氛围之中，大饱眼福。

05 爱士曼鲜花拍卖市场
全世界规模最大的鲜花拍卖市场

TIPS

🏠 Legmeerdijk 313, 1431 GB Aalsmeer　🕐 周一至周五7:30—11:00　🚌 在中央火车站乘公交车即达　★★★★

荷兰被称为"鲜花之国",荷兰人特别喜爱花,鲜花已成为经济活动和家庭生活中不可缺少的组成部分。在荷兰,无论是城市还是乡村都是鲜花遍地、四处飘香——到处有鲜花,到处种鲜花,处处卖鲜花。作为全世界最大的花卉拍卖市场,爱士曼鲜花拍卖市场的规模相当于125个足球场面积的总和,分为产品质量检验处、冷藏库、存放库、拍卖厅、发货厅等部门,每年有35亿朵鲜花、3.7亿个盆栽经由这里被拍卖到全世界,游人可以看到供交易使用的13个电子拍卖大钟和像工蜂般勤快穿梭的工作人员与载花推车的繁忙景象。一旦完成交易,包装、运载、通关、检疫便会一气呵成,鲜花24小时之内就会出现在欧美、加拿大及世界各地的花店中。

06 伦勃朗故居博物馆
感受绘画巨匠的成长历程

TIPS

🏠 Jodenbreestraat 4-6 1011 NK Amsterdam　☎ 020-5200400　💰 成人7欧元,儿童1.5欧元　🕐 周一至周六10:00—17:00,周日13:00—17:00　★★★★

沿着达姆广场前行,经过一个钻石工厂后就到了伦勃朗故居博物馆。1639年到1656年,伦勃朗先是在这座豪宅里与妻儿度过一生中最幸福的时光,作品源源不断;后又饱受了妻儿相继离世、破产等人生打击,遭到曾经最支持他的中产阶级客户的抛弃。他被迫流落贫民窟,在贫病交加中悲凉地结束了戏剧性的一生,死后葬在西教堂一个无名墓地中,至今尸骨难寻。

20世纪末,这幢古宅被重新翻修成伦勃朗故居博物馆,不仅恢复了大师当年的陈设布置,还展出了他丰富的蚀刻版画、素描创作及当时的制版工具。很多作品都在其最初被创作的位置摆放,游客可以真实地感受绘画巨匠的成长历程。

07 阿姆斯特丹历史博物馆 赏
了解阿姆斯特丹历史发展

阿姆斯特丹历史博物馆位于荷兰首府阿姆斯特丹Kalverstraat 92号，它的前身是建于15世纪的修道院和孤儿院，直到1975年才改建为博物馆。历史博物馆中设有20间展览室，展示着阿姆斯特丹13世纪以后的绘画、模型、手稿和文物等历史珍品，并保存着曾拓展到台湾的荷兰东印度公司的历史纪录。最特别的是在圣灵西亚修道院回廊，展示了许多从古老的宅第山形屋上运回的浮雕。阿姆斯特丹历史博物馆不仅拥有文物展示和模型解说，更以互动的多媒体影音方式呈现了阿姆斯特丹的历史发展，不仅有趣，而且深具教育意义，是荷兰阿姆斯特丹相当著名的旅游景点。

TIPS
- Kalverstraat92, 1071 Amsterdam
- 020-5231822
- 6欧元
- 10:00—17:00
- ★★★★

08 海洋史博物馆 赏
了解荷兰的航海历史

建于1656年的海洋史博物馆由1.8万根巨大木桩支撑，其前身是一座大型水上仓库，现今辟为荷兰海洋史博物馆。博物馆内展示了大量有关荷兰航海历史的收藏，其中最吸引游人的是19世纪的荷兰军舰"布菲尔号"。此外根据18世纪东印度公司一艘商船复制的"阿姆斯特丹号"也停泊在这里，游人可以登上船随意参观。另外，在博物馆一旁还耸立着一座灯塔，充满了大航海时代的风情。

TIPS
- 020-5232222
- 9欧元
- 10:00—17:00
- ★★★★

09 梵高博物馆
收藏梵高作品最丰富的博物馆

TIPS
- Paulus Potterstraat 7, 1071 CX Amsterdam
- 020-5705200
- 10欧元
- 10:00—18:00
- 在中央火车站乘2、5路有轨电车至Van Baer lestraat，下车即达
- ★★★★

梵高博物馆位于莱克斯博物馆及城市博物馆之间一幢修建于1973年的建筑内，由建筑师李特维德设计而建，1999年加盖由日本建筑师黑川纪章设计的新侧翼。主要收藏荷兰画家梵高的作品和相关文物，是收藏有最多梵高作品的博物馆。这里之所以收藏了大师的大量珍贵作品，得益于他弟弟西奥和侄儿的赞助，馆内现藏有200多幅油画、500多幅素描和水彩画，及梵高死后在他家中发现的上百封信与日本木版画。

10 桑斯安斯风车村
保留17世纪荷兰的传统生活原貌

荷兰桑斯安斯风车村位于阿姆斯特丹北方，是一座古老的村庄，目前仍有居民居住，是开放式的保留区。村子里的古老建筑再现了17世纪以来荷兰的传统生活原貌，生动而写实。这里有古老的造船厂、香甜的奶酪作坊和拥有上百年历史的杂货店。桑斯的风车，每年都吸引了来自世界各地的游客参观。这里矗立着上百座风车，其中5座最为著名，它们仍旧承担着各种工作任务，并展现了传统的生活方式。若是泛舟于桑河之上，更可欣赏到不同角度的风车美景。

TIPS
- Schansend 7,1509 AW Zaandam
- 13欧元
- 9:00—18:00
- 在中央火车站乘从Alkmaar开往KoogZaandijk方向的火车慢车4站，步行5分钟搭乘小渡船3分钟，再步行5分钟即到；或在中央火车站乘91路公交车至St. Michael College，下车即达
- ★★★★

11 海牙
荷兰的"皇家之都"

TIPS

 Hague ★★★★

被誉为"皇家之都"的海牙是荷兰的中央政府所在地,意为"伯爵家的树篱"。这里是王宫和政府的所在地,所有的政府机关与外国使馆均设于此,现任女王也在此居住办公。海牙充满了典雅高贵的皇家气息,优雅而静谧。这里有著名高等学府海牙大学和海牙国际商学院,还有迷人的海滨度假胜地——席凡宁根,以及拥有经典藏品的莫瑞泰斯皇家美术馆等多处著名景点。海牙的休闲区更是上流社会人士的首选地,热闹的娱乐场所和琳琅满目的购物街均会让你享受到优雅舒适的休闲生活。

12 代尔夫特
历史悠久的知识之城

拥有"知识之城"称号的代尔夫特历史久远,至今仍留有古老的田园美景。这里拥有代尔夫特理工大学和荷兰应用科学研究所两所著名的高等学府。随着中国瓷器的引进,代尔夫特开始发展瓷器制作,并借此闻名。代尔夫特蓝陶在当时专为皇家定制生产餐具。代尔夫特的教堂巍然耸立,气势恢弘,当时的皇室成员死后也多安葬于此处。代尔夫特的内城中古老建筑随处可见,水道遍布城中,好似阿姆斯特丹的缩影,幽雅静谧。

TIPS

荷兰代尔夫特镇　从海牙中央火车站至代尔夫特,乘电车约10分钟行程即达 ★★★★

EUROPE GUIDE

EUROPE

畅游欧洲 ❾

欧洲其他

欧洲其他包括瑞典、葡萄牙、俄罗斯、奥地利等众多国家。瑞典是典型的北欧风光,大海、峡湾、城堡、田园风光彰显了北欧独特的魅力。葡萄牙代表的南欧众多国家拥有美丽的沙滩、海岛、小镇和古老的建筑。西欧是欧洲的中心重镇,比利时巧克力、艺术世界闻名。中欧的奥地利是欧洲的艺术之国。俄罗斯是古老东欧大陆上最具代表性的国家,历史悠久,拥有欧洲和亚洲的双重风情。

01 维也纳音乐厅
全世界音乐的圣殿 娱

维也纳音乐厅始建于1867年,是维也纳最古老,也是最现代的音乐厅。1870年于金色演奏厅举行首演,并于之后的每个季度至少在此举办12场音乐会。许多著名演奏家曾在此演出。音乐厅建筑极其华丽,外墙呈黄红两色,众多的音乐女神雕像竖立其上,属于意大利文

TIPS
📍 Karlsplatz 6, 1010 Wien ☎ 01-5058190 🚇 乘U1、U2、U4至卡尔广场站,下车即达 ★★★★★

艺复兴时期建筑,精致的设计和高雅的音乐会无一不令人赞叹。音乐厅属于奥地利音乐之友协会,该协会拥有会员7000余人,是世界上历史最悠久、人数最多的音乐组织。高水准乐团、专业指挥的音乐会经常在这里上演。

02 霍夫堡皇宫
哈布斯堡王朝的皇宫 赏

历史悠久的霍夫堡皇宫曾是大名鼎鼎的哈布斯堡王朝的皇宫,它位于维也纳的市中心,是奥地利最著名的旅游景点。霍夫堡皇宫汇聚了哥特式、文艺复兴式、巴洛克式,还有仿古典式等众多不同流派的建筑风格,是欧洲最为优雅的宫廷建筑之一。新霍夫堡皇宫大门是这里的正门,它与英雄广场一起构成了皇宫的宫外景观。新霍夫堡是这座古老皇宫中的最新建筑,现在被辟为人类文化展览馆、乐器展览馆和武器展览馆。礼仪大厅气势恢弘,是过去奥匈帝国举办各种舞会的地方,豪华典雅的装饰令人惊叹不已。通过弗兰茨皇帝广场可以来到皇宫宴会和银器馆,这里收藏着众多奥匈皇室所使用的宫廷物品。瑞士人大门是这里作为军事防御工事时代留下的遗迹之一。珍宝馆、皇帝居室也都是各有特色的景点。

TIPS
📍 Michaelerplatz 1, 1010 Wien ☎ 01-5337570 💶 10欧元 🚇 乘地铁U1至Stephansplatz站,U3至Herrengasse站,U2至Volkstheater站;或乘巴士48A至Dr.-Karl-Renner-Ring;或乘有轨电车D、J、1、2、巴士57A至Burgring下车均可到达 ★★★★

03 维也纳国家歌剧院
世界四大歌剧院之首

TIPS

🏠 Goethegasse 1, 1010 Wien ☎ 01-514-44-2250
🕐 随演出内容而定 💰 随演出内容而定 🚇 乘地铁、电车、有轨电车1、2号至卡尔广场站或剧院站,下车即达 ★★★★

维也纳国家歌剧院是这座音乐之城的标志性建筑物,位居世界四大歌剧院之首,是世界最著名的音乐殿堂。这座仿古罗马式的建筑物,具有恢弘的气势,大门处不但有高大坚固的圆柱,也有华丽唯美的青铜塑像,分别代表着歌剧的5个重要艺术主题。在剧院内的休息大厅和走廊墙壁上,悬挂了一幅幅精美的油画,它们都取材自那些杰出的艺术家们所创作的精彩片段,剧院内还有他们的半身塑像。维也纳国家歌剧院的主厅就是著名的金色大厅,每年一度的维也纳新年音乐会就在这里举行。这座著名的大厅装饰雍容典雅,富有古典音乐时代的文化气息。这座剧院内上演的都是久负盛名的剧目,在这里可以感受艺术的无限魅力,聆听在半空中回响着的音乐之声。

04 圣斯特凡大教堂
欧洲最高的几座哥特式古建筑之一

TIPS

🏠 Stephansplatz 1, 1010 Wien ☎ 01-5137648 💰 7月至9月底1欧元 🕐 周一至周六10:30、15:00,周日及假期15:00,6月至9月周六延至19:00 🚇 乘地铁U1、U3至Stephansplatz;或乘1、2号有轨电车亦可到达 ★★★★

圣斯特凡大教堂是位于维也纳市中心的哥特式教堂,也是欧洲最高的几座哥特式古建筑之一,带有东欧教堂的浓厚地方色彩,是维也纳的城市象征之一。

大教堂由一座主楼和三座楼塔组成,以南塔最为壮观,南塔建成于15世纪中叶,高138米左右,成锥体形直插云天,镶嵌在屋顶上的青黄两色的瓦片光彩夺目、鲜艳瑰丽。进入教堂,赫然跃入眼帘的是宏大的哥特式讲堂,是由安东·皮尔格莱姆塑造而成的。圣斯特凡教堂的地下室也是一个奇观,每天下午4时,从教堂正堂的左侧一个入口可以沿阶梯步入教堂地下室。在这里,哈布斯堡王室大部分皇帝的心脏都装在一个个年代久远的大盒子里,而他们的遗体则葬在别处。不可思议的是,这里还存放着几千人的白骨,是在1679年维也纳大瘟疫流行时死去的人们。

05 美泉宫
汇集欧洲多个流派建筑风格

TIPS

📍 Schnbrunner Schloss Strasse, Vienna, 1030
☎ 01-81113239　💰 成人20欧元，儿童10欧元
🚇 乘地铁U4至Sch nbrunn；或乘60路电车至Hietzing；或乘电车10、58、10A公交车至美泉宫 ★★★★

维也纳美泉宫是与霍夫堡皇宫齐名的典雅建筑，这里的房屋样式汇集了欧洲多个流派的建筑风格，既有巴洛克风格的棕榈屋、观景台这种华丽的建筑，也有动物园以及皇室花园那些富有情趣的地方，这些无一不吸引着人们的目光。那些对外开放的房间则是哈布斯堡王朝精心设计装修的，其中以茜茜公主所居住过的房间最为华丽——室内大量的镀金装饰、波希米亚的水晶吊灯和瓷砖、壁炉共同营造出宫廷的巴洛克式风格，无一不彰显出主人的高贵地位。夏宫的皇室花园是欧洲最古老的巴洛克式花园，这里林木葱茏、鲜花盛开，而那些纵横交错的道路则往往会让人迷失方向。

06 奥古斯丁教堂
茜茜公主举行婚礼的教堂

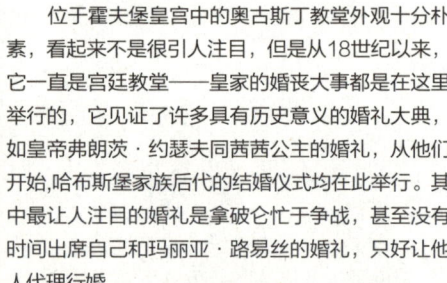

位于霍夫堡皇宫中的奥古斯丁教堂外观十分朴素，看起来不是很引人注目，但是从18世纪以来，它一直是宫廷教堂——皇家的婚丧大事都是在这里举行的，它见证了许多具有历史意义的婚礼大典，如皇帝弗朗茨·约瑟夫同茜茜公主的婚礼，从他们开始，哈布斯堡家族后代的结婚仪式均在此举行。其中最让人注目的婚礼是拿破仑忙于争战，甚至没有时间出席自己和玛丽亚·路易丝的婚礼，只好让他人代理行婚。

此外，奥古斯丁教堂内还有一座小墓穴，里面珍藏着54个小罐，内装着哈布斯堡皇亲们的心脏。哈布斯堡王朝的葬礼非常奇特：一具尸体要分3处埋葬，心脏放在奥古斯丁教堂，内脏放在斯特凡教堂，尸骨则放置在皇家墓穴里。教堂内收藏了大量艺术品，其中最精美的当然要数侧廊的白玉"哀悼者"群雕，它是意大利18世纪最著名雕塑家安东尼·卡诺瓦的杰作。

TIPS

📍 Michaelerplatz 1, 1010 Wien　☎ 01-5337570　💰 10欧元　🚇 乘地铁U1至Stephansplatz站，U3至Herrengasse站，U2至Volkstheater站；或乘巴士48A至Dr.-Karl-Renner-Ring；或科乘有轨电车D、J、1、2、巴士57A至Burgring下车均可到达 ★★★★

07 西班牙骑术学校

精湛的马术表演

沿着霍夫堡皇宫后门的围墙往西走,就到了维也纳著名的西班牙骑术学校。这所骑术学校的历史可以一直追溯到1572年,马克西米利昂二世皇帝在这个时候就开始放养西班牙马匹。而皇家宫廷从16世纪开始有了马步和舞蹈的表演,人文主义复兴的时代则达到了鼎盛,并且流行在欧洲的各个宫廷。但是到今天我们只有在维也纳才能看到这一项传统的古老项目了,这种比赛要求骑手掌握全套的古典式马术。马术表演大厅宏伟气魄,四周的走廊由46根柱子支撑,是人们欣赏马术精湛表演的地方。

TIPS
- Reitschulgasse 2, 1010 Wien ☎43-1-525-24-583
- 3月中旬和6月中旬周二至周五14:00、15:00、16:00,参观时间15分钟 ★★★★

08 奥地利国家美术馆

世界上最美丽的巴洛克宫殿之一

奥地利国家美术馆又名美景宫,是世界上最美丽的巴洛克宫殿之一。馆内收藏了欧洲许多著名的艺术珍品及各种罕见作品。国家美术馆分为上宫和下宫两个建筑群,上宫藏有至今保存最完整的克里姆特和柯克施卡的伟大作品,下宫藏有浪漫派和圣坛画像的代表作品。在此,人们不仅能够欣赏到青年艺术风格画家古斯塔夫·克里姆特和西勒等人的绘画作品,还可以感受到气势恢弘的巴洛克皇宫和花园内浓郁的历史文化气息,是感受艺术的好去处。

TIPS
- Prinz-Eugen-Str. 27 ☎01-525-24-4025 12.5欧元
- 10:00—18:00 乘电车D至Schloss Belvedere;或乘电车O、公交车13A至南火车站,下车即达 ★★★★

09 茜茜公主博物馆

了解茜茜公主的传奇一生

坐落于霍夫堡皇宫内的茜茜公主博物馆,是为了庆祝国王弗朗茨·约瑟夫和茜茜公主结婚150周年而建造的。茜茜公主是弗朗茨·约瑟夫一世的皇后,她对宫廷礼仪的反抗、对美丽的执着追求,以及对运动的喜爱和对古典诗歌的着迷,使得她成为了深受世人瞩目和爱戴的奥地利王后。博物馆内不仅收藏了茜茜公主诸多的私人物品以供参观,还展示了这位美丽王后的肖像画,使关注茜茜公主的人们能够更进一步了解这位美丽王后,以及她传奇的一生。

TIPS

- Michaelerkuppel, Hofburg, Kaiserappartements, 1010 Vienna ☎01-5337570 9.9欧元 乘U1、U3至Stephansplatz;U3至Herrengasse,U2、U3至Volkstheater;或乘48A公交车至Dr.-Karl-Renner-Ring;或乘电车D、J、1、2、公交车57A至Burgring,下车即达 ★★★★

10 环城大道　逛
环绕维也纳的林荫大道

　　游人倘若要漫游维也纳古城，最好从环城大道开始。长约4公里的环城大道宽约57米，最初曾经是土耳其奥斯曼军队围攻维也纳时的旧城墙所在地，后来随着奥地利帝国、奥匈帝国的发展，维也纳人口越来越多，1858年起旧城墙开始被拆除，并修建起环城林荫大道。此后40多年里，奥匈帝国皇帝邀请了多名欧洲著名设计师参与设计沿道两旁的建筑，从而逐步建成了一批蕴涵古典主义风格的建筑群。这些建筑集中体现了19世纪后期城市建筑艺术的辉煌成就。现今的环城大道是维也纳最大的一条豪华大街，市政厅、国家歌剧院、维也纳大学等许多知名建筑都在这条大道上。

TIPS
🏠 Ringstrasse　🚋 乘有轨电车即可环绕环城大道　★★★★

11 莫扎特故居博物馆　赏
音乐大师莫扎特的故居

　　维也纳市中心的格特赖代加瑟街9号，是莫扎特的故居和博物馆，拥有20多间分别陈列着莫扎特父母和他本人的画像、他当年使用过的乐谱手稿和一束头发的展室。莫扎特早逝，但他的音乐使他流芳百世。他在维也纳最后十年的生活艰难困苦，却相继写出大量优秀作品，成为维也纳古典乐派的代表人物之一。这里又叫做"费加罗之家"，因为就是在这里，莫扎特创作出了著名的歌剧《费加罗的婚礼》，在世界乐坛上久演不衰。故居楼上还有十多个大书架，架上摆满了各国出版界出版的莫扎特乐谱和研究他生平事迹的书籍。

TIPS
🏠 格特赖代加瑟街9号　☎ 01-5136294　💰 1.9欧元
🕘 9:00—18:00　★★★★

12 米拉贝尔宫　赏
可一览萨尔茨堡风光的宫殿

TIPS
🏠 Mirabellplatz4 5020 Salzburg　☎ 0662-80722334　💰 免费
🕘 周一、周三、周四8:00—16:00，周二、周五13:00—16:00，周六8:00—12:00　🚶 从莫扎特广场步行约30分钟即达　★★★★

　　米拉贝尔宫是大主教迪沃夫·迪特里希·冯·莱特瑙为其情人索罗门·阿尔特建造的，最初命名为"阿尔特奥宫"。后来，大主教的继承人将她驱逐出宫，在原基础上扩建成夏宫，并更名为"米拉贝尔宫"。现在的宫殿是1818年的一场大火之后重新修缮建造的，最初由格奥尔格·拉法艾尔·多纳设计制造的楼梯扶手以及装饰雕塑都保留了下来。该楼梯也是这座宫殿最主要的特色，楼梯的回旋扶手上雕刻着22个快乐的小天使滑上滑下，淘气地赤裸着小身子。站在公园的最西端向东眺望，萨尔茨堡的全貌便可一览无余。

13 萨尔茨堡
奥地利历史最悠久的城市

萨尔茨堡是奥地利萨尔茨堡州的首府，城市的建筑风格以巴洛克为主，是奥地利历史最悠久的城市。萨尔茨堡以东有不少湖泊。在位于德奥边境的翁特峰，从山顶可以看见萨尔茨堡全景和阿尔卑斯山脉。作为阿尔卑斯山的门户，每年冬季都会有从欧洲各地飞来的滑雪爱好者来到这里。萨尔茨堡城内巴洛克式的建筑风格具有独特的魅力：萨尔茨堡大教堂重建于1614—1628年，是阿尔卑斯山北侧的第一座巴洛克式教堂；圣彼得修道院是德语区内的第一座修道院；诺恩贝尔格的贝内迪克汀嫩修女院是全世界现存历史最悠久的女修道院；"粮食胡同"是萨尔茨堡老城最著名的步行街，它之所以出名，是因为莫扎特1756年1月27日就出生在这条街上的9号，莫扎特的父亲雷欧波得·莫扎特在1747年租下了这栋楼的第四层，莫扎特一家在这里一直生活至1773年才离开萨尔茨堡去了维也纳，现在已经被开辟为莫扎特博物馆，吸引了来自世界各地的游人朝圣。

TIPS
奥地利萨尔茨堡　0662-88987-330　40欧元　依景点而异　在维也纳乘飞机或火车至萨尔茨堡即可　★★★★

14 侬山修道院
阿尔卑斯山北部地区最古老的女修道院

TIPS
Blick auf Salzburg 5020　免费　★★★★

始建于公元714年并保存至今的侬山修道院，是阿尔卑斯山北部地区最古老的女修道院。此修道院于1696年兴建，并于1707年完工。修道院中最特别的是坐落在圣约翰小教堂门旁的木制哥特式祭坛，它是由著名的雕刻家Veit Stoss建造而成的，其独特的外形吸引了无数游人前来参观。侬山修道院曾多次作为电影的拍摄地，如著名的电影《音乐之声》就在此处拍摄了不少场景。修道院恢弘的外观和侬山而建所形成的气势，让人不得不惊叹于它精美的艺术设计。

15 萨尔茨堡大教堂
阿尔卑斯山北麓最美的早期巴洛克式建筑

这座占地颇广的教堂被视为阿尔卑斯山北麓最美的早期巴洛克式建筑,最早是由St.Virgil在公元774年所建造的后罗马时期建筑。但原建筑在1598年的一场大火中被焚毁,现今这幢教堂是1614年由Santino Solari所设计建造,于1628年由Paris Lodron主教完成的落成仪式。

第二次世界大战之后遭到破坏的大教堂于1959年重建,双塔高达83.3米,是萨尔茨堡的城市标志之一。矗立在教堂前广场中央的圣母玛丽亚纪念碑、教堂内的图书馆和洞穴,都吸引了来自各地的游人。此外,值得一提的是从1990年起,大教堂前的广场就成为萨尔茨堡艺术节的举办地,每年夏天都要上演该艺术节创始人霍夫曼斯塔尔的著名话剧《每个人》。

TIPS
🏠 Blick auf Salzburg 5020　☎ 0662-8407-7950　💰 成人5欧元,学生3.5欧元,儿童1.5欧元　🕐 1月、2月、11月周一至周六8:00—17:00,周日及公休日13:00—17:00;3月、4月、10月、12月周一至周六8:00—18:00,周日及公休日13:00—18:00;5月至9月周一至周六8:00—19:00,周日及公休日13:00—19:00　🚇 从莫扎特广场步行约5分钟即达　★★★★

16 布鲁塞尔原子塔
比利时的埃菲尔铁塔

人称"比利时的埃菲尔铁塔"的布鲁塞尔原子塔,坐落在布鲁塞尔市西北易多明市立公园内,周围有草木、喷泉相环绕,环境优美。造型独特别致的布鲁塞尔原子塔,高至百余米,是个放大约2000亿倍的铁分子模型,由9个铝制的大圆球和铁架构成。位于中央的铝球不仅是瞭望台,也是餐厅,其余8个则为科学箱。站在其102米高的塔顶,全市区的摩天大楼及拉肯庄园的景色可以尽收眼底。如在夜晚前来参观,原子塔所发出的光晕,更是形成一幅别致的景象,让人陶醉其中。

TIPS
🏠 Atomiumsquare, 1020 Brussels　☎ 02-475-47-75　🕐 4月至8月9:00—20:00;9月至次年3月10:00—18:00　🚇 乘地铁至Heysel站,下车即达　★★★★

17 小于连撒尿雕像 赏
布鲁塞尔的城市标志

"布鲁塞尔第一公民"名叫于连，传说当敌人在进攻布鲁塞尔时将炸药导火线点燃，企图将整座城市化为灰烬，结果一个光着屁股的小男孩对准导火线撒尿将火熄灭了，从此，这个名叫于连的光屁股小男孩就成为比利时人民爱戴的英雄。为了让后人永远记住他，布鲁塞尔便以他撒尿灭掉导火线的形象建造了一座纪念铜像，并称他为"布鲁塞尔第一公民"。

现今这座雕像早已成为了布鲁塞尔的城市象征。在市中心大广场还修建了一所于连博物馆，馆内收藏了各国政府首脑及名流赠送给小于连的各式服装，多达数百套。每逢重大节日，布鲁塞尔人都要为小于连的雕像穿上盛装，接受人们的"拜访"。

TIPS
🅰Rue du Chene街和Rue d'etuve街交会处 🆓免费 🕐全天 🚌沿市政厅右侧的Rue de l'Etuve路直走约200米即达
⭐★★★★

18 布鲁塞尔大广场 逛
全比利时最美的建筑群

TIPS
🅰Brussels Grand Place 🆓免费 🕐全天 ⭐★★★★

布鲁塞尔大广场是欧洲风景最为优美的广场之一，被联合国教科文组织评为世界文化遗产。穿过纵横交错的小巷来到广场上，可以看到著名的小于连铜像。四周古老的教堂与市政建筑风格迥异，使人宛如置身于中世纪之感。气势恢弘的布鲁塞尔市政厅，有一座剑指蓝天的塔楼，造型宏伟，塔楼顶端还有布鲁塞尔保护神的雕像。市政厅的内部装饰也是十分精美，各种图案与雕刻将这里装点得美轮美奂。天鹅咖啡馆是马克思与恩格斯两位导师撰写《共产党宣言》的地方，极具纪念意义。左边的"鸽子饭店"则是大文豪雨果流亡比利时时居住的地方，名著《悲惨世界》最初构思就是在这里完成的。布鲁塞尔大广场又是一个娱乐购物休闲的好地方，四周遍布着多家咖啡馆、酒吧、海鲜店、冷饮店、服装店、鲜花店。

19 滑铁卢古战场
滑铁卢战役的古战场

滑铁卢古战场,坐落于比利时首都布鲁塞尔南郊外的滑铁卢小镇附近。当年闻名四海的滑铁卢战役即是在此展开的,它见证了拿破仑政治生命的终结。在古战场的正中有一座200多级阶梯的土山,名为狮子山。相传人们为了纪念拿破仑,还将遗留在战场上的枪炮铸造成了一座铁质巨狮放于山上。而山下是白色的滑铁卢纪念馆,终年只放映《滑铁卢战役》一部电影,向游客展现当时战役的历史背景及交战情况。这里每天都吸引了大量的游客,人们于此访古凭吊,祈求和平。

TIPS
比利时滑铁卢镇 免费 全天 在布鲁塞尔火车南站出发,有很多列车经过滑铁卢镇。在滑铁卢火车站步行至镇中心,后换乘公交车至古战场即达 ★★★★

20 比利时皇家美术馆
比利时最大的艺术类博物馆

比利时皇家美术馆是一座精美的仿古式建筑,是比利时规模最大的艺术类博物馆。这座典雅的美术馆外部屋檐由多根科林斯式的圆柱支撑起来,大门四周还雕刻有精美的石像。美术馆内部则收集了自文艺复兴以来多幅出自名家之手的绘画,其中以法兰德斯绘画派,以及比利时象征主义的作品最为丰富:古典美术馆区展出的是18世纪之前的绘画,这些技法高超、色彩丰富、图像生动鲜明的绘画是这里的重要看点,最著名的当属《奥顿的公正》和《伊卡尔的堕落》;建于19世纪80年代的近代美术馆,则具有朴实典雅的风格,它最独特的地方是所有展馆全部位于地下。在这座精心设计而成的展览馆内,汇集了近现代多个流派的画家画作,那些或热情奔放,或狂野不羁的画作都是这里的精华作品。

TIPS
Leopold de Waelplaats 2, 2000 Antwerp 03-238-78-09
5欧元 10:00—17:00 ★★★★

21 芬兰城堡
世界最大的近代海上军事要塞之一

TIPS

📍 Suomenlinna, Helsinki ☎ 358-0-709-2469 🕐 依各景点而异 📅 9月1日至9月30日11:00—16:00；10月1日至12月19日周二至周日11:00—16:00 ★★★★

历史悠久的芬兰城堡是世界上现存最大的近代海上军事要塞之一，至今仍保存完好。这座位于赫尔辛基市外海岛屿之上的城堡，因其坚固的防御体系和独特的设计构思被联合国教科文组织列入了世界遗产名录。宏伟的芬兰城堡景点众多，这里链式连接的防御城堡有着坚固的城墙和雄伟的塔楼。分散在8个岛屿上的众多堡垒，各自承载了不同的任务，是芬兰城堡这条华美项链上的璀璨明珠。帝皇门是芬兰城堡的标志性建筑，它屹立在海岸边，有着恢弘的气势，是迎接各方游客的最佳场所。艾伦怀特博物馆内收藏了大量近代瑞典的各种文物和器具；玩具博物馆则是深受孩童欢迎的地方，那里展出着自19世纪以来的各种儿童玩具；海岸大炮博物馆内陈列着中世纪以来的各种大炮；马内基军事博物馆与维斯高潜艇博物馆也都是各有特色的景点。

22 赫尔辛基大教堂
赫尔辛基市的地标性建筑

赫尔辛基大教堂建于1852年，出自德国建筑师恩格尔之手。大教堂矗立于游客聚集的参议院广场中心，其所在的高地高出海平面80多米。一眼望去，希腊廊柱支撑的乳白色教堂主体和淡绿色青铜圆顶的钟楼十分醒目，宏伟的气势和精美的结构使它成为芬兰建筑史上的经典，也成为了赫尔辛基市的地标性建筑。

赫尔辛基大教堂是一座路德派新教教堂，宏伟的建筑内有很多精美的壁画和雕塑。每当教堂钟声响起，整个广场都一片肃静，众多游人一同静静感受着这种只有宗教才能带来的让心灵宁静的珍贵一刻。由于大教堂的特殊地位，芬兰情侣都希望在这里举行婚礼，不过，他们为此甚至需要提前一年半预约。

TIPS

📍 Unioninkatu 29, 00170 Helsinki ☎ 09-2340-6120 🕐 夏季9:00—24:00，冬季9:00—18:00 ★★★★

23 议会广场
芬兰新古典主义的中心

TIPS

📍 Senate Square, 00160 Helsinki ★★★★

于1818—1852年修建完成的议会广场在卡乌帕多利广场的北边，是一处正方形的美丽广场，包括了大教堂、参议院、都市管理局和赫尔辛基大学及其图书馆，被誉为"赫尔辛基新古典主义的代表作"。人们评论说议会广场就是芬兰的历史中心，也是芬兰新古典主义的中心。此外，值得一提的是，赫尔辛基最古老的建筑也位于这里，广场中央有一座亚历山大二世的雕像，建于1894年。

24 岩石教堂
世界上唯一一座建在岩石中的教堂

TIPS

📍Lutherinkatu 3 Helsinki, ☎358-9-496698
💰免费 🕐全天开放，周三关闭，做弥撒和其他活动期间关闭 🚌乘坐有轨电车3B、3T至坦佩利岩石广场，下车即达 ★★★★

岩石教堂又叫做"坦佩利奥基奥教堂"，因为建造在天然岩石中而得名，这也是世界上唯一一座建在岩石中的教堂。岩石教堂位于赫尔辛基市中心坦佩利岩石广场，由建筑师添姆和杜姆苏马连宁兄弟在1969年设计建造。

建造在掏空的岩石中的岩石教堂为圆顶，教堂顶部的玻璃屋顶以铜网架支撑。外部墙壁以铜片镶饰，内壁则完全保持了天然的花岗岩壁纹理，其余的壁面仍然保有原始的岩石风味，教堂入口走廊为隧道状，入口处则涂着混凝土，整座教堂如同着陆的飞碟一般，具有相当的趣味性。芬兰人崇尚自然古朴的审美情感在这座教堂上得到了充分的体现。岩石教堂内的中心区域有一个圣坛，与玻璃屋顶所射下的自然光芒相互辉映，尽显圣坛的光辉。

岩石教堂可同时容纳900多人，在周日早上定时举行礼拜，在岩壁的回音作用下，教堂音效特别好，因此有很多音乐会都专门选择在这里举行。

25 芬兰国家博物馆
了解芬兰的国家历史

TIPS

📍00100 Helsinki ☎40501 💰成人5欧元，学生4欧元 🕐11:00—20:00 ★★★★

芬兰国家博物馆建于1905—1910年，但直至1916年才正式向公众开放。它的外观模仿了芬兰中世纪时期的教堂和城堡，是由芬兰三位建筑师好友Herman Gesellius、Armas Lindgren、Eliel Saarinen所共同设计的，代表了芬兰建筑的民族浪漫主义。1917年芬兰独立后，这里才正式命名为芬兰国家博物馆。

博物馆俗称"高塔"，入口处是雕塑家Emil Wikstrom于1910年创作的一只熊雕塑，如今已成为博物馆的守卫者。博物馆共有4层，藏品丰富，展示了芬兰从史前时期以后的历史。展品包括历史、考古、文化及社会事物类，据考古展示，在公元前6000年人类已在芬兰生存行息。最后，值得一提的是博物馆天花板的壁画，其灵感来自芬兰的民族史诗Kalevala，画家为Akseli Gallen-Kallela。这幅画原为20世纪初的巴黎世界博览会而绘。

26 乌斯别斯基教堂
北欧最大的东正教教堂 赏

位于赫尔辛基市中心Katajanokka岛上的乌斯别斯基教堂是北欧最大的东正教教堂，具有浓郁的俄罗斯建筑风情。这座教堂建于19世纪中期，整体设计结构巧妙，显眼的金圆顶和红砖砌成的教堂显得格外凝重，旁边两棵大树与教堂交相辉映，教堂内部的精美绘画是由俄罗斯艺术家完成的，具有鲜明的东正教色彩。这座教堂拱顶上雕刻有惟妙惟肖的花纹图案，而雄伟的花岗岩石柱是乌斯别斯基教堂中最具视觉冲击力的构件。教堂内还安葬着芬兰民族英雄曼海姆将军的遗体。

TIPS
 Kanavakatu 1, 00160 Helsinki ★★★★

27 苏奥门涅米岛
芬兰城堡所在的岛屿 赏

赫尔辛基市区内岛屿众多，最著名的当属苏奥门涅米岛，被列入世界文化遗产的芬兰城堡就在这座岛屿上。苏奥门涅米岛上遍布着各种人文古迹，除了历史悠久同时也是全世界最大的海上要塞芬兰城堡外，岛上还有漂亮的教堂、风格各异的咖啡厅、保存完好的近代防御工事、俯瞰大海的古炮台和藏品众多的博物馆等旅游景点。由巨石筑成的城堡十分坚固，来到这里不但能够纵览苏奥门涅米岛美丽的风光，也能感受历史的变迁与岁月的蹉跎。

TIPS
 Suomenlinna Helsinki ⊙依各景点而异 ⊙依各景点而异 ⊙依各景点而异 ⊙夏季：6:00—2:00，在集市广场（Kauppatori）的客船码头乘HKL公司的渡船即达 ★★★★

28 桑普号破冰船
世界著名的极地旅游船 赏

破冰能力极强的桑普号破冰船是著名的极地旅游船，这艘船虽然吨位不大但是性能强劲，能破碎8米厚的冰层。每年的冬季都是极地旅游的好时节，人们可以体验到刺骨的寒风与纷飞的雪花，船上还备有先进的保暖救生衣，想体验刺激的游客可以纵身跃入北冰洋中，体验那奇妙的感觉。乘坐桑普号破冰船可以领略北冰洋独特的冰海风光，还能感受北极圈的奇妙景色。船上的餐厅有不同风格的食物提供，还可以买到各种极地旅游纪念品。

TIPS
 Torikatu 2, 94100 Kemi, Lapland ☎358-16-256-548 ⊙196欧元 12月中旬至次年4月中旬 ★★★★

29 圣诞老人村 玩
充满梦幻色彩的地方

圣诞老人村是给全世界无数少年儿童带来欢乐和实现梦想的圣诞老人家园，是一个颇具梦幻色彩的地方。圣诞老人村是著名的旅游胜地，在这里可以看到为圣诞老人拉雪橇的驯鹿们在悠闲地踱步，冬天则是它们大显身手的时候，游客们可以乘坐圣诞老人所使用的雪橇感受冰上行进的乐趣。村子里的邮局可以看到盖有北极圣诞老人邮局邮戳的信件，而圣诞老人则会在办公室里回复全世界小朋友的来信，游客们还可以与他合影留念。

TIPS
ArcticCircle 358-16362007 免费 从罗瓦涅米市集乘坐8号线巴士直达 ★★★★

30 北极圈分界线 玩
进入北极圈的分界线

北纬66°32′是北极圈的分界线——芬兰境内的官方标志就位于圣诞老人村内，从而把科学理论与童话故事完美地融合在一起。游客来到这里可以站在线上让双脚横跨北极线，体验介于极地与温带之间的感觉，还可在游客中心买一份到达北极圈的证书。夜晚的北极圈分界线上会悬挂色彩绚烂的彩灯作为界标，这些彩灯向两方延伸而去，让人感受天地的广阔。来到这里还能与当地的萨米人一起进行联欢，参加他们举行的进入北极圈的传统仪式。

TIPS
ArcticCircle 358-16362007 免费 从罗瓦涅米市集乘坐8号线巴士直达 ★★★★

31 挪威王宫 赏
挪威国王的办公地

TIPS
Henrik Ibsens gate 1, 0010 Oslo 22-04-87-00 60克朗 夏季8:00—20:00，冬季9:00—17:00 ★★★★

挪威王宫正面面对奥斯陆市中心主要街道——卡尔约翰大街，最初是由卡尔十四国王提出修建，1823年由丹麦人冯·林斯道作为总建筑师，并于1825年举行了奠基典礼，最终于1848年竣工完成，恰好赶上新国王奥斯卡一世和他的法国王后约瑟芬的登基大典。作为挪威哈拉尔国王的办公地，平时如果国王在王宫中，上空会生起红底金狮的挪威王室旗标，如果旗标上有一个三角形的缺块，那就意味着国王这时不在王宫里，由王储暂时替代作为国家元首。

32 阿克斯胡斯城堡
坚不可摧的中世纪古城堡 赏

TIPS
Akershus festning　47-23-09-35-53　40克朗　6月15日至8月15日周一至周五9:00—17:00，附解说10:00、12:00、14:00、16:00，周六、周日11:00—17:00；8月16日至次年6月14日周一至周五9:00—16:00，附解说12:00、14:00、16:00，周六、周日11:00—16:00 ★★★★

阿克斯胡斯城堡是座建于13世纪的中世纪古城堡，游人从这座城堡几乎可以俯瞰市政厅和奥斯陆市中心的全貌。阿克斯胡斯是挪威国王哈康五世为抵御外来侵略，于1300年设计并建造的。在1308年国王去世前不久才竣工落成的阿克斯胡斯城堡甫一建成便成功地抵御了瑞典埃里克公爵的进攻，并且在以后的历次战役中证明了它的坚不可摧。

33 维京海盗船博物馆
斯堪的纳维亚最受欢迎的海盗文化展览 赏

位于比格半岛的维京海盗船博物馆是斯堪的纳维亚国家中最受欢迎的海盗文化宝库之一，博物馆展品都是从奥斯陆峡湾地区维京人墓穴中发现的。这里有穿着宽袍大袖的"海盗"充当迎客使者，引领游人进入展览大厅。大厅中最为壮观的是两艘世界上保护得最好的，建于9世纪的木质海盗船，游客可以从陈列的残旧战船中感受到维京人当年的辉煌。此外，博物馆中还展示了维京人的许多出土用品，包括马车、炊具等，游人可根据它们遥想那紧张刺激的"海盗岁月"。

TIPS
Huk Aveny 35, 0287 Oslo　22-13-52　10:00—18:00 ★★★★

34 四大峡湾
世界未受破坏的自然美景之首 赏

四大峡湾是挪威这个峡湾之国最具代表性的风景区，被誉为"世界上未受破坏的自然美景之首"：盖朗厄尔峡湾是挪威诸多峡湾中最为美丽神秘的一处，这里瀑布众多，风景如画，仿若人间仙境；松恩峡湾是世界最大、最幽深的峡湾，那些陡峭的崖壁落差达千余米，来到这里可以充分地感受到大自然的神奇与壮丽；平缓舒适的哈当厄尔峡湾区林木繁茂，鲜花盛开，是人们放松心情体会自然风光的好地方；吕瑟峡湾则以巨大的布雷凯斯特伦断崖最为出名。

TIPS
★★★★★

35 斯德哥尔摩老城
中世纪的斯德哥尔摩城区 逛

TIPS
斯德哥尔摩市中心小岛上 ◎依各景点而异 ◎依各景点而异 ★★★★

保留着中世纪特色的斯德哥尔摩老城是斯德哥尔摩最早建城的地方，历史可以追溯到13世纪，城区内狭窄的小巷据说还是沿着旧时海员运送货物的路线建立起来的。直至19世纪中期，斯德哥尔摩老城周边大多是郊区，后来，地图和文献开始称其为"桥间之城"或"桥中之城"。自1934年起，"桥间之城"还包括小岛Helgeandsholmen和Strömsborg的区域。"老城"的名称大概出现于20世纪初，之后才广为流传。斯德哥尔摩老城中除了有斯德哥尔摩大教堂、诺贝尔博物馆和骑士教堂外，还是瑞典王宫的所在地——18世纪三王冠宫于火中焚毁后，王宫就建立于此。

36 瑞典皇宫
斯德哥尔摩的主要景点 赏

建于17世纪的瑞典皇宫是一座方形的小城堡，作为瑞典国王办公和举行庆典的场所，皇宫内拥有600余间房间，比英国的白金汉宫还多。其中对外开放的部分包括皇家寓所、古斯塔夫三世的珍藏博物馆、珍宝馆、三王冠博物馆、皇家兵器馆等，游人在宫内可以参观各种金银珠宝、精美的器皿，以及精美的壁画和浮雕。每天中午12点15分，皇宫的卫兵会举行换岗仪式，在军乐声中步兵列队交接瑞典国旗，身着蓝色制服、头戴银盔、脚穿皮靴的皇家卫队士兵颇有气势，吸引了众多游人驻足观看。

TIPS
Kindstugatan 1, Stockholm ◎08-402-60-00 ◎1月至8月周一至周五9:00—19:00，周六9:00—17:00，周日10:00—16:00；5月、9月周一至周五9:00—18:00，周末10:00—16:00；10月至次年3月周一至周五9:00—18:00，周末10:00—15:00 ★★★★

37 斯德哥尔摩大教堂
斯德哥尔摩最古老的建筑之一

斯德哥尔摩大教堂是瑞典国王加冕的场所，同时也是斯德哥尔摩市内历史最悠久的古建筑之一。气势恢弘、庄严的大教堂正前方有一座方尖碑，是为纪念瑞典与俄罗斯争夺波罗的海出海口的战争而建立的。教堂内收藏有历代皇家骑士的徽章，还有一座刻于1489年的"圣乔治屠龙"木雕，同时也是北欧最大的一座木雕，这座雕像把瑞典军队比喻为骑士乔治，狠狠地教训了象征着恶龙的丹麦。雕刻家以华丽又细腻的雕刻技法展示出了木雕艺术的极致。

TIPS
Tr ngsund 1, 111 29 Stockholm　08-723-30-16　5月至8月20克朗，其余时间免费　★★★★

38 诺贝尔博物馆
如百科全书一般的博物馆

诺贝尔博物馆建于1975年，位于离斯德哥尔摩约200公里的卡尔斯库加市，是诺贝尔结束漂泊生涯回到祖国的定居之地。馆里珍藏着诺贝尔生前参加活动的照片和遗嘱，以及他获得的各种技术发明专利证书和金质奖章。

诺贝尔博物馆就像是一本百科全书，那里不仅有获奖学术大师终身成就的图文展示、有趣的科技互动活动及电脑演示与咨询，还有十分诱人的剪辑精致的影视短片循环播放，让观众贴近700多位诺贝尔奖获得者，与久已仰望的大师亲近对话。

TIPS
Stortorget 2, 111 29 Stockholm　08-534-818-00　50克朗　★★★★

39 皇后岛
瑞典著名的风景旅游区

TIPS

Eker Municipality ★★★★

位于斯德哥尔摩市郊的皇后岛是瑞典王室的御用园林,也是该国著名的风景旅游区。皇后岛上的王宫历史悠久,是仿照著名的凡尔赛宫而来的。这座宫殿具有法国建筑艺术风格,一座座典雅的殿堂面湖而立,彰显出这里的沉稳、典雅、庄重。在这里还不能碰到挪威王室的成员,他们给人的感觉非常亲切,王宫的大部分宫殿也是对外开放的。岛上还遍布着各种精美的雕塑,这些雕塑千姿百态,惟妙惟肖,而从空中俯瞰则发现它们绘成一幅绝妙的几何图案。

40 美人鱼铜像
丹麦的象征

小美人鱼雕像位于丹麦首都哥本哈根朗厄里尼港入口处的一块巨大鹅卵石上,它是丹麦雕塑家埃德华·埃里克森于1912年,根据安徒生童话《海的女儿》中的女主角"小美人鱼"用青铜雕铸的。这尊1.6米高的铜像同真人一般大小,整个人鱼直到小腿都是人形,只是脚变成了鱼鳍。铜像于1913年8月23日被安置在哥本哈根港,现已成为丹麦的象征。

TIPS

哥本哈根东北长堤海滨 ★★★★★

41 哥本哈根市政厅广场
丹麦的国家心脏

逛

TIPS
- 哥本哈根中央车站东北侧
- 免费
- 全天
- 从中央车站步行10分钟即达
- ★★★★

哥本哈根市政厅广场是哥本哈根的市中心广场,又是丹麦的政治心脏,同时还是丹麦铁路网的零起点。富丽堂皇的市政厅是这座广场的核心建筑,这座建筑融合了古代丹麦建筑风格与意大利文艺复兴时期建筑风格,具有鲜明的时代特色。广场上的钟楼有百余米高,大门处有13座显示世界各地时间与天文时间的古钟,在楼顶可以把哥本哈根的古老风光尽收眼底。广场上还有许多精美的雕塑,大都是取材于安徒生的童话故事里的角色。广场旁边的步行街则是街头艺术家展示才华的地方。

42 克里斯蒂安堡宫
华丽的洛可可式建筑

赏

TIPS
- Frederiksberggade 25, 1459 Kbenhavn K, Danmark 新国王广场和市政厅广场之间
- 3392-6492
- 40克朗
- 10:00—16:00;12月24—31日至1月3日关闭
- 乘1、2、6、8、9、10、28、29、31、37、41、43路公交车至Christiansborg站,下车即达
- ★★★★

克里斯蒂安堡宫最早建于1773—1775年,当时的丹麦国王克里斯蒂安六世为了个人享乐,将哥本哈根的旧王宫夷为平地,并在此基础上建造了一座显赫、华丽、舒适的新宫。由于这所宫殿是克里斯蒂安六世国王的寝宫,所以也被称作"克里斯蒂安堡宫"。这座具有欧洲18世纪洛可可式风格的建筑自1849年起就作为丹麦国会所在地,现今,克里斯蒂安堡宫则是丹麦议会所在地,因此也被称为"议会大厦"。

43 阿玛莲堡
丹麦王室的王宫之一

阿玛莲堡是丹麦王室的王宫之一，现任丹麦女王玛格丽特二世就居住在这里。阿玛莲堡是由4座精美的建筑组成，中央则是八边形的王宫广场，此宫的建造者腓特烈五世的骑马铜像就安放在广场中央的水池中。这座宫殿虽然是丹麦的王宫，却有部分房间对外开放，其中展示多件属于丹麦皇室珍藏品的克里斯蒂安三世的故居最受欢迎，游客们在这不但能看到珍贵的文物，还能感受到丹麦悠久的历史。阿玛莲堡的皇家卫队每天中午都会举行交接仪式，观看交接仪式是丹麦最受欢迎的旅游项目之一。

TIPS
 Amalienborg Slotsplads, 1257 K benhavn　 3312-0808　 45克朗　 10:00—16:00　 在哈苏水道步行5分钟即达　 ★★★★

44 趣伏里公园
丹麦著名的游乐园

于1843年8月15日开始接待游客的趣伏里公园位于哥本哈根闹市中心，是丹麦著名的游乐园，被誉为"童话之城"。最初兴建这座游乐园的是一位名叫乔治·卡斯滕森的记者兼出版商，他向当时的丹麦国王克里斯蒂安八世进言，表示如果人民喜欢玩乐便不会干涉政治，于是获准修建这座公园。最初趣伏里公园只是一处群众集会、跳舞、看表演和听音乐的场所，现在已经逐渐演变成一处北欧闻名的游乐场所，同时也是丹麦人每年庆祝圣诞节的重要会场。游乐园的正门宛如一座城堡，园内风景优美，还有两座引人注目的中国建筑，其中建于1874年的戏台仿照北京故宫戏台的规格，台前屋檐下横悬一块写有孟子名言"与民同乐"的木匾。游人在公园内不仅可以欣赏优美景色，还可以浏览安徒生童话故事里一幕幕脍炙人口的童话故事，是一处充满梦幻色彩的童话之城。

TIPS
 Vesterbrogade 3, 1630 K benhavn　 3315-1012　 成人85克朗，儿童45克朗　 周日至周四10:00—22:00，周五至周六10:00—23:00，冬季除圣诞节期间均关闭　 在火车站步行3分钟即达　 ★★★★

45 洛森堡宫
欧洲最美丽的巴洛克风格室内装潢之一 赏

由丹麦的"建筑国王"克里斯蒂安四世在17世纪初设计建造的洛森堡宫位于哥本哈根东北,最初只是由一座花园和亭子组成的建筑,之后不断扩建,1634年丹麦皇家建筑大师Hans van Steenwinckle又加建了一座塔楼,整个城堡被一整条护城河围绕,北面的一座吊桥通向城堡的主入口。洛森堡宫中的冬屋悬挂了克里斯蒂安四世最喜爱的75幅油画,长厅中放置了24幅克里斯蒂安用来教育子孙的油画。18世纪初期,弗雷德里克四世又在长厅中增加了绘画穹顶,使其成为欧洲最美丽的巴洛克风格室内装潢之一。现今,洛森堡宫被用来收藏丹麦皇家的室内摆设、肖像、手工艺品等,供游人参观。

TIPS
⊙ ster Voldgade 4A, 1350 K benhavn ☎ 3315-3286 ◉ 成人60克朗,儿童10克朗
⏰ 10:00—11:00,14:00—17:00;11月1日至4月30日期间,每逢周一关闭 ★★★★

46 丹麦国家博物馆
丹麦藏品最丰富的博物馆 赏

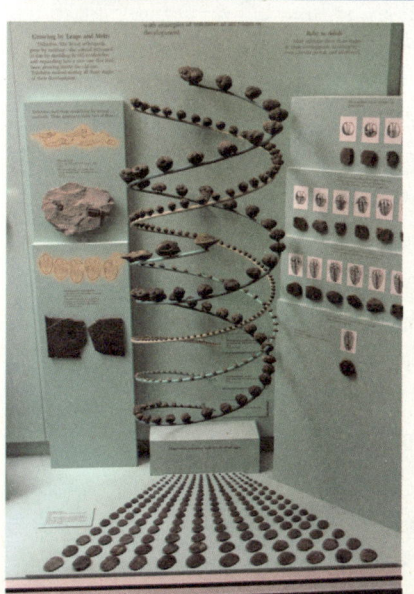

位于哥本哈根市政厅广场东南角的丹麦国家博物馆创建于1740年,是丹麦规模最大、藏品最丰富的博物馆。游人在丹麦国家博物馆内可以欣赏到大量令人难以忘怀的永久性展品,包括大量埃及和罗马文物。馆内陈列着冰川时期的遗迹、中世纪时的丹麦家具及海盗的器具,还有维京时代帐幕生活的实景、衣装、武器和船舶等,以古代短剑和最有参观价值的铜像最为著名。此外,每年在博物馆内举办的展览会颇为有名,其展品几乎涵盖了人类从石器时代以来的全部历史,吸引了各地的游人专程前来参观。

TIPS
⊙ Frederiksholms Kanal 12, 1220 K benhavn K ☎ 3313-4411 ◉ 成人25克朗,儿童免费 ⏰ 10:00—17:00,周三10:00—21:00,每逢周一休息 🚶 在市政厅广场步行5分钟即达 ★★★★

47 雷克雅未克大教堂 赏
雷克雅未克的标志性建筑

建于1930年的雷克雅未克大教堂位于雷克雅未克市中心的山丘上，是该市的地标性建筑。以冰岛著名文学家哈尔格林姆斯的名字命名，纪念他对冰岛文学的巨大贡献。教堂设计新颖，为管风琴结构，教堂前的西格松雕像是为纪念冰岛独立之父——西格松而建。大教堂于1940年开始奠基，于60年代末基本完工。由于经费靠教会筹集和信徒捐助，大教堂几乎花了半个多世纪才完工。在内部可乘坐电梯上顶楼俯瞰首都全貌。

TIPS
 Hallgrímskirkja, pósthólf 651, Reykjavik 510-1000 ★★★★

48 黄金瀑布 赏
欧洲最知名的瀑布旅游区之一

黄金瀑布是欧洲最知名的瀑布旅游区之一，也是冰岛国民最喜爱的瀑布。这座瀑布虽然落差不大，最高处也不过11米高，比起那些波澜壮阔的大瀑布来说相当袖珍，但却有着自己秀美温情的风貌。黄金瀑布是一个多级瀑布，总落差约有50米高，奔腾而下的河流溅出的水珠弥漫在天空，在阳光照射下形成道道彩虹，把整个瀑布渲染得金碧辉煌，此情此景壮丽无比，令游客流连忘返。冬天的黄金瀑布是晶莹剔透的世界，那些淡蓝色的冰柱，令人仿佛置身于梦幻世界之中。

TIPS
 雷克雅未克市东北 ★★★★

49 赏鲸 赏
欣赏鲸鱼在水中嬉戏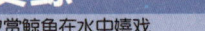

冰岛是个赏鲸的好地方，每年的夏季是赏鲸的好时机，特长的日照，令海中的海藻、磷虾大量繁殖，加上水域宽广、水质清澈，每年总吸引着无数的鲸鱼前来觅食，有的小须鲸还会游到船边上去。

TIPS
 Elding赏鲸处和Hvalstooin 在海港出发，行程约3个小时 ★★★★

50 蓝湖

世界上最大的活火山聚集地

TIPS
💰 1200克朗 ★★★★

蓝湖是冰岛最大的温泉休闲旅游区，也是世界上最大的活火山聚集地。蓝湖地区是冰岛最为独特的地质景区，这里有地热、间歇性喷泉、火山口等多种绚丽的自然景观，与四周清新的环境和谐地融为一体。蓝湖的温泉含有多种矿物质，具有保健疗养的多种功效，有益的矿物质沉积在湖底，水性好或运气好的人，可以潜到水中挖出湖泥来美颜健体。冬天的蓝湖是最适合旅游的时节，泡在温暖的湖水中看着从天而降的雪花，令人感到惬意无比。

51 布拉格城堡

捷克总统的府邸

布拉格城堡是波希米亚王室的居住地，这座古老的宫殿建造于7世纪，历史上几经扩建，至今仍保留许多雄伟建筑和历史文物，现在则是捷克总统的府邸。这座雄伟的城堡汇聚了欧洲不同时代多个流派的建筑风格，教堂、王宫、画廊、大厅、塑像、喷泉等设施典雅华贵，无一不彰显出主人独特的地位。哥特式的加冕大厅是这里的核心建筑，是过去波希米亚国王进行加冕以及现在的捷克总统进行就职的地方。金碧辉煌的西班牙大厅则为举行宴会与各种庆典活动之处。布拉格城堡画廊内收藏了文艺复兴及近代欧洲各国的画作，这里还有圣女教堂的部分遗迹。圣维塔大教堂是布拉格城堡的标志性建筑，高耸肃穆的哥特式尖塔与色彩斑斓的门窗形成了鲜明的对比。旧皇宫、圣乔治教堂、火药塔等去处也是各有特色的景点。

TIPS

📍 Odbor marketingu 119 08 Praha 1 – Hrad ☎ 224-371-111 💰 免费 🕐 4月至10月9:00—17:00；11月至次年3月9:00—16:00 🚌 乘22路有轨电车至2Prazsky hrad站；或乘地铁A线至Malostranska或Hradcanska站，步行通过查理大桥，经过ST.Nicholas教堂和Loreto Shrine教堂即达 ★★★★

畅游欧洲 : 其他地区

52 圣维特大教堂
捷克最为重要的教堂

TIPS
 Prazsky Hrad, Informacní stredisko 119 00 ☎224-373-368 🚌乘22路有轨电车至Prazsky hrad站；或乘地铁A线至Malostranska或Hradcanska站，步行通过查理大桥，经过ST. Nicholas教堂和Loreto Shrine教堂即达 ★★★★

历史悠久的圣维特大教堂是捷克最为重要的教堂，这座教堂不但是后哥特建筑风格的集大成之作，也是融巴洛克、文艺复兴等多种建筑风格于一体的艺术瑰宝。圣维特大教堂历史上不但是波西米亚王国历代国王加冕的地方，也是神圣罗马帝国皇帝的登基之地。被称为"建筑之宝"的圣维特大教堂外观庄严肃穆，细长的尖塔直指蓝天，外墙的各种图案繁复精美，大厅典雅宽广，西门上的艺术极品玫瑰之窗，将光影抚弄得迷离游移，不愧为捷克民族的建筑艺术瑰宝。

53 天文钟
世界上最著名的天文钟之一

TIPS
 Jilská 353/4, 11000 Praha 1-Staré Město ☎257-316-662 🚌乘地铁A线至Staremestska站 ★★★★

布拉格的天文钟是世界上最著名的天文钟之一，迄今已有600余年的历史。这座天文钟位于旧市政厅的墙壁之上，是这座古城的历史象征，当地流传一种说法：一旦此钟没有得到妥善维护，整个城市就会面临灾难。这座天文钟造型精美，上下两个盘面各有特色，上盘面是指示时间的地方，下盘面则是天文星盘。此钟的边框上雕刻有4个惟妙惟肖的人像雕像，分别代表"自负"、"死亡"、"贪心"、"异教徒"这四个群体，因为在当地的说法中，他们是藐视时间的人。

54 布拉格旧城广场
中世纪中欧重要的交易中心

布拉格的旧城广场历史悠久，是中世纪中欧重要的交易中心和捷克人民重要的集会场所，见证过捷克历史上的风风雨雨。这座广场的中心伫立着欧洲著名的宗教改革家、爱国者、教育家胡斯的雕像，这座庄严肃穆的雕像象征着捷克人民自强不息的精神。旧城广场又是一座建筑博物馆，这里汇集了巴洛克、洛可可、罗马、哥特等各种风格的建筑，令游客叹为观止。广场上的自鸣钟则是这里最有特色的景点，此钟既有鲜明的中世纪宗教色彩，又有捷克独特的特色。

TIPS
Staroměstké Náměstí 💰免费 🕐全天 🚌乘地铁A线至Staremestska站，下车步行至旧城中心即达 ★★★★

55 瓦茨拉夫广场
布拉格古城最繁华的地方

逛

TIPS
📍 Plaza de Wenceslao, 110 00 Praga 🚇 乘地铁A、C线至Muzeum站，下车即达 ★★★★

瓦茨拉夫广场位于布拉格的中心地带，四周遍布着各种高雅的近现代建筑，是古城最为繁华的地方。巴佳百货是这里的标志性建筑，白天这里游人如织，每到夜晚更是灯火通明，照亮了四周的各种酒吧、咖啡馆和俱乐部。瓦茨拉夫广场又是一处欣赏街头艺术的好地方，那些年轻的艺人们在音乐的伴奏下，展现出属于草根一族的快乐与活力。漫步在广场上，苍翠的草地与四周的座椅形成了奇妙的图案；各种小吃摊则是这里又一处极具吸引力的地方，品尝着美味的食品，欣赏着四周的美景，令人回味无穷。高大的瓦茨拉夫国王塑像屹立在广场中央，他骑在骏马上高举着战旗，气势威猛，宛如带领着千军万马去冲锋陷阵一般。

56 查理大桥
历代国王加冕游行的必经之路

赏

TIPS
📍 布拉格伏尔塔瓦河上 免费 🕐 全天 🚇 乘地铁A线至Staremestska站，从旧城广场步行，穿过黄金巷，沿着伏尔塔瓦河下行的第一座桥即查理大桥 ★★★★

横跨在伏尔塔瓦河上的查理大桥建于1357年，大桥有16个桥墩，桥两端是布拉格城堡和旧城区，是历代国王加冕游行的必经之路。查理大桥上有30尊出自捷克17—18世纪巴洛克艺术大师创作的圣者雕像，被称为"欧洲的露天巴洛克塑像美术馆"。其中桥右侧的第八尊圣约翰雕像，是查理桥的守护者，围栏中间刻着一个金色十字架的位置，就是当年圣约翰从桥上被扔下的地点。现今，游人在查理大桥上还可以欣赏到众多街头艺人的表演，作为布拉格艺术的展示场所之一，在桥上还可以买到查理大桥的水彩画，以及身着传统捷克服装和宫廷服装的木偶等艺术品。

57 黄金巷
布拉格城堡区最受游人欢迎的地方

由一列16世纪民房的小径组成的黄金巷具有独特的韵味，是布拉格城堡区最受游人欢迎的一个去处。黄金巷的特点是每栋房子的颜色都不相同，高矮不一，是城堡区十分休闲的一个去处。这些民房大都是城堡佣人或黄金工匠的住所，因而又有"黄金巷"之称。现在这些民房已成了特产品店，向来自世界各地的游人出售各种特色的纪念品。

TIPS
 Masná 9, 11000 Praha 1 – Staré Město 222-320-884 免费 全天 ★★★★

58 旧市政厅
布拉格的地标性建筑

建于1338年的旧市政厅位于布拉格旧城广场的正前方，是布拉格的地标性建筑，经过几个朝代的兴替，现今的旧市政厅已经变成一个混搭多座哥特式与文艺复兴风格的建筑群。1911年旧市政厅被改为文化中心，在市政厅大门正上方是史毕勒的《向布拉格致敬》马赛克壁画，向游人讲述着布拉格的历史。

TIPS
 Jilská 353/4, 11000 Praha 1-Staré Město 257-316-662 免费 全天 乘地铁A线至Staremestska站 ★★★★

59 布达皇宫
古代阿鲁巴多王朝的王宫

TIPS

📍1013 Budapest, Szent György tér 2 ⏰7:00—22:00 🚌在克拉克亚当广场乘缆车上山，步行约3分钟即达 ⭐★★★★

　　布达皇宫是古代阿鲁巴多王朝的王宫，历史上曾几经损坏重建，现在则是匈牙利著名的旅游胜地。这座历史悠久的王宫中现存的宫殿大都是新巴洛克风格的建筑，这些气势雄伟的建筑，主要包括哥特式大殿、伊斯特万塔、王宫小教堂及御花园等。王宫的中心部分是匈牙利历史博物馆，里面有详实的资料和珍贵的文物来介绍这片土地上所经历的波澜壮阔的历史。画廊中是展出匈牙利艺术家们杰出作品的地方，而工人运动博物馆则是介绍匈牙利现代历史的地方。

60 链子桥
布达佩斯最富有浪漫情调的地方

TIPS

📍Lánchid 💴免费 ⏰全天 🚇乘地铁M1、M2、M3线至Deák Ferenc tér站，下车步行10分钟即达 ⭐★★★★

　　古老的链子桥被誉为"连接布达佩斯的诸多大桥中最为华美的一座"，这座大桥在"二战"中被德国法西斯所炸坏，现在展现在人们眼前的是它浴火重生后的身姿。链子桥是布达佩斯最富有浪漫情调的地方，站在桥上可以侧耳倾听多瑙河奔腾的水流声，纵览"东欧巴黎"的无尽风光。在这里一侧的桥头堡可以乘坐缆车登顶，看到这座久负盛名的大桥的全貌。

畅游欧洲 其他地区

331

61 渔人堡
渔民修建的城堡 赏

TIPS
📍 Halászbástya, 1011 Budapest ☎ 06-1-458-3030 🚌 在克拉克亚当广场乘缆车上山，步行约10分钟 ★★★★

始建于1905年的渔人堡位于布达佩斯的城堡山上，是一座具有古罗马风格、造型别致且面向多瑙河的建筑。渔人堡最初曾经是一座鱼市，后来当地的渔民为了保护自己的利益而修建了一座堡作为防御之用，即为现今的渔人堡。作为布达佩斯市民休闲散步的重要场所，渔人堡四周的风景十分优美，游人在这里可以一览布达佩斯的美丽风光。

62 匈牙利国家歌剧院
匈牙利历史上最浪漫的建筑 娱

位于多瑙河东岸佩斯城区的匈牙利国家歌剧院建于1833年，这座宏丽的建筑落成的时候，2600支蜡烛在160面镜子的反射下，把整个大厅照耀得辉煌富丽。同年，奥地利著名音乐家、《蓝色多瑙河》的作者约翰·施特劳斯在这里举行音乐会，使这里成为世界闻名的剧院之一。1849年，奥地利侵略军曾经将剧院夷为平地，1865年重建的剧院虽不复过去古典主义的原貌，但亦成为匈牙利历史上最漂亮的浪漫主义建筑之一。第二次世界大战中剧院再次遭到破坏，之后在原址上修建的第三座歌剧院则又重新恢复了浪漫主义的原貌。

TIPS
📍 Andrássy utca 22 Budapest ☎ 36-1-331-2550 💰 成人2600福林，学生1400福林 🕐 15:00—16:00 🚌 乘地铁M1线至Opera站，下车即达 ★★★★

63 国会大厦
规模宏大的宫殿式建筑群 赏

位于多瑙河畔的布达佩斯国会大厦是座规模宏大的宫殿式建筑群，由匈牙利著名建筑师斯坦德尔·伊姆雷设计并监造，整个大厦共有691个房间、会议室和大厅，27个门，楼梯总长达20多公里，大厦四周的顶部满是哥特式的尖塔，其中最高的是正面两侧的白色尖塔，高70多米，是全世界仅次于英国议会大厦的第二大新哥特式建筑。国会大厦内主要的厅室里都用匈牙利历史名人的画像、雕塑以及表现匈牙利历史大事的巨幅壁画装饰，拱顶下是一间金碧辉煌的圆顶大厅，20多根柱子共用了50公斤的金箔装饰，匈牙利重大的会议和庆典都在这间大厅中举行。

TIPS
📍 1055 Budapest, Kossuth Lajos tér 1 ☎ 06-1-441-4904 💰 成人2300福林，学生1150福林 🕐 周一、周三、周五10:00—11:00，14:00—15:00 🚌 乘地铁M2线或电车2号线至Kossuth tér站，下车即达 ★★★★

64 烟草街犹太教堂 赏
欧洲最大的犹太教堂

建于19世纪的烟草街犹太教堂由维也纳建筑师路德维格·菲斯特设计修建，是一座红白砖块相间的拜占庭-摩尔风格的华丽建筑，是欧洲最大的犹太教堂。有着标志性洋葱屋顶的烟草街犹太教堂，外观遍布丰富多彩的陶瓷装饰，其内收藏了古罗马到20世纪的大量犹太文物。教堂内可容纳3000人的大厅采用了当时的最新技术修建铸铁柱子和拱顶，具有声学构造上的优势，因此这里常举办音乐会。

TIPS
074 Budapest, Dohány St 2　06-1-342-1335　成人2900福林，学生1200福林　周一至周四10:00—16:30，周五10:00—14:30，周日10:00—17:30　乘地铁M2线至Astoria站，下车即达　★★★★

65 都柏林城堡 赏
爱尔兰最负盛名的建筑群

历史悠久的都柏林城堡是爱尔兰最负盛名的建筑群，也是这片土地上的历史见证。都柏林城堡在英国统治时期曾是爱尔兰总督府，现在则是爱尔兰共和国的国宾馆。都柏林城堡气势雄伟，总体布局典雅，内部装饰豪华，各个宫殿均有各自的特色：2号房间是纪念爱尔兰民族英雄詹姆斯·康诺利的地方，3号房间是葛兰纳德厅，内部藏有许多精美的艺术品，5号与6号房间摆放着华贵典雅的家具，8号房间则是以各种精美的壁画出名，充满法兰西风格的9号房间则是这座古堡的宴会厅。

TIPS
2 Palace Street, DUBLIN 2, Co. Dublin City　01-6458813　成人4.5欧元，儿童2欧元　周一至周五10:00—16:45，周末14:00—16:45　在Eden Quay乘77、77A、56A、49路公交车；或在O'Connell Street乘123路公交车至Palace Street Gate，下车即达　★★★★

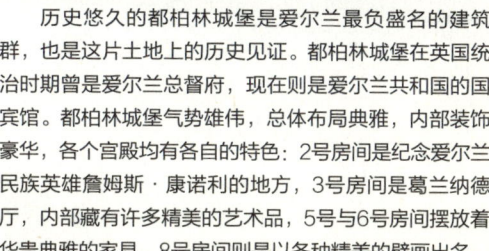

畅游欧洲 | 其他地区

66 凤凰公园 玩
欧洲最大的城市公园

凤凰公园被誉为"欧洲最大的城市公园"，也是爱尔兰著名的旅游休闲区。这座公园历史悠久，兼有水光山色，还有纪念威灵顿公爵的纪念碑。公园里林木繁茂，绿草红花随风摇曳，种种美景浑然天成。凤凰公园内动物众多，尤其以野生的鹿群最为出名，而这里还拥有数目众多的狮子、老虎等大型猫科动物，各种奇妙的动物表演则是深受游客欢迎的项目。凤凰公园内的爱尔兰总统府曾是英国殖民时期的总督府，如今这里是举行各种重大集会和宗教仪式的地方。

TIPS
Phoenix Park, DUBLIN 8　01-6770095　免费　★★★★

333

67 圣帕特里克大教堂
爱尔兰的宗教中心

TIPS
- 21 Patrick's Close, Dublin 8
- 01-4754817
- 成人5欧元，家庭12欧元，团体票4欧元
- 9:00—18:00
- 在沙佛克街步行20分钟即达
- ★★★★

建于450年的圣帕特里克大教堂位于都柏林市区Liffey河南岸西侧，地处都柏林市区中基督教起源最古老的地方。1181年，英王亨利二世指派John Comyn为都柏林大主教后，直到14世纪末John一直陆续扩建圣帕特里克大教堂。现今呈现在游人面前的教堂于19世纪改建而成，教堂西侧的钟塔是在1370年加建的，至今收藏着全爱尔兰最大的钟。据说，圣帕特里克就是在这里的一口古井受洗而彻底地皈依基督教的。此外，教堂内还有早期塞尔特人的墓碑，以及爱尔兰建国历史中的重要人物，如爱尔兰共和国第一任总统便是埋葬于此。

68 圣三一学院图书馆
爱尔兰最古老的图书馆

TIPS
- 2 College Street, 2, Co. West Meath
- 01-8961661
- 老图书馆成人8欧元，家庭16欧元
- 9:30—17:00
- 在都柏林市区内乘坐公交车即达
- ★★★★

由伊丽莎白一世于1592年创建的圣三一学院是爱尔兰最古老的大学，400余年来圣三一学院一直是爱尔兰高等教育的象征，培养了众多的爱尔兰知名人物，包括《格列佛游记》的作者、著名的爱尔兰传记作家乔纳森·斯威夫特，著名的剧作家奥利弗·歌德史密斯，爱尔兰著名的唯美主义作家奥斯卡·王尔德，爱尔兰第一任总统道格拉斯·海德等等。圣三一学院图书馆作为爱尔兰最古老的图书馆，收藏了20万多册珍贵图书和古籍，其中不乏《凯尔斯经》、《杜若经》等爱尔兰经典作品。

69 里斯本万国公园
感受里斯本世博会的魅力

TIPS
📍1990 Lisbon ☎218-957-116 ⓘ海洋水族馆：成人9欧元，儿童4.5欧元；生命科学中心：成人5欧元，儿童2.5欧元 🕐10:00—19:00 🚇乘地铁至Oriente站，下车即达 ★★★★

为迎接1998年里斯本世界博览会而修建的万国公园地处里斯本东北部。在万国公园长2公里的滨河区遍布众多景点，其中包括欧洲规模最大的海洋水族馆和生命科学中心，吸引了众多游人慕名而来。此外，里斯本万国公园拥有300多个互动展览，适合各年龄段的游人参观游玩。

70 Fado博物馆
欣赏忧郁的葡萄牙思乡曲

71 圣若热城堡
里斯本的标志性建筑

里斯本的圣若热城堡是这座城市的标志性建筑，城堡的部分围墙是西哥特人建造的，充满厚重的历史感。从圣迪尼斯时期到曼努埃尔时期，圣若热城堡一直作为葡萄牙国王的居所，还多次被当做葡萄牙的军事、政府和行政机关中心。现今呈现在游人面前的圣若热城堡大部分是在萨拉查时期建造的，游人可以在城堡前一览里斯本的城市风光。

里斯本的Alfama地区保留了大部分中世纪大城市的风貌，游人可以在这里沿着曲径通幽的蜿蜒小巷欣赏沿街众多岁月冲刷的古老房屋，历经沧桑的教堂耸立在居民区的中央，仿佛在向游客们讲述里斯本的古老历史。位于Alfama地区的Fado博物馆前身是一座公共澡堂，博物馆内采用视听结合的方式向游人介绍Fado这种葡萄牙最为著名的思乡曲发展历史，此外在这里还可以欣赏到Fado表演。

TIPS
📍Largo do Chafariz de Dentro 1, 1100 Lisboa ☎218-823-470 ⓘ2.5欧元 🕐10:00—13:00, 14:00—17:30 🚇乘地铁至Oriente站，下车即达 ★★★★

TIPS
📍R. do Ch o de Feria, 1100 Lisboa ☎218-877-244 ⓘ免费 🕐9:00—18:00 🚌在Praca da Figueira广场乘37路公交车；或在Largo Martim Moniz广场乘28路有轨电车均可到达 ★★★★

72 Mosteiro does Jeronimos修道院

装饰华丽的修道院

TIPS

📍 Mosteiro dos Jerónimos, Pra a do Império 1400 Lisboa ⏰ 周二至周四3欧元，周日免费 🕙 10:00—17:00 ★★★★

始建于1502年的Mosteiro does Jeronimos修道院建于葡萄牙鼎盛时期，修建时从遥远的巴西运回了大量黄金用于修道院内的装饰。修道院的建筑非常雄伟，白墙闪耀着美丽的光辉，殿门上刻有曼努埃尔国王和王后、航海家亨利的塑像和表现圣热罗姆生活的浮雕。大殿内的装饰华丽，堪称曼努埃尔风格建筑的典范。此外，值得一提的是，葡萄牙历史上著名的航海家达·伽马和反对西班牙统治的爱国诗人卡梅隆的棺木正是安放于此处，供人瞻仰。

73 卢森堡

欧洲唯一的大公国

卢森堡是欧洲唯一的大公国，也是著名的旅游胜地。卢森堡最著名的旅游区当属首都卢森堡市。这里的阿道夫大桥雄伟壮观，跨越了著名的卢森堡大峡谷，并连接了新、旧两市区，在这里还可以俯瞰卢森堡的美妙风光。大公府是卢森堡大公居住的地方，这是一座庄严肃穆的宫殿，具有鲜明的巴洛克风格。历史悠久的圣母教堂则融合了文艺复兴与巴洛克式风格，教堂内部装饰精致，除了名贵的雪花石膏雕像外，墙柱上还雕刻着精美的图像。卢森堡大峡谷是这个国家最为著名的自然风景区。

TIPS
📍 Luxemburg ★★★★

74 卢森堡古堡

卢森堡最著名的旅游景点

卢森堡古堡是卢森堡最著名的旅游景点，也是世界文化遗产。这座历史悠久的古堡位于兵家必争之地，历史上曾经多次遭毁坏重建，现在的建筑是在16世纪由西班牙修建的。卢森堡古堡是欧洲著名的防御工事，除了地表上3道城墙、20多座坚固的堡垒外，地下还有绵延盘旋达20多公里的地下通道。古堡坚固的防御体系是欧洲首屈一指的，被称为"北部的直布罗陀"，位于城墙内部的炮台至今仍保存完好。

TIPS

📍 10 Montée de Clausen, 1343 Luxembourg District ☎ 226753 💰 成人1.5欧元，儿童1欧元 🕙 3月至10月10:00—17:00 🚶 在火车站向东步行，约20分钟即达 ★★★★

75 亚历山大·涅夫斯基大教堂
巴尔干半岛最大的东正教教堂

TIPS

📍 София, пл. Св. Александър Невски ☎ 02-9881704

于索菲亚市中心的亚历山大·涅夫斯基大教堂是为1877—1878年俄土战争而修建，教堂以俄国沙皇亚历山大二世为名，是巴尔干半岛规模最大的东正教教堂。亚历山大·涅夫斯基大教堂以意大利大理石为材料，有翠绿、黑、蓝、紫、玛瑙等色，在阳光照耀下极其美丽。教堂内圣像和壁画多为俄国画师的作品，是带有拜占庭和保加利亚风格的建筑，其镀金大圆顶在索菲亚市各处均可望到。

---

76 城堡广场
华沙最美丽的地方

TIPS

📍 Plac Zamkowy 💰 免费 🕐 全天开放 ★★★★

位于王室城堡前的城堡广场是波兰华沙最美丽的地点之一，广场周围所有的历史建筑全部都是在"二战"之后重建而成。在广场的中央，矗立着一座将首都从克拉科夫迁到华沙的波兰王西吉斯蒙特三世的纪念碑，广场四周有许多四方或三角形的玻璃窗。西侧的一派建筑虽然外观不一，内部却是相连打通并设有电影院，放映着和华沙历史有关的电影，是游人了解华沙历史的绝佳去处。

---

77 华沙历史博物馆
记载华沙的历史

TIPS

📍 Old Town Market Pl 28 Warsaw ☎ 22-635-16-25 💰 5兹罗提 🕐 11:00—17:30 ★★★★

华沙在第二次世界大战受到炮火摧毁后，波兰人以强烈的决心重建家园，于是找出了许多照片、绘画、电影等文件资料，加上居民的生活记忆，最终重新恢复了旧城面貌，让后人得以再见华沙极盛时的风华。华沙历史博物馆收藏的都是这些珍贵的遗迹资料。进入博物馆首先有15分钟的黑白影片。这里记载华沙历史的繁荣、建筑、文化，以及当初被称为"中欧巴黎"的盛况，还有华沙在战争中毁坏以及重建的过程。

78 肖邦博物馆 赏
肖邦乐迷不可错过的地方

肖邦博物馆位于华沙市奥科尔尼克大街上,博物馆内还有肖邦最后使用过的钢琴,此外还有2500多本相关资料以及照片、肖邦写给友人及家人的亲笔信、肖邦亲手写的曲谱、肖邦本人以及其家人的肖像画等珍贵藏品,吸引了来自世界各地的肖邦乐迷。

TIPS
🏠 ul Okolnik 1 ☎ 827-54-71 💰 8兹罗提
🕙 10:00—14:00 ★★★★

79 克里姆林宫 赏
世界上最为宏伟的宫殿建筑群之一

克里姆林宫是世界上最为宏伟的宫殿建筑群之一,那些林立的东正教式尖塔是这里最引人注目的景点。克里姆林宫历经俄罗斯的风风雨雨,在不同的时代都是权力的象征,其中以大克里姆林宫最为重要,这是一座完全按俄罗斯传统建造的宫殿,曾是皇家举行婚礼和沙皇接见外国使臣的地方。格奥尔基耶夫大厅被誉为"俄罗斯建筑史上的杰作",圆形的穹顶上悬挂着巨大的吊灯,四周墙上则绘有沙俄时期那些获胜的战役画面,厅内巨大的圆柱上则雕刻着与战争胜利有关的塑像。众多不同风格的教堂建筑是这里的又一大看点,令人赞叹无比。克里姆林宫外的红场是世界上最著名的广场之一。伊凡雷帝钟楼是克里姆林宫的制高点,来到这里可以俯瞰周围的美景。博物馆里收藏着许多与俄罗斯皇室有关的珍贵物品。

TIPS
🏠 Kremlin, Moscow ☎ 8095-229-20-36 💰 300卢布 🕙 夏季:10:00—18:00,冬季:10:00—17:00 🚇 乘地铁至亚历山大花园地铁站;或至红场地铁站,再步行前往;或乘1、2、8、25、33路无轨电车亦可到达 ★★★★

80 红场
世界最著名的广场之一

位于莫斯科市中心的红场原名"托尔格"，1662年开始被称为"红场"，是国家举行各种大型庆典及阅兵活动的中心地点，同时也是世界上最著名的城市广场之一。全部由条石铺成的红场古老而神圣，四周林立着列宁墓、克里姆林宫的红墙及3座高塔等重要建筑。每当举行重要仪式时，俄罗斯领导人就站在列宁墓上观礼指挥。此外，在列宁墓与克里姆林宫红墙之间有斯大林、勃列日涅夫、安德罗波夫、契尔年科、捷尔任斯基等苏联政治家的墓碑。红场南边是被称为"莫斯科象征"的瓦西里大教堂，北侧则是建于1873年的国家历史博物馆，毗邻的还有为纪念"二战"胜利50周年而建造的英雄朱可夫元帅的雕像，以及无名烈士墓等景点，每天都吸引了来自世界各地的游人前来参观。

TIPS

Red Square, 1 дробь 2, Moscow 8-495-692-11-96 免费 全天 乘地铁至红场站，下车即达 ★★★★★

81 列宁墓
瞻仰列宁遗体

位于红场西侧的列宁墓于1924年1月27日建成，列宁墓一半在地下，一半露出地面，表面是阶梯状的3个立方体，最初采用木结构，1930年改用黑、红两色大理石和花岗石重新修建，墓前刻有"列宁"字样的碑石净重约60吨。卫国战争后，装有列宁遗体的水晶棺也更新了。参观列宁墓的游人沿黑色大理石台阶而下，可进入陵墓中心的悼念大厅，瞻仰躺在铺有红色党旗和国旗的水晶棺内，身穿黄色上衣、胸前佩戴一枚红旗勋章的列宁遗体。此外，距离列宁墓不远处还建有列宁博物馆，里面珍藏有列宁的遗物和列宁的传记等供人参观。

TIPS

Red Square, 1 дробь 2, Moscow 8-495-692-11-96 免费 周三、周四10:00—11:00，周六13:00—14:00 乘地铁至红场站，下车即达 ★★★★★

82 瓦西里大教堂
莫斯科的城市标志

位于红场南面的瓦西里大教堂最初由伊凡大帝为纪念1552年战胜喀山鞑靼人军队而修建，最初名为圣母大教堂，因一位名叫瓦西里的东正教修士曾在这座教堂苦修终生，因而改名为瓦西里大教堂。

瓦西里大教堂最引人注目的是正中间带有大尖顶的教堂冠，周围分布着8个带有不同色彩和花纹的小圆顶，再配上9个金色洋葱头状教堂顶，独特的风格早已成为莫斯科的城市标志。教堂内几乎所有过道和小教堂门窗边的空墙上都绘有16—17世纪的壁画，在教堂前面还有俄罗斯的民族英雄米宁和波扎尔斯基雕像。

TIPS

Red Square, 1 дробь 2, Moscow ☎298-3304 100卢布 11:00—17:00 乘地铁至红场站，下车即达 ★★★★

83 俄罗斯国家模范大剧院
世界著名的艺术剧院

俄罗斯国家模范大剧院是世界著名的艺术剧院，柴可夫斯基、鲁宾斯坦都曾在该剧院担任指挥，这里还上演过一部部令人惊艳的歌舞剧。俄罗斯国家模范大剧院是一座综合性演出剧院，以芭蕾舞最为知名，是俄罗斯乃至世界芭蕾舞的最高艺术殿堂，在多个历史时期都曾上演过堪称杰作的芭蕾舞剧。这里还走出过数量众多的演艺巨星，除了被誉为20世纪芭蕾舞坛"最美的天鹅"——加琳娜·乌兰诺娃外，还有斯特卢契科娃、格里戈洛维奇等艺术家。

TIPS
1 Teatralnaya Square, Moscow, Moscow ☎8-495-250-73-17 依演出场次而定 依演出场次而定 乘地铁至红场站，下车即达 ★★★★

84 特列季亚科夫美术馆
俄罗斯最著名的绘画艺术展览馆

特列季亚科夫美术馆是俄罗斯最著名的绘画艺术展览馆，收藏着各个历史时期的杰出作品。这座建于19世纪的博物馆，百余年来曾多次扩建，是俄罗斯最伟大的艺术收藏馆之一。馆内藏品众多，尤其以帝俄时期现实主义艺术家的作品最为丰富，列宾的《伏尔加河上的纤夫》和《伊凡雷帝杀子》就是其中的杰出代表。馆内还藏有大量以宗教为主题的艺术品，最为珍贵的当属《弗拉基米尔圣母画像》，这是一幅罕见的12世纪拜占庭风格的艺术品。

TIPS
 10 Krymsky Val, Moscow 8-495-230-77-88 成人300卢布，儿童140卢布 周二至周日10:00—18:00 乘地铁至特列季亚科夫站，下车即达 ★★★★

85 莫斯科国立百货商场
世界知名的综合性百货商场

TIPS
 Красная площадь, 3, г. Москва 8-499-975-25-81 乘地铁至红场站，下车即达 ★★★★★

建于1893年的莫斯科国立百货商场是世界知名的综合性百货商场，这里虽然不是面积最大、商品最全的大商场，但它却是最为华丽的。这座大商场是一座俄式古典宫殿式建筑，外部雄伟壮观，内部装饰富丽堂皇，与周围古老的建筑和谐地融为一体，是红场上一道亮丽的风景线。商店一楼中的喷水池是莫斯科的标志之一，这里的商品种类繁多，最著名的当属具有俄罗斯特色的瓷器、工艺品、服装、百货等。

86 胜利广场&凯旋门

纪念俄罗斯击败拿破仑入侵的凯旋门

TIPS
Victoria Square　免费　全天　乘地铁至胜利公园站，下车即达　★★★★

为了纪念"二战"胜利50周年而建造的胜利广场是一个非常年轻的广场，卫国战争博物馆也在这里。141.8米高的胜利女神纪念碑高耸入云，既象征着苏联人民在艰辛的战争中表现出来的英雄气概，又代表着他们度过的那1418个浴血奋战的日日夜夜。胜利广场东侧的凯旋门是为了纪念俄罗斯击败拿破仑帝国的入侵而建造的，高达28米，这座凯旋门最初是木制的，在20世纪60年代按原样用石材重新建造而成，上面还刻绘了精美的雕像。

87 新圣母修道院

莫斯科最宏伟的宗教建筑群之一

建于1524年的新圣母修道院地处莫斯科西南，毗邻莫斯科河的浅滩，是瓦西里三世为纪念古城斯摩棱斯克从立陶宛重归俄国统治而建造的，由于修道院地处要冲，因而也兼做城堡，是保卫莫斯科的要塞之一。新圣母修道院内最古老的石质结构教堂名为斯摩棱斯克大教堂，教堂内陈设有16世纪的油画和17~18世纪的圣像。18世纪之前，修道院一直处于沙皇的保护之下，被誉为"皇室御用修道院"，其建筑风格华丽典雅，白石细节与粉红砖墙相结合，是莫斯科最美丽的建筑之一。此外，在新圣母修道院内还设有新圣女公墓，1923年起，这里成为名人公墓，果戈理、契诃夫、奥斯特罗夫斯基、赫鲁晓夫等都葬在这里，几乎每一座墓碑都是一件雕塑艺术品。

TIPS
Novodevichy Passage, 1 Building 22, Moscow　8-495-246-85-26　免费　乘地铁至名人墓站，下车即达　★★★★

88 救世主基督大教堂
莫斯科最宏伟的教堂

TIPS
📍Street Volkhonka, 15, Moscow ☎8-495-202-47-33 🕐10:00—17:00 🚇乘地铁至文化公园站，下车即达 ★★★★

庄严而高雅的救世主基督大教堂位于莫斯科河河畔，是莫斯科最宏伟的教堂，是1812年为纪念打败拿破仑入侵俄国而建造。历时50年才建成的救世主基督大教堂于1931年12月5日在反对宗教的狂热中被炸毁。据说当时苏联政府曾经计划在大教堂原址修建一座高50米的列宁雕像和苏维埃宫，但最终这个计划没能实现而改建成了游泳池。1995年1月7日东正教圣诞节时救世主基督大教堂开始重建，于1997年9月莫斯科建城850周年纪念前夕完工。

89 圣母升天大教堂
俄罗斯现存最古老的教堂

TIPS
📍B Moskovskaya 74, Vladimir ☎8-4922-32-44-47 🕐13:30—16:30 🚇乘地铁至莫斯科大学站，下车即达 ★★★★

圣母升天大教堂坐落在莫斯科克利亚济马河岩的陡峭高地上，是俄罗斯现存最古老的教堂。以12世纪当地流行的"无色人工宝石建筑结构"而闻名，是俄罗斯建筑中最伟大的创造之一。12~15世纪的历代沙皇都在此加冕。到了19世纪，由于原教堂不再使用，在右侧盖了新的教堂。大教堂白石上装饰着《亚历山大·马其顿升天》等石刻画面，以及狮头和妇女头像浮雕，象征着基督永生，教堂西部的水彩壁画《最后的审判》有部分被保存下来。此外，教堂里面还安葬着12~13世纪弗拉基米尔的大公和主教等。

90 冬宫
俄罗斯著名皇宫

TIPS

📍 Palace Square, Saint Petersburg ☎ 8-812-380-24-78 💰 100卢布 🚇 乘地铁至涅夫斯基·普罗别克特站，下车即达 ★★★★★

始建于1754年的冬宫是由著名建筑师拉斯特雷利设计的一座三层建筑，曾经作为沙皇宫殿，是一座在世界范围内知名度颇高的俄罗斯皇宫，1922年起改为苏联国家博物馆，现在是国立艾尔米塔日博物馆。冬宫的四面各具特色，中央稍微突出，有三道拱形铁门，入口处有阿特拉斯神巨像，四周有两排柱廊，雄伟壮观。冬宫内的宫殿装饰华丽，许多厅堂都用孔雀石、碧玉、玛瑙制品装饰。现今这座金碧辉煌的建筑是世界四大博物馆之一，与巴黎的卢浮宫、伦敦的大英博物馆、纽约的大都会艺术博物馆齐名，在400个展厅和陈列室内收藏有世界各国的油画、雕像、地毯、家具、工艺品等艺术珍品，其中古希腊的瓶绘艺术、古罗马的雕刻艺术和西欧艺术三部分藏品在世界收藏界享誉盛名。油画则包括14—20世纪700年的作品，其中有达·芬奇、毕加索、拉斐尔等大师的作品，达·芬奇的《戴花的圣母》和《圣母丽达》，与拉斐尔的《科涅斯塔比勒圣母》、《圣家族》，米开朗基罗的雕塑《蜷缩成一团的小男孩》都堪称镇馆之宝。

91 夏宫
俄罗斯的凡尔赛宫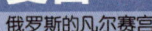

建于1714年的夏宫又被称为"彼得宫"，分为上花园和下花园两部分，其中大宫殿位于上花园之中，其典雅奢华的建筑被誉为"俄罗斯的凡尔赛宫"。上花园内树木和草坪呈纵横交错的几何状排列，著名的尼普顿喷泉也在其间。两翼有镀金穹顶的大宫殿极其华丽，宫殿前装饰有37座金色雕像、29座浅浮雕、150个小雕像、64个喷泉及两座梯形瀑布。其中著名的隆姆松喷泉外观是一座大力士参孙与狮子搏斗的雕像，参孙双手把狮子的上下颚撑开，泉水从狮子口中冲天而出，水柱高达22米，是全宫最大的喷泉水柱，用以纪念俄国在北方战争中的胜利。下花园以大宫殿前的水道为界，分为东、西对称的两部分，花园内靠海处建有沙皇私人起居的马尔丽宫，这幢装饰豪华的宫殿四面环水，毗邻的奇珍阁是沙皇接见俄国贵族名流的场所。此外，在夏宫中还有金字塔喷泉、太阳喷泉、橡树喷泉、小伞喷泉、罗马喷泉、亚当喷泉、夏娃喷泉等各式喷泉，在每年8月还会举办一年一度的传统喷泉节。

TIPS

📍 Universitetskaya embankment, 3, city of St. Petersburg ☎ 8-812-328-14-12 🚇 乘地铁1号线至Baltiyskaya站，再在Baltic and Warsaw站乘市郊火车，后换乘357路巴士至第五站，下车即达 ★★★★★

92 阿芙乐尔号巡洋舰
十月革命的第一声炮响

TIPS

 Saint Petersburg ☎ 8-812-230-84-40 ★★★★

彼得堡的涅瓦河上停靠着曾震惊世界的阿芙乐尔号巡洋舰，它的炮声被誉为"十月革命"的象征。这艘百年老舰现在已经成为一座浮动的博物馆，向人们介绍它所经历过的风风雨雨。修长的舰身上涂抹着灰白色的油漆，高耸的烟囱则是此舰最为明显的象征。阿芙乐尔号的前主炮就是当年轰击冬宫的那门大炮，是最受游客关注的景点。甲板下的船舱则被辟为展览室，用于介绍这艘名舰的光辉历程，这里还有许多珍贵的图片和过去船员们所用过的实物。

93 涅瓦大街
圣彼得堡最为繁华的街道

TIPS

Nevskiy prospekt, gorod Sankt-Peterburg ★★★★

涅瓦大街是圣彼得堡最繁华的街道，也是这座历史名城保存帝俄时期风貌最为完好的大道。果戈理在同名小说中将这里的繁华景象描述得惟妙惟肖，也为这里增添了一层优雅的文学气息。街道上古老的建筑、斑驳的道路历经两百年的风风雨雨而未曾有大的改变。涅瓦大街上遍布着众多名人故居，陀思妥耶夫斯基、果戈理等名家都曾在这里居住过。涅瓦大街还是大诗人普希金经常出现的地方，而喀山大教堂与复活教堂则分别安葬了大军事家库图佐夫和沙皇亚历山大二世。

94 伊萨基夫斯基大教堂
世界四大教堂之一

TIPS

 ploshchad' Dekabristov, gorod Sankt-Peterburg ★★★★

伊萨基夫斯基大教堂始建于1818年，直至1858年才最终完工，历时40年的修建过程中动用44万工人。与梵蒂冈、伦敦和佛罗伦萨的大教堂并称为世界四大教堂。伊萨基夫斯基大教堂高102米，教堂的四面各有16根巨大的石柱，每根石柱就重120吨，外墙用大理石贴面，内部装饰采用了大理石、斑岩、玉石、天蓝石等材料，装饰用黄金就达410公斤，整座建筑宏伟壮观，可同时容纳1.2万人。大教堂在第二次世界大战中遭到严重破坏，战后用了20年才修复完成，现今教堂内辟有博物馆，游人还可以登上大教堂的穹顶一览圣彼得堡的城市风光。

95 喀山大教堂
世界上第一个宣传无神论的博物馆

TIPS
Kazanskaya pl 2, St. Petersburg ◎免费 ◎9:00—18:00 ★★★★

始建于1801的喀山大教堂呈十字形，正中是一个圆筒形的顶楼，顶楼上是一个高70米的端正圆顶，半圆形的柱廊面向大街，由94根环抱广场的圆柱组成，柱廊前面耸立着俄军统帅库图佐夫纪念碑和俄国陆军元帅纪念碑，教堂内还有库图佐夫墓和1812年俄罗斯在打败拿破仑战争中缴获的大量军旗等战利品。喀山大教堂在1932年起辟为国家宗教与无神论历史博物馆，成为世界上第一个以说明宗教历史、宣传无神论为目的的博物馆，馆内收藏有人类历史上存在过的各种宗教展品多达17万件。在"东方宗教"部可以见到佛教和道教的陈列品，此外还有俄国汉学家阿列克塞耶夫收集的大量中国民间年画，是世界上最完整的中国年画整套藏品之一。

96 十二月党人广场
圣彼得堡的标志

TIPS
Decembrists Square ★★★★

位于海军部大厦左侧的十二月党人广场最初叫"枢密院广场"，后来因建立了彼得大帝铜像而改为"彼得广场"，以象征俄国帝王权力的至高无上。1825年12月10日，就是在这个广场上俄国革命者十二月党人组织起来冲进了枢密院，要求废除沙皇统治，解放农奴，在1925年纪念十二月党人起义100周年的时候将广场更名为"十二月党人广场"。此外，广场北侧耸立着一尊头戴皇冠的青铜骑士像，胯下的骏马前蹄离地，这个骑士就是圣彼得堡的奠基人——彼得大帝的纪念像，雕像整个底座用一整块1600吨重的大理石雕琢而成，十分壮观。

97 俄罗斯博物馆
俄罗斯民间艺术的百科全书 赏

俄罗斯博物创建于1895年，旧称为米哈伊洛夫宫。博物馆的藏品主要是由米哈伊洛夫宫的藏品和沙皇郊区行宫以及彼得堡显贵——尤苏波夫、舒瓦洛夫和舍列梅季耶夫家族的实用艺术作品构成的，收藏有古代圣像、油画、俄罗斯雕塑家和素描版画家的作品大全、装饰实用艺术作品的俄罗斯艺术品。此外，俄罗斯博物馆中还有大量冬宫的珍贵文物，保存着从彼得一世到尼古拉二世期间不少沙皇家族的物品。

TIPS
🏠 Engineering Str., 2, St. Petersburg, St. Petersburg
☎ 8-812-595-42-48 ★★★★

98 彼得要塞
圣彼得堡著名的古建筑 赏

彼得要塞坐落在圣彼得堡市中心涅瓦河右岸，是圣彼得堡著名的古建筑。该要塞于1703年5月16日由彼得大帝在兔子岛上奠基，之后几经扩建，发展成现今呈现在游人面前的这座六棱体古堡。

在1703年秋天完工的彼得要塞于3年后由瑞士建筑师将木质建筑改为石质围墙，变得更加坚不可摧。彼得要塞最初兴建是为了防卫圣彼得堡并发动战争，但之后并没有战争发生，后来这里改成了关政治犯的监狱。此外，在几次涅瓦河泛滥时，彼得要塞都负责洪灾的警报任务——以炮声通知圣彼得堡的百姓。现今，彼得要塞已经被辟为一座博物馆，吸引了众多游人参观。

TIPS
🏠 Kronverkskaya naberezhnaya, Peter and Paul Fortress, Zayachii Ostrov 6, Zayachii Ostrov, St. Petersburg ☎ 8-81276-708-65 🚇 乘地铁至戈利克夫斯卡亚站，下车即达 ★★★★

99 圣索菲亚大教堂
基辅的宗教中心 赏

位于基辅市中心的圣索菲亚大教堂建于1017年，是一座属于巴洛克风格的建筑，"索菲亚"是希腊语"智慧"的意思，大教堂是智者雅罗斯拉夫为庆祝古罗斯军队战胜突厥佩切涅格人和颂扬基督教而修建的。圣索菲亚大教堂建成后很快成为基辅市的宗教、政治和文化中心。现在这里还陈列着许多考古文物和建筑模型，基辅10世纪的全景模型展出了被蒙古侵略者破坏前的基辅市貌。这里还建立了斯拉夫民族的第一个图书馆。

TIPS
🏠 St Sophia Cathedral Kiev, Kievs'ka oblast
☎ 380-44-2286152 💰 20格里夫纳 🕐 10:00—17:00（周四休息）🚇 乘地铁至Золотворота站，下车即达
★★★★

100 彼得保罗大教堂
早期俄罗斯巴洛克式建筑 赏

建于1703年的彼得保罗大教堂是彼得要塞建筑群中最著名的建筑，教堂最初是木质结构，1712—1733年改建为石砌的大教堂。教堂外表庄严肃穆，内部装饰富丽堂皇，有镀铜的吊灯和有色的水晶枝形灯架。教堂内壁装饰有43幅精雕细镂的木刻雕像，此外还有从彼得大帝到亚历山大三世的俄国历代沙皇陵墓，1998年7月17日，末代沙皇尼古拉二世及其全家的遗骸也安葬于这里。此外，这里也有许多大公的大理石墓碑。大教堂的钟楼高约122米，钟楼尖顶上的天使塑像高3.2米，塑像双翼伸展3.8米，塑像头上十字架高6.4米，直到20世纪中叶仍然是全城最高的建筑物。在教堂旁有一座小亭子，装饰有圆柱和航海女神的塑像，是保存彼得大帝的一只小船的船屋。

TIPS
Kronverkskaya naberezhnaya, Peter and Paul Fortress, Zayachii Ostrov 6, Zayachii Ostrov, St. Petersburg ☎8-81276-708-65 乘地铁至戈利克夫斯卡亚站，下车即达 ★★★★

101 Andryivsky Uzviz街
城内最古老、最奇特的街道 逛

TIPS
Andryivsky Uzviz, Kiev, Kievs'ka oblast ★★★★

Andryivsky Uzviz街是由鹅卵石铺成的，它是城内最古老也是最奇特的街道之一。街旁有一排卖手工艺品和小礼物的桌子，那些纪念品很合游客的心意，也很奇特。如果不想爬坡，可乘坐缆索列车，到街的最高处，会看到圣米迦勒修道院，再走远一点，是华丽的巴洛克式圣安德鲁教堂。

102 金门
古代基辅城的正门 赏

TIPS
600006 Russia, Vladimir, Bolshaya Moskovskaya Str., 74 ☎8-4922-32-44-47 ⏰10:00—17:00 乘地铁至Zolototi Vorota站 ★★★★

基辅金门建于11世纪，是现存不多、保留完好的雅罗斯拉夫大公时代的建筑之一。金门是古代基辅城的正门，门扇和门楼上的教堂圆顶装饰有镀金的铜箔，金门因此而得名。修建金门在当时有两个作用：一是作为基辅最主要的城门，二是作为防御之用。1983年金门遗址经整修后辟为博物馆，对游人开放。馆内陈列有许多古基辅的文物。

103 切尔诺贝利博物馆

唯一纪念核泄漏事故的博物馆

TIPS

📍rov Khoryra ☎470-54-22 💰5格里夫纳 🕐10:00—18:00 ★★★★

位于乌克兰的切尔诺贝利博物馆是世界上唯一一个纪念核泄漏事故的博物馆，也是人们表达对大自然的敬畏之心的地方。这座博物馆的入口处是介绍当今乌克兰能源状况的场所，有趣的是，在这个以科技为中心的场所却有着基辅的守护神——米哈伊尔天使长的雕像。博物馆的第一厅是介绍切尔诺贝利核电站具体状况的，这里不但有核电站的大比例模型，还放映事故时附近城市的情形。第二厅是介绍核泄漏事故的过程和对周围环境的影响。第三厅则表达了人们对这次灾难的反思。

104 伟大卫国战争博物馆

雄伟的雕刻和建筑艺术群

TIPS

📍Sichnevoho Povstannya 44 ☎295-94-52 💰4格里夫纳 🕐10:00—18:00 🚇乘地铁至Arsenal'na站，下车即达 ★★★★

伟大卫国战争博物馆矗立于古老的第聂伯河右岸，是一组雄伟的雕刻和建筑艺术群。博物馆占地10万平方米，原来是彼得大帝1716年为抵御瑞典人入侵而修建的要塞。博物馆周围建有高浮雕群像。馆中陈列8000多件第二次世界大战时期的展品及许多油画和雕塑，记录了乌克兰人民在卫国战争中建立的不朽功勋。"祖国母亲"雕像是博物馆的主体组成部分，也是基辅的标志性建筑之一。像高62米，是为纪念卫国战争中牺牲的英雄们而建。

"母亲"的左右手分别高举盾和剑，象征着乌克兰人民保卫祖国的信心和决心。

105 马耳他
风景迷人的"地中海心脏"

TIPS
 Malta ★★★★

位于地中海中部的马耳他是一个风景迷人的岛国，因其重要的地理位置被誉为"地中海的心脏"。马耳他历史悠久，曾被多个国家所占领，因此这里得以融合各种文化、艺术、宗教和建筑的不同风格，进而散发出其独特的魅力。马耳他的首都瓦雷塔仍保存着中世纪圣约翰骑士团所设计的风貌，走在纵横交错的街道上可以感受到这座古城的另一番风情。宁静安详的姆迪纳古城是追忆过去时光的地方，这里有着旧日坚固的城堡与木质民居，还有各种令人眼花缭乱的手工艺品。

---

106 列支敦士登
欧洲著名的袖珍国家

风光秀丽的列支敦士登是欧洲著名的袖珍国家，它位于瑞士与奥地利的交界处，是旅游度假胜地。列支敦士登位于挺拔秀丽的阿尔卑斯山畔，被誉为"阿尔卑斯山的明珠"，而奔腾不息的莱茵河也从这里流过。山清水秀、环境幽雅的瓦杜茨是这个国家的首都，景色十分迷人，是世界著名的风景区和旅游胜地，在这里可以俯瞰莱茵河谷的优美风光，也能遥望阿尔卑斯山的雄姿。列支敦士登的邮票也是一大特色产业，可以按照游客的要求来定制邮票。

TIPS
Fürstentum Liechtenstein ★★★★

107 蓝色清真寺
世界四大清真寺之一

始建于1609年的蓝色清真寺位于土耳其神圣智慧教堂的南边，同大教堂相比更加的明亮、精巧，在晚上亮灯之后也特别漂亮。由于瓷砖墙面和内部的彩绘穹顶在灯光下呈现出明亮的蓝色，所以被称为"蓝色清真寺"。

蓝色清真寺的美有四个观察点：一是光线，穿过260个小窗的光线，融入昏黄、呈圆形排列的玻璃灯光中，幻光明舞，像是个虚拟的空间；二是伊兹尼蓝瓷砖，整座蓝色清真寺装饰着2万片以上的伊兹尼蓝瓷砖；三是地毯，寺内铺满了伊索匹亚朝贡的地毯；四是阿拉伯书写艺术，支撑大圆顶的4根大柱直径5米，槽纹明显，柱头的蓝底金字阿拉伯文，和挂在柱身的黑底金字阿拉伯文宛如艺术花纹。

TIPS
 Sultanahmet, Istanbul 0212-458-0776 ★★★★

108 伊斯坦布尔考古博物馆
希腊和罗马雕像艺术品

伊斯坦布尔考古博物馆内收藏了希腊和罗马的雕像艺术品，其中包括了从黎巴嫩西顿的皇家墓地出土的华丽石棺。另一个单独的建筑是古代东方博物馆，收藏了赫梯人遗物和其他考古发现。此外这里还有瓷砖亭，是伊斯坦布尔最古老的土耳其建筑之一。

TIPS
 Osman Hamdi Bey Yokusu, Istanbul 0212-520-7740 3欧元 周二至周日9:00—17:00 ★★★★

109 神圣智慧教堂
基督教世界曾经的最大教堂

建于公元532年的土耳其神圣智慧教堂又名"圣索菲亚教堂"，是由查士丁尼皇帝下令建造的，他打算建造一座世界上最大的教堂，在教堂完工之后的1000多年时间里，这里也一直是基督教世界最大的教堂之一。1453年奥斯曼土耳其人占领了该教堂，并将其改为清真寺，直到1930年阿塔图尔克宣布神圣智慧教堂成为博物馆，才得以重新向公众开放。

TIPS
 Aya Aofya Meydani, Istanbul 0212-522-0989 9欧元 9:00—17:00 ★★★★

110 阿合麦特广场
伊斯坦布尔历史、文化、旅游的中心

TIPS
 Atmeydan Cd, Istanbul　免费　全天开放　★★★★

阿合麦特广场在拜占庭帝国时期就是重要的竞技场馆，现在则是伊斯坦布尔的历史、文化、旅游中心。广场上的3座纪念碑是这里最吸引游客的装饰建筑，其中以古埃及的塞奥道西斯"奥拜里斯克"方尖碑最为珍贵，这座造于埃及的纪念碑已有3500多年的历史，是极为珍贵的文物建筑。铜制的蛇柱碑及君士坦丁"奥拜里斯克"方尖碑也分别各有特色的建筑——它们一起见证了这座广场的历史。广场周围的木质房屋则是伊斯坦布尔最有特色的民居建筑。

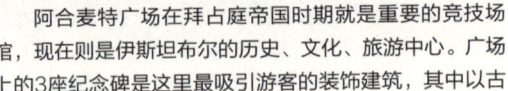

111 托普卡普宫殿
苏丹的寝宫

TIPS
 Cankurtaran Mh., Provincia de Istanbul 34122
　0212-512-0480　9欧元　9:30—17:00　★★★★

位于神圣智慧教堂东北方的托普卡普宫殿拥有规模庞大的庭院、房屋和图书馆，从1462年直到19世纪一直是土耳其苏丹的寝宫。宫殿内第一个大庭院是神圣和平教堂；第二个庭院用来陈列各种瓷器、银器、水晶、武器和书画等珍贵艺术品；第三个庭院是宝库，用来存放苏丹出席正式场合的服装与不计其数的金银珠宝，保管室中实心的金匣子，装着穆罕默德的斗篷等伊斯兰教圣物。苏丹的会议室旁边就是进入后宫的入口，里面的房间装饰豪华，是苏丹及其家人的住所。

112 土耳其伊斯兰艺术博物馆
感受精致的伊斯兰艺术

土耳其伊斯兰艺术博物馆是首家全面展示土耳其和伊斯兰艺术作品的博物馆。它于19世纪末期开始筹备，1913年全部完工，并对外开放。这座博物馆建在位于苏莱曼清真寺的救济所里，博物馆曾被称为"艾卡夫-伊斯兰米耶-姆瑟西"，共和国成立后改名为"土耳其伊斯兰艺术博物馆"。

作为世界上最重要的博物馆之一，土耳其伊斯兰艺术博物馆几乎拥有伊斯兰所有时代、所有种类的艺术作品，馆中艺术品收藏数量已经超过了4万件，其中最吸引人的是高及天花板并铺满地面的土耳其地毯。

TIPS
 Binbirdirek Mh., 34122 Istanbul ☎0212-518-1805 ★★★★

113 博斯普鲁斯海峡
欧洲与亚洲的分界线

TIPS
 位于小亚细亚半岛和巴尔干半岛之间，黑海海峡的北段 ★★★★★

全长30.4公里的博斯普鲁斯海峡又称"伊斯坦布尔海峡"，它北连黑海，南通马尔马拉海和地中海，把土耳其分隔成亚洲和欧洲两部分，海峡最宽处为3.6公里，最窄处仅708米，最深处为120米，最浅处只有27.5米。博斯普鲁斯在希腊语中是"牛渡"之意，传说古希腊神话中的主神宙斯曾化身成为一头公牛驮着一位美丽的公主从这条波涛汹涌的海峡游到对岸，因而得名。作为沟通欧亚两洲的交通要道，早在公元前5世纪波斯帝国国王率领军队西侵欧洲时就曾在博斯普鲁斯海峡上建造了一座浮桥，之后在十字军东征时也曾乘船渡过这里。

畅游欧洲 EUROPE 索引 INDEX

A

Andryivsky Uzviz街	348
阿波罗神庙	276
阿德里亚诺别墅	226
阿尔卑斯山	293
阿尔卡拉城	187
阿尔穆德纳大教堂	184
阿尔斯特湖	169
阿芙乐尔号巡洋舰	345
阿合麦特广场	352
阿克斯胡斯城堡	319
阿里亚那博物馆	289
阿玛尔菲海岸	263
阿玛莲堡	324
阿玛琳堡	168
阿姆斯特丹达姆广场	298
阿姆斯特丹历史博物馆	301
阿西西	261
埃菲尔铁塔	104
埃及博物馆	161
埃吉那岛	278
埃斯科利亚宫	186
艾伯特广场	085
爱丁堡城堡	087
爱丽舍宫	115
爱琴海	277
爱士曼鲜花拍卖市场	300
安布洛其亚图书馆	240
安达卢斯博物馆	206
安东尼·塔皮基金会	193
安康圣母教堂	247
安纳西	147
安托内利尖塔与国家电影博物馆	258
奥地利国家美术馆	309
奥古斯丁教堂	308
奥林匹亚考古博物馆	277
奥林匹亚宙斯神殿	275
奥赛博物馆	113

B

Bourg-de-four广场	288
巴杰罗宫国家博物馆	235
巴黎春天百货商场	119
巴黎迪士尼乐园	112
巴黎圣母院	104
巴黎市政厅	123
巴黎唐人街	125
巴里主教堂	263
巴塞罗那大教堂	191
巴塞罗那港	195
巴塞罗那神圣家族教堂	189
巴塞罗那现代艺术博物馆	191
巴士底歌剧院	115
巴士底狱遗址	116
巴斯罗马浴池	083
白金汉宫	060
百花广场	223
北极圈分界线	318
贝尔法斯特号	070
贝尔法斯特市政厅	095
贝壳湾	215
奔驰博物馆	172
比利时皇家美术馆	314

比萨大教堂	232
比萨大教堂广场	233
比萨斜塔	232
彼得保罗大教堂	348
彼得要塞	347
彼拉多之家	203
毕加索博物馆	192
波布雷特修道院	195
波茨坦广场	159
波尔多大剧院	141
波盖利亚市场	194
波罗斯岛	279
波依谷地	197
伯尔尼联邦大厦	291
柏林爱乐大厅	159
柏林大教堂	157
柏林墙遗址	155
勃兰登堡门	155
博斯普鲁斯海峡	353
博物馆岛	156
不和谐建筑群	192
布达皇宫	331
布拉格城堡	327
布拉格旧城广场	328
布拉诺岛	250
布莱尼姆宫	082
布雷拉画廊	241
布隆尼森林	126
布卢瓦城堡	131
布鲁塞尔大广场	313
布鲁塞尔原子塔	312

C

采尔大街	163
苍穹岛	093
查理大桥	329
城堡广场	337
赤足女子修道院	183

D

达勒姆区	160
达利博物馆	197
大本钟	065
大教堂美术馆	235
大竞技场	226
大屠杀纪念馆陵园	154
大英博物馆	061
大运河	245
代尔夫特	303
戴高乐广场	106
丹麦国家博物馆	325
但丁故居	236
德国电影博物馆	163
德国体育与奥林匹克博物馆	171
德意志博物馆	167
德意志之角	171
狄俄尼索斯剧场	273
狄更斯故居	069
狄洛斯岛	280
第戎圣母院	127
蒂尔加藤公园	158
东亚艺术博物馆	160
冬宫	344
都柏林城堡	333
都灵大教堂	257
杜莎夫人蜡像馆	070
多瑙河	173

E

俄罗斯博物馆	347
俄罗斯国家模范大剧院	340

F

Fado博物馆	335
凡达斯纪念斗牛场	186
凡尔赛宫	109
梵蒂冈博物馆	230
梵蒂冈花园	231
梵高博物馆	302
梵高医院	129
纺织博物馆	130
芬兰城堡	315
芬兰国家博物馆	316
丰收女神广场	185
枫丹白露宫	127
凤凰公园	333
孚日广场	123
福尔摩斯博物馆	068

G

戛纳电影节	135
感恩圣母堂	243
高迪故居博物馆	190
哥本哈根市政厅广场	323
歌德博物馆和歌德故居	162
格拉姆斯古堡	091
格拉纳达阿罕布拉宫	207
格拉纳达大教堂	208
格拉斯哥大教堂	090
格林尼治天文台旧址	077
葛拉斯	137
孤苦圣母教堂	198
古埃尔宫	193
古根海姆博物馆	200

古罗马广场	222
古罗马剧场	128
谷物市场	166
国会大厦	068
国会大厦	154
国会大厦	332
国际红十字会博物馆	287
国际汽车博物馆	289
国家考古博物馆	185
国家美术馆	067
国立博物馆	299
国王大道	173

H

哈罗兹百货	077
海德公园	063
海牙	303
海洋史博物馆	301
海之圣玛丽亚教堂	195
汉堡港	169
汉堡市政厅	169
汉堡微缩景观世界	168
汉诺威大花园	172
汉诺威展览中心	172
汉普顿宫	078
荷里路德宫	087
赫尔辛基大教堂	315
赫雷斯	211
红场	339
红磨坊	109
华纳兄弟游乐场	187
华沙历史博物馆	337
滑铁卢古战场	314
环城大道	310
皇后岛	322
皇家艾伯特演奏厅	075
皇家化身女子修道院	184
皇家啤酒屋	167
皇家骑士俱乐部斗牛场	202

皇家新月楼	083	卡萨雷斯	212
皇家英里大道	088	卡斯蒂利亚大街	182
黄金宫	248	凯恩戈姆国家公园	092
黄金瀑布	326	凯旋门	105
黄金巷	330	凯泽·威廉皇帝纪念馆	160
火祭博物馆	199	坎康斯广场	142
霍夫堡皇宫	306	科尔多瓦百花巷	205
霍华德城堡	086	科尔多瓦大清真寺	205
		科尔多瓦天主教国王城堡	206
		科芬园	076
		科隆大教堂	170

J

基督教会学院	081	科学博物馆	074
吉美博物馆	122	克雷蒙纳	253
加的夫城堡	094	克里姆林宫	338
加的斯	209	克里斯蒂安堡宫	323
加里波第路	259	克里特岛	281
加那利群岛	215	肯辛顿宫	062
加尼叶歌剧院	114	肯辛顿花园	062
加泰罗尼亚历史博物馆	194	孔塞格拉	214
加泰罗尼亚音乐厅	190	库达姆街	161
剑桥国王学院	081	库尔萨尔文化中心	215
交易中心	199	奎里纳尔宫	225
金门	348	昆卡大教堂	214
精品区	242		
旧市政厅	330		
救世主基督大教堂	343		

L

巨人之路	096	Le Bon Marche百货商场	120
巨石阵	084	拉德芳斯新区的大拱门	125
军事博物馆	117	拉菲特·罗施尔德酒庄	143
军械库	156	拉斐尔画室	231
君士坦丁凯旋门	226	拉特拉诺的圣乔万尼大教堂	225
郡政厅	075	拉文纳	256
		莱昂	188
		莱比锡	173
		莱芒湖	286

K

喀山大教堂	346	莱切主教堂广场	264
卡昂	144	莱茵瀑布	293
卡尔卡松	140	兰布拉步行街	193
卡罗五世城堡	265	兰斯圣母大教堂与T型宫	145
卡普里岛	262	蓝湖	327

蓝色清真寺	351
老博物馆	157
老佛爷商场	119
老救济院	133
雷克雅未克大教堂	326
雷雅托桥	249
雷佐尼科宫	247
里昂贝勒库尔广场	129
里昂灯光节	131
里昂歌剧院	130
里昂圣母教堂	131
里斯本万国公园	335
丽池公园	184
丽都	110
利多岛	248
利物浦披头士纪念馆	085
链子桥	331
列航群岛	135
列宁墓	339
列支敦士登	350
隆达	211
卢浮宫	108
卢加诺	292
卢森堡	336
卢森堡公园	114
卢森堡古堡	336
路德维希博物馆	170
伦巴赫之家市立博物馆	166
伦勃朗故居博物馆	300
伦敦博物馆	073
伦敦市政厅	063
伦敦塔	065
伦敦塔桥	066
伦敦眼	066
罗德岛	281
罗马市政厅	162
罗马圆形竞技场	222
罗斯林小教堂	089
洛桑奥林匹克博物馆	292
洛森堡宫	325

M

Mosteiro does Jeronimos修道院	336
马德里王宫	180
马蒂斯博物馆	138
马尔戈酒庄	143
马耳他	350
马拉加	210
马赛旧港	132
马约尔广场	181
玛德莱娜广场	116
玛德莱娜教堂	116
玛丽亚·路易莎公园	202
玛莎百货	077
麦地那-阿沙哈拉宫	207
曼彻斯特中国城	084
曼托瓦	252
梅带奥拉修道院	275
梅里达	212
美第奇-里卡迪宫	238
美泉宫	308
美人鱼铜像	322
美因河	162
美洲博物馆	185
蒙巴纳斯大厦	120
蒙瑟莱特修道院	197
蒙特卡蒂尼	255
蒙特卡洛	139
米哈斯	210
米开朗基罗博物馆	237
米开朗基罗广场	239
米克诺斯岛	279
米拉贝尔宫	310
米拉波大道	129
米拉之家	192
米兰大教堂	239
民族学博物馆	160
摩纳哥大教堂	139
摩纳哥王宫	138
摩纳哥邮票及钱币博物馆	138

莫斯科国立百货商场	341
莫扎特故居博物馆	310
慕尼黑皇宫区	165
慕尼黑玛丽亚广场	164
慕尼黑新市政厅	164
穆顿·罗特席尔德酒庄	142
穆拉诺岛	250

N

那不勒斯皇宫	261
纳克索斯岛	280
纳沃那广场	223
尼斯湖	092
尼斯老城	136
涅瓦大街	345
宁芬堡皇宫	165
牛津城堡	080
牛津街	076
侬山修道院	311
挪威王宫	318
诺贝尔博物馆	321
诺丁山	072
诺坎普体育场	194

O

欧洲原子能研究中心	289

P

Passeig de Gracia大街	196
帕多瓦	251
帕尔马	256
帕尔马旧城	200
帕拉汀娜画廊	237
帕勒莫四拐角	265
帕特农神庙	273
帕维亚	252
潘普洛纳	214
庞贝古城	262
佩吉·古根海姆美术馆	246
佩鲁贾执政官宫	260
蓬皮杜国家文化艺术中心	112
皮蒂宫	234
皮卡迪利广场	067
菩提树下大街	156
普拉多博物馆	180
普罗旺斯	136

Q

乔托钟楼	234
乔治广场	090
巧克力博物馆	170
切尔诺贝利博物馆	349
青琼	213
邱园	079
趣伏里公园	324

R

让·米罗基金会	196
热那亚君王宫	258
热那亚圣罗伦佐教堂	259
日本花园	140
日内瓦市政厅	288
荣军院	121

瑞典皇宫	320	圣罗伦佐教堂	235
瑞士国家博物馆	290	圣马丁教堂	073
		圣马可大教堂	244
		圣马力诺	257
S		圣马洛	145
		圣玛格丽特教堂	075
萨尔茨堡	311	圣米歇尔广场	124
萨尔茨堡大教堂	312	圣米歇尔教堂	168
萨拉曼卡新旧大教堂	189	圣米歇尔山修道院	144
塞哥维亚城堡	187	圣母百花大教堂	233
塞纳河	110	圣母加德大教堂	134
塞尚画室	128	圣母教堂	164
塞维利亚大教堂	201	圣母玛丽亚大教堂	227
塞维利亚美术馆	204	圣母升天大教堂	343
塞维利亚王宫	201	圣尼古拉教堂	264
三一学院	082	圣帕特里克大教堂	334
桑普号破冰船	317	圣皮埃尔大教堂	286
桑斯安斯风车村	302	圣乔万尼洗礼堂	234
沙尔特龙区	142	圣乔治·马乔雷教堂	250
赏鲸	326	圣让首席大教堂	130
少女峰	291	圣日耳曼大街	118
舍农索城堡	132	圣若热城堡	335
舍伍德森林乡村公园	085	圣三一学院图书馆	334
摄政公园	074	圣山	209
摄政街	076	圣十字架烈士谷	186
绅士运河	299	圣十字教堂	237
神奇岛	204	圣十字区	202
神圣智慧教堂	351	圣斯特凡大教堂	307
圣安德烈教堂	140	圣索菲亚大教堂	347
圣安东尼奥教堂	182	圣天使城堡	228
圣奥诺雷街	122	圣维克多修道院	134
圣保罗大教堂	069	圣维特大教堂	328
圣保罗大教堂	228	圣心大教堂	117
圣彼得大教堂	229	圣詹姆斯公园	071
圣彼得广场	229	圣詹姆斯宫	072
圣诞老人村	318	胜利广场&凯旋门	342
圣地亚哥	213	胜利女神纪念柱	158
圣地亚哥·伯纳乌足球场	181	施特德尔艺术学院	163
圣多明尼哥教堂	255	十二月党人广场	346
圣吉米纳诺	254	时钟塔楼	249
圣凯瑟琳街	141		

斯德哥尔摩大教堂	321
斯德哥尔摩老城	320
斯福尔采斯科城堡	242
斯卡拉歌剧院	240
斯诺登尼亚国家公园	094
斯塔福德莎士比亚故居	096
斯特林古堡	088
四大峡湾	319
苏奥门涅米岛	317
苏格兰博物馆	088
苏格兰威士忌遗产中心	089
苏黎世歌剧院	291
苏黎世圣彼得大教堂	290
索邦大学	126
索菲亚王后艺术中心国家博物馆	183
索伦托	261

泰特现代美术馆	078
泰晤士河	066
叹息桥	245
唐宁街10号	071
特拉法尔加广场	064
特莱维喷泉	224
特列季亚科夫美术馆	341
特威德河	091
提森·波涅米萨美术馆	181
天鹅海	095
天使湾	137
天文钟	328
图卢兹圣塞南教堂	146
土耳其伊斯兰艺术博物馆	353
托莱多古城	188
托普卡普宫殿	352

W

瓦茨拉夫广场	329
瓦尔拉特博物馆	171
瓦伦西亚大教堂	198
瓦西里大教堂	340
万国宫	287
万神殿	124
万神殿	224
王宫	298
王室别墅公园	243
王室陵寝	208
王子街	089
旺多姆广场	122
威尼斯圣马可广场	244
威尼托街	223
威斯敏斯特大教堂	061
威斯敏斯特教堂	060
维多利亚和艾伯特博物馆	064
维京海盗船博物馆	319
维朗德里城堡及花园	133
维罗纳	251
维托里奥·埃马努埃莱二世拱廊	241
维也纳国家歌剧院	307
维也纳音乐厅	306
伟大卫国战争博物馆	349
温布利球场	072
温德米尔湖	097
温莎城堡	079

文化广场	158	亚历山大广场	157
乌菲兹美术馆	236	亚历山大三世桥	111
乌斯别斯基教堂	317	烟草街犹太教堂	333
五渔村	260	岩石教堂	316
		耶稣教堂	227

X

西班牙村	196	伊比萨	200
西班牙大广场	182	伊德拉岛	278
西班牙广场	222	伊顿公学	080
西班牙骑术学校	309	伊夫城堡	133
西堤岛	118	伊瑞克提翁神殿	273
西米欧尼	253	伊萨基夫斯基大教堂	345
西斯廷礼拜堂	230	伊斯坦布尔考古博物馆	351
希拉达塔	204	依云镇	146
希腊国家考古博物馆	274	艺术学院美术馆	238
茜茜公主博物馆	309	议会广场	315
锡耶纳	254	异国花园	139
夏宫	344	意大利加	203
夏洛特堡宫	161	英国公园	166
夏慕尼	147	英国人散步大道	137
宪兵广场	155	渔人堡	332
香波堡	126	圆顶教堂	121
香榭丽舍大街	107	圆形竞技场	128
肖邦博物馆	338	约克大教堂	086
小于连撒尿雕像	313	约维克维京中心	086
协和广场	106		
新桥	111		
新圣母修道院	342		

Z

新天鹅城堡	167	泽西岛	097
新卫城博物馆	272	证券交易广场	141
匈牙利国家歌剧院	332	钟表博物馆	288
选帝侯大街	159	钟楼	249
		总督府	246

Y

雅典竞技场	274
雅典娜圣域	276
雅典卫城	272
亚历山大·涅夫斯基大教堂	337

《畅游欧洲》编辑部

编写组成员：

陈永	陈屿	崇福	褚一民	翠云	付佳
付捷	付国丰	高虹	管航	贵珍	郭颖
郭政	郭川	郭新光	韩成	韩栋栋	何明
欢欢	佳妮	佳莹	江业华	金晔	金波
孔莉	李濛	李春宏	李红东	李华	李建
李威	李星	李悦	李志勇	廖一静	林婷婷
林雪静	林芝	林芝	刘成	刘冬	刘华
刘军	刘艳	刘洋	刘博文	刘刚	刘桂芳
刘伟	刘霞	刘小凤	刘晓馨	刘照英	吕示
马静	苗雪鹏	闵睿桢	娜娜	潘瑞	庞依
佩宏	彭雨雁	戚雨婷	若水	若欣	若云
莎莎	姗姗	诗诗	石雪冉	宋清	宋鑫
苏林	孙雅	谭临庄	汤淑芳	天姝	铁军
佟玲	王诺	王秋	王武	王勇	王玥
王含	王恒丽	王鹏	王晓平	王雪	王怡
王宇坤	王铮铮	未名	魏强	吴昌晖	吴昌宇
武宁	向伟	小丽	晓红	肖克冉	谢辉
谢群	谢蓉	谢震泽	谢仲文	徐聪	许睿
艳艳	杨武	杨晓	洋洋	姚婷婷	叶俊
于小慧	喻鹏	园园	翟丽梅	张爱琼	张春辉
张丽	张丽媛	张赢	赵婧	赵海	赵海菊
志锦	周晓	周昭	朱芳莉	朱国梁	朱俊杰

图书在版编目（CIP）数据

畅游欧洲/《畅游欧洲》编辑部编著. —北京：华夏出版社，2014.8
（畅游世界）
ISBN 978-7-5080-8126-7

Ⅰ．①畅… Ⅱ．①畅… Ⅲ．①旅游指南—欧洲 Ⅳ．①K950.9

中国版本图书馆CIP数据核字（2014）第105752号

畅游欧洲

作　　者	《畅游欧洲》编辑部
责任编辑	杨小英
责任印制	刘　洋
出版发行	华夏出版社
经　　销	新华书店
印　　刷	北京华宇信诺印刷有限公司
装　　订	三河市李旗庄少明印装厂
版　　次	2014年8月北京第1版　2014年8月北京第1次印刷
开　　本	720×920　1/16开
印　　张	23
字　　数	300千字
定　　价	78.00元

华夏出版社　网址：www.hxph.com.cn　地址：北京市东直门外香河园北里4号　邮编：100028
若发现本版图书有印装质量问题，请与我社营销中心联系调换。电话：（010）64663331（转）

华夏行者·畅游世界